The House of Dallys

+< Livre 7 >+

Biographie et Généalogie du Patriarche Adè Kplankoun de Houawé au Dahomey

Dallys-Tom Medali

Premiere Publication

Solara Editions

Biographie et Généalogie du Patriarche Adè Kplankoun de Houawé au Dahomey

DALLYS-TOM MEDALI

ISBN 978-1-947838-32-1

Solara Editions

Cotonou, New York, Paris

Couverture: Dallys-Tom Medali

Courriers: **04 BP 0143 Cotonou Benin**

Pages web: www.livres.us / www.heroafricain.com

Emails: editeur@livres.us / dallys@livres.us

Facebook: @ArtLit7 / Twitter: @AfroBooks

Contenu

- Remerciements
- Parcours migratoire des peuples FON
- Le Nom dans les cultures FON, ADJA et autres
- Origines et explication des noms
- Généalogie sommaire
- Biographie de ADE KPLANKOUN
- Ascendance de ADE KPLANKOUN
- Descendance de ADE KPLANKOUN
- Relations directes: La Famille
- 215 Arbres généalogiques
- Index des dates, lieux et individus
- Liste des photos et illustrations
- Autres Oeuvres du même auteur, déjà publiées
- Autres Oeuvres de la série <The House of Dallys> sur l'Histoire et la Généalogie au Benin
- Contacts

Si vous avez des informations additionnelles, des archives, documents historiques, livres ou des corrections à proposer, écrivez-nous!

par voie postale à 04 BP 0143 Cotonou Benin

ou par email à dallys@livres.us

Ecrivez-nous aussi

Si vous voulez commander d'autres copies du livre,

Si vous avez besoin de votre généalogie personnelle

Si vous avez besoin de conseils sur les démarches à suivre pour explorer l'histoire et la généalogie de votre famille,

Ou si vous avez simplement trouvé le livre très utile et instructif.

Remerciements

Au Très-Haut qui me vivifie et me fortifie

A mes enfants Andrew et Athéna, et leur maman Mireille pour la motivation et le soutien moral

A mes parents Ida, David et Marguerite pour l'éducation et pour les informations enrichissantes

A mes parents défunts André Medali, André Tokpo, Awansikindé E. Segle Houegbadja., et tous leurs prédécesseurs, pour les racines solides et l'inspiration

A toi qui a choisi d'acheter, de lire ce livre ou de contribuer à son amélioration

<<Qui dit tradition en histoire africaine dit tradition orale, et nulle tentative de pénétrer l'histoire et l'âme des peuples africains ne saurait être valable si elle ne s'appuie pas sur cet héritage de connaissances de tous ordres patiemment transmis de bouche à oreille et de maître à disciple à travers les âges. Cet héritage n'est pas encore perdu et repose dans la mémoire de la dernière génération des grands dépositaires, dont on peut dire qu'ils sont la mémoire vivante de l'Afrique. >> - **Amadou Hampaté Ba**

Parcours migratoire des peuples FON d'Afrique

<Origines des Peuples FON> est le titre d'une oeuvre d'histoire en cours de rédaction. Cette oeuvre étudie minutieusement les travaux de recherche et les sources actuellement disponibles sur le passé et le parcours des peuples ADJA, FON, GOUN et autres qui ont animé depuis des âges anciens la vie de la région africaine jadis appelée la Cote des Esclaves.

Je présente ici en deux pages, la synthèse de l'itinéraire qui se dessine.

1. Bassin du FLEUVE OMO, Région d'OMO-OLDUVAI sur les territoires actuels de l'Ethiopie, du Kenya et de la Tanzanie (sites de la découverte des plus vieux fossiles de l'humanité)

2. Cuvette du HAUT-NILE dans le Soudan Egyptien (jadis en Egypte Ancienne, actuellement sur le territoire du Soudan). Sur les cartes géographiques courantes et populaires, le Haut-Nile est en bas (et non en haut).

3. Bassin du LAC TCHAD, Région de KANEM (très longtemps avant son islamisation)

4. Région de NOK (actuellement dans le Nigeria)

5. Confluence du FLEUVE NIGER et DU FLEUVE BENOUE dans la région de IDAH (sur le territoire actuel du Nigeria)

6. Régions de IFE et de BENIN (actuel Nigeria)

7. Région de KETOU (actuel Benin/Dahomey)

8. Bassin du FLEUVE MONO, plus précisément la zone couverte par l'ancien royaume de ADJA TADO (actuellement sur les territoires du Benin/Dahomey et du Togo; la capitale Tado est actuellement au Togo)

9. Région de ALLADA (actuel Benin/Dahomey)

10. Bassin du FLEUVE ZOU et PLATEAU d'ABOMEY (Danxomè, actuel Benin/ Dahomey) à partir du XVIe siècle (pour les GUEDEVI) et du XVIIe siècle (c. 1600) pour les AGASSOUVI

11. Région des COLLINES (actuel Benin/Dahomey) et Bassin du FLEUVE OUÉMÉ (Hogbonou/Porto-Novo) entre le XVIIe et le XVIIIe siècle

12. Tout le territoire actuel du Benin/Dahomey, une partie méridionale du Togo et une petite partie méridionale du Nigeria.

Le Nom dans les Cultures Fon, Adja et assimilées

Dans les traditions Fon, Adja et assimilées du Dahomey ancien, le Nom fonctionnait différemment de ce qui a été instauré par l'administration coloniale et que pour des raisons pratiques, le jeune pays indépendant a choisi de reconduire.

Le Nom n'était pas un droit avec lequel on naissait systématiquement ou une donnée qu'on acquérait définitivement à la naissance. C'était plutôt une série de badges d'honneur qu'on obtenait par la succession d'accomplissements et de situations héroïques, importants, anodins, ou ignobles. Parfois aussi, le Nom était décerné du fait d'évènements hors du contrôle de l'individu.

L'enfant prenait généralement un premier Nom selon le jour, le mois ou la saison de sa naissance ou de sa cérémonie de sortie d'enfant ou de présentation à la communauté et aux ancêtres. Parfois c'est aussi le Fa qui choisit un Nom indiquant une destinée spéciale ou la réincarnation supposée (partielle ou complète) d'un ancien défunt de la famille. Parfois cet ancêtre défunt n'est pas réincarné mais juste le guide protecteur du nouveau né.

L'enfant peut prendre aussi un nom sur la base des circonstances de sa naissance (accouchement difficile, naissance prématurée, naissance comme un jumeau, décès d'un jumeau, décès de la génitrice pendant l'enfantement, sortie des pieds au lieu de la tête, etc.) ou de la grossesse (anormalement courte ou longue). Les jumeaux prennent souvent des noms spéciaux et corrélés. L'ordre de la naissance peut aussi déterminer le Nom: ainé, cadet, benjamin, né après des jumeaux, né après un enfant qui n'avait pas survécu, etc..

De façon générale l'état civil traditionnel du Danxomè peut comprendre les éléments ci-après:

1. La consultation du Fa avant la naissance
2. La consultation du Fa à la naissance
3. Le baptême et/ou la cérémonie de sortie d'enfant
4. La scarification (houègbigbo et/ou atindjidja)
5. La circoncision (adagbigbo)

6. L'initiation à divers corps de métier

7. L'initiation à divers cultes vodoun

8. L'initiation à diverses sociétés secrètes

9. La demande de main et/ou la dot

10. Le mariage

11. La célébration d'actes de bravoure ou d'héroïsme

12. Les autres occasions importantes

13. Les cérémonies avant l'inhumation

14. L'inhumation

15. Les cérémonies après l'inhumation

16. Les cérémonies posthumes annuelles ou cycliques de commémoration pour les mânes ancestrales

La chronologie de ces éléments est flexible, et certaines étapes peuvent être simultanées ou être carrément omises dans la vie d'un individu, d'une famille ou d'une communauté particulière.

Avec la venue des colons, le patronyme est devenu une exigence pour tout le monde et a entrainé son lot de confusion et d'erreurs. Les noms qui étaient habituellement des phrases fortes prononcées et donc relativement longues, ont été rapetissés, simplifiés et francisés. Des frères de père commun se sont retrouvés parfois avec des noms différents de leur père comme patronyme ou ont obtenu des écritures différentes d'un même nom. Parfois deux personnes vivant dans la même période ont le même Nom exactement ou ont un Nom en commun. Même quand ces personnes ont vécu à des époques différentes, des complications peuvent intervenir dans la datation ou pour différentier les légendes et évènements se rapportant à un individu particulier et non à l'autre.

Ces clarifications sont importantes pour expliquer d'entrée de jeu certaines variations dans les tableaux généalogiques et historiques qui pourraient embrouiller un novice qui n'est pas familier avec les usages de la culture Fon et la progression historique du Dahomey/Bénin. A cela il faut ajouter d'autres observations comme la multiplicité des épouses pour un conjoint unique, sans qu'un divorce préalable ne soit clairement signalé, et la prévalence des enfants conçus en dehors du cadre d'un mariage civil. Le lecteur est invité à faire preuve d'ouverture d'esprit.

ADE KPLANKOUN et ses ancêtres

Au départ, l'ancêtre ADE KPLANKOUN s'appelait simplement ZINSOU étant né jumeau. Sa soeur jumelle s'appelait ZINHOUE. Son père SOSSA AIKPE avait aussi vécu à Houawé dans le Zou Benin et y était un notable. On a peu d'information sur son père à lui. Par contre, son grand-père c'est à dire l'arrière grand-père de ZINSOU s'appelait ZONOUN. Il serait venu soit du Mono (actuel Benin) soit de Anèho (actuel Togo) avec DESSOU ATTOLOU (père du futur roi SOHA GBAGUIDI de Savalou) dont il était l'acolyte et le bras droit depuis l'enfance.

ZONOUN était témoin ou complice du meurtre prémédité ou accidentel qui força le départ définitif vers l'an 1500 du chasseur DESSOU ATTOLOU du Mono (Village de Mitogbodji près de Sègbohouè) ou d'Anèho (au Togo, selon une autre version) pour immigrer vers le plateau du Zou, plus précisément à Damè. ZONOUN servit et assista ATTOLOU pendant son temps dans la cour royale du roi LIGBO, chef de Damè; et fut témoin de son mariage avec la fille de LIGBO. ZONOUN suivit aussi la famille quand ils immigrèrent à nouveau vers Houawé (toujours dans le Zou) puis des années plus tard vers la région des Collines quand le fils AGBA RHAKO devenu GBAGUIDI SOHA alla conquérir ces territoires et fonder le royaume de Savalou.

C'est surtout à Houawé près de Bohicon que ZONOUN laissa ses marques et engendra les ancêtres de ZINSOU, futur ADE KPLANKOUN. Ce quartier de Houawé sera baptisé plus tard HOUAWE KOULOGON en honneur d'un autre illustre descendant de ZONOUN: KOULO CHRiSTOPHE ADE, le patriarche de la collectivité KOULO.

Origine du Nom ADE KPLANKOUN

TCHATCHA BLOUKOU était le commandant en chef de l'armée du Danxomè sous le roi GLELE. Il était malheureusement malade et alité au moment de la guerre décisive de ICHAGA OYO sur le territoire actuel du Nigeria. Le roi fut donc contraint de confier la direction des opérations militaires au vaillant ZINSOU qui réussit la mission et excéda les attentes du roi.

Au retour des troupes, le roi GLELE récompensa ZINSOU en lui donnant le nom fort de KPLANKOUN et en l'élevant au rang de BONOUGAN (conseiller particulier du roi). Il lui accorda aussi des hectares de terres à SIKAME, des esclaves (y compris YA-KPAKO une de ses futures épouses) et d'autres biens de grande valeur. Plus tard, il devint aussi le chef de région ou To-Hossou et un représentant direct du roi: DEMINNOU DADA GLELE TON. C'est "DEMINNOU KPLANKOUN" qui avec le temps, déjà du vivant du personnage a été déformé et simplifié pour devenir "ADE KPLANKOUN". Le "ADE" continua de prendre de l'ampleur au point de devenir le patronyme pour la descendance nombreuse de ZINSOU ADE KPLANKOUN. Une nouvelle variante apparaitra au niveau des descendants de KOULO CHRiSTOPHE ADE qui évolueront avec le patronyme ADE KOULO ou juste KOULO.

Le Nom KOULO

ADE KPLANKOUN épousa l'esclave Yoruba/Nago YA-KPAKO originaire du Nigeria qui lui fit plusieurs enfants. ADE KPLANKOUN nomma lui même leur premier enfant DJEHOUAN. Pour le deuxième enfant, il confia la responsabilité à la maman qui décida de puiser dans la culture philosophique Yoruba/Nago.

YA-KPAKO appela l'enfant KOULO qui est le mot Yoruba pour le noyau de la noix de palme, communément appelée DEKIN en langue Fon. Elle déclara en Fon: DEKIN DOKPO MAN TCHE VI DOHOUN. Ce qui veut dire qu'une noix de palme ne se subdivise pas en tranches comme une noix de cola. Elle ajouta en Yoruba: KOUTA MINDJI A GBA KOULO. Ce qui signifie qu'il faudra deux (MINDJI) pierres (KOUTA) pour casser (A GBA) cette noix (KOULO): une pierre en bas et une pierre dans la main du casseur.

KOULO est donc un noyau dur et incassable, une expression de force et d'indivisibilité. Effectivement KOULO donna raison à son nom. Il fut un commerçant riche, noble et influent qui était très connecté dans le Danxomè et dans les palais royaux. KOULO était le noyau rassembleur autour duquel le reste de la collectivité prospéra. Le quartier dans lequel se trouve la maison familiale des ADE et KOULO continue d'ailleurs jusqu'aujourd'hui à être appelé HOUAWE KOULOGON.

Comme par coïncidence, mon propre prénom traditionnel que je n'aurai pas le temps d'expliquer ici, est une parabole sur le noyau de la noix de palme.

1. ASCENDANCE PATERNELLE

```
                    ┌── ZONOUN Inconnu 920
                    │
          ┌── Pere de Sossa Aikpe Fils de Zonoun 919
          │
Sossa Aikpe Inconnu 918
```

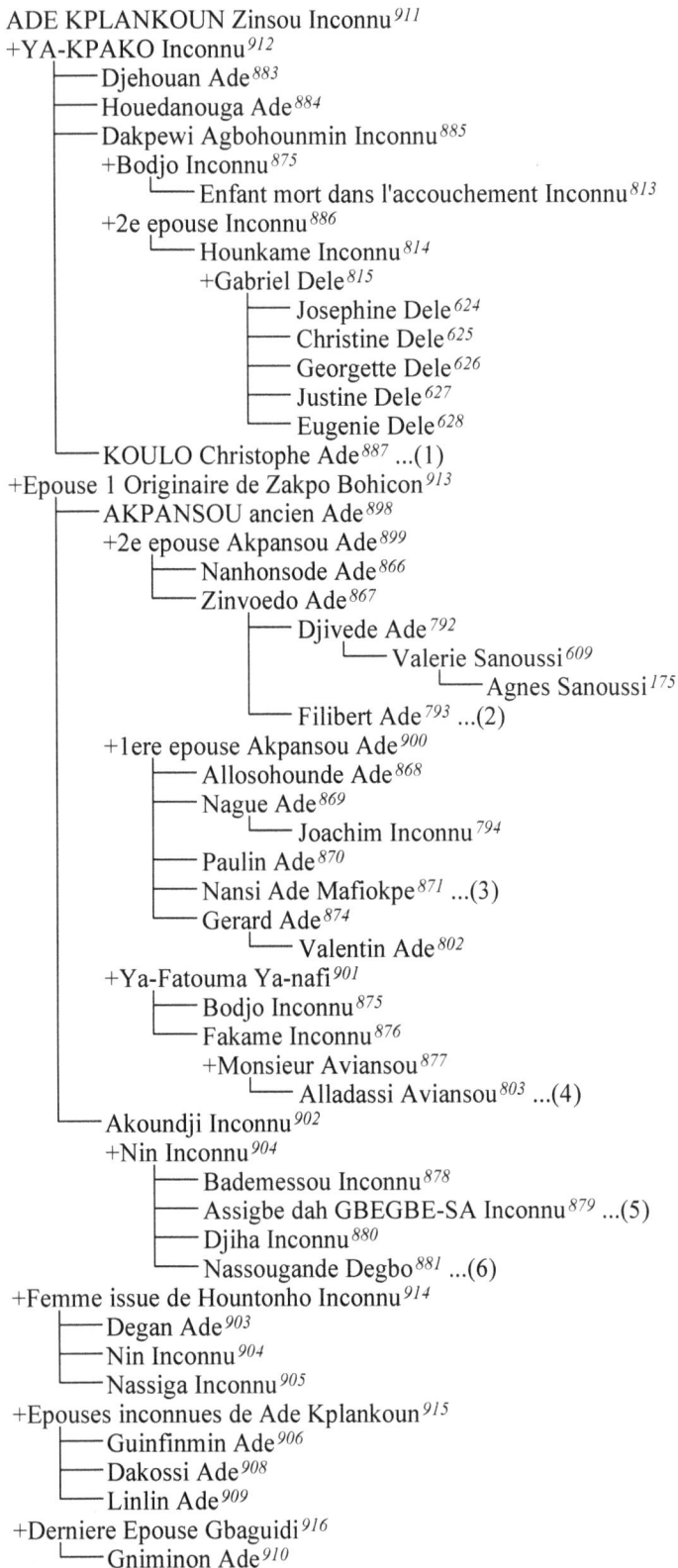

ADE KPLANKOUN Zinsou Inconnu[911]
+YA-KPAKO Inconnu[912]
———— Djehouan Ade[883]
———— Houedanouga Ade[884]
———— Dakpewi Agbohounmin Inconnu[885]
　　　+Bodjo Inconnu[875]
　　　　———— Enfant mort dans l'accouchement Inconnu[813]
　　　+2e epouse Inconnu[886]
　　　　———— Hounkame Inconnu[814]
　　　　　+Gabriel Dele[815]
　　　　　　———— Josephine Dele[624]
　　　　　　———— Christine Dele[625]
　　　　　　———— Georgette Dele[626]
　　　　　　———— Justine Dele[627]
　　　　　　———— Eugenie Dele[628]
———— KOULO Christophe Ade[887] ...(1)
+Epouse 1 Originaire de Zakpo Bohicon[913]
———— AKPANSOU ancien Ade[898]
　　　+2e epouse Akpansou Ade[899]
　　　　———— Nanhonsode Ade[866]
　　　　———— Zinvoedo Ade[867]
　　　　　———— Djivede Ade[792]
　　　　　　———— Valerie Sanoussi[609]
　　　　　　　———— Agnes Sanoussi[175]
　　　　　———— Filibert Ade[793] ...(2)
　　　+1ere epouse Akpansou Ade[900]
　　　　———— Allosohounde Ade[868]
　　　　———— Nague Ade[869]
　　　　　———— Joachim Inconnu[794]
　　　　———— Paulin Ade[870]
　　　　———— Nansi Ade Mafiokpe[871] ...(3)
　　　　———— Gerard Ade[874]
　　　　　———— Valentin Ade[802]
　　　+Ya-Fatouma Ya-nafi[901]
　　　　———— Bodjo Inconnu[875]
　　　　———— Fakame Inconnu[876]
　　　　　+Monsieur Aviansou[877]
　　　　　　———— Alladassi Aviansou[803] ...(4)
———— Akoundji Inconnu[902]
　　　+Nin Inconnu[904]
　　　　———— Bademessou Inconnu[878]
　　　　———— Assigbe dah GBEGBE-SA Inconnu[879] ...(5)
　　　　———— Djiha Inconnu[880]
　　　　———— Nassougande Degbo[881] ...(6)
+Femme issue de Hountonho Inconnu[914]
———— Degan Ade[903]
———— Nin Inconnu[904]
———— Nassiga Inconnu[905]
+Epouses inconnues de Ade Kplankoun[915]
———— Guinfinmin Ade[906]
———— Dakossi Ade[908]
———— Linlin Ade[909]
+Derniere Epouse Gbaguidi[916]
———— Gniminon Ade[910]

(1)... KOULO Christophe Ade[887]
  +Nan Houedotin Z AHOMAGNON[888]
        ├── Catherine Sikanon Koulo[816]
        │   +Gankpon TOKPO[817]
        │   ├── Fils aine defunt Tokpo[629]
        │   ├── Andre Robert (Salanon Gbediga) TOKPO Gankpon[630] ...(7)
        │   └── Marie-Therese Tokpo[641] ...(8)
        │   +Agbanchenou Codjia[819]
        │   ├── Donatien Codjia[643] ...(9)
        │   └── Emma Jules Agbanchenou Codjia[645] ...(10)
        │   +Pere des jumeaux decedes Feliho[820]
        │   └── Jumeaux defunts de Catherine Koulo Feliho[647]
        ├── Toha Nicodeme jumeau Koulo[821] ...(11)
        └── Anagonou jumelle Koulo[823] ...(12)
  +Autre epouse de Nicodeme Koulo[889]
        ├── Antoine Ade Koulo[825] ...(13)
        ├── Gozinnon Ade Koulo[827] ...(14)
        └── Barthelemy Ade Koulo[830] ...(15)
  +Mere de Jean Inconnu[890]
        ├── Jean Ade Koulo[831] ...(16)
        ├── Tegbessoussi Ade Koulo[833]
        └── Ahouandjisside Ade Koulo[834] ...(17)
  +Femme originaire de Hlagon Inconnu[891]
        ├── Adissin Ade Koulo[835] ...(18)
        └── Kpaheton Ade Koulo[837]
  +Autres femmes Inconnu[892]
        ├── Pierre (3e Dah) Ade Koulo[838] ...(19)
        ├── Houekpon Ade Koulo[839] ...(20)
        ├── Pierre d'Azohoue Ade Koulo[841] ...(21)
        ├── Bertin Ade Koulo[843]
        ├── Felix Ade Koulo[844] ...(22)
        ├── Celestin Ade Koulo[845]
        ├── Ahouanzin Ade Koulo[846]
        ├── Hayeton Ade Koulo[847]
        └── Tranquillin Ade Koulo[848] ...(23)
  +Nankpe Dossounon[893]
        ├── Kodo Ade Koulo[849]
        ├── Victorin Kpevegba Ade Koulo[850] ...(24)
        ├── Akonsonhounde Ade Koulo[851] ...(25)
        ├── Atokoukinde Ade Koulo[852] ...(26)
        └── Houlekon Lome-ton Ade Koulo[854]
              └── Alphonse Inconnu[769]
  +Fille du Migan Gnigla d'Abomey Inconnu[894]
        ├── Soudo Ade Koulo[855] ...(27)
        └── Akpossi Ade Koulo[856] ...(28)
  +Femme originaire de Adingnon Inconnu[895]
        ├── Kodossi Djeto Ade Koulo[857] ...(29)
        ├── Kehoussi Ade Koulo[859]
        └── Ahivetin Ade Koulo[860] ...(30)
  +Ganhouato Inconnu[896]
        ├── Nadjo ou Navo Diliton Ade Koulo[862]
        └── Aweketo Ade Koulo[863]
  +Mere de Naga et Dansi Inconnu[897]
        ├── Dansi Ade Koulo[864] ...(31)
        └── Naga Akoleme Ade Koulo[865] ...(32)

(2)... Filibert Ade [793]
├── Pierrette Ade [610]
├── Edwige Ade [611]
└── Edith Ade [612]

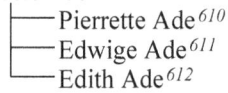

(3)... Nansi Ade Mafiokpe [871]
+Monsieur Mafiokpe [872]
├── Montcho Mafiokpe [795]
│   +Avlessi Inconnu [796]
│   ├── Marguerite Mafiokpe [614]
│   └── Georgette Mafiokpe [615]
│   +Comlan Gregoire Togbeto [616]
│   ├── Alain Togbeto [176]
│   ├── Aline Togbeto [177]
│   ├── Clothilde Togbeto [178]
│   ├── Achille Togbeto [179]
│   ├── Patricia Togbeto [180]
│   └── Laurent Togbeto [181]
└── Bernadette Hounyo Mafiokpe [797]
    +Monsieur Tchibozo [798]
        └── Mathieu Tchibozo [617]
+Monsieur Dako [873]
├── Nestor Dako [799]
├── Rigobert Dako [800]
│   └── Marthe Dako [618]
└── Raphael Dako [801]

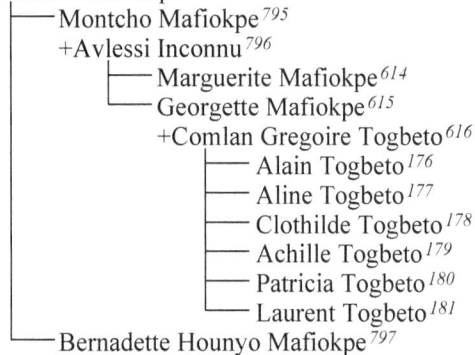

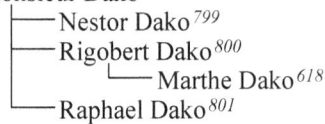

(4)... Alladassi Aviansou [803]
+Djiha Akoundji [804]
├── Jacqueline Akoundji [619]
├── Jerome Akoundji [620]
├── Michel Akoundji [621]
└── Flavien Akoundji [622]

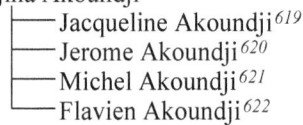

(5)... Assigbe dah GBEGBE-SA Inconnu [879]
├── Dohoundete Inconnu [805]
├── Gaston Ade [806]
├── Julien Ade [807]
└── Simon Ade [808]

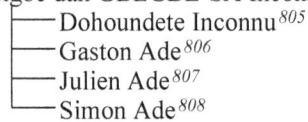

(6)... Nassougande Degbo [881]
+Dame Lokonon [882]
├── Pascal Degbo [809]
│   └── Jeanne Degbo [623]
├── Cyprien Degbo [810]
├── Adononsi Degbo [811]
└── Ahouanvo ekpe Degbo [812]

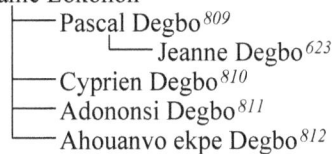

(7)... Andre Robert (Salanon Gbediga) TOKPO Gankpon[630]
  +Marguerite Agassounon[631]
    ┌── Godefroy Julien Tokpo[182]
      +Eugenie Tossou[183]
        ┌── Elie Christian Egnon Tokpo[47]
        └── Merveille Tokpo[48]
      +Renee Lisette Adenike Prudencio[184]
        └── Gael Fenou Gabrieli Tokpo[49]
      +Irene Fifi Zountchegbe[185]
        └── Cedriq Boris Tokpo[50] ...(33)
      +Patricia Adonon[186]
        ┌── Yannick Leriche Tokpo[52]
        ├── Vaida Meryl Tokpo[53] ...(34)
        ├── Godfrida Cindy Tokpo[55]
        └── Julick Tokpo[56]
    ├── Ida Gisele Leocadie Tokpo[187] ...(35)
    ├── Wilfried Tokpo[189]
    ├── Prisque Claudine Gilberte Tokpo[190]
      +Kamarou Fassassi[191]
        └── Ismael Moboladji Jean-Eudes Fassassi[62]
    ├── Rodolpho Tokpo[192]
    ├── Damien et Damienne Tokpo[193]
    └── Alvine Tokpo[194] ...(36)
  +Gangnonde Gouklounon[632]
    ┌── Blandine Tokpo[196] ...(37)
    └── Frere defunt de Blandine Tokpo[198]
  +Madame Ahomagnon[633]
    ┌── Nan Zognidi Sidonie Edwige Tokpo[199] ...(38)
    ├── Damien Tokpo[201]
    ├── Rogatienne Damienne Tokpo[202] ...(39)
    └── Edith et Edon jumeaux Tokpo[206]
  +Jeanette Hortense Bakpe[634]
    └── Eric Lionel Tokpo[207] ...(40)
  +Marie-Madeleine Hazoume[635]
    ┌── Laure Andrea Ya-Alatche Tokpo[209] ...(41)
    ├── Lydie Olga Tokpo[213] ...(42)
    ├── Alain Cyrille Tokpo[216] ...(43)
    └── Rock Gabin Eric Tokpo[218]
  +Madame Ayatode[636]
    ┌── Cletus Tokpo[219] ...(44)
    └── Isabelle Irma Tokpo[223] ...(45)
  +Celestine Ahogle[637]
    ┌── Roselyne Nonwegnisse Tokpo[225] ...(46)
    ├── Francine Houindomabou Tokpo[227] ...(47)
    ├── Stanislas Azandegbe Tokpo[229] ...(48)
    └── Peguy Estelle Tokpo[231] ...(49)
  +Seraphine Afiavi Gbaguidi[638]
    ┌── Yves Tony Tokpo[233] ...(50)
    └── Solange Petronille Tokpo[237] ...(51)
  +Antoinette Lingboto Guezo[639]
    ┌── David Megninou Lokassa Tokpo[240] ...(52)
    └── Judith Tokpo[242]
  +Madame inconnue famille Tokpo Inconnu[640]
    └── Denise Tokpo[243]
        └── 2 enfants de Denise Tokpo[148]

(8)... Marie-Therese Tokpo[641]
+Bernard Mandode[642]
———— Lidvine Mandode[244]
———— Aveline Mandode[245]
———— Jocelyne Mandode[246]
———— Colette Mandode[247]
———— Elise Mandode[248]

(9)... Donatien Codjia[643]
+Femme de Donatien Codjia Inconnu[644]
———— Jean Claude Codjia[249]
———— Jean Claude Codjia[250]
———— Mireille Codjia[251]
———— Regis Codjia[252]
———— Marie-Josiane Codjia[253]
———— Josiane Codjia[254]
———— Herve Codjia[255]
———— Olga Codjia[256]
———— Florence Codjia[257]
———— Francoise Codjia[258]

(10)... Emma Jules Agbanchenou Codjia[645]
+Damien Dah Adanhouton Degbe Agoli-Agbo[646]
———— Simeon Bienvenu Degbe Agoli-Agbo[259]
———— Ghislaine Henedine Degbe Agoli-Agbo[260]
+Monsieur Cossou[261]
———— Freddy Cossou[149]
———— Yolaine Cossou[150]
———— Mesmin Emmanuel Degbe Agoli-Agbo[262]
———— Esperance Eulalie Degbe Agoli-Agbo[263]
———— Dah Degbe Vignon Marcel Rachel Bernard Agoli-Agbo[265]
———— Eliane Olga Degbe Agoli-Agbo[266]
+Barnabe Mensah[267]
———— Gael Mensah[151]
———— Louisette Martine Degbe Agoli-Agbo[268]
+Bertin Yahouedehou[269]
———— Meola Yahouedehou[152]
———— Serge Roland Degbe Agoli-Agbo[270]
———— Imelda C. Nan Agbokpanou Agoli-Agbo Degbe[272]
+Casimir Adatin[273]
———— Carlos Adatin[153]
———— Neige Adatin[154]
———— Yvan Adatin[155]
———— Viviane Senan Degbe Agoli-Agbo[274]
———— Wilfried Togla Degbe Agoli-Agbo[275]
———— Fernand Mahussi Degbe Agoli-Agbo[276]

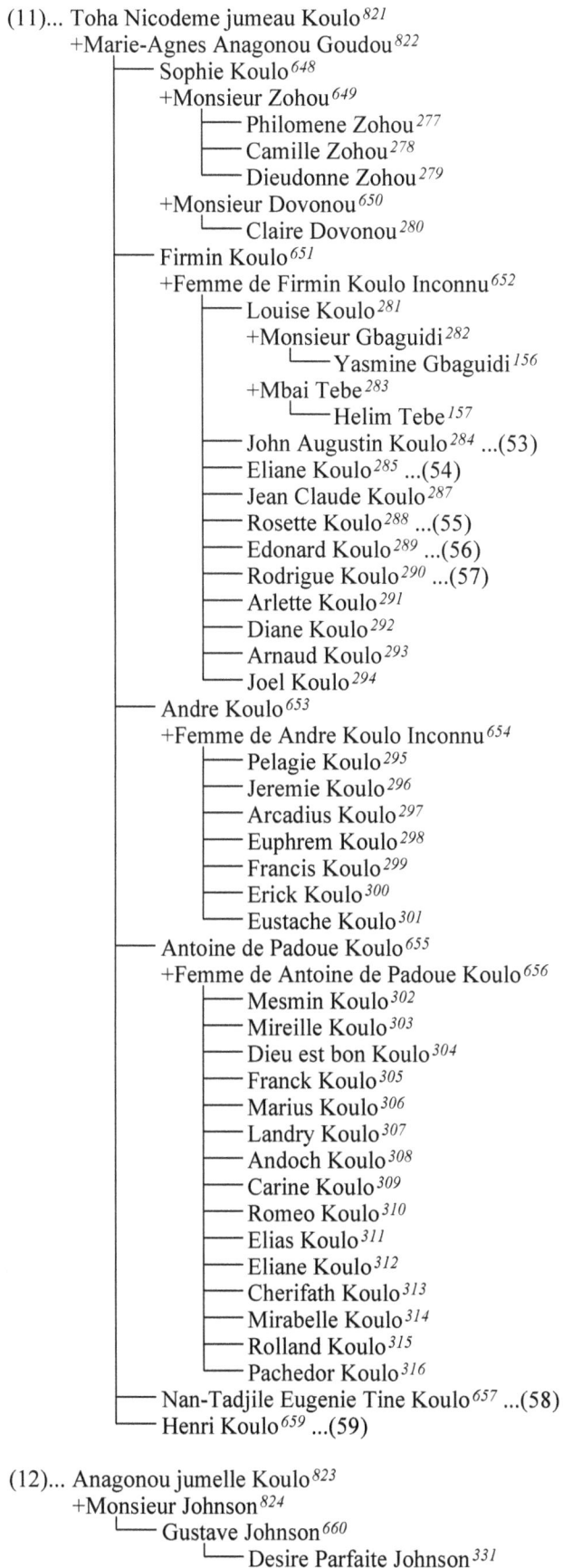

(11)... Toha Nicodeme jumeau Koulo[821]
    +Marie-Agnes Anagonou Goudou[822]
        ——— Sophie Koulo[648]
            +Monsieur Zohou[649]
                ——— Philomene Zohou[277]
                ——— Camille Zohou[278]
                ——— Dieudonne Zohou[279]
            +Monsieur Dovonou[650]
                ——— Claire Dovonou[280]
        ——— Firmin Koulo[651]
            +Femme de Firmin Koulo Inconnu[652]
                ——— Louise Koulo[281]
                    +Monsieur Gbaguidi[282]
                        ——— Yasmine Gbaguidi[156]
                    +Mbai Tebe[283]
                        ——— Helim Tebe[157]
                ——— John Augustin Koulo[284] ...(53)
                ——— Eliane Koulo[285] ...(54)
                ——— Jean Claude Koulo[287]
                ——— Rosette Koulo[288] ...(55)
                ——— Edonard Koulo[289] ...(56)
                ——— Rodrigue Koulo[290] ...(57)
                ——— Arlette Koulo[291]
                ——— Diane Koulo[292]
                ——— Arnaud Koulo[293]
                ——— Joel Koulo[294]
        ——— Andre Koulo[653]
            +Femme de Andre Koulo Inconnu[654]
                ——— Pelagie Koulo[295]
                ——— Jeremie Koulo[296]
                ——— Arcadius Koulo[297]
                ——— Euphrem Koulo[298]
                ——— Francis Koulo[299]
                ——— Erick Koulo[300]
                ——— Eustache Koulo[301]
        ——— Antoine de Padoue Koulo[655]
            +Femme de Antoine de Padoue Koulo[656]
                ——— Mesmin Koulo[302]
                ——— Mireille Koulo[303]
                ——— Dieu est bon Koulo[304]
                ——— Franck Koulo[305]
                ——— Marius Koulo[306]
                ——— Landry Koulo[307]
                ——— Andoch Koulo[308]
                ——— Carine Koulo[309]
                ——— Romeo Koulo[310]
                ——— Elias Koulo[311]
                ——— Eliane Koulo[312]
                ——— Cherifath Koulo[313]
                ——— Mirabelle Koulo[314]
                ——— Rolland Koulo[315]
                ——— Pachedor Koulo[316]
        ——— Nan-Tadjile Eugenie Tine Koulo[657] ...(58)
        ——— Henri Koulo[659] ...(59)

(12)... Anagonou jumelle Koulo[823]
    +Monsieur Johnson[824]
        ——— Gustave Johnson[660]
            ——— Desire Parfaite Johnson[331]

(13)... Antoine Ade Koulo[825]
    +Mere de Brigitte Koulo Inconnu[826]
        ├── Brigitte Koulo[661]
          +Moise Ahokpe[662]
            ├── Ghislaine Affi Ahokpe[332]
            ├── Anita Ahokpe[333]
            └── Scero Ahokpe[334]
        ├── Adolphe Ade[663]
        ├── Sophie Ade[664]
          +Monsieur Agbolosso[665]
            ├── Rhodes Agbolosso[335]
            └── Ronelle Agbolosso[336]
        ├── Melanie Reine Ade Koulo[666]
          +Monsieur Akplogan[667]
            ├── Marylin Akplogan[337]
            ├── Kevin Akplogan[338]
            └── Yasmine Akplogan[339]
        ├── Lucien Ade Koulo[668]
            ├── Thierry Ade Koulo[340]
            └── Emmanuel Ade Koulo[341]
        ├── Gabriel Ade Koulo[669]
            ├── Cynthia Ade Koulo[342]
            ├── Claire Ade Koulo[343]
            ├── Clara Ade Koulo[344]
            └── Deo Gratias Ade Koulo[345]
        └── Julien Ade Koulo[670]
          +Houedanou Inconnu[790]
            ├── Clotaire Ade[346]
            ├── Gisele Ade[347]
            ├── Yvonne Ade[348]
            ├── Sabine Adele Ade[349]
            ├── Arnaud Ade[350]
            ├── Lidwine Ade[351]
            ├── Tanguy Ade[352]
            ├── Igor Ade[353]
            ├── Alizias Ade Koulo[354]
            ├── Charbel Ade Koulo[355]
            ├── Samuel Ade Koulo[356]
            ├── Alexis Ade Koulo[357]
            ├── Rolande Ade Koulo[358]
            ├── Samson Ade Koulo[359]
            └── Ange Ade Koulo[360]

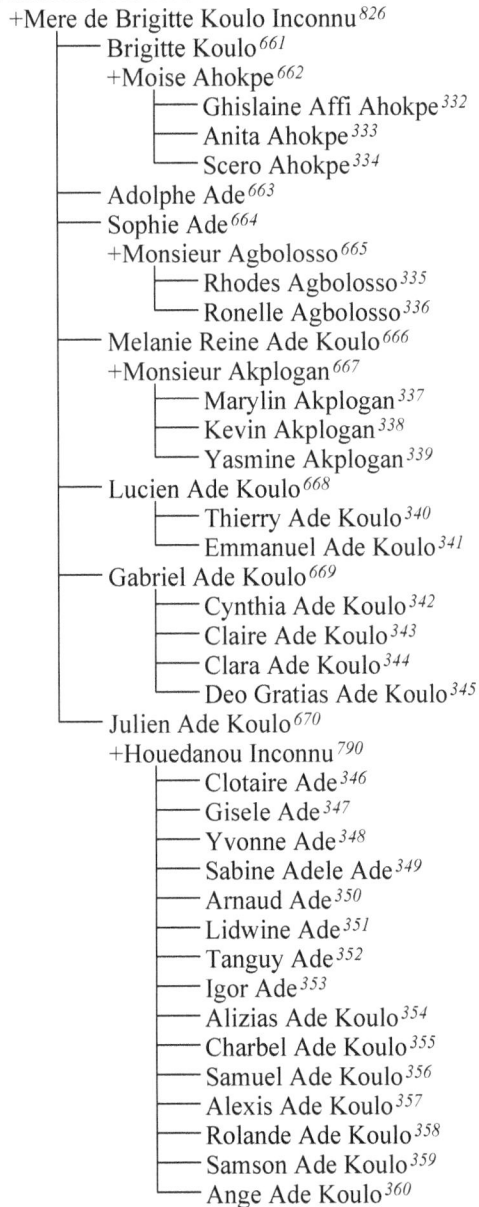

(14)... Gozinnon Ade Koulo[827]
    +Monsieur Adotanou[828]
        └── Bernadin Adotanou[671]
            ├── Christine Adotanou[361]
            ├── Edouard Adotanou[362]
            └── Josephine Adotanou[363]
    +Monsieur Gougla[829]
        └── Veronique Gougla[672]

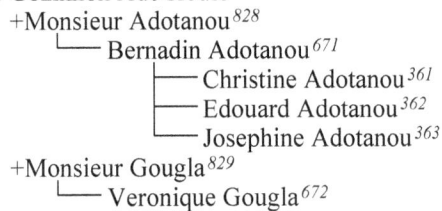

(15)... Barthelemy Ade Koulo[830]
```
├── Basile Ade Koulo[673]
│        ├── Dino Ade Koulo[364]
│        ├── Miralove Ade Koulo[365]
│        ├── Balistone Ade Koulo[366]
│        ├── Kislove Ade Koulo[367]
│        ├── Geraldine Ade Koulo[368]
│        └── Luxador Ade Koulo[369]
├── Marius Ade Koulo[674]
│        ├── Gloria Ade Koulo[370]
│        ├── Jennifer Ade Koulo[371]
│        ├── Bignon Ade Koulo[372]
│        ├── David (fils de Marius) Ade Koulo[373]
│        ├── Lionel Ade Koulo[374]
│        ├── Mahougnon Rivaldo Ade Koulo[375]
│        └── Elvys Ade Koulo[376]
├── Euloge Ade Koulo[675]
├── Cesar Ade Koulo[676]
│        └── David Ade Koulo[377]
├── Yves Ade Koulo[677]
├── Kevine Ade Koulo[678]
├── Charlotte Ade Koulo[679]
├── Veronique Ade Koulo[680]
├── Reine Ade Koulo[681]
└── Murielle Ade Koulo[682]
```

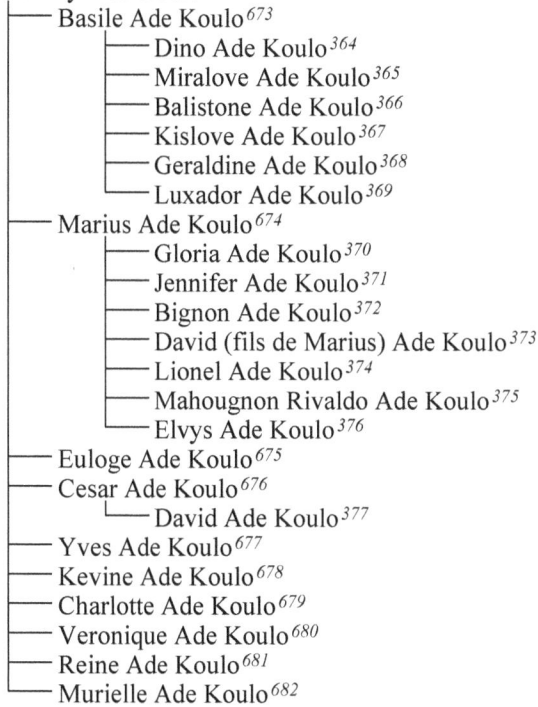

(16)... Jean Ade Koulo[831]
+Kehoussi Ade Koulo[859]
```
├── Tohossi Houegboton Ade Koulo[683]
│    +Monsieur Agbodayinon[684]
│        ├── Alain Agbodayinon[378]
│        └── Anselme Agbodayinon[379]
├── Emma Ade Koulo[685]
│    +Monsieur Amanoungbe[686]
│        └── Camus Amanoungbe[380]
└── Madeleine Ade Koulo[687]
     +Monsieur Kpili[688]
         ├── Herve Kpili[381]
         ├── Beatrice Kpili[382]
         ├── Benedicte Kpili[383]
         └── Mariette Kpili[384]
```
+Autres epouse de Jean Koulo[832]
```
├── Mathias Ade Koulo[689]
│        ├── Modeste Ade Koulo[385]
│        ├── Marius Ade Koulo[386]
│        ├── Francky Ade Koulo[387]
│        ├── Raoul Ade Koulo[388]
│        ├── Ernest Ade Koulo[389]
│        └── Pelagie Ade Koulo[390]
├── Lodohounde Ade Koulo[690]
│    +Monsieur Fegbegou[691]
│        ├── Hospice Fegbegou[391]
│        └── Sidoine Fegbegou[392]
├── Elisabeth Ade Koulo[692]
│    +Monsieur Dine[693]
│        └── Moinatou Dine[393]
├── Adelaide Ade Koulo[694]
└── Amavi Ade Koulo[695]
```

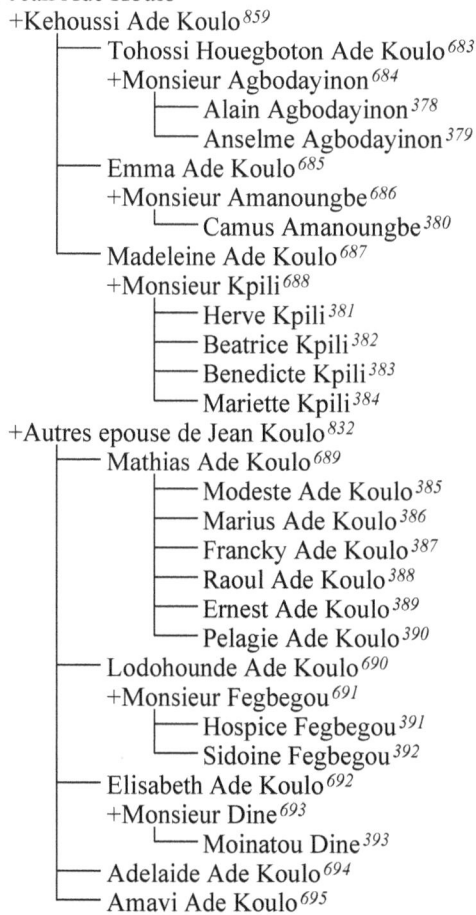

(17)... Ahouandjisside Ade Koulo[834]
         ├── Aladassi Inconnu[696]
         │   +Monsieur Hinkpon[697]
         │   ├── Pierre Hinkpon[394]
         │   └── Paul Hinkpon[395]
         └── Nansi Benou-non Inconnu[698]
              +Bertin Ade Koulo[843]
                   ├── Benoit Ade Koulo[728]
                   │   ├── Armel Ade Koulo[518]
                   │   ├── Dorcas Ade Koulo[519]
                   │   ├── Bienvenu Ade Koulo[520]
                   │   └── Sandra Ade Koulo[521]
                   ├── Marguerite fille de Bertin Ade Koulo[729]
                   ├── Urbain Ade Koulo[730]
                   │   ├── Bertrand Ade Koulo[522]
                   │   ├── Eric Ade Koulo[523]
                   │   └── Marius Ade Koulo[524]
                   ├── Anicette Ade Koulo[731]
                   ├── Helene Ade Koulo[732]
                   └── Alice Ade Koulo[733]

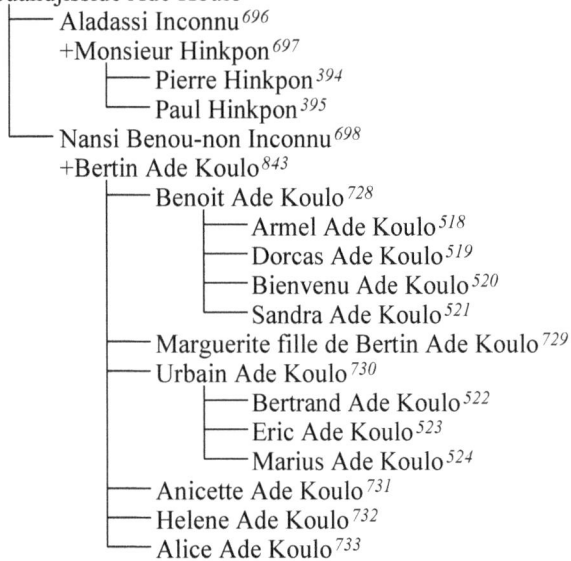

(18)... Adissin Ade Koulo[835]
         +Dame Hogbonouto Inconnu[836]
              ├── Aladassi Daho Ade Koulo[699]
              │   ├── Eugenie Clanon Koulo[396]
              │   ├── Louise Koulo[397]
              │   ├── Adele Koulo[398]
              │   └── Ahandessi Koulo[399]
              ├── Aladassi Kpevi Dayi Medessou Ade Koulo[700]
              └── Marcellin Ade Koulo[701]
                        ├── Mellon Koulo[400]
                        ├── Leonard Ade Koulo[401]
                        ├── Adeline Ade Koulo[402]
                        ├── Anicet Ade Koulo[403]
                        ├── Hugues Ade Koulo[404]
                        ├── Gisele Ade Koulo[405]
                        ├── Armandine Ade Koulo[406]
                        ├── Zita Ade Koulo[407]
                        ├── Nicole Ade Koulo[408]
                        ├── Gerard Ade Koulo[409]
                        ├── Hospice Koulo[410]
                        ├── Elisabeth Ade Koulo[411]
                        ├── Nadege Ade Koulo[412]
                        ├── Herman Ade Koulo[413]
                        ├── Edgard Ade Koulo[414]
                        ├── Opportune Ade Koulo[415]
                        ├── Rene Ade Koulo[416]
                        └── Wenceslas Ade Koulo[417]

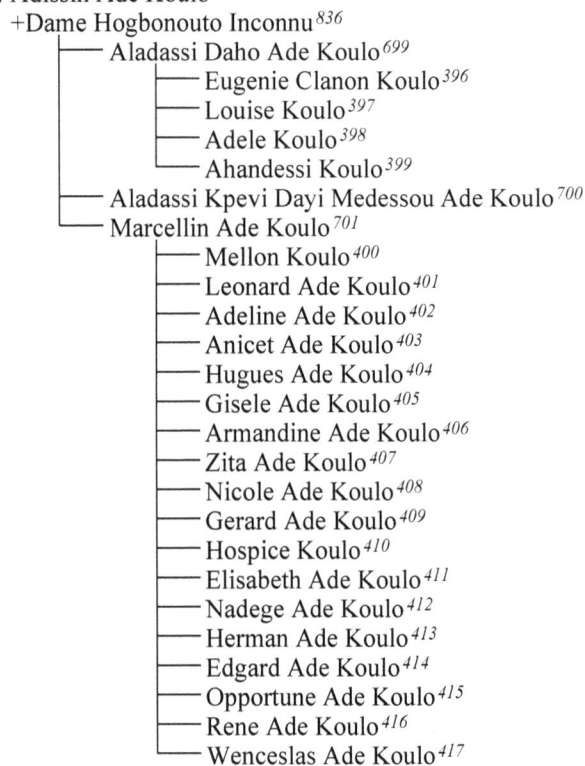

(19)... Pierre (3e Dah) Ade Koulo [838]
- Macaire Ade Koulo [702]
  - Maurice Ade Koulo [418]
  - Gisele Ade Koulo [419]
  - Nina Ade Koulo [420]
  - Macrine Ade Koulo [421]
  - Desire fils de Macaire Ade Koulo [422]
- Richard Dah Ade Koulo [703]
  - Hector Ade Koulo [423]
  - Spero Ade Koulo [424]
  - Sylviane Ade Koulo [425]
  - Hermione Imelda Ade Koulo [426]
  - Armel Ade Koulo [427]
- Mathias Ade Koulo [704]
  - Amos Ade Koulo [428]
  - Grace Ade Koulo [429]
  - Gillius Ade Koulo [430]
  - Lucrece Ade Koulo [431]
  - Senami Ade Koulo [432]
  - Fernando Ade Koulo [433]
  - Dieudonne Ade Koulo [434]
  - Abel Ade Koulo [435]
- Emile Ade Koulo [705]
- Adrien Ade Koulo [706]
  - Justine Ade Koulo [436]
  - Gloria Ade Koulo [437]
  - Claude Ade Koulo [438]
  - Deo Gratias fils d'Adrien Ade Koulo [439]
- Toussaint fils de Pierre Ade Koulo [707]
  - Joachim Ade Koulo [440]
  - Juliette Ade Koulo [441]
  - Anicette Ade Koulo [442]
- Jules Ade Koulo [708]
  - Fropius Ade Koulo [443]
  - Senan Ade Koulo [444]
- Gabin Ade Koulo [709]
  - Donaldo Ade Koulo [445]
  - Hypolite Ade Koulo [446]
  - Sabine Ade Koulo [447]

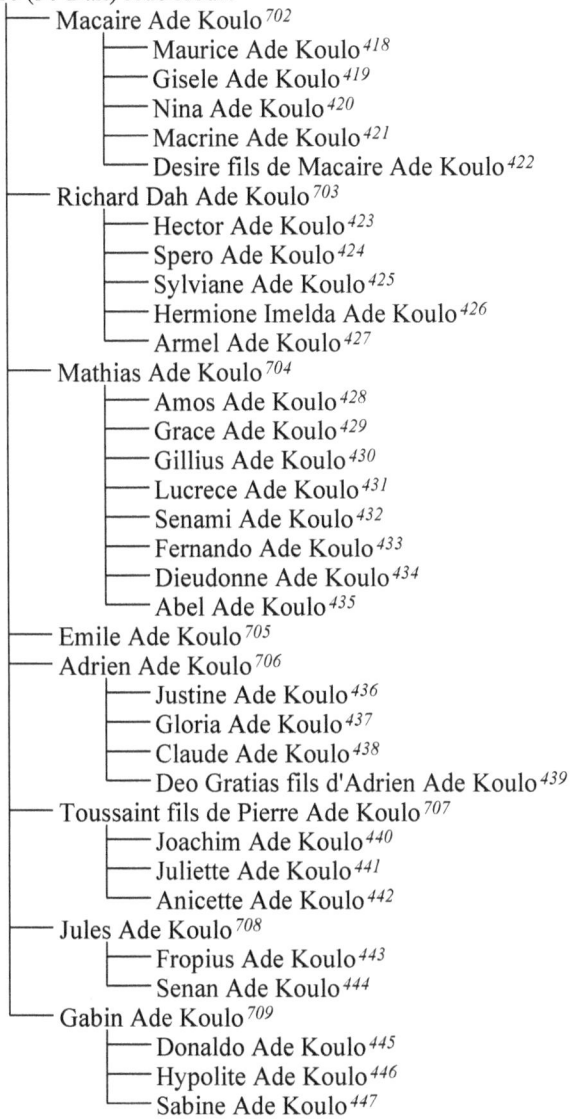

(20)... Houekpon Ade Koulo[839]
    +Epouse de Houekpon Inconnu[840]

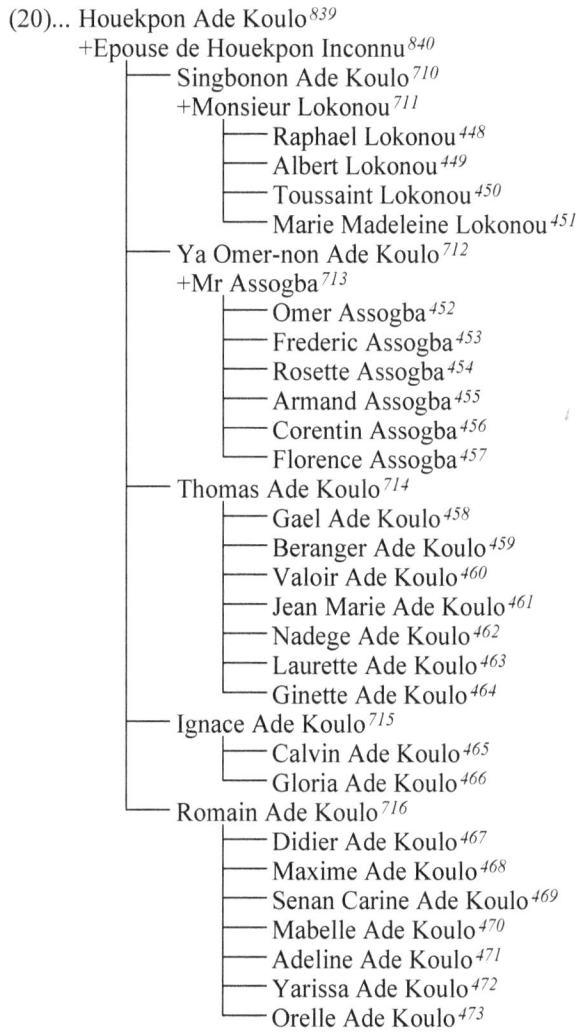

       Singbonon Ade Koulo[710]
       +Monsieur Lokonou[711]
           Raphael Lokonou[448]
           Albert Lokonou[449]
           Toussaint Lokonou[450]
           Marie Madeleine Lokonou[451]
       Ya Omer-non Ade Koulo[712]
       +Mr Assogba[713]
           Omer Assogba[452]
           Frederic Assogba[453]
           Rosette Assogba[454]
           Armand Assogba[455]
           Corentin Assogba[456]
           Florence Assogba[457]
       Thomas Ade Koulo[714]
           Gael Ade Koulo[458]
           Beranger Ade Koulo[459]
           Valoir Ade Koulo[460]
           Jean Marie Ade Koulo[461]
           Nadege Ade Koulo[462]
           Laurette Ade Koulo[463]
           Ginette Ade Koulo[464]
       Ignace Ade Koulo[715]
           Calvin Ade Koulo[465]
           Gloria Ade Koulo[466]
       Romain Ade Koulo[716]
           Didier Ade Koulo[467]
           Maxime Ade Koulo[468]
           Senan Carine Ade Koulo[469]
           Mabelle Ade Koulo[470]
           Adeline Ade Koulo[471]
           Yarissa Ade Koulo[472]
           Orelle Ade Koulo[473]

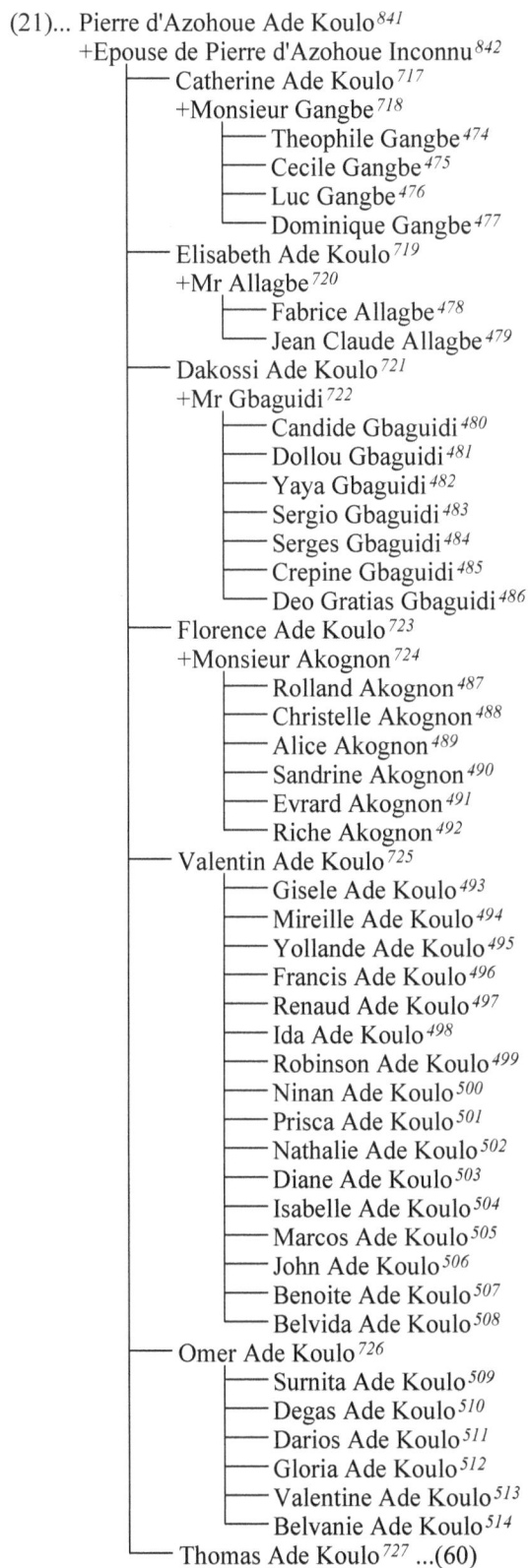

(21)... Pierre d'Azohoue Ade Koulo[841]
    +Epouse de Pierre d'Azohoue Inconnu[842]
        — Catherine Ade Koulo[717]
          +Monsieur Gangbe[718]
             — Theophile Gangbe[474]
             — Cecile Gangbe[475]
             — Luc Gangbe[476]
             — Dominique Gangbe[477]
        — Elisabeth Ade Koulo[719]
        +Mr Allagbe[720]
             — Fabrice Allagbe[478]
             — Jean Claude Allagbe[479]
        — Dakossi Ade Koulo[721]
        +Mr Gbaguidi[722]
             — Candide Gbaguidi[480]
             — Dollou Gbaguidi[481]
             — Yaya Gbaguidi[482]
             — Sergio Gbaguidi[483]
             — Serges Gbaguidi[484]
             — Crepine Gbaguidi[485]
             — Deo Gratias Gbaguidi[486]
        — Florence Ade Koulo[723]
        +Monsieur Akognon[724]
             — Rolland Akognon[487]
             — Christelle Akognon[488]
             — Alice Akognon[489]
             — Sandrine Akognon[490]
             — Evrard Akognon[491]
             — Riche Akognon[492]
        — Valentin Ade Koulo[725]
             — Gisele Ade Koulo[493]
             — Mireille Ade Koulo[494]
             — Yollande Ade Koulo[495]
             — Francis Ade Koulo[496]
             — Renaud Ade Koulo[497]
             — Ida Ade Koulo[498]
             — Robinson Ade Koulo[499]
             — Ninan Ade Koulo[500]
             — Prisca Ade Koulo[501]
             — Nathalie Ade Koulo[502]
             — Diane Ade Koulo[503]
             — Isabelle Ade Koulo[504]
             — Marcos Ade Koulo[505]
             — John Ade Koulo[506]
             — Benoite Ade Koulo[507]
             — Belvida Ade Koulo[508]
        — Omer Ade Koulo[726]
             — Surnita Ade Koulo[509]
             — Degas Ade Koulo[510]
             — Darios Ade Koulo[511]
             — Gloria Ade Koulo[512]
             — Valentine Ade Koulo[513]
             — Belvanie Ade Koulo[514]
        — Thomas Ade Koulo[727] ...(60)

(22)... Felix Ade Koulo[844]
- Theodore Ade Koulo[734]
  - Ezekiel Ade Koulo[525]
  - Elie Ade Koulo[526]
  - Elisee Ade Koulo[527]
  - Ines Ade Koulo[528]
  - Severine Ade Koulo[529]
  - Adolphe Ade Koulo[530]
  - Ruffine Ade Koulo[531]
  - Ruffin Ade Koulo[532]
  - Sergina Ade Koulo[533]
  - Solange fille de Theodore Ade Koulo[534]
  - Flora Ade Koulo[535]
- Gilbert Ade Koulo[735]
  - Nathalie Ade Koulo[536]
  - Christian Ade Koulo[537]
  - Laurence Ade Koulo[538]
  - Cecile Ade Koulo[539]
  - Marius Ade Koulo[540]
  - Anne Marie Ade Koulo[541]
  - Amour Davi Ade Koulo[542]
  - Marina Ade Koulo[543]
  - Emmanuel Ade Koulo[544]
  - Enock Ade Koulo[545]
- Blaise Ade Koulo[736]
  - Fructueux Gerardo Ade Koulo[546]
  - Merik Ade Koulo[547]
  - Melinda Ade Koulo[548]
  - Karl Ade Koulo[549]
  - Fernanda Ade Koulo[550]
- Bernardin Ade Koulo[737]
- Charlemagne Ade Koulo[738]
- Victorine Ade Koulo[739]
- Victoire Ade Koulo[740]
- Florence Ade Koulo[741]
- Solange Ade Koulo[742]
- Justine Ade Koulo[743]

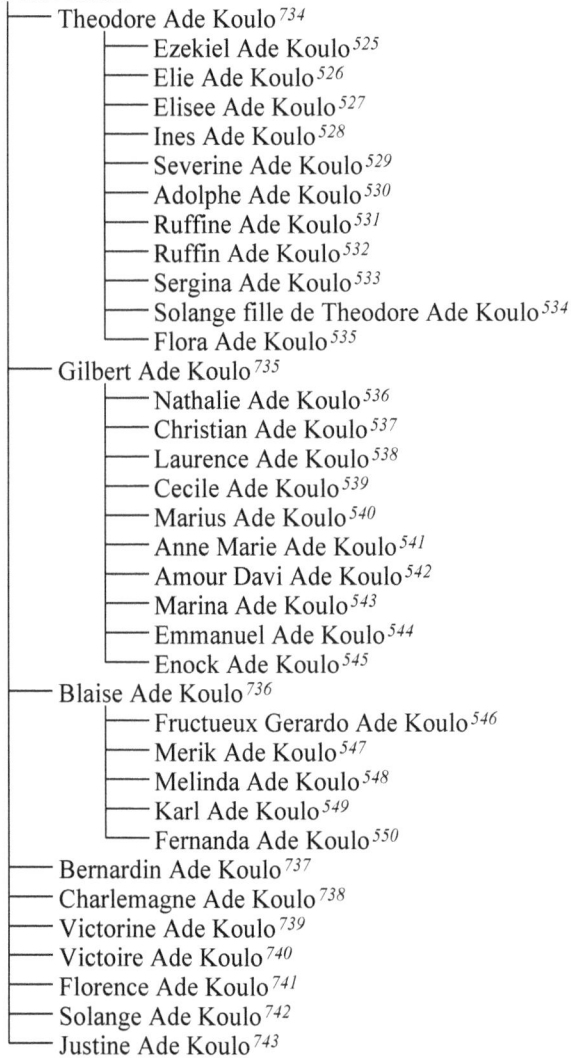

(23)... Tranquillin Ade Koulo[848]
- Didier Ade Koulo[744]
  - Pelagie Ade Koulo[551]
  - Aubierge Ade Koulo[552]
  - Evariste Ade Koulo[553]
- Rock Ade Koulo[745]
- Bonaventure Ade Koulo[746]
  - Rosemonde Ade Koulo[554]
- Desire Ade Koulo[747]
- Benjamin Ade Koulo[748]
- Valerie Ade Koulo[749]

(24)... Victorin Kpevegba Ade Koulo[850]
    Lambert Ade Koulo[750]
        Alphonsine Ade Koulo[555]
        Fiacre Ade Koulo[556]
        Sonya Ade Koulo[557]
        Tatiana Ade Koulo[558]
        Amour Ade Koulo[559]
    Theophile fils de Victorin Ade Koulo[751]
        Edwige Ade Koulo[560]
        Chimene Ade Koulo[561]
        Emmanuel Ade Koulo[562]
        Sidonie Ade Koulo[563]
    Ernest Ade Koulo[752]
        Lucrece fille de Ernest Ade Koulo[564]
        Alexandrine Ade Koulo[565]
        Rodrigue Ade Koulo[566]
        Senan fils de Ernest Ade Koulo[567]
    Nestor Ade Koulo[753]
    Urbain Ade Koulo[754]
    Anselme Ade Koulo[755]
    David fils de Victorin Ade Koulo[756]
    Benjamin Ade Koulo[757]
    Philomene Ade Koulo[758]
    Julienne Ade Koulo[759]
    Francisca Ade Koulo[760]
    Josephine Ade Koulo[761]
    Yvonne Ade Koulo[762]
    Melanie Ade Koulo[763]
    Helene Ade Koulo[764]
    Marguerite fille de Victorin Ade Koulo[765]

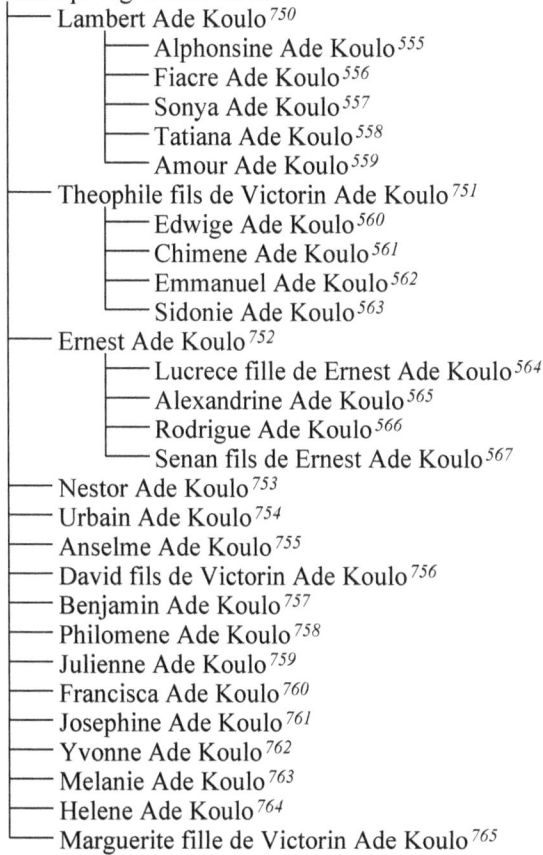

(25)... Akonsonhounde Ade Koulo[851]
    Seha Inconnu[766]
    Nagbotode Inconnu[767]
        Akpeni Lokonon[568]
        Nestor Inconnu[569]
        Tchekofenan Inconnu[570]

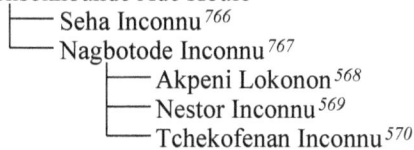

(26)... Atokoukinde Ade Koulo[852]
  +Monsieur Assogba Houehou[853]
    Rene Assogba Houehou[768]
        Myriame Assogba Houehou[571]
        Didier Assogba Houehou[572]
        Luc Assogba Houehou[573]
        Eliane Assogba Houehou[574]
        Rock Assogba Houehou[575]
        Chimene Assogba Houehou[576]
        Eric Assogba Houehou[577]
        Dorcas Assogba Houehou[578]
        Candile Assogba Houehou[579]
        Fiacre Assogba Houehou[580]
        Sonya Assogba Houehou[581]
        Sophia Assogba Houehou[582]
        Sosthenia Assogba Houehou[583]

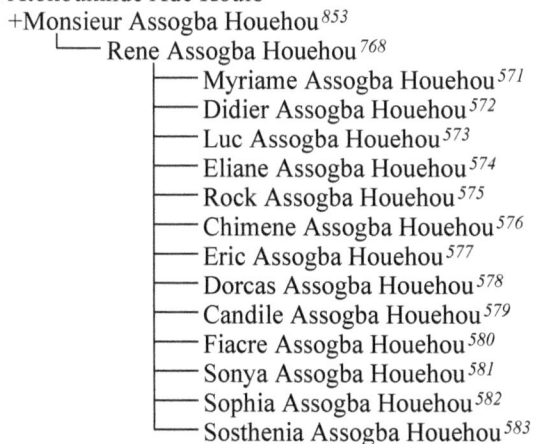

(27)... Soudo Ade Koulo[855]
```
        ┌── Pauline Ade Koulo[770]
        │   +Monsieur Siakpe[771]
        │       ┌── Emmanuella Siakpe[584]
        │       ├── Anne Elysee Siakpe[585]
        │       └── Jean Samuel Siakpe[586]
        └── Elisabeth Ade Koulo[772]
            +Monsieur Akpamoli[773]
                ┌── Caureze Akpamoli[587]
                ├── Carine Akpamoli[588]
                ├── Silpheric Akpamoli[589]
                └── Resaldie Akpamoli[590]
```

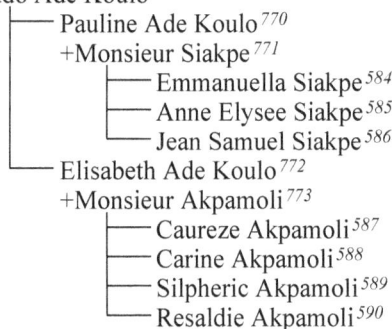

(28)... Akpossi Ade Koulo[856]
```
        ┌── Francoise Assogba[774]
        │       ┌── Pothin Assogba[591]
        │       └── Autres Assogba[592]
        ├── Fabienne Aizannon[775]
        │   +Monsieur Aizannon[776]
        │       ┌── Paulin Aizannon[593]
        │       ├── Pelagie Aizannon[594]
        │       └── Autres Aizannon[595]
        └── Jacqueline Sodokpa[777]
            +Monsieur Sodokpa[778]
                ┌── Sesse Sodokpa[596]
                └── Autres Sodokpa[597]
            +Monsieur Alladaye[779]
                ┌── Damien Alladaye[598]
                └── Cosme Alladaye[599]
```

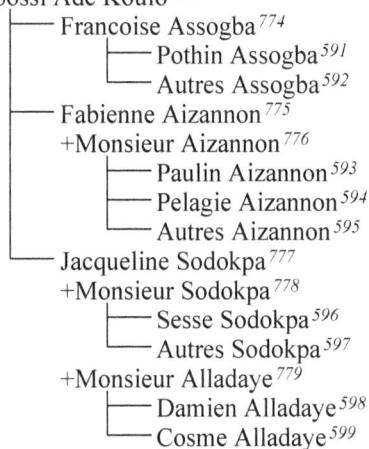

(29)... Kodossi Djeto Ade Koulo[857]
  +Monsieur Kpenou[858]
```
        ┌── Augustin Kpenou[780]
        │   +Epouse de Augustin Kpenou[781]
        │       ┌── Myriam Kpenou[600]
        │       ├── Cyvette Gersiane Kpenou[601]
        │       └── Tete Mael Kpenou[602]
        ├── Anagonou Kpenou[782]
        │       └── Sylvie Djale[603]
        └── Pelagie Kpenou[783]
            +Monsieur Ebanou[784]
                ┌── Marina Ebanou[604]
                ├── Saturnin Ebanou[605]
                ├── Yves Ebanou[606]
                ├── Estelle Ebanou[607]
                └── Dossi Ebanou[608]
```

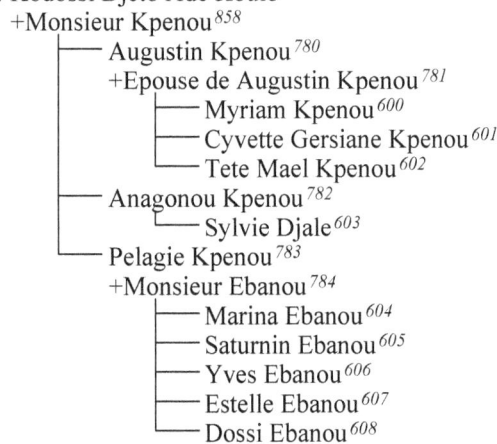

(30)... Ahivetin Ade Koulo[860]
  +Monsieur Atinmakan[861]
```
        ┌── Bernadette Atinmakan[785]
        ├── Joseph Atinmakan[786]
        ├── Antoinette Atinmakan[787]
        └── Denise Atinmakan[788]
```

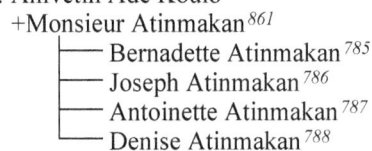

(31)... Dansi Ade Koulo[864]
```
        └── Antoine Ade Koulo[789]
```

(32)... Naga Akoleme Ade Koulo[865]
    ├── Houedanou Inconnu[790]
    └── Houegbelossi Ade Koulo[791]

(33)... Cedriq Boris Tokpo[50]
   +Nirvana Ahouefa Fumey[51]
    ├── Justice Kpedie Yeshoua Tokpo[1]
    └── Lordson Matthew Ireni Tokpo[2]

(34)... Vaida Meryl Tokpo[53]
   +Venance Tonon[54]
    ├── Believe Tonon[3]
    └── Noah Tonon[4]

(35)... Ida Gisele Leocadie Tokpo[187]
   +David Medali[188]
    ├── Dallys-Tom Stalino Medali[57]
    │ +Mireille Philibertovna Dimigou[58]
    │   ├── Andrew Zeus Miraldo Medali[5]
    │   └── Athena Marylys Miraldita Medali[7]
    ├── Meode Altier Anihouvi Medali[59]
    ├── Ezeckiel Fardoll Medali[60]
    └── Emanuelli Medali[61]

(36)... Alvine Tokpo[194]
   +Alain Ahossi[195]
    ├── Ornelya Carine Ahossi[63]
    ├── Ange-Gerard Alaye Ahossi[64]
    └── Aliane Carene Alaye Ahossi[65]

(37)... Blandine Tokpo[196]
   +Leon Noubiyoyo Amoule[197]
    └── Albert Amoule[66]

(38)... Nan Zognidi Sidonie Edwige Tokpo[199]
    +Desire Padonou[200]
        —— Serge Padonou[67]
           +Clothilde Akakpo[68]
             —— Serena Padonou[8]
             —— Tiffany Padonou[9]
        —— Bienvenu Padonou[69]
           +Eunice Gbedevi[70]
             —— Roland Mahougnon Padonou[10]
        —— Estelle Lulu Padonou[71]
           +Monsieur Gbenafa[72]
             —— Nora Gbenafa[11]
             —— Loann Gbenafa[12]
        —— Nadia Senande Padonou[74]
           +Landry Djossou[75]
             —— Oluwafemi Djossou[13]
        —— Marcelle Padonou[76]
           +Rufin Ahoyo[77]
             —— Naline Ahoyo[14]
             —— Rumax Ahoyo[15]
        —— Salome Padonou[78]
           +Simon Dossougouin[79]
             —— Florelle Dossougouin[16]
             —— Sillone Dossougouin[17]
             —— Murielle Dossougouin[18]
             —— Cyara Dossougouin[19]
        —— Achille Padonou[81]
           +Monsieur Johnson[82]
             —— Carmelle Johnson[20]
             —— Carmelia Johnson[21]
        —— Rodolphe Padonou[84]
           +Edwige Ahogbedji[85]
             —— Dieiudonne Padonou[22]
             —— Senami Padonou[23]
             —— Mardochee Padonou[24]

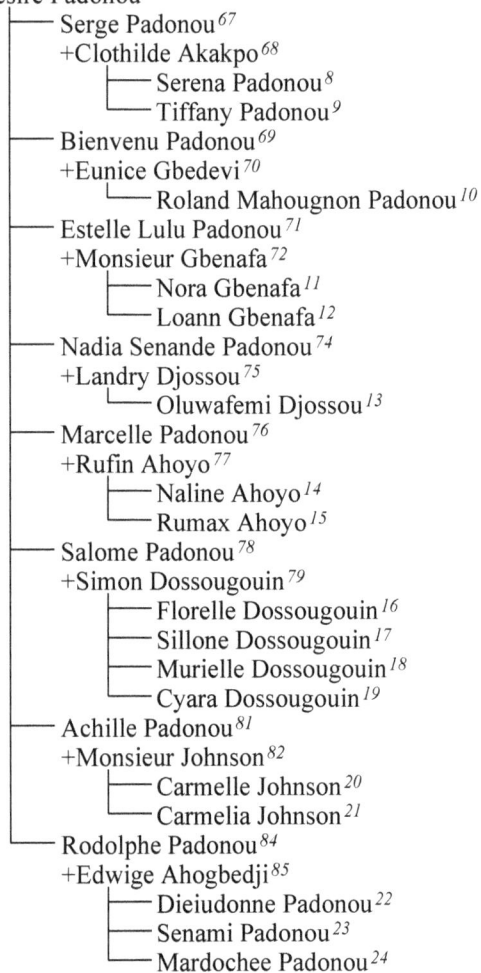

(39)... Rogatienne Damienne Tokpo[202]
    +Sagbo Damien Dossa[204]
        —— Arnold Dossa[87]
        —— Claret Dossa[88]
    +Monsieur Allagbe[205]
        —— Celestin Allagbe[89]
        —— Honorine Yon Allagbe[90]

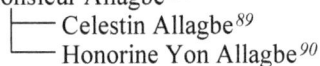

(40)... Eric Lionel Tokpo[207]
    +Delphine Amouzou[208]
        —— Jacques Ruben Tokpo[92]
        —— Robert Matheo Tokpo[93]

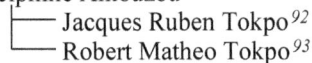

(41)... Laure Andrea Ya-Alatche Tokpo[209]
     +Gaston Houndanon[210]
           ├── Wilfried Houndanon[94]
                ├── Ivanna Houndanon[25]
                └── Exaucee Houndanon[26]
           ├── Constantin Houndanon[95]
           ├── Sandrine Mahugnon Ghislaine Houndanon[96]
           └── Francis Judicael Houndanon[97]
     +Yaovi Bonifacio Edoh[211]
           └── Annick Nico Edoh[98]
              +Severin Yakanon[99]
                ├── Ken Yakanon[27]
                └── Principe Yakanon[28]
              +Jerome Montcho[100]
                └── Charbel Montcho[29]
     +Jules Abobo[212]
           └── Brice Abobo[101]

(42)... Lydie Olga Tokpo[213]
     +Monsieur Pazou[214]
           └── Romuald Pazou[102]
              +Charlotte Pazou[103]
                ├── Osfreed Pazou[30]
                └── Orcelia Pazou[31]
     +Raphael Kakpo[215]
           ├── Arnaud Kakpo[104]
              +Nadia Jean-Marie[105]
                ├── Keylia Kakpo[32]
                ├── Leynna Kakpo[33]
                └── Djayden Kakpo[34]
           ├── Joel Kakpo[106]
              +Sara Bazizi[107]
                ├── Lahna Kakpo[35]
                ├── Selma Kakpo[36]
                ├── Ismael Kakpo[37]
                └── Melya Kakpo[38]
           ├── Melonne Kakpo[108]
           └── Phalyele Kakpo[109]
              +Mory Sylla[110]
                └── Noham Heaven Sylla[39]

(43)... Alain Cyrille Tokpo[216]
     +Francine Bretin[217]
           ├── Gaelle Tokpo[111]
           ├── Gladys Tokpo[112]
              +Orphee Dossou Rekangalt[113]
                └── Kenzo Dossou Rekangalt[40]
           └── Gwendoline Tokpo[114]

(44)... Cletus Tokpo[219]
     +Lydie Hodonou[220]
           ├── Anais Tokpo[115]
           └── Marcus Tokpo[116]
     +Christiane L'Asiatique[221]
           └── Lauren Nhem Tokpo[117]
     +Farida Addala[222]
           ├── Liliane Tokpo[118]
           └── Sofiane Tokpo[119]

(45)... Isabelle Irma Tokpo[223]
     +Placide Codjo[224]
           ├── Celia Codjo[120]
           +Modeste Chaffa[121]
                ├── Amiel Chaffa[41]
                └── Mael Chaffa[42]
           ├── Lionel Codjo[122]
           +Diane Biwouh[123]
                └── Clara Codjo[43]
           └── Thierry Dele Codjo[124]

(46)... Roselyne Nonwegnisse Tokpo[225]
     +Djibril Soulemane[226]
           ├── Aliath Soulemane[126]
           └── Fadel Soulemane[127]

(47)... Francine Houindomabou Tokpo[227]
     +Emannuel Rene Martin Ewagnignon[228]
           └── Maya Ewagnignon[128]

(48)... Stanislas Azandegbe Tokpo[229]
     +Francoise Alokpe[230]
           └── Maeva Tokpo[129]

(49)... Peguy Estelle Tokpo[231]
     +Crysanthe Kpela[232]
           └── Daren Kpela[130]

(50)... Yves Tony Tokpo[233]
     +3rd Wife Tony Tokpo[234]
           └── Enfants 1 2 3 Tony Tokpo[131]
     +Pierrette Sihou[235]
           ├── Lucrece Tony Tokpo[132]
           ├── Hermine Tony Tokpo[133]
           ├── Gloria Tony Tokpo[134]
           ├── Christian Tony Tokpo[135]
           ├── Sabine Tony Tokpo[136]
           +Richard Zinzindohoue[137]
                └── Divine Zinzindohoue[44]
           └── Patou Tony Tokpo[138]
     +Pierrette Sossou[236]
           ├── Herve Tony Tokpo[139]
           +Florence Gninion[140]
                ├── Kenneth Herve Tokpo[45]
                └── Megane Herveline Tokpo[46]
           └── Armel Tony Tokpo[141]

(51)... Solange Petronille Tokpo[237]
     +Claude Amoussou[238]
           └── Elvis Amoussou[143]

(52)... David Megninou Lokassa Tokpo[240]
     +Alice Codjovi[241]
           ├── Kelly Babilas Tokpo[144]
           ├── Harmony Joel Tokpo[145]
           ├── Exaucee Houefa Gracia Tokpo[146]
           └── Reine Esther Fifame Tokpo[147]

(53)... John Augustin Koulo[284]
   ├── Hugues Koulo[158]
   ├── Sergio Koulo[159]
   └── Elvis Jean Claude Koulo[160]

(54)... Eliane Koulo[285]
  +Monsieur Adjanohoun[286]
   ├── Ludine Adjanohoun[161]
   ├── Loic Adjanohoun[162]
   └── Nan Pahou Adjanohoun[163]

(55)... Rosette Koulo[288]
   ├── Edwige Senamon abcd[164]
   ├── Jean Michel abcd[165]
   └── Eunice abcd[166]

(56)... Edonard Koulo[289]
   ├── Regis Koulo[167]
   ├── Jules Koulo[168]
   ├── Liliane Koulo[169]
   ├── Aris Koulo[170]
   └── Ludovic Koulo[171]

(57)... Rodrigue Koulo[290]
   ├── Ashley Koulo[172]
   ├── Gedo Koulo[173]
   └── Evan Koulo[174]

(58)... Nan-Tadjile Eugenie Tine Koulo[657]
  +Monsieur Gahou[658]
   ├── Marcos Gahou[317]
   ├── Richard Gahou[318]
   ├── Anicette Gahou[319]
   ├── Felicienne Gahou[320]
   └── Estelle Gahou[321]

(59)... Henri Koulo[659]
   ├── Brice Koulo[322]
   ├── Armel Koulo[323]
   ├── Ghislain Koulo[324]
   ├── Isabelle Koulo[325]
   ├── Romeo Koulo[326]
   ├── Gildas Koulo[327]
   ├── Hermine Koulo[328]
   ├── Mirabelle Koulo[329]
   └── Fille infirme Koulo[330]

(60)... Thomas Ade Koulo[727]
   ├── Ricardino Ade Koulo[515]
   ├── Caroline Ade Koulo[516]
   └── Marince Ade Koulo[517]

3. RELATIONS DIRECTES

Génération des quatre-fois-arrière-petits-enfants

1. JUSTICE KPEDIE YESHOUA TOKPO (Quatre-fois-arrière-petit-fils d'ADE) est né de Cedriq Boris Tokpo[50] et de Nirvana Ahouefa Fumey[51], comme montré dans l'arbre 1.

2. LORDSON MATTHEW IRENI TOKPO (Quatre-fois-arrière-petit-fils d'ADE) est né de Cedriq Boris Tokpo[50] et de Nirvana Ahouefa Fumey[51], comme montré dans l'arbre 1.

3. BELIEVE TONON (Quatre-fois-arrière-petit-fils d'ADE) est né de Venance Tonon[54] et de Vaida Meryl Tokpo[53], comme montré dans l'arbre 2.

4. NOAH TONON (Quatre-fois-arrière-petit-fils d'ADE) est né de Venance Tonon[54] et de Vaida Meryl Tokpo[53], comme montré dans l'arbre 2.

5. ANDREW ZEUS MIRALDO MEDALI (Quatre-fois-arrière-petit-fils d'ADE) est né le 25 janvier 2017, à New York, USA, de Dallys-Tom Stalino Medali[57] et de Mireille Philibertovna Dimigou[58], comme montré dans l'arbre 3.

6. OLYMPIA ALEXIS OHANIAN (Conjointe du quatre-fois-arrière-petit-fils d'ADE) est née le 1er septembre 2017, à West Palm Beach, Florida, USA, d'Alexis Ohanian et de Serena Jameka Williams.
   Andrew Zeus Miraldo Medali[5] et Olympia Alexis Ohanian sont devenus des compagnons.
   Des informations supplémentaires concernant cette famille. Amis.

7. ATHENA MARYLYS MIRALDITA MEDALI (Quatre-fois-arrière-petite-fille d'ADE) est née le 29 août 2018, à New York, USA, de Dallys-Tom Stalino Medali[57] et de Mireille Philibertovna Dimigou[58], comme montré dans l'arbre 3.

8. SERENA PADONOU (Quatre-fois-arrière-petite-fille d'ADE) est née de Serge Padonou[67] et de Clothilde Akakpo[68], comme montré dans l'arbre 4.

9. TIFFANY PADONOU (Quatre-fois-arrière-petite-fille d'ADE) est née de Serge Padonou[67] et de Clothilde Akakpo[68], comme montré dans l'arbre 4.

10. ROLAND MAHOUGNON PADONOU (Quatre-fois-arrière-petit-fils d'ADE) est né de Bienvenu Padonou[69] et d'Eunice Gbedevi[70], comme montré dans l'arbre 5.

11. NORA GBENAFA (Quatre-fois-arrière-petite-fille d'ADE) est née de Monsieur Gbenafa[72] et d'Estelle Lulu Padonou[71], comme montré dans l'arbre 6.

12. LOANN GBENAFA (Quatre-fois-arrière-petit-fils d'ADE) est né de Monsieur Gbenafa[72] et d'Estelle Lulu Padonou[71], comme montré dans l'arbre 6.

13. OLUWAFEMI DJOSSOU (Quatre-fois-arrière-petit-fils d'ADE) est né de Landry Djossou[75] et de Nadia Senande Padonou[74], comme montré dans l'arbre 7.

14. NALINE AHOYO (Quatre-fois-arrière-petite-fille d'ADE) est née de Rufin Ahoyo[77] et de Marcelle Padonou[76], comme montré dans l'arbre 8.

15. RUMAX AHOYO (Quatre-fois-arrière-petit-fils d'ADE) est né de Rufin Ahoyo[77] et de Marcelle Padonou[76], comme montré dans l'arbre 8.

16. FLORELLE DOSSOUGOUIN (Quatre-fois-arrière-petite-fille d'ADE) est née de Simon Dossougouin[79] et de Salome Padonou[78], comme montré dans l'arbre 9.

17. SILLONE DOSSOUGOUIN (Quatre-fois-arrière-petite-fille d'ADE) est née de Simon Dossougouin[79] et de Salome Padonou[78], comme montré dans l'arbre 9.

18. MURIELLE DOSSOUGOUIN (Quatre-fois-arrière-petite-fille d'ADE) est née de Simon Dossougouin[79] et de Salome Padonou[78], comme montré dans l'arbre 9.

19. CYARA DOSSOUGOUIN (Quatre-fois-arrière-petite-fille d'ADE) est née de Simon Dossougouin[79] et de Salome Padonou[78], comme montré dans l'arbre 9.

20. CARMELLE JOHNSON (Quatre-fois-arrière-petite-fille d'ADE) est née de Monsieur Johnson[82] et d'Achille Padonou[81], comme montré dans l'arbre 10.

21. CARMELIA JOHNSON (Quatre-fois-arrière-petite-fille d'ADE) est née de Monsieur Johnson[82] et d'Achille Padonou[81], comme montré dans l'arbre 10.

22. DIEIUDONNE PADONOU (Quatre-fois-arrière-petit-fils d'ADE) est né de Rodolphe Padonou[84] et d'Edwige Ahogbedji[85], comme montré dans l'arbre 11.

23. SENAMI PADONOU (Quatre-fois-arrière-petite-fille d'ADE) est née de Rodolphe Padonou[84] et d'Edwige Ahogbedji[85], comme montré dans l'arbre 11.

24. MARDOCHEE PADONOU (Quatre-fois-arrière-petit-fils d'ADE) est né de Rodolphe Padonou[84] et d'Edwige Ahogbedji[85], comme montré dans l'arbre 11.

25. IVANNA HOUNDANON (Quatre-fois-arrière-petite-fille d'ADE) est née de Wilfried Houndanon[94], comme montré dans l'arbre 12.

26. EXAUCEE HOUNDANON (Quatre-fois-arrière-petite-fille d'ADE) est née de Wilfried Houndanon[94], comme montré dans l'arbre 12.

27. KEN YAKANON (Quatre-fois-arrière-petit-fils d'ADE) est né de Severin Yakanon[99] et d'Annick Nico Edoh[98], comme montré dans l'arbre 13.

28. PRINCIPE YAKANON (Quatre-fois-arrière-petit-fils d'ADE) est né de Severin Yakanon[99] et d'Annick Nico Edoh[98], comme montré dans l'arbre 13.

29. CHARBEL MONTCHO (Quatre-fois-arrière-petit-fils d'ADE) est né de Jerome Montcho[100] et d'Annick Nico Edoh[98], comme montré dans l'arbre 14.

30. OSFREED PAZOU (Quatre-fois-arrière-petit-fils d'ADE) est né de Romuald Pazou[102] et de Charlotte Pazou[103], comme montré dans l'arbre 15.

31. ORCELIA PAZOU (Quatre-fois-arrière-petite-fille d'ADE) est née le 23 décembre 2016 de Romuald Pazou[102] et de Charlotte Pazou[103], comme montré dans l'arbre 15.

32. KEYLIA KAKPO (Quatre-fois-arrière-petite-fille d'ADE) est née d'Arnaud Kakpo[104] et de Nadia Jean-Marie[105], comme montré dans l'arbre 16.

33. LEYNNA KAKPO (Quatre-fois-arrière-petite-fille d'ADE) est née d'Arnaud Kakpo[104] et de Nadia Jean-Marie[105], comme montré dans l'arbre 16.

34. DJAYDEN KAKPO (Quatre-fois-arrière-petit-fils d'ADE) est né d'Arnaud Kakpo[104] et de Nadia Jean-Marie[105], comme montré dans l'arbre 16.

35. LAHNA KAKPO (Quatre-fois-arrière-petite-fille d'ADE) est née de Joel Kakpo[106] et de Sara Bazizi[107], comme montré dans l'arbre 17.

36. SELMA KAKPO (Quatre-fois-arrière-petite-fille d'ADE) est née de Joel Kakpo[106] et de Sara Bazizi[107], comme montré dans l'arbre 17.

37. ISMAEL KAKPO (Quatre-fois-arrière-petit-fils d'ADE) est né de Joel Kakpo[106] et de Sara Bazizi[107], comme montré dans l'arbre 17.

38. MELYA KAKPO (Quatre-fois-arrière-petite-fille d'ADE) est née de Joel Kakpo[106] et de Sara Bazizi[107], comme montré dans l'arbre 17.

39. NOHAM HEAVEN SYLLA (Quatre-fois-arrière-petit-fils d'ADE) est né le 25 décembre 2016 de Mory Sylla[110] et de Phalyele Kakpo[109], comme montré dans l'arbre 18.

40. KENZO DOSSOU REKANGALT (Quatre-fois-arrière-petit-fils d'ADE) est né le 24 septembre 2016, à Chene-Bougeries, Suisse, d'Orphee Dossou Rekangalt[113] et de Gladys Tokpo[112], comme montré dans l'arbre 19.

41. AMIEL CHAFFA (Quatre-fois-arrière-petit-fils d'ADE) est né de Modeste Chaffa[121] et de Celia Codjo[120], comme montré dans l'arbre 20.

42. MAEL CHAFFA (Quatre-fois-arrière-petit-fils d'ADE) est né de Modeste Chaffa[121] et de Celia Codjo[120], comme montré dans l'arbre 20.

43. CLARA CODJO (Quatre-fois-arrière-petite-fille d'ADE) est née de Lionel Codjo[122] et de Diane Biwouh[123], comme montré dans l'arbre 21.

44. DIVINE ZINZINDOHOUE (Quatre-fois-arrière-petite-fille d'ADE) est née de Richard Zinzindohoue[137] et de Sabine Tony Tokpo[136], comme montré dans l'arbre 22.

45. KENNETH HERVE TOKPO (Quatre-fois-arrière-petit-fils d'ADE) est né à Cotonou de Herve Tony Tokpo[139] et de Florence Gninion[140], comme montré dans l'arbre 23.

46. MEGANE HERVELINE TOKPO (Quatre-fois-arrière-petite-fille d'ADE) est née à Cotonou de Herve Tony Tokpo[139] et de Florence Gninion[140], comme montré dans l'arbre 23.

Génération des arrière-arrière-arrière-petits-enfants

47. ELIE CHRISTIAN EGNON TOKPO (Arrière-arrière-arrière-petit-fils d'ADE) est né de Godefroy Julien Tokpo[182] et d'Eugenie Tossou[183], comme montré dans l'arbre 24. Elie a résidé (ADDR) à Cotonou, Littoral, Benin.

48. MERVEILLE TOKPO (Arrière-arrière-arrière-petite-fille d'ADE) est née de Godefroy Julien Tokpo[182] et d'Eugenie Tossou[183], comme montré dans l'arbre 24.

49. GAEL FENOU GABRIELI TOKPO (Arrière-arrière-arrière-petit-fils d'ADE) est né de Godefroy Julien Tokpo[182] et de Renee Lisette Adenike Prudencio[184], comme montré dans l'arbre 25.

50. CEDRIQ BORIS TOKPO (Arrière-arrière-arrière-petit-fils d'ADE) est né le 2 mai 1987 de Godefroy Julien Tokpo[182] et d'Irene Fifi Zountchegbe[185], comme montré dans l'arbre 26.
    Des informations supplémentaires concernant Cedriq. Email: jesusatoutaccompli@gmail.com.

51. NIRVANA AHOUEFA FUMEY (Femme de l'arrière-arrière-arrière-petit-fils d'ADE) est née de Lucky Fumey et de Georgette Atindegla.
    Cedriq Boris Tokpo[50] a épousé Nirvana Ahouefa Fumey. Ils ont eu deux fils :
       Justice Kpedie Yeshoua Tokpo[1]
       Lordson Matthew Ireni Tokpo[2]
    Cette famille est montrée dans l'arbre 1.

52. YANNICK LERICHE TOKPO (Arrière-arrière-arrière-petit-fils d'ADE) est né de Godefroy Julien Tokpo[182] et de Patricia Adonon[186], comme montré dans l'arbre 27.

53. VAIDA MERYL TOKPO (Arrière-arrière-arrière-petite-fille d'ADE) est née de Godefroy Julien Tokpo[182] et de Patricia Adonon[186], comme montré dans l'arbre 27.

54. VENANCE TONON (Mari de l'arrière-arrière-arrière-petite-fille d'ADE).
    Venance Tonon a épousé Vaida Meryl Tokpo[53]. Ils ont eu deux fils :
       Believe Tonon[3]
       Noah Tonon[4]
    Cette famille est montrée dans l'arbre 2.

55. GODFRIDA CINDY TOKPO (Arrière-arrière-arrière-petite-fille d'ADE) est née de Godefroy Julien Tokpo[182] et de Patricia Adonon[186], comme montré dans l'arbre 27.

56. JULICK TOKPO (Arrière-arrière-arrière-petit-fils d'ADE) est né de Godefroy Julien Tokpo[182] et de Patricia Adonon[186], comme montré dans l'arbre 27.

57. DALLYS-TOM STALINO MEDALI (Arrière-arrière-arrière-petit-fils d'ADE) est né le 1er mai 1987 de David Medali[188] et d'Ida Gisele Leocadie Tokpo[187], comme montré dans l'arbre 28. Dallys-Tom travaillait comme CPA. Il a résidé (ADDR) à New York, New York, United States.
    Des informations supplémentaires concernant Dallys-Tom. Email: dallystom@yahoo.fr.

58. MIREILLE PHILIBERTOVNA DIMIGOU (Femme de l'arrière-arrière-arrière-petit-fils d'ADE) est née le 9 juillet 1986, à Saint Petersburg, Russia, de Philibert Ameyeovo Oviogbo Dimigou et de Yulia Emmanuelovna Sassina.
    Dallys-Tom Stalino Medali[57], âgé de 28 ans, a épousé Mireille Philibertovna Dimigou, âgée de 29 ans, le 12 avril 2016 à Moscou, Russie. Ils ont eu deux enfants :
       Andrew Zeus Miraldo Medali[5] né en 2017
       Athena Marylys Miraldita Medali[7] née en 2018
    Cette famille est montrée dans l'arbre 3.

59. MEODE ALTIER ANIHOUVI MEDALI (Arrière-arrière-arrière-petit-fils d'ADE) est né le 15 janvier 1992, à Abomey, Zou, Benin, de David Medali[188] et d'Ida Gisele Leocadie Tokpo[187], comme montré dans l'arbre 28.
    Des informations supplémentaires concernant Meode. Email: altieramory@yahoo.fr.

60. EZECKIEL FARDOLL MEDALI (Arrière-arrière-arrière-petit-fils d'ADE) est né le 18 novembre 1997, à Cotonou, Littoral, Benin, de David Medali[188] et d'Ida Gisele Leocadie Tokpo[187], comme montré dans l'arbre 28. Des informations supplémentaires concernant Ezeckiel. Email: fardoolllove@yahoo.fr.

61. EMANUELLI MEDALI (Arrière-arrière-arrière-petit-fils d'ADE) est né le 13 avril 2008, à Cotonou, Littoral, Benin, de David Medali[188] et d'Ida Gisele Leocadie Tokpo[187], comme montré dans l'arbre 28.

62. ISMAEL MOBOLADJI JEAN-EUDES FASSASSI (Arrière-arrière-arrière-petit-fils d'ADE) est né à Cotonou, Littoral, Benin de Kamarou Fassassi[191] et de Prisque Claudine Gilberte Tokpo[190], comme montré dans l'arbre 29. Ismael travaillait comme Student. Il a résidé (ADDR) à Cotonou, Littoral, Benin.

63. ORNELYA CARINE AHOSSI (Arrière-arrière-arrière-petite-fille d'ADE) est née le 28 avril 2000, à Cotonou, Littoral, Benin, d'Alain Ahossi[195] et d'Alvine Tokpo[194], comme montré dans l'arbre 30. Ornelya travaillait comme Student. Elle a résidé (ADDR) à Cotonou, Littoral, Benin.

64. ANGE-GERARD ALAYE AHOSSI (Arrière-arrière-arrière-petit-fils d'ADE) est né le 27 janvier 2002 d'Alain Ahossi[195] et d'Alvine Tokpo[194], comme montré dans l'arbre 30. Ange-Gerard travaillait comme Student. Il a résidé (ADDR) à Cotonou, Littoral, Benin.

65. ALIANE CARENE ALAYE AHOSSI (Arrière-arrière-arrière-petite-fille d'ADE) est née le 7 septembre 2004 d'Alain Ahossi[195] et d'Alvine Tokpo[194], comme montré dans l'arbre 30. Aliane a résidé (ADDR) à Cotonou, Littoral, Benin.

66. ALBERT AMOULE (Arrière-arrière-arrière-petit-fils d'ADE) est né de Leon Noubiyoyo Amoule[197] et de Blandine Tokpo[196], comme montré dans l'arbre 31.

67. SERGE PADONOU (Arrière-arrière-arrière-petit-fils d'ADE) est né de Desire Padonou[200] et de Nan Zognidi Sidonie Edwige Tokpo[199], comme montré dans l'arbre 32. Serge travaillait comme Artist. Il a résidé (ADDR) à Cotonou, Littoral, Benin.

68. CLOTHILDE AKAKPO (Femme de l'arrière-arrière-arrière-petit-fils d'ADE).
> Serge Padonou[67] a épousé Clothilde Akakpo. Ils ont eu deux filles :
>> Serena Padonou[8]
>> Tiffany Padonou[9]
> *Cette famille est montrée dans l'arbre 4.*

69. BIENVENU PADONOU (Arrière-arrière-arrière-petit-fils d'ADE) est né de Desire Padonou[200] et de Nan Zognidi Sidonie Edwige Tokpo[199], comme montré dans l'arbre 32.

70. EUNICE GBEDEVI (Femme de l'arrière-arrière-arrière-petit-fils d'ADE).
> Bienvenu Padonou[69] a épousé Eunice Gbedevi. Ils ont eu un fils :
>> Roland Mahougnon Padonou[10]
> *Cette famille est montrée dans l'arbre 5.*

71. ESTELLE LULU PADONOU (Arrière-arrière-arrière-petite-fille d'ADE) est née de Desire Padonou[200] et de Nan Zognidi Sidonie Edwige Tokpo[199], comme montré dans l'arbre 32.
> Estelle a été mariée deux fois. Elle a épousé Monsieur Gbenafa[72] et Gilles Sodonon[73].

72. MONSIEUR GBENAFA (Mari de l'arrière-arrière-arrière-petite-fille d'ADE). Il est décédé.
> Monsieur Gbenafa a épousé Estelle Lulu Padonou[71]. Ils ont eu deux enfants :
>> Nora Gbenafa[11]
>> Loann Gbenafa[12]
> *Cette famille est montrée dans l'arbre 6.*

73. GILLES SODONON (Mari de l'arrière-arrière-arrière-petite-fille d'ADE).
> Gilles a été marié deux fois. Il a épousé Estelle Lulu Padonou[71] et Christiane Tokpassi.
> Gilles Sodonon a épousé Estelle Lulu Padonou[71].
> Gilles Sodonon a épousé Christiane Tokpassi.
> Des informations supplémentaires concernant cette famille. Séparation.

74. NADIA SENANDE PADONOU (Arrière-arrière-arrière-petite-fille d'ADE) est née de Desire Padonou[200] et de Nan Zognidi Sidonie Edwige Tokpo[199], comme montré dans l'arbre 32.

75. LANDRY DJOSSOU (Mari de l'arrière-arrière-arrière-petite-fille d'ADE).
> Landry Djossou a épousé Nadia Senande Padonou[74]. Ils ont eu un fils :
>> Oluwafemi Djossou[13]
> *Cette famille est montrée dans l'arbre 7.*

76. MARCELLE PADONOU (Arrière-arrière-arrière-petite-fille d'ADE) est née de Desire Padonou[200] et de Nan Zognidi Sidonie Edwige Tokpo[199], comme montré dans l'arbre 32.

77. RUFIN AHOYO (Mari de l'arrière-arrière-arrière-petite-fille d'ADE) est né d'Alberic Ahoyo. Il est décédé (Accident).
> Rufin Ahoyo a épousé Marcelle Padonou[76]. Ils ont eu deux enfants :
>> Naline Ahoyo[14]
>> Rumax Ahoyo[15]
> *Cette famille est montrée dans l'arbre 8.*

78. SALOME PADONOU (Arrière-arrière-arrière-petite-fille d'ADE) est née de Desire Padonou[200] et de Nan Zognidi Sidonie Edwige Tokpo[199], comme montré dans l'arbre 32.
> Salome a été mariée deux fois. Elle a épousé Simon Dossougouin[79] et Dah Sodjo[80].

79. SIMON DOSSOUGOUIN (Mari de l'arrière-arrière-arrière-petite-fille d'ADE). Simon travaillait comme Declarant en Douanes a Cotonou.
> Simon Dossougouin a épousé Salome Padonou[78]. Ils ont eu quatre filles :
>> Florelle Dossougouin[16]
>> Sillone Dossougouin[17]

      Murielle Dossougouin[18]
      Cyara Dossougouin[19]
     Cette famille est montrée dans l'arbre 9.
80. DAH SODJO (Mari de l'arrière-arrière-arrière-petite-fille d'ADE).
     Dah Sodjo a épousé Salome Padonou[78].

81. ACHILLE PADONOU (Arrière-arrière-arrière-petite-fille d'ADE) est née de Desire Padonou[200] et de Nan Zognidi Sidonie
     Edwige Tokpo[199], comme montré dans l'arbre 32.
     Achille a été mariée deux fois. Elle a épousé Monsieur Johnson[82] et Louis Zannou[83].

82. MONSIEUR JOHNSON (Mari de l'arrière-arrière-arrière-petite-fille d'ADE). Il est décédé.
     Monsieur Johnson a épousé Achille Padonou[81]. Ils ont eu deux filles :
      Carmelle Johnson[20]
      Carmelia Johnson[21]
     Cette famille est montrée dans l'arbre 10.
83. LOUIS ZANNOU (Mari de l'arrière-arrière-arrière-petite-fille d'ADE). Il est décédé.
     Louis Zannou a épousé Achille Padonou[81].

84. RODOLPHE PADONOU (Arrière-arrière-arrière-petit-fils d'ADE) est né de Desire Padonou[200] et de Nan Zognidi Sidonie
     Edwige Tokpo[199], comme montré dans l'arbre 32. Rodolphe est également connu sous le nom de "L'homme du Burkina".
     Rodolphe a été marié deux fois. Il a épousé Edwige Ahogbedji[85] et Femme du Burkina Inconnu[86].
85. EDWIGE AHOGBEDJI (Femme de l'arrière-arrière-arrière-petit-fils d'ADE).
     Rodolphe Padonou[84] a épousé Edwige Ahogbedji. Ils ont eu trois enfants :
      Dieiudonne Padonou[22]
      Senami Padonou[23]
      Mardochee Padonou[24]
     Cette famille est montrée dans l'arbre 11.
86. FEMME DU BURKINA INCONNU (Femme de l'arrière-arrière-arrière-petit-fils d'ADE).
     Rodolphe Padonou[84] a épousé Femme du Burkina Inconnu.
     Des informations supplémentaires concernant cette famille. Séparation.

87. ARNOLD DOSSA (Arrière-arrière-arrière-petit-fils d'ADE) est né de Sagbo Damien Dossa[204] et de Rogatienne Damienne
     Tokpo[202], comme montré dans l'arbre 33.

88. CLARET DOSSA (Arrière-arrière-arrière-petit-fils d'ADE) est né de Sagbo Damien Dossa[204] et de Rogatienne Damienne
     Tokpo[202], comme montré dans l'arbre 33.

89. CELESTIN ALLAGBE (Arrière-arrière-arrière-petit-fils d'ADE) est né de Monsieur Allagbe[205] et de Rogatienne Damienne
     Tokpo[202], comme montré dans l'arbre 34.

90. HONORINE YON ALLAGBE (Arrière-arrière-arrière-petite-fille d'ADE) est née de Monsieur Allagbe[205] et de Rogatienne
     Damienne Tokpo[202], comme montré dans l'arbre 34.

91. PARFAIT VIDECE COMAHOUE DANSOU (Mari de l'arrière-arrière-arrière-petite-fille d'ADE) est né de Monsieur Comahoue
     Dansou et de Madame Sika Hounkpati.
     Parfait Videce Comahoue Dansou a épousé Honorine Yon Allagbe[90] le 13 mai 2017 à Cotonou, Littoral, Benin.

92. JACQUES RUBEN TOKPO (Arrière-arrière-arrière-petit-fils d'ADE) est né d'Eric Lionel Tokpo[207] et de Delphine
     Amouzou[208], comme montré dans l'arbre 35.

93. ROBERT MATHEO TOKPO (Arrière-arrière-arrière-petit-fils d'ADE) est né d'Eric Lionel Tokpo[207] et de Delphine
     Amouzou[208], comme montré dans l'arbre 35.

94. WILFRIED HOUNDANON (Arrière-arrière-arrière-petit-fils d'ADE) est né de Gaston Houndanon[210] et de Laure Andrea Ya-Alatche Tokpo[209], comme montré dans l'arbre 36. Wilfried travaillait comme receveur a la poste du benin, ex-tailleur. Il a résidé (ADDR). Il a résidé (PHON) à; Téléphone: +22996077938.

         Wilfried a engendré deux filles :
>> Ivanna Houndanon[25]
>> Exaucee Houndanon[26]

         Cette famille est montrée dans l'arbre 12.

95. CONSTANTIN HOUNDANON (Arrière-arrière-arrière-petit-fils d'ADE) est né de Gaston Houndanon[210] et de Laure Andrea Ya-Alatche Tokpo[209], comme montré dans l'arbre 36.

96. SANDRINE MAHUGNON GHISLAINE HOUNDANON (Arrière-arrière-arrière-petite-fille d'ADE) est née de Gaston Houndanon[210] et de Laure Andrea Ya-Alatche Tokpo[209], comme montré dans l'arbre 36.

97. FRANCIS JUDICAEL HOUNDANON (Arrière-arrière-arrière-petit-fils d'ADE) est né de Gaston Houndanon[210] et de Laure Andrea Ya-Alatche Tokpo[209], comme montré dans l'arbre 36.

98. ANNICK NICO EDOH (Arrière-arrière-arrière-petite-fille d'ADE) est née le 2 janvier 1975 de Yaovi Bonifacio Edoh[211] et de Laure Andrea Ya-Alatche Tokpo[209], comme montré dans l'arbre 37.

         Annick a été mariée deux fois. Elle a épousé Severin Yakanon[99] et Jerome Montcho[100].

99. SEVERIN YAKANON (Mari de l'arrière-arrière-arrière-petite-fille d'ADE).

         Severin Yakanon a épousé Annick Nico Edoh[98]. Ils ont eu deux fils :
>> Ken Yakanon[27]
>> Principe Yakanon[28]

         Cette famille est montrée dans l'arbre 13.

100. JEROME MONTCHO (Mari de l'arrière-arrière-arrière-petite-fille d'ADE). Il est décédé.

         Jerome Montcho a épousé Annick Nico Edoh[98]. Ils ont eu un fils :
>> Charbel Montcho[29]

         Cette famille est montrée dans l'arbre 14.

101. BRICE ABOBO (Arrière-arrière-arrière-petit-fils d'ADE) est né de Jules Abobo[212] et de Laure Andrea Ya-Alatche Tokpo[209], comme montré dans l'arbre 38. Il est décédé.

102. ROMUALD PAZOU (Arrière-arrière-arrière-petit-fils d'ADE) est né le 7 février 1975 de Monsieur Pazou[214] et de Lydie Olga Tokpo[213], comme montré dans l'arbre 39.

103. CHARLOTTE PAZOU (Femme de l'arrière-arrière-arrière-petit-fils d'ADE).
    Romuald Pazou[102] a épousé Charlotte Pazou. Ils ont eu deux enfants :
        Osfreed Pazou[30]
        Orcelia Pazou[31] née en 2016
    Cette famille est montrée dans l'arbre 15.

104. ARNAUD KAKPO (Arrière-arrière-arrière-petit-fils d'ADE) est né le 19 décembre 1978 de Raphael Kakpo[215] et de Lydie Olga Tokpo[213], comme montré dans l'arbre 40.

105. NADIA JEAN-MARIE (Femme de l'arrière-arrière-arrière-petit-fils d'ADE).
    Arnaud Kakpo[104] a épousé Nadia Jean-Marie. Ils ont eu trois enfants :
        Keylia Kakpo[32]
        Leynna Kakpo[33]
        Djayden Kakpo[34]
    Cette famille est montrée dans l'arbre 16.

106. JOEL KAKPO (Arrière-arrière-arrière-petit-fils d'ADE) est né le 24 juillet 1981 de Raphael Kakpo[215] et de Lydie Olga Tokpo[213], comme montré dans l'arbre 40.
107. SARA BAZIZI (Femme de l'arrière-arrière-arrière-petit-fils d'ADE).
    Joel Kakpo[106] a épousé Sara Bazizi. Ils ont eu quatre enfants :
        Lahna Kakpo[35]
        Selma Kakpo[36]
        Ismael Kakpo[37]
        Melya Kakpo[38]
    Cette famille est montrée dans l'arbre 17.

108. MELONNE KAKPO (Arrière-arrière-arrière-petite-fille d'ADE) est née le 18 mai 1983 de Raphael Kakpo[215] et de Lydie Olga Tokpo[213], comme montré dans l'arbre 40. Melonne a résidé (ADDR) à Paris, Île-de-France, France.

109. PHALYELE KAKPO (Arrière-arrière-arrière-petite-fille d'ADE) est née le 21 avril 1991 de Raphael Kakpo[215] et de Lydie Olga Tokpo[213], comme montré dans l'arbre 40. Phalyele a résidé (ADDR) à Cotonou, Littoral, Benin.

110. MORY SYLLA (Mari de l'arrière-arrière-arrière-petite-fille d'ADE).
    Note : *Cote d'Ivoire et France.*
    Mory Sylla a épousé Phalyele Kakpo[109]. Ils ont eu un fils :
        Noham Heaven Sylla[39] né en 2016
    Cette famille est montrée dans l'arbre 18.

111. GAELLE TOKPO (Arrière-arrière-arrière-petite-fille d'ADE) est née le 16 juin 1983, à Paris, Île-de-France, France, d'Alain Cyrille Tokpo[216] et de Francine Bretin[217], comme montré dans l'arbre 41. Gaelle a résidé (ADDR) à Sydney, New South Wales, Australia.

112. GLADYS TOKPO (Arrière-arrière-arrière-petite-fille d'ADE) est née le 14 avril 1988, à Beaumont-sur-Oise, France, d'Alain Cyrille Tokpo[216] et de Francine Bretin[217], comme montré dans l'arbre 41. Gladys travaillait comme Accountant. Elle a résidé (ADDR) à Geneva, Geneva, Switzerland.

113. ORPHEE DOSSOU REKANGALT (Mari de l'arrière-arrière-arrière-petite-fille d'ADE) est né le 17 février 1984, à Port-Gentil, Gabon, de Samuel Aworet Dossou et de Yvette Ngwelivo Rekangalt. Orphee a résidé (ADDR) à Geneva, Geneva, Switzerland.
> Orphee Dossou Rekangalt a épousé Gladys Tokpo[112]. Ils ont eu un fils :
> > Kenzo Dossou Rekangalt[40] né en 2016
> *Cette famille est montrée dans l'arbre 19.*

114. GWENDOLINE TOKPO (Arrière-arrière-arrière-petite-fille d'ADE) est née le 10 février 1990, à Paris, Île-de-France, France, d'Alain Cyrille Tokpo[216] et de Francine Bretin[217], comme montré dans l'arbre 41. Gwendoline a résidé (ADDR) à Paris, Île-de-France, France.

115. ANAIS TOKPO (Arrière-arrière-arrière-petite-fille d'ADE) est née de Cletus Tokpo[219] et de Lydie Hodonou[220], comme montré dans l'arbre 42.

116. MARCUS TOKPO (Arrière-arrière-arrière-petit-fils d'ADE) est né de Cletus Tokpo[219] et de Lydie Hodonou[220], comme montré dans l'arbre 42.

117. LAUREN NHEM TOKPO (Arrière-arrière-arrière-petite-fille d'ADE) est née de Cletus Tokpo[219] et de Christiane L'Asiatique[221], comme montré dans l'arbre 43.

118. LILIANE TOKPO (Arrière-arrière-arrière-petite-fille d'ADE) est née de Cletus Tokpo[219] et de Farida Addala[222], comme montré dans l'arbre 44. Liliane a résidé (ADDR) à Paris, Île-de-France, France.

119. SOFIANE TOKPO (Arrière-arrière-arrière-petit-fils d'ADE) est né de Cletus Tokpo[219] et de Farida Addala[222], comme montré dans l'arbre 44.

120. CELIA CODJO (Arrière-arrière-arrière-petite-fille d'ADE) est née de Placide Codjo[224] et d'Isabelle Irma Tokpo[223], comme montré dans l'arbre 45.

121. MODESTE CHAFFA (Mari de l'arrière-arrière-arrière-petite-fille d'ADE).

        Modeste Chaffa a épousé Celia Codjo[120]. Ils ont eu deux fils :
           Amiel Chaffa[41]
           Mael Chaffa[42]
        Cette famille est montrée dans l'arbre 20.

122. LIONEL CODJO (Arrière-arrière-arrière-petit-fils d'ADE) est né de Placide Codjo[224] et d'Isabelle Irma Tokpo[223], comme montré dans l'arbre 45.

123. DIANE BIWOUH (Femme de l'arrière-arrière-arrière-petit-fils d'ADE).
        Lionel Codjo[122] a épousé Diane Biwouh. Ils ont eu une fille :
           Clara Codjo[43]
        Cette famille est montrée dans l'arbre 21.

124. THIERRY DELE CODJO (Arrière-arrière-arrière-petit-fils d'ADE) est né à Cotonou, Littoral, Benin de Placide Codjo[224] et d'Isabelle Irma Tokpo[223], comme montré dans l'arbre 45. Thierry a résidé (ADDR) à Paris, Île-de-France, France.

125. FEMME ALGERIENNE (Femme de l'arrière-arrière-arrière-petit-fils d'ADE).
        Thierry Dele Codjo[124] a épousé Femme Algerienne.

126. ALIATH SOULEMANE (Arrière-arrière-arrière-petite-fille d'ADE) est née le 3 avril 2004 de Djibril Soulemane[226] et de Roselyne Nonwegnisse Tokpo[225], comme montré dans l'arbre 46.

127. FADEL SOULEMANE (Arrière-arrière-arrière-petit-fils d'ADE) est né le 20 avril 2007 de Djibril Soulemane[226] et de Roselyne Nonwegnisse Tokpo[225], comme montré dans l'arbre 46.

128. MAYA EWAGNIGNON (Arrière-arrière-arrière-petite-fille d'ADE) est née le 9 mai 2016 d'Emannuel Rene Martin Ewagnignon[228] et de Francine Houindomabou Tokpo[227], comme montré dans l'arbre 47.

129. MAEVA TOKPO (Arrière-arrière-arrière-petite-fille d'ADE) est née de Stanislas Azandegbe Tokpo[229] et de Francoise Alokpe[230], comme montré dans l'arbre 48.

130. DAREN KPELA (Arrière-arrière-arrière-petit-fils d'ADE) est né de Crysanthe Kpela[232] et de Peguy Estelle Tokpo[231], comme montré dans l'arbre 49.

131. ENFANTS 1 2 3 TONY TOKPO (Arrière-arrière-arrière-petit-fils d'ADE) est né de Yves Tony Tokpo[233] et d'3rd Wife Tony Tokpo[234], comme montré dans l'arbre 50.

132. LUCRECE TONY TOKPO (Arrière-arrière-arrière-petite-fille d'ADE) est née de Yves Tony Tokpo[233] et de Pierrette Sihou[235], comme montré dans l'arbre 51. Elle est décédée.

133. HERMINE TONY TOKPO (Arrière-arrière-arrière-petite-fille d'ADE) est née de Yves Tony Tokpo[233] et de Pierrette Sihou[235], comme montré dans l'arbre 51.

134. GLORIA TONY TOKPO (Arrière-arrière-arrière-petite-fille d'ADE) est née de Yves Tony Tokpo[233] et de Pierrette Sihou[235], comme montré dans l'arbre 51.

135. CHRISTIAN TONY TOKPO (Arrière-arrière-arrière-petit-fils d'ADE) est né de Yves Tony Tokpo[233] et de Pierrette Sihou[235], comme montré dans l'arbre 51.

136. SABINE TONY TOKPO (Arrière-arrière-arrière-petite-fille d'ADE) est née de Yves Tony Tokpo[233] et de Pierrette Sihou[235], comme montré dans l'arbre 51.

137. RICHARD ZINZINDOHOUE (Mari de l'arrière-arrière-arrière-petite-fille d'ADE).
    Richard Zinzindohoue a épousé Sabine Tony Tokpo[136]. Ils ont eu une fille :
        Divine Zinzindohoue[44]
    Cette famille est montrée dans l'arbre 22.

138. PATOU TONY TOKPO (Arrière-arrière-arrière-petite-fille d'ADE) est née de Yves Tony Tokpo[233] et de Pierrette Sihou[235], comme montré dans l'arbre 51. Elle est décédée.

139. HERVE TONY TOKPO (Arrière-arrière-arrière-petit-fils d'ADE) est né de Yves Tony Tokpo[233] et de Pierrette Sossou[236], comme montré dans l'arbre 52.

140. FLORENCE GNINION (Femme de l'arrière-arrière-arrière-petit-fils d'ADE).
    Herve Tony Tokpo[139] a épousé Florence Gninion. Ils ont eu deux enfants :
        Kenneth Herve Tokpo[45]
        Megane Herveline Tokpo[46]
    Cette famille est montrée dans l'arbre 23.

141. ARMEL TONY TOKPO (Arrière-arrière-arrière-petit-fils d'ADE) est né de Yves Tony Tokpo[233] et de Pierrette Sossou[236], comme montré dans l'arbre 52. Armel travaillait comme agent touristique. Il a résidé (ADDR). Il a résidé (PHON) à; Téléphone: +22997095508.

142. ODILE SOGNON (Femme de l'arrière-arrière-arrière-petit-fils d'ADE).
    Armel Tony Tokpo[141] a épousé Odile Sognon.

143. ELVIS AMOUSSOU (Arrière-arrière-arrière-petit-fils d'ADE) est né de Claude Amoussou[238] et de Solange Petronille Tokpo[237], comme montré dans l'arbre 53. Il est décédé.

144. KELLY BABILAS TOKPO (Arrière-arrière-arrière-petit-fils d'ADE) est né en 2002 de David Megninou Lokassa Tokpo[240] et d'Alice Codjovi[241], comme montré dans l'arbre 54.

145. HARMONY JOEL TOKPO (Arrière-arrière-arrière-petit-fils d'ADE) est né de David Megninou Lokassa Tokpo[240] et d'Alice Codjovi[241], comme montré dans l'arbre 54.
    Note : *ne a St Gabriel Vasseho, Ouidah (maternite beaux bebes).*

146. EXAUCEE HOUEFA GRACIA TOKPO (Arrière-arrière-arrière-petite-fille d'ADE) est née de David Megninou Lokassa Tokpo[240] et d'Alice Codjovi[241], comme montré dans l'arbre 54.

147. REINE ESTHER FIFAME TOKPO (Arrière-arrière-arrière-petite-fille d'ADE) est née de David Megninou Lokassa Tokpo[240] et d'Alice Codjovi[241], comme montré dans l'arbre 54.

148. 2 ENFANTS DE DENISE TOKPO (Arrière-arrière-arrière-petit-fils d'ADE) est né de Denise Tokpo[243], comme montré dans l'arbre 55.

149. FREDDY COSSOU (Arrière-arrière-arrière-petit-fils d'ADE) est né de Monsieur Cossou[261] et de Ghislaine Henedine Degbe Agoli-Agbo[260], comme montré dans l'arbre 56.

150. YOLAINE COSSOU (Arrière-arrière-arrière-petite-fille d'ADE) est née de Monsieur Cossou[261] et de Ghislaine Henedine Degbe Agoli-Agbo[260], comme montré dans l'arbre 56.

151. GAEL MENSAH (Arrière-arrière-arrière-petit-fils d'ADE) est né de Barnabe Mensah[267] et d'Eliane Olga Degbe Agoli-Agbo[266], comme montré dans l'arbre 57.

152. MEOLA YAHOUEDEHOU (Arrière-arrière-arrière-petite-fille d'ADE) est née de Bertin Yahouedehou[269] et de Louisette Martine Degbe Agoli-Agbo[268], comme montré dans l'arbre 58.

153. CARLOS ADATIN (Arrière-arrière-arrière-petit-fils d'ADE) est né de Casimir Adatin[273] et d'Imelda C. Nan Agbokpanou Agoli-Agbo Degbe[272], comme montré dans l'arbre 59.

154. NEIGE ADATIN (Arrière-arrière-arrière-petite-fille d'ADE) est née de Casimir Adatin[273] et d'Imelda C. Nan Agbokpanou Agoli-Agbo Degbe[272], comme montré dans l'arbre 59.

155. YVAN ADATIN (Arrière-arrière-arrière-petit-fils d'ADE) est né de Casimir Adatin[273] et d'Imelda C. Nan Agbokpanou Agoli-Agbo Degbe[272], comme montré dans l'arbre 59.

156. YASMINE GBAGUIDI (Arrière-arrière-arrière-petite-fille d'ADE) est née de Monsieur Gbaguidi[282] et de Louise Koulo[281], comme montré dans l'arbre 60.

157. HELIM TEBE (Arrière-arrière-arrière-petit-fils d'ADE) est né de Mbai Tebe[283] et de Louise Koulo[281], comme montré dans l'arbre 61.

158. HUGUES KOULO (Arrière-arrière-arrière-petit-fils d'ADE) est né de John Augustin Koulo[284], comme montré dans l'arbre 62.

159. SERGIO KOULO (Arrière-arrière-arrière-petit-fils d'ADE) est né de John Augustin Koulo[284], comme montré dans l'arbre 62.

160. ELVIS JEAN CLAUDE KOULO (Arrière-arrière-arrière-petit-fils d'ADE) est né de John Augustin Koulo[284], comme montré dans l'arbre 62.

161. LUDINE ADJANOHOUN (Arrière-arrière-arrière-petite-fille d'ADE) est née de Monsieur Adjanohoun[286] et d'Eliane Koulo[285], comme montré dans l'arbre 63.

162. LOIC ADJANOHOUN (Arrière-arrière-arrière-petit-fils d'ADE) est né de Monsieur Adjanohoun[286] et d'Eliane Koulo[285], comme montré dans l'arbre 63.

163. NAN PAHOU ADJANOHOUN (Arrière-arrière-arrière-petite-fille d'ADE) est née de Monsieur Adjanohoun[286] et d'Eliane Koulo[285], comme montré dans l'arbre 63.

164. EDWIGE SENAMON ABCD (Arrière-arrière-arrière-petite-fille d'ADE) est née de Rosette Koulo[288], comme montré dans l'arbre 64.

165. JEAN MICHEL ABCD (Arrière-arrière-arrière-petit-fils d'ADE) est né de Rosette Koulo[288], comme montré dans l'arbre 64.

166. EUNICE ABCD (Arrière-arrière-arrière-petite-fille d'ADE) est née de Rosette Koulo[288], comme montré dans l'arbre 64. Elle est décédée.

167. REGIS KOULO (Arrière-arrière-arrière-petit-fils d'ADE) est né d'Edonard Koulo[289], comme montré dans l'arbre 65.

168. JULES KOULO (Arrière-arrière-arrière-petit-fils d'ADE) est né d'Edonard Koulo[289], comme montré dans l'arbre 65.

169. LILIANE KOULO (Arrière-arrière-arrière-petite-fille d'ADE) est née d'Edonard Koulo[289], comme montré dans l'arbre 65.

170. ARIS KOULO (Arrière-arrière-arrière-petit-fils d'ADE) est né d'Edonard Koulo[289], comme montré dans l'arbre 65.

171. LUDOVIC KOULO (Arrière-arrière-arrière-petit-fils d'ADE) est né d'Edonard Koulo[289], comme montré dans l'arbre 65.

172. ASHLEY KOULO (Arrière-arrière-arrière-petite-fille d'ADE) est née de Rodrigue Koulo[290], comme montré dans l'arbre 66.

173. GEDO KOULO (Arrière-arrière-arrière-petit-fils d'ADE) est né de Rodrigue Koulo[290], comme montré dans l'arbre 66.

174. EVAN KOULO (Arrière-arrière-arrière-petit-fils d'ADE) est né de Rodrigue Koulo[290], comme montré dans l'arbre 66.

175. AGNES SANOUSSI (Arrière-arrière-arrière-petite-fille d'ADE) est née de Valerie Sanoussi[609], comme montré dans l'arbre 67.

176. ALAIN TOGBETO (Arrière-arrière-arrière-petit-fils d'ADE) est né de Comlan Gregoire Togbeto[616] et de Georgette Mafiokpe[615], comme montré dans l'arbre 68.

177. ALINE TOGBETO (Arrière-arrière-arrière-petite-fille d'ADE) est née de Comlan Gregoire Togbeto[616] et de Georgette Mafiokpe[615], comme montré dans l'arbre 68.

178. CLOTHILDE TOGBETO (Arrière-arrière-arrière-petite-fille d'ADE) est née de Comlan Gregoire Togbeto[616] et de Georgette Mafiokpe[615], comme montré dans l'arbre 68.

179. ACHILLE TOGBETO (Arrière-arrière-arrière-petit-fils d'ADE) est né de Comlan Gregoire Togbeto[616] et de Georgette Mafiokpe[615], comme montré dans l'arbre 68.

180. PATRICIA TOGBETO (Arrière-arrière-arrière-petite-fille d'ADE) est née de Comlan Gregoire Togbeto[616] et de Georgette Mafiokpe[615], comme montré dans l'arbre 68.

181. LAURENT TOGBETO (Arrière-arrière-arrière-petit-fils d'ADE) est né de Comlan Gregoire Togbeto[616] et de Georgette Mafiokpe[615], comme montré dans l'arbre 68.

Génération des arrière-arrière-petits-enfants

182. GODEFROY JULIEN TOKPO (Arrière-arrière-petit-fils d'ADE) est né le 9 janvier 1964, à Abomey, Zou, Benin, d'Andre Robert (Salanon Gbediga) TOKPO Gankpon[630] et de Marguerite Agassounon[631], comme montré dans l'arbre 69. Godefroy a été marié quatre fois. Il a épousé Eugenie Tossou[183], Renee Lisette Adenike Prudencio[184], Irene Fifi Zountchegbe[185] et Patricia Adonon[186].

183. EUGENIE TOSSOU (Femme de l'arrière-arrière-petit-fils d'ADE). Eugenie travaillait comme Agricultrice a Tokpadome dans Kpomasse.
    Godefroy Julien Tokpo[182] a épousé Eugenie Tossou. Ils ont eu deux enfants :
        Elie Christian Egnon Tokpo[47]
        Merveille Tokpo[48]
    Cette famille est montrée dans l'arbre 24.

184. RENEE LISETTE ADENIKE PRUDENCIO (Femme de l'arrière-arrière-petit-fils d'ADE) est née en 1972 de Johannes Prudencio et de Christine Dossou-Yovo. Elle est décédée le 14 octobre 2017, à environ 45 ans, à Cotonou, Littoral, Benin.
    Godefroy Julien Tokpo[182] a épousé Renee Lisette Adenike Prudencio. Ils ont eu un fils :
        Gael Fenou Gabrieli Tokpo[49]
    Cette famille est montrée dans l'arbre 25.

185. IRENE FIFI ZOUNTCHEGBE (Femme de l'arrière-arrière-petit-fils d'ADE) est née le 4 avril 1961 de Justin Zountchegbe et de Catherine Madode.

> Godefroy Julien Tokpo[182] a épousé Irene Fifi Zountchegbe. Ils ont eu un fils :
>> Cedriq Boris Tokpo[50] né en 1987
>> *Cette famille est montrée dans l'arbre 26.*

186. PATRICIA ADONON (Femme de l'arrière-arrière-petit-fils d'ADE) est née de Frederic Adonon et de Bernadette Tokpo.

> Godefroy Julien Tokpo[182] a épousé Patricia Adonon. Ils ont eu quatre enfants :
>> Yannick Leriche Tokpo[52]
>> Vaida Meryl Tokpo[53]
>> Godfrida Cindy Tokpo[55]
>> Julick Tokpo[56]
> *Cette famille est montrée dans l'arbre 27.*

187. IDA GISELE LEOCADIE TOKPO (Arrière-arrière-petite-fille d'ADE) est née le 9 décembre 1965, à Abomey, Zou, Benin, d'Andre Robert (Salanon Gbediga) TOKPO Gankpon[630] et de Marguerite Agassounon[631], comme montré dans l'arbre 69. Ida a étudié à Odessa, Ukraine. Elle travaillait comme Ingenieur Technologue - Specialiste en Education et Gouvernance.
Des informations supplémentaires concernant Ida. Email: tokpoida@yahoo.fr.

188. DAVID MEDALI (Mari de l'arrière-arrière-petite-fille d'ADE) est né en 1957, à Kinta, Zou, d'Andre Sounkoto Hefomadigbe-do-atindji Medali et d'Awansikinde Elisabeth Hogbonouto Segle.
David a eu quatre partenaires. Il a épousé Ida Gisele Leocadie Tokpo[187]. Il était également le conjoint de Denise Azilinon, Rachidath Dorego et Augustine Alowanou.

> David Medali, à environ 45 ans, a épousé Ida Gisele Leocadie Tokpo[187], âgée de 36 ans, le 24 août 2002. Ils ont eu quatre fils :
>> Dallys-Tom Stalino Medali[57] né en 1987
>> Meode Altier Anihouvi Medali[59] né en 1992
>> Ezeckiel Fardoll Medali[60] né en 1997
>> Emanuelli Medali[61] né en 2008
> *Cette famille est montrée dans l'arbre 28.*
> David Medali et Denise Azilinon ont eu deux fils :
>> Jumeaux perdus avant terme Inconnu né en v1990
>> Mario Danguede né en v1991
> Des informations supplémentaires concernant cette famille. Partenaires ; Séparation.
> *Cette famille est montrée dans l'arbre 28.*
> David Medali et Rachidath Dorego ont eu une fille :
>> Marie Raphaelle Semevo Medali
> Des informations supplémentaires concernant cette famille. Séparation ; Partenaires.
> *Cette famille est montrée dans l'arbre 28.*
> David Medali et Augustine Alowanou ont eu un fils :
>> Esaie Israel Segniho Medali né en 2016
> Des informations supplémentaires concernant cette famille. Partenaires ; Séparation.
> *Cette famille est montrée dans l'arbre 28.*

189. WILFRIED TOKPO (Arrière-arrière-petit-fils d'ADE) est né en septembre 1967, à Abomey, Zou, Benin, d'Andre Robert (Salanon Gbediga) TOKPO Gankpon[630] et de Marguerite Agassounon[631], comme montré dans l'arbre 69. Il est décédé le 4 février 1968, étant nourrisson, à Abomey, Zou, Benin.
Note : *died at a young age (6 months) as a baby.*

190. PRISQUE CLAUDINE GILBERTE TOKPO (Arrière-arrière-petite-fille d'ADE) est née le 26 juin 1970, à Abomey, Zou, Benin, d'Andre Robert (Salanon Gbediga) TOKPO Gankpon[630] et de Marguerite Agassounon[631], comme montré dans l'arbre 69.

191. KAMAROU FASSASSI (Mari de l'arrière-arrière-petite-fille d'ADE) est né de Nourou Kogbe Fassassi et d'Iradatou Alougbin. Kamarou a résidé (ADDR) à Cotonou, Littoral, Benin. Il est décédé le 4 décembre 2016 à cotonou, Littoral, Benin. Kamarou a été marié cinq fois. Il a épousé Prisque Claudine Gilberte Tokpo[190], Rissikatou Fassassi, Epouse 2 Mere de 3 filles, Ramanath Saka et Falilath Biaou.

> Kamarou Fassassi a épousé Prisque Claudine Gilberte Tokpo[190]. Ils ont eu un fils :
>> Ismael Moboladji Jean-Eudes Fassassi[62]
>
> *Cette famille est montrée dans l'arbre 29.*
> Kamarou Fassassi a épousé Rissikatou Fassassi. Ils ont eu un fils :
>> Kola Fassassi
>
> *Cette famille est montrée dans l'arbre 29.*
> Kamarou Fassassi a épousé Epouse 2 Mere de 3 filles. Ils ont eu trois filles :
>> Alimath Fassassi
>> Yemissi Adidjath Maryse Fassassi
>> Islamiath Nike Fassassi
>
> *Cette famille est montrée dans l'arbre 29.*
> Kamarou Fassassi a épousé Ramanath Saka. Ils ont eu une fille :
>> Noura Amevo Fassassi Saka
>
> *Cette famille est montrée dans l'arbre 29.*
> Kamarou Fassassi a épousé Falilath Biaou. Ils ont eu deux fils :
>> Adebayo Ayobami Waliou Fassassi
>> Djegou Fassassi
>
> *Cette famille est montrée dans l'arbre 29.*

192. RODOLPHO TOKPO (Arrière-arrière-petit-fils d'ADE) est né en 1971 d'Andre Robert (Salanon Gbediga) TOKPO Gankpon[630] et de Marguerite Agassounon[631], comme montré dans l'arbre 69. Il est décédé (Fausse-couche) en 1971, étant nourrisson.
Note : *fausse couche @ 4 mois et demi / tohossou / nommei informellement Rodolpho par sa mere (prenom proposei par Assomption).*

193. DAMIEN ET DAMIENNE TOKPO (Arrière-arrière-petit-fils d'ADE) est né en 1972 d'Andre Robert (Salanon Gbediga) TOKPO Gankpon[630] et de Marguerite Agassounon[631], comme montré dans l'arbre 69. Il est décédé (fausse-couche des jumeaux avant la naissance) en 1972, étant nourrisson.
Note : *avortement des jumeaux avant la naissance, representation symbolique en statuettes.*

194. ALVINE TOKPO (Arrière-arrière-petite-fille d'ADE) est née le 4 février 1975, à Abomey, Zou, Benin, d'Andre Robert (Salanon Gbediga) TOKPO Gankpon[630] et de Marguerite Agassounon[631], comme montré dans l'arbre 69. Des informations supplémentaires concernant Alvine. Email: aahossi@boabenin.com.

195. ALAIN AHOSSI (Mari de l'arrière-arrière-petite-fille d'ADE) est né à Abomey, Zou, Benin de Norbert Ahossi et d'Agathe Ebilola Akpata. Alain a résidé (ADDR) à Cotonou, Littoral, Benin.

> Alain Ahossi a épousé Alvine Tokpo[194]. Ils ont eu trois enfants :
>> Ornelya Carine Ahossi[63] née en 2000
>> Ange-Gerard Alaye Ahossi[64] né en 2002
>> Aliane Carene Alaye Ahossi[65] née en 2004
>
> *Cette famille est montrée dans l'arbre 30.*

196. BLANDINE TOKPO (Arrière-arrière-petite-fille d'ADE) est née d'Andre Robert (Salanon Gbediga) TOKPO Gankpon[630] et de Gangnonde Gouklounon[632], comme montré dans l'arbre 70. Elle est décédée.

197. LEON NOUBIYOYO AMOULE (Mari de l'arrière-arrière-petite-fille d'ADE). Il est décédé.
> Leon Noubiyoyo Amoule a épousé Blandine Tokpo[196]. Ils ont eu un fils :
>> Albert Amoule[66]
>
> *Cette famille est montrée dans l'arbre 31.*

198. FRERE DEFUNT DE BLANDINE TOKPO (Arrière-arrière-petit-fils d'ADE) est né d'Andre Robert (Salanon Gbediga) TOKPO Gankpon[630] et de Gangnonde Gouklounon[632], comme montré dans l'arbre 70. Il est décédé.

199. NAN ZOGNIDI SIDONIE EDWIGE TOKPO (Arrière-arrière-petite-fille d'ADE) est née le 24 janvier 1953 d'Andre Robert (Salanon Gbediga) TOKPO Gankpon[630] et de Madame Ahomagnon[633], comme montré dans l'arbre 71. Nan a résidé (ADDR) à Cotonou, Littoral, Benin.

200. DESIRE PADONOU (Mari de l'arrière-arrière-petite-fille d'ADE). Il est décédé en 2018.
> Desire Padonou a épousé Nan Zognidi Sidonie Edwige Tokpo[199]. Ils ont eu huit enfants :
>> Serge Padonou[67]
>> Bienvenu Padonou[69]
>> Estelle Lulu Padonou[71]
>> Nadia Senande Padonou[74]
>> Marcelle Padonou[76]
>> Salome Padonou[78]
>> Achille Padonou[81]
>> Rodolphe Padonou[84]
> *Cette famille est montrée dans l'arbre 32.*

201. DAMIEN TOKPO (Arrière-arrière-petit-fils d'ADE) est né en 1955 d'Andre Robert (Salanon Gbediga) TOKPO Gankpon[630] et de Madame Ahomagnon[633], comme montré dans l'arbre 71. Il est décédé en 1955, étant nourrisson. Note : *jumeau de Roga.*

202. ROGATIENNE DAMIENNE TOKPO (Arrière-arrière-petite-fille d'ADE) est née le 5 juillet 1955 d'Andre Robert (Salanon Gbediga) TOKPO Gankpon[630] et de Madame Ahomagnon[633], comme montré dans l'arbre 71. Rogatienne a résidé (ADDR) à Cotonou, Littoral, Benin. Rogatienne a été mariée trois fois. Elle a épousé Blaise Assogba[203], Sagbo Damien Dossa[204] et Monsieur Allagbe[205].

203. BLAISE ASSOGBA (Mari de l'arrière-arrière-petite-fille d'ADE).
> Blaise Assogba a épousé Rogatienne Damienne Tokpo[202].

204. SAGBO DAMIEN DOSSA (Mari de l'arrière-arrière-petite-fille d'ADE).
> Sagbo Damien Dossa a épousé Rogatienne Damienne Tokpo[202]. Ils ont eu deux fils :
>> Arnold Dossa[87]
>> Claret Dossa[88]
> *Cette famille est montrée dans l'arbre 33.*

205. MONSIEUR ALLAGBE (Mari de l'arrière-arrière-petite-fille d'ADE).
> Monsieur Allagbe a épousé Rogatienne Damienne Tokpo[202]. Ils ont eu deux enfants :
>> Celestin Allagbe[89]
>> Honorine Yon Allagbe[90]
> *Cette famille est montrée dans l'arbre 34.*

206. EDITH ET EDON JUMEAUX TOKPO (Arrière-arrière-petite-fille d'ADE) est née d'Andre Robert (Salanon Gbediga) TOKPO Gankpon[630] et de Madame Ahomagnon[633], comme montré dans l'arbre 71. Elle est décédée.

207. ERIC LIONEL TOKPO (Arrière-arrière-petit-fils d'ADE) est né le 27 février 1973 d'Andre Robert (Salanon Gbediga) TOKPO Gankpon[630] et de Jeanette Hortense Bakpe[634], comme montré dans l'arbre 72. Eric travaillait comme Burkina Faso. Il a résidé (ADDR) à Ouagadougou, Centre, Burkina Faso.

208. DELPHINE AMOUZOU (Femme de l'arrière-arrière-petit-fils d'ADE).
> Eric Lionel Tokpo[207] a épousé Delphine Amouzou. Ils ont eu deux fils :
>> Jacques Ruben Tokpo[92]
>> Robert Matheo Tokpo[93]
> *Cette famille est montrée dans l'arbre 35.*

209. LAURE ANDREA YA-ALATCHE TOKPO (Arrière-arrière-petite-fille d'ADE) est née le 30 novembre 1950 d'Andre Robert (Salanon Gbediga) TOKPO Gankpon[630] et de Marie-Madeleine Hazoume[635], comme montré dans l'arbre 73. Laure a été mariée trois fois. Elle a épousé Gaston Houndanon[210], Yaovi Bonifacio Edoh[211] et Jules Abobo[212].

210. GASTON HOUNDANON (Mari de l'arrière-arrière-petite-fille d'ADE). Il est décédé.
        Gaston Houndanon a épousé Laure Andrea Ya-Alatche Tokpo[209]. Ils ont eu quatre enfants :
                Wilfried Houndanon[94]
                Constantin Houndanon[95]
                Sandrine Mahugnon Ghislaine Houndanon[96]
                Francis Judicael Houndanon[97]
        Cette famille est montrée dans l'arbre 36.
211. YAOVI BONIFACIO EDOH (Mari de l'arrière-arrière-petite-fille d'ADE).
        Yaovi Bonifacio Edoh a épousé Laure Andrea Ya-Alatche Tokpo[209]. Ils ont eu une fille :
                Annick Nico Edoh[98] née en 1975
        Cette famille est montrée dans l'arbre 37.
212. JULES ABOBO (Mari de l'arrière-arrière-petite-fille d'ADE). Il est décédé.
        Jules Abobo a épousé Laure Andrea Ya-Alatche Tokpo[209]. Ils ont eu un fils :
                Brice Abobo[101]
        Cette famille est montrée dans l'arbre 38.

213. LYDIE OLGA TOKPO (Arrière-arrière-petite-fille d'ADE) est née le 7 mai 1953, à Abomey, Zou, Benin, d'Andre Robert (Salanon Gbediga) TOKPO Gankpon[630] et de Marie-Madeleine Hazoume[635], comme montré dans l'arbre 73. Lydie a résidé (ADDR) à Cotonou, Littoral, Benin.
Lydie a été mariée deux fois. Elle a épousé Monsieur Pazou[214] et Raphael Kakpo[215].

214. MONSIEUR PAZOU (Mari de l'arrière-arrière-petite-fille d'ADE). Il est décédé.
    Monsieur a été marié deux fois. Il a épousé Lydie Olga Tokpo[213] et Madame Pazou.
        Monsieur Pazou a épousé Lydie Olga Tokpo[213]. Ils ont eu un fils :
                Romuald Pazou[102] né en 1975
        Cette famille est montrée dans l'arbre 39.
        Monsieur Pazou a épousé Madame Pazou. Ils ont eu une fille :
                Sabine Pazou
        Cette famille est montrée dans l'arbre 39.
215. RAPHAEL KAKPO (Mari de l'arrière-arrière-petite-fille d'ADE).
    Raphael a été marié deux fois. Il a épousé Lydie Olga Tokpo[213] et Madame UVW Inconnu.
        Raphael Kakpo a épousé Lydie Olga Tokpo[213]. Ils ont eu quatre enfants :
                Arnaud Kakpo[104] né en 1978
                Joel Kakpo[106] né en 1981
                Melonne Kakpo[108] née en 1983
                Phalyele Kakpo[109] née en 1991
        Cette famille est montrée dans l'arbre 40.
        Raphael Kakpo a épousé Madame UVW Inconnu. Ils ont eu quatre fils :
                Sergio Kakpo
                Evariste Kakpo
                Didier Kakpo
                Hermann Kakpo
        Cette famille est montrée dans l'arbre 40.

216. ALAIN CYRILLE TOKPO (Arrière-arrière-petit-fils d'ADE) est né le 1er août 1955, à Abomey, Zou, Benin, d'Andre Robert (Salanon Gbediga) TOKPO Gankpon[630] et de Marie-Madeleine Hazoume[635], comme montré dans l'arbre 73. Alain travaillait comme Lawyer. Il a résidé (ADDR) à Paris, Île-de-France, France.

217. FRANCINE BRETIN (Femme de l'arrière-arrière-petit-fils d'ADE) est née le 14 septembre 1957, à Limoges, France, de Louis Edmond Bretin et de Paulette Lavocat. Francine travaillait comme Pharmacist. Elle a résidé (ADDR) à Paris, Île-de-France, France.
        Alain Cyrille Tokpo[216] a épousé Francine Bretin. Ils ont eu trois filles :
                Gaelle Tokpo[111] née en 1983
                Gladys Tokpo[112] née en 1988
                Gwendoline Tokpo[114] née en 1990
        Cette famille est montrée dans l'arbre 41.

218. ROCK GABIN ERIC TOKPO (Arrière-arrière-petit-fils d'ADE) est né d'Andre Robert (Salanon Gbediga) TOKPO Gankpon[630] et de Marie-Madeleine Hazoume[635], comme montré dans l'arbre 73. Il est décédé.

219. CLETUS TOKPO (Arrière-arrière-petit-fils d'ADE) est né le 23 décembre 1953, à Abomey, Zou, Benin, d'Andre Robert (Salanon Gbediga) TOKPO Gankpon[630] et de Madame Ayatode[636], comme montré dans l'arbre 74. Cletus a résidé (ADDR) à Paris, Île-de-France, France.
Cletus a été marié trois fois. Il a épousé Lydie Hodonou[220], Christiane L'Asiatique[221] et Farida Addala[222].

220. LYDIE HODONOU (Femme de l'arrière-arrière-petit-fils d'ADE).
Cletus Tokpo[219] a épousé Lydie Hodonou. Ils ont eu deux enfants :
Anais Tokpo[115]
Marcus Tokpo[116]
Cette famille est montrée dans l'arbre 42.

221. CHRISTIANE L'ASIATIQUE (Femme de l'arrière-arrière-petit-fils d'ADE). Elle est décédée.
Cletus Tokpo[219] a épousé Christiane L'Asiatique. Ils ont eu une fille :
Lauren Nhem Tokpo[117]
Cette famille est montrée dans l'arbre 43.

222. FARIDA ADDALA (Femme de l'arrière-arrière-petit-fils d'ADE).
Cletus Tokpo[219] a épousé Farida Addala. Ils ont eu deux enfants :
Liliane Tokpo[118]
Sofiane Tokpo[119]
Cette famille est montrée dans l'arbre 44.

223. ISABELLE IRMA TOKPO (Arrière-arrière-petite-fille d'ADE) est née le 13 août 1956 d'Andre Robert (Salanon Gbediga) TOKPO Gankpon[630] et de Madame Ayatode[636], comme montré dans l'arbre 74. Isabelle a résidé (ADDR) à Cotonou, Littoral, Benin.

224. PLACIDE CODJO (Mari de l'arrière-arrière-petite-fille d'ADE).
Placide Codjo a épousé Isabelle Irma Tokpo[223]. Ils ont eu trois enfants :
Celia Codjo[120]
Lionel Codjo[122]
Thierry Dele Codjo[124]
Cette famille est montrée dans l'arbre 45.

225. ROSELYNE NONWEGNISSE TOKPO (Arrière-arrière-petite-fille d'ADE) est née le 17 janvier 1980 d'Andre Robert (Salanon Gbediga) TOKPO Gankpon[630] et de Celestine Ahogle[637], comme montré dans l'arbre 75.

226. DJIBRIL SOULEMANE (Mari de l'arrière-arrière-petite-fille d'ADE) est né le 2 mai 1979.
Djibril Soulemane a épousé Roselyne Nonwegnisse Tokpo[225]. Ils ont eu deux enfants :
Aliath Soulemane[126] née en 2004
Fadel Soulemane[127] né en 2007
Cette famille est montrée dans l'arbre 46.

227. FRANCINE HOUINDOMABOU TOKPO (Arrière-arrière-petite-fille d'ADE) est née le 11 décembre 1981, à Abomey, Zou, Benin, d'Andre Robert (Salanon Gbediga) TOKPO Gankpon[630] et de Celestine Ahogle[637], comme montré dans l'arbre 75. Francine a étudié à France. Elle travaillait comme Prof d'universite. Elle a résidé (ADDR) à Paris, Île-de-France, France.

228. EMANNUEL RENE MARTIN EWAGNIGNON (Mari de l'arrière-arrière-petite-fille d'ADE) est né de Monsieur Ewagnignon et de Therese Accrombessi.

Emannuel Rene Martin Ewagnignon a épousé Francine Houindomabou Tokpo[227], à environ 33 ans, en 2015. Ils ont eu une fille :

    Maya Ewagnignon[128] née en 2016

Cette famille est montrée dans l'arbre 47.

229. STANISLAS AZANDEGBE TOKPO (Arrière-arrière-petit-fils d'ADE) est né le 16 décembre 1983 d'Andre Robert (Salanon Gbediga) TOKPO Gankpon[630] et de Celestine Ahogle[637], comme montré dans l'arbre 75.

230. FRANCOISE ALOKPE (Femme de l'arrière-arrière-petit-fils d'ADE).

    Stanislas Azandegbe Tokpo[229] a épousé Francoise Alokpe. Ils ont eu une fille :

        Maeva Tokpo[129]

Cette famille est montrée dans l'arbre 48.

231. PEGUY ESTELLE TOKPO (Arrière-arrière-petite-fille d'ADE) est née le 20 juin 1991 d'Andre Robert (Salanon Gbediga) TOKPO Gankpon[630] et de Celestine Ahogle[637], comme montré dans l'arbre 75.

232. CRYSANTHE KPELA (Mari de l'arrière-arrière-petite-fille d'ADE).

    Crysanthe Kpela a épousé Peguy Estelle Tokpo[231]. Ils ont eu un fils :

        Daren Kpela[130]

Cette famille est montrée dans l'arbre 49.

233. YVES TONY TOKPO (Arrière-arrière-petit-fils d'ADE) est né en 1952, à abidjan, d'Andre Robert (Salanon Gbediga) TOKPO Gankpon[630] et de Seraphine Afiavi Gbaguidi[638], comme montré dans l'arbre 76. Yves a résidé (ADDR) à Cotonou, Littoral, Benin.

    Yves a été marié trois fois. Il a épousé 3rd Wife Tony Tokpo[234], Pierrette Sihou[235] et Pierrette Sossou[236].

    Note : *ne vers 1955 selon les papiers refaits, il est plus grand que Sidonie qui est nee en janvier 1953 donc je prend 1952 par defaut.*

234. 3RD WIFE TONY TOKPO (Femme de l'arrière-arrière-petit-fils d'ADE).

    Yves Tony Tokpo[233] a épousé 3rd Wife Tony Tokpo. Ils ont eu un fils :

        Enfants 1 2 3 Tony Tokpo[131]

Cette famille est montrée dans l'arbre 50.

235. PIERRETTE SIHOU (Femme de l'arrière-arrière-petit-fils d'ADE).

    Yves Tony Tokpo[233] a épousé Pierrette Sihou. Ils ont eu six enfants :

        Lucrece Tony Tokpo[132]

        Hermine Tony Tokpo[133]

        Gloria Tony Tokpo[134]

        Christian Tony Tokpo[135]

        Sabine Tony Tokpo[136]

        Patou Tony Tokpo[138]

Cette famille est montrée dans l'arbre 51.

236. PIERRETTE SOSSOU (Femme de l'arrière-arrière-petit-fils d'ADE).

    Yves Tony Tokpo[233] a épousé Pierrette Sossou. Ils ont eu deux fils :

        Herve Tony Tokpo[139]

        Armel Tony Tokpo[141]

Cette famille est montrée dans l'arbre 52.

237. SOLANGE PETRONILLE TOKPO (Arrière-arrière-petite-fille d'ADE) est née le 5 mai 1955 d'Andre Robert (Salanon Gbediga) TOKPO Gankpon[630] et de Seraphine Afiavi Gbaguidi[638], comme montré dans l'arbre 76.

    Solange a été mariée deux fois. Elle a épousé Claude Amoussou[238] et M. Agosse[239].

238. CLAUDE AMOUSSOU (Mari de l'arrière-arrière-petite-fille d'ADE). Il est décédé.

    Claude Amoussou a épousé Solange Petronille Tokpo[237]. Ils ont eu un fils :

        Elvis Amoussou[143]

Cette famille est montrée dans l'arbre 53.

239. M. AGOSSE (Mari de l'arrière-arrière-petite-fille d'ADE).

    M. Agosse a épousé Solange Petronille Tokpo[237].

240. DAVID MEGNINOU LOKASSA TOKPO (Arrière-arrière-petit-fils d'ADE) est né le 29 décembre 1972 d'Andre Robert (Salanon Gbediga) TOKPO Gankpon[630] et d'Antoinette Lingboto Guezo[639], comme montré dans l'arbre 77. Note : *2 ou 3 enfants.*

241. ALICE CODJOVI (Femme de l'arrière-arrière-petit-fils d'ADE).
David Megninou Lokassa Tokpo[240] a épousé Alice Codjovi. Ils ont eu quatre enfants :
Kelly Babilas Tokpo[144] né en 2002
Harmony Joel Tokpo[145]
Exaucee Houefa Gracia Tokpo[146]
Reine Esther Fifame Tokpo[147]
Des informations supplémentaires concernant cette famille. Séparation.
Cette famille est montrée dans l'arbre 54.

242. JUDITH TOKPO (Arrière-arrière-petite-fille d'ADE) est née d'Andre Robert (Salanon Gbediga) TOKPO Gankpon[630] et d'Antoinette Lingboto Guezo[639], comme montré dans l'arbre 77. Elle est décédée, et a été inhumée à Adjalassa, Gbeli, Abomey, Zou.
Note : *Soeur contestee defunte a l'age de 5 ans*
Enterree a Gbeli (Abomey) sur la voie de Adja.

243. DENISE TOKPO (Arrière-arrière-petite-fille d'ADE) est née d'Andre Robert (Salanon Gbediga) TOKPO Gankpon[630] et de Madame inconnue famille Tokpo Inconnu[640], comme montré dans l'arbre 78. Elle est décédée.
Denise a donné naissance à un fils :
2 enfants de Denise Tokpo[148]
Cette famille est montrée dans l'arbre 55.

244. LIDVINE MANDODE (Arrière-arrière-petite-fille d'ADE) est née de Bernard Mandode[642] et de Marie-Therese Tokpo[641], comme montré dans l'arbre 79.

245. AVELINE MANDODE (Arrière-arrière-petite-fille d'ADE) est née de Bernard Mandode[642] et de Marie-Therese Tokpo[641], comme montré dans l'arbre 79.

246. JOCELYNE MANDODE (Arrière-arrière-petite-fille d'ADE) est née de Bernard Mandode[642] et de Marie-Therese Tokpo[641], comme montré dans l'arbre 79.

247. COLETTE MANDODE (Arrière-arrière-petite-fille d'ADE) est née de Bernard Mandode[642] et de Marie-Therese Tokpo[641], comme montré dans l'arbre 79.

248. ELISE MANDODE (Arrière-arrière-petite-fille d'ADE) est née de Bernard Mandode[642] et de Marie-Therese Tokpo[641], comme montré dans l'arbre 79. Elle est décédée le 26 décembre 2012 à France.

249. JEAN CLAUDE CODJIA (Arrière-arrière-petit-fils d'ADE) est né de Donatien Codjia[643] et de Femme de Donatien Codjia Inconnu[644], comme montré dans l'arbre 80.
Des informations supplémentaires concernant Jean. Email: 97505307.

250. JEAN CLAUDE CODJIA (Arrière-arrière-petit-fils d'ADE) est né de Donatien Codjia[643] et de Femme de Donatien Codjia Inconnu[644], comme montré dans l'arbre 80.

251. MIREILLE CODJIA (Arrière-arrière-petite-fille d'ADE) est née de Donatien Codjia[643] et de Femme de Donatien Codjia Inconnu[644], comme montré dans l'arbre 80.

252. REGIS CODJIA (Arrière-arrière-petit-fils d'ADE) est né de Donatien Codjia[643] et de Femme de Donatien Codjia Inconnu[644], comme montré dans l'arbre 80.

253. MARIE-JOSIANE CODJIA (Arrière-arrière-petite-fille d'ADE) est née de Donatien Codjia[643] et de Femme de Donatien Codjia Inconnu[644], comme montré dans l'arbre 80.

254. JOSIANE CODJIA (Arrière-arrière-petite-fille d'ADE) est née de Donatien Codjia[643] et de Femme de Donatien Codjia Inconnu[644], comme montré dans l'arbre 80.

255. HERVE CODJIA (Arrière-arrière-petit-fils d'ADE) est né de Donatien Codjia[643] et de Femme de Donatien Codjia Inconnu[644], comme montré dans l'arbre 80.

256. OLGA CODJIA (Arrière-arrière-petite-fille d'ADE) est née de Donatien Codjia[643] et de Femme de Donatien Codjia Inconnu[644], comme montré dans l'arbre 80.

257. FLORENCE CODJIA (Arrière-arrière-petite-fille d'ADE) est née de Donatien Codjia[643] et de Femme de Donatien Codjia Inconnu[644], comme montré dans l'arbre 80.

258. FRANCOISE CODJIA (Arrière-arrière-petite-fille d'ADE) est née de Donatien Codjia[643] et de Femme de Donatien Codjia Inconnu[644], comme montré dans l'arbre 80.

259. SIMEON BIENVENU DEGBE AGOLI-AGBO (Arrière-arrière-petit-fils d'ADE) est né de Damien Dah Adanhouton Degbe Agoli-Agbo[646] et d'Emma Jules Agbanchenou Codjia[645], comme montré dans l'arbre 81. Simeon travaillait comme comptable a benin telecoms.

260. GHISLAINE HENEDINE DEGBE AGOLI-AGBO (Arrière-arrière-petite-fille d'ADE) est née de Damien Dah Adanhouton Degbe Agoli-Agbo[646] et d'Emma Jules Agbanchenou Codjia[645], comme montré dans l'arbre 81.
261. MONSIEUR COSSOU (Mari de l'arrière-arrière-petite-fille d'ADE).
    Monsieur Cossou a épousé Ghislaine Henedine Degbe Agoli-Agbo[260]. Ils ont eu deux enfants :
        Freddy Cossou[149]
        Yolaine Cossou[150]
    Cette famille est montrée dans l'arbre 56.

262. MESMIN EMMANUEL DEGBE AGOLI-AGBO (Arrière-arrière-petit-fils d'ADE) est né de Damien Dah Adanhouton Degbe Agoli-Agbo[646] et d'Emma Jules Agbanchenou Codjia[645], comme montré dans l'arbre 81.

263. ESPERANCE EULALIE DEGBE AGOLI-AGBO (Arrière-arrière-petite-fille d'ADE) est née de Damien Dah Adanhouton Degbe Agoli-Agbo[646] et d'Emma Jules Agbanchenou Codjia[645], comme montré dans l'arbre 81. Esperance travaillait comme directrice a GNLD.
264. BIENVENU SALANON (Mari de l'arrière-arrière-petite-fille d'ADE).
    Bienvenu Salanon a épousé Esperance Eulalie Degbe Agoli-Agbo[263].

265. DAH DEGBE VIGNON MARCEL RACHEL BERNARD AGOLI-AGBO (Arrière-arrière-petit-fils d'ADE) est né de Damien Dah Adanhouton Degbe Agoli-Agbo[646] et d'Emma Jules Agbanchenou Codjia[645], comme montré dans l'arbre 81.
    Note : *1er ministre du roi Agoli-Ago du Danxome*
        3 epouses dont 2 actuellement (1 a cotonou, 1 Nan a abomey).

266. ELIANE OLGA DEGBE AGOLI-AGBO (Arrière-arrière-petite-fille d'ADE) est née de Damien Dah Adanhouton Degbe Agoli-Agbo[646] et d'Emma Jules Agbanchenou Codjia[645], comme montré dans l'arbre 81.
267. BARNABE MENSAH (Mari de l'arrière-arrière-petite-fille d'ADE).
    Barnabe Mensah a épousé Eliane Olga Degbe Agoli-Agbo[266]. Ils ont eu un fils :
        Gael Mensah[151]
    Cette famille est montrée dans l'arbre 57.

268. LOUISETTE MARTINE DEGBE AGOLI-AGBO (Arrière-arrière-petite-fille d'ADE) est née de Damien Dah Adanhouton Degbe Agoli-Agbo[646] et d'Emma Jules Agbanchenou Codjia[645], comme montré dans l'arbre 81. Louisette travaillait comme directrice de "chez Delisette".
269. BERTIN YAHOUEDEHOU (Mari de l'arrière-arrière-petite-fille d'ADE). Bertin travaillait comme juriste et animateur radio.
    Bertin Yahouedehou a épousé Louisette Martine Degbe Agoli-Agbo[268]. Ils ont eu une fille :
        Meola Yahouedehou[152]
    Cette famille est montrée dans l'arbre 58.

270. SERGE ROLAND DEGBE AGOLI-AGBO (Arrière-arrière-petit-fils d'ADE) est né de Damien Dah Adanhouton Degbe Agoli-Agbo[646] et d'Emma Jules Agbanchenou Codjia[645], comme montré dans l'arbre 81. Serge travaillait comme Transitaire.
271. ARMANDE AGOLI-AGBO (Femme de l'arrière-arrière-petit-fils d'ADE).
    Serge Roland Degbe Agoli-Agbo[270] a épousé Armande Agoli-Agbo.

272. IMELDA C. NAN AGBOKPANOU AGOLI-AGBO DEGBE (Arrière-arrière-petite-fille d'ADE) est née de Damien Dah Adanhouton Degbe Agoli-Agbo[646] et d'Emma Jules Agbanchenou Codjia[645], comme montré dans l'arbre 81. Imelda travaillait comme institutrice a abomey.

273. CASIMIR ADATIN (Mari de l'arrière-arrière-petite-fille d'ADE). Casimir travaillait comme agent de la SONEB.
    Casimir Adatin a épousé Imelda C. Nan Agbokpanou Agoli-Agbo Degbe[272]. Ils ont eu trois enfants :
        Carlos Adatin[153]
        Neige Adatin[154]
        Yvan Adatin[155]
    Cette famille est montrée dans l'arbre 59.

274. VIVIANE SENAN DEGBE AGOLI-AGBO (Arrière-arrière-petite-fille d'ADE) est née de Damien Dah Adanhouton Degbe Agoli-Agbo[646] et d'Emma Jules Agbanchenou Codjia[645], comme montré dans l'arbre 81.

275. WILFRIED TOGLA DEGBE AGOLI-AGBO (Arrière-arrière-petit-fils d'ADE) est né de Damien Dah Adanhouton Degbe Agoli-Agbo[646] et d'Emma Jules Agbanchenou Codjia[645], comme montré dans l'arbre 81.

276. FERNAND MAHUSSI DEGBE AGOLI-AGBO (Arrière-arrière-petit-fils d'ADE) est né de Damien Dah Adanhouton Degbe Agoli-Agbo[646] et d'Emma Jules Agbanchenou Codjia[645], comme montré dans l'arbre 81.

277. PHILOMENE ZOHOU (Arrière-arrière-petite-fille d'ADE) est née de Monsieur Zohou[649] et de Sophie Koulo[648], comme montré dans l'arbre 82.

278. CAMILLE ZOHOU (Arrière-arrière-petite-fille d'ADE) est née de Monsieur Zohou[649] et de Sophie Koulo[648], comme montré dans l'arbre 82.

279. DIEUDONNE ZOHOU (Arrière-arrière-petit-fils d'ADE) est né de Monsieur Zohou[649] et de Sophie Koulo[648], comme montré dans l'arbre 82.

280. CLAIRE DOVONOU (Arrière-arrière-petite-fille d'ADE) est née de Monsieur Dovonou[650] et de Sophie Koulo[648], comme montré dans l'arbre 83. Elle est décédée.

281. LOUISE KOULO (Arrière-arrière-petite-fille d'ADE) est née de Firmin Koulo[651] et de Femme de Firmin Koulo Inconnu[652], comme montré dans l'arbre 84.
    Louise a été mariée deux fois. Elle a épousé Monsieur Gbaguidi[282] et Mbai Tebe[283].
282. MONSIEUR GBAGUIDI (Mari de l'arrière-arrière-petite-fille d'ADE).
    Monsieur Gbaguidi a épousé Louise Koulo[281]. Ils ont eu une fille :
        Yasmine Gbaguidi[156]
    Cette famille est montrée dans l'arbre 60.
283. MBAI TEBE (Mari de l'arrière-arrière-petite-fille d'ADE) est né à Tchad. Il est décédé.
    Mbai Tebe a épousé Louise Koulo[281]. Ils ont eu un fils :
        Helim Tebe[157]
    Cette famille est montrée dans l'arbre 61.

284. JOHN AUGUSTIN KOULO (Arrière-arrière-petit-fils d'ADE) est né de Firmin Koulo[651] et de Femme de Firmin Koulo Inconnu[652], comme montré dans l'arbre 84.
    John a engendré trois fils :
        Hugues Koulo[158]
        Sergio Koulo[159]
        Elvis Jean Claude Koulo[160]
    Cette famille est montrée dans l'arbre 62.

285. ELIANE KOULO (Arrière-arrière-petite-fille d'ADE) est née de Firmin Koulo[651] et de Femme de Firmin Koulo Inconnu[652], comme montré dans l'arbre 84.
286. MONSIEUR ADJANOHOUN (Mari de l'arrière-arrière-petite-fille d'ADE).
    Monsieur Adjanohoun a épousé Eliane Koulo[285]. Ils ont eu trois enfants :
        Ludine Adjanohoun[161]
        Loic Adjanohoun[162]
        Nan Pahou Adjanohoun[163]
    Cette famille est montrée dans l'arbre 63.

287. JEAN CLAUDE KOULO (Arrière-arrière-petit-fils d'ADE) est né de Firmin Koulo[651] et de Femme de Firmin Koulo Inconnu[652], comme montré dans l'arbre 84. Il est décédé.

288. ROSETTE KOULO (Arrière-arrière-petite-fille d'ADE) est née de Firmin Koulo[651] et de Femme de Firmin Koulo Inconnu[652], comme montré dans l'arbre 84.
        Rosette a donné naissance à trois enfants :
                Edwige Senamon abcd[164]
                Jean Michel abcd[165]
                Eunice abcd[166]
        Cette famille est montrée dans l'arbre 64.

289. EDONARD KOULO (Arrière-arrière-petit-fils d'ADE) est né de Firmin Koulo[651] et de Femme de Firmin Koulo Inconnu[652], comme montré dans l'arbre 84. Il est décédé.
        Edonard a engendré cinq enfants :
                Regis Koulo[167]
                Jules Koulo[168]
                Liliane Koulo[169]
                Aris Koulo[170]
                Ludovic Koulo[171]
        Cette famille est montrée dans l'arbre 65.

290. RODRIGUE KOULO (Arrière-arrière-petit-fils d'ADE) est né de Firmin Koulo[651] et de Femme de Firmin Koulo Inconnu[652], comme montré dans l'arbre 84.
        Rodrigue a engendré trois enfants :
                Ashley Koulo[172]
                Gedo Koulo[173]
                Evan Koulo[174]
        Cette famille est montrée dans l'arbre 66.

291. ARLETTE KOULO (Arrière-arrière-petite-fille d'ADE) est née de Firmin Koulo[651] et de Femme de Firmin Koulo Inconnu[652], comme montré dans l'arbre 84.

292. DIANE KOULO (Arrière-arrière-petite-fille d'ADE) est née de Firmin Koulo[651] et de Femme de Firmin Koulo Inconnu[652], comme montré dans l'arbre 84. Elle est décédée.

293. ARNAUD KOULO (Arrière-arrière-petit-fils d'ADE) est né de Firmin Koulo[651] et de Femme de Firmin Koulo Inconnu[652], comme montré dans l'arbre 84.

294. JOEL KOULO (Arrière-arrière-petit-fils d'ADE) est né de Firmin Koulo[651] et de Femme de Firmin Koulo Inconnu[652], comme montré dans l'arbre 84.

295. PELAGIE KOULO (Arrière-arrière-petite-fille d'ADE) est née d'Andre Koulo[653] et de Femme de Andre Koulo Inconnu[654], comme montré dans l'arbre 85.

296. JEREMIE KOULO (Arrière-arrière-petit-fils d'ADE) est né d'Andre Koulo[653] et de Femme de Andre Koulo Inconnu[654], comme montré dans l'arbre 85. Il est décédé.

297. ARCADIUS KOULO (Arrière-arrière-petit-fils d'ADE) est né d'Andre Koulo[653] et de Femme de Andre Koulo Inconnu[654], comme montré dans l'arbre 85. Il est décédé.

298. EUPHREM KOULO (Arrière-arrière-petit-fils d'ADE) est né d'Andre Koulo[653] et de Femme de Andre Koulo Inconnu[654], comme montré dans l'arbre 85. Il est décédé.

299. FRANCIS KOULO (Arrière-arrière-petit-fils d'ADE) est né d'Andre Koulo[653] et de Femme de Andre Koulo Inconnu[654], comme montré dans l'arbre 85.

300. ERICK KOULO (Arrière-arrière-petit-fils d'ADE) est né d'Andre Koulo[653] et de Femme de Andre Koulo Inconnu[654], comme montré dans l'arbre 85.

301. EUSTACHE KOULO (Arrière-arrière-petit-fils d'ADE) est né d'Andre Koulo[653] et de Femme de Andre Koulo Inconnu[654], comme montré dans l'arbre 85.

302. MESMIN KOULO (Arrière-arrière-petit-fils d'ADE) est né d'Antoine de Padoue Koulo[655] et de Femme de Antoine de Padoue Koulo[656], comme montré dans l'arbre 86.

303. MIREILLE KOULO (Arrière-arrière-petite-fille d'ADE) est née d'Antoine de Padoue Koulo[655] et de Femme de Antoine de Padoue Koulo[656], comme montré dans l'arbre 86.

304. DIEU EST BON KOULO (Arrière-arrière-petit-fils d'ADE) est né d'Antoine de Padoue Koulo[655] et de Femme de Antoine de Padoue Koulo[656], comme montré dans l'arbre 86.

305. FRANCK KOULO (Arrière-arrière-petit-fils d'ADE) est né d'Antoine de Padoue Koulo[655] et de Femme de Antoine de Padoue Koulo[656], comme montré dans l'arbre 86.

306. MARIUS KOULO (Arrière-arrière-petit-fils d'ADE) est né d'Antoine de Padoue Koulo[655] et de Femme de Antoine de Padoue Koulo[656], comme montré dans l'arbre 86.

307. LANDRY KOULO (Arrière-arrière-petit-fils d'ADE) est né d'Antoine de Padoue Koulo[655] et de Femme de Antoine de Padoue Koulo[656], comme montré dans l'arbre 86.

308. ANDOCH KOULO (Arrière-arrière-petit-fils d'ADE) est né d'Antoine de Padoue Koulo[655] et de Femme de Antoine de Padoue Koulo[656], comme montré dans l'arbre 86.

309. CARINE KOULO (Arrière-arrière-petite-fille d'ADE) est née d'Antoine de Padoue Koulo[655] et de Femme de Antoine de Padoue Koulo[656], comme montré dans l'arbre 86.

310. ROMEO KOULO (Arrière-arrière-petit-fils d'ADE) est né d'Antoine de Padoue Koulo[655] et de Femme de Antoine de Padoue Koulo[656], comme montré dans l'arbre 86.

311. ELIAS KOULO (Arrière-arrière-petit-fils d'ADE) est né d'Antoine de Padoue Koulo[655] et de Femme de Antoine de Padoue Koulo[656], comme montré dans l'arbre 86.

312. ELIANE KOULO (Arrière-arrière-petite-fille d'ADE) est née d'Antoine de Padoue Koulo[655] et de Femme de Antoine de Padoue Koulo[656], comme montré dans l'arbre 86.

313. CHERIFATH KOULO (Arrière-arrière-petite-fille d'ADE) est née d'Antoine de Padoue Koulo[655] et de Femme de Antoine de Padoue Koulo[656], comme montré dans l'arbre 86.

314. MIRABELLE KOULO (Arrière-arrière-petite-fille d'ADE) est née d'Antoine de Padoue Koulo[655] et de Femme de Antoine de Padoue Koulo[656], comme montré dans l'arbre 86.

315. ROLLAND KOULO (Arrière-arrière-petit-fils d'ADE) est né d'Antoine de Padoue Koulo[655] et de Femme de Antoine de Padoue Koulo[656], comme montré dans l'arbre 86.

316. PACHEDOR KOULO (Arrière-arrière-petit-fils d'ADE) est né d'Antoine de Padoue Koulo[655] et de Femme de Antoine de Padoue Koulo[656], comme montré dans l'arbre 86.

317. MARCOS GAHOU (Arrière-arrière-petit-fils d'ADE) est né de Monsieur Gahou[658] et de Nan-Tadjile Eugenie Tine Koulo[657], comme montré dans l'arbre 87.

318. RICHARD GAHOU (Arrière-arrière-petit-fils d'ADE) est né de Monsieur Gahou[658] et de Nan-Tadjile Eugenie Tine Koulo[657], comme montré dans l'arbre 87.

319. ANICETTE GAHOU (Arrière-arrière-petite-fille d'ADE) est née de Monsieur Gahou[658] et de Nan-Tadjile Eugenie Tine Koulo[657], comme montré dans l'arbre 87.

320. FELICIENNE GAHOU (Arrière-arrière-petite-fille d'ADE) est née de Monsieur Gahou[658] et de Nan-Tadjile Eugenie Tine Koulo[657], comme montré dans l'arbre 87.

321. ESTELLE GAHOU (Arrière-arrière-petite-fille d'ADE) est née de Monsieur Gahou[658] et de Nan-Tadjile Eugenie Tine Koulo[657], comme montré dans l'arbre 87.

322. BRICE KOULO (Arrière-arrière-petit-fils d'ADE) est né de Henri Koulo[659], comme montré dans l'arbre 88.

323. ARMEL KOULO (Arrière-arrière-petit-fils d'ADE) est né de Henri Koulo[659], comme montré dans l'arbre 88.

324. GHISLAIN KOULO (Arrière-arrière-petit-fils d'ADE) est né de Henri Koulo[659], comme montré dans l'arbre 88.

325. ISABELLE KOULO (Arrière-arrière-petite-fille d'ADE) est née de Henri Koulo[659], comme montré dans l'arbre 88.

326. ROMEO KOULO (Arrière-arrière-petit-fils d'ADE) est né de Henri Koulo[659], comme montré dans l'arbre 88.

327. GILDAS KOULO (Arrière-arrière-petit-fils d'ADE) est né de Henri Koulo[659], comme montré dans l'arbre 88.

328. HERMINE KOULO (Arrière-arrière-petite-fille d'ADE) est née de Henri Koulo[659], comme montré dans l'arbre 88.

329. MIRABELLE KOULO (Arrière-arrière-petite-fille d'ADE) est née de Henri Koulo[659], comme montré dans l'arbre 88.

330. FILLE INFIRME KOULO (Arrière-arrière-petite-fille d'ADE) est née de Henri Koulo[659], comme montré dans l'arbre 88.

331. DESIRE PARFAITE JOHNSON (Arrière-arrière-petite-fille d'ADE) est née de Gustave Johnson[660], comme montré dans l'arbre 89.

332. GHISLAINE AFFI AHOKPE (Arrière-arrière-petite-fille d'ADE) est née de Moise Ahokpe[662] et de Brigitte Koulo[661], comme montré dans l'arbre 90.

333. ANITA AHOKPE (Arrière-arrière-petite-fille d'ADE) est née de Moise Ahokpe[662] et de Brigitte Koulo[661], comme montré dans l'arbre 90.

334. SCERO AHOKPE (Arrière-arrière-petit-fils d'ADE) est né de Moise Ahokpe[662] et de Brigitte Koulo[661], comme montré dans l'arbre 90.

335. RHODES AGBOLOSSO (Arrière-arrière-petit-fils d'ADE) est né de Monsieur Agbolosso[665] et de Sophie Ade[664], comme montré dans l'arbre 91.

336. RONELLE AGBOLOSSO (Arrière-arrière-petite-fille d'ADE) est née de Monsieur Agbolosso[665] et de Sophie Ade[664], comme montré dans l'arbre 91.

337. MARYLIN AKPLOGAN (Arrière-arrière-petite-fille d'ADE) est née de Monsieur Akplogan[667] et de Melanie Reine Ade Koulo[666], comme montré dans l'arbre 92.

338. KEVIN AKPLOGAN (Arrière-arrière-petit-fils d'ADE) est né de Monsieur Akplogan[667] et de Melanie Reine Ade Koulo[666], comme montré dans l'arbre 92.

339. YASMINE AKPLOGAN (Arrière-arrière-petite-fille d'ADE) est née de Monsieur Akplogan[667] et de Melanie Reine Ade Koulo[666], comme montré dans l'arbre 92.

340. THIERRY ADE KOULO (Arrière-arrière-petit-fils d'ADE) est né de Lucien Ade Koulo[668], comme montré dans l'arbre 93.

341. EMMANUEL ADE KOULO (Arrière-arrière-petit-fils d'ADE) est né de Lucien Ade Koulo[668], comme montré dans l'arbre 93.

342. CYNTHIA ADE KOULO (Arrière-arrière-petite-fille d'ADE) est née de Gabriel Ade Koulo[669], comme montré dans l'arbre 94.

343. CLAIRE ADE KOULO (Arrière-arrière-petite-fille d'ADE) est née de Gabriel Ade Koulo[669], comme montré dans l'arbre 94.

344. CLARA ADE KOULO (Arrière-arrière-petite-fille d'ADE) est née de Gabriel Ade Koulo[669], comme montré dans l'arbre 94.

345. DEO GRATIAS ADE KOULO (Arrière-arrière-petit-fils d'ADE) est né de Gabriel Ade Koulo[669], comme montré dans l'arbre 94.

346. CLOTAIRE ADE (Arrière-arrière-petit-fils d'ADE) est né de Julien Ade Koulo[670] et de Houedanou Inconnu[790], comme montré dans l'arbre 95.

347. GISELE ADE (Arrière-arrière-petite-fille d'ADE) est née de Julien Ade Koulo[670] et de Houedanou Inconnu[790], comme montré dans l'arbre 95.

348. YVONNE ADE (Arrière-arrière-petite-fille d'ADE) est née de Julien Ade Koulo[670] et de Houedanou Inconnu[790], comme montré dans l'arbre 95.

349. SABINE ADELE ADE (Arrière-arrière-petite-fille d'ADE) est née de Julien Ade Koulo[670] et de Houedanou Inconnu[790], comme montré dans l'arbre 95.

350. ARNAUD ADE (Arrière-arrière-petit-fils d'ADE) est né de Julien Ade Koulo[670] et de Houedanou Inconnu[790], comme montré dans l'arbre 95.

351. LIDWINE ADE (Arrière-arrière-petite-fille d'ADE) est née de Julien Ade Koulo[670] et de Houedanou Inconnu[790], comme montré dans l'arbre 95.

352. TANGUY ADE (Arrière-arrière-petit-fils d'ADE) est né de Julien Ade Koulo[670] et de Houedanou Inconnu[790], comme montré dans l'arbre 95.

353. IGOR ADE (Arrière-arrière-petit-fils d'ADE) est né de Julien Ade Koulo[670] et de Houedanou Inconnu[790], comme montré dans l'arbre 95.

354. ALIZIAS ADE KOULO (Arrière-arrière-petit-fils d'ADE) est né de Julien Ade Koulo[670] et de Houedanou Inconnu[790], comme montré dans l'arbre 95.

355. CHARBEL ADE KOULO (Arrière-arrière-petit-fils d'ADE) est né de Julien Ade Koulo[670] et de Houedanou Inconnu[790], comme montré dans l'arbre 95.

356. SAMUEL ADE KOULO (Arrière-arrière-petit-fils d'ADE) est né de Julien Ade Koulo[670] et de Houedanou Inconnu[790], comme montré dans l'arbre 95.

357. ALEXIS ADE KOULO (Arrière-arrière-petit-fils d'ADE) est né de Julien Ade Koulo[670] et de Houedanou Inconnu[790], comme montré dans l'arbre 95.

358. ROLANDE ADE KOULO (Arrière-arrière-petite-fille d'ADE) est née de Julien Ade Koulo[670] et de Houedanou Inconnu[790], comme montré dans l'arbre 95.

359. SAMSON ADE KOULO (Arrière-arrière-petit-fils d'ADE) est né de Julien Ade Koulo[670] et de Houedanou Inconnu[790], comme montré dans l'arbre 95.

360. ANGE ADE KOULO (Arrière-arrière-petit-fils d'ADE) est né de Julien Ade Koulo[670] et de Houedanou Inconnu[790], comme montré dans l'arbre 95.

361. CHRISTINE ADOTANOU (Arrière-arrière-petite-fille d'ADE) est née de Bernadin Adotanou[671], comme montré dans l'arbre 96.

362. EDOUARD ADOTANOU (Arrière-arrière-petit-fils d'ADE) est né de Bernadin Adotanou[671], comme montré dans l'arbre 96.

363. JOSEPHINE ADOTANOU (Arrière-arrière-petite-fille d'ADE) est née de Bernadin Adotanou[671], comme montré dans l'arbre 96.

364. DINO ADE KOULO (Arrière-arrière-petit-fils d'ADE) est né de Basile Ade Koulo[673], comme montré dans l'arbre 97.

365. MIRALOVE ADE KOULO (Arrière-arrière-petite-fille d'ADE) est née de Basile Ade Koulo[673], comme montré dans l'arbre 97.

366. BALISTONE ADE KOULO (Arrière-arrière-petit-fils d'ADE) est né de Basile Ade Koulo[673], comme montré dans l'arbre 97.

367. KISLOVE ADE KOULO (Arrière-arrière-petite-fille d'ADE) est née de Basile Ade Koulo[673], comme montré dans l'arbre 97.

368. GERALDINE ADE KOULO (Arrière-arrière-petite-fille d'ADE) est née de Basile Ade Koulo[673], comme montré dans l'arbre 97.

369. LUXADOR ADE KOULO (Arrière-arrière-petit-fils d'ADE) est né de Basile Ade Koulo[673], comme montré dans l'arbre 97.

370. GLORIA ADE KOULO (Arrière-arrière-petite-fille d'ADE) est née de Marius Ade Koulo[674], comme montré dans l'arbre 98.

371. JENNIFER ADE KOULO (Arrière-arrière-petite-fille d'ADE) est née de Marius Ade Koulo[674], comme montré dans l'arbre 98.

372. BIGNON ADE KOULO (Arrière-arrière-petit-fils d'ADE) est né de Marius Ade Koulo[674], comme montré dans l'arbre 98.

373. DAVID (FILS DE MARIUS) ADE KOULO (Arrière-arrière-petit-fils d'ADE) est né de Marius Ade Koulo[674], comme montré dans l'arbre 98.

374. LIONEL ADE KOULO (Arrière-arrière-petit-fils d'ADE) est né de Marius Ade Koulo[674], comme montré dans l'arbre 98.

375. MAHOUGNON RIVALDO ADE KOULO (Arrière-arrière-petit-fils d'ADE) est né de Marius Ade Koulo[674], comme montré dans l'arbre 98.

376. ELVYS ADE KOULO (Arrière-arrière-petit-fils d'ADE) est né de Marius Ade Koulo[674], comme montré dans l'arbre 98.

377. DAVID ADE KOULO (Arrière-arrière-petit-fils d'ADE) est né de Cesar Ade Koulo[676], comme montré dans l'arbre 99.

378. ALAIN AGBODAYINON (Arrière-arrière-petit-fils d'ADE) est né de Monsieur Agbodayinon[684] et de Tohossi Houegboton Ade Koulo[683], comme montré dans l'arbre 100.

379. ANSELME AGBODAYINON (Arrière-arrière-petit-fils d'ADE) est né de Monsieur Agbodayinon[684] et de Tohossi Houegboton Ade Koulo[683], comme montré dans l'arbre 100.

380. CAMUS AMANOUNGBE (Arrière-arrière-petit-fils d'ADE) est né de Monsieur Amanoungbe[686] et d'Emma Ade Koulo[685], comme montré dans l'arbre 101.

381. HERVE KPILI (Arrière-arrière-petit-fils d'ADE) est né de Monsieur Kpili[688] et de Madeleine Ade Koulo[687], comme montré dans l'arbre 102.

382. BEATRICE KPILI (Arrière-arrière-petite-fille d'ADE) est née de Monsieur Kpili[688] et de Madeleine Ade Koulo[687], comme montré dans l'arbre 102.

383. BENEDICTE KPILI (Arrière-arrière-petite-fille d'ADE) est née de Monsieur Kpili[688] et de Madeleine Ade Koulo[687], comme montré dans l'arbre 102.

384. MARIETTE KPILI (Arrière-arrière-petite-fille d'ADE) est née de Monsieur Kpili[688] et de Madeleine Ade Koulo[687], comme montré dans l'arbre 102.

385. MODESTE ADE KOULO (Arrière-arrière-petit-fils d'ADE) est né de Mathias Ade Koulo[689], comme montré dans l'arbre 103.

386. MARIUS ADE KOULO (Arrière-arrière-petit-fils d'ADE) est né de Mathias Ade Koulo[689], comme montré dans l'arbre 103.

387. FRANCKY ADE KOULO (Arrière-arrière-petit-fils d'ADE) est né de Mathias Ade Koulo[689], comme montré dans l'arbre 103.

388. RAOUL ADE KOULO (Arrière-arrière-petit-fils d'ADE) est né de Mathias Ade Koulo[689], comme montré dans l'arbre 103.

389. ERNEST ADE KOULO (Arrière-arrière-petit-fils d'ADE) est né de Mathias Ade Koulo[689], comme montré dans l'arbre 103.

390. PELAGIE ADE KOULO (Arrière-arrière-petite-fille d'ADE) est née de Mathias Ade Koulo[689], comme montré dans l'arbre 103.

391. HOSPICE FEGBEGOU (Arrière-arrière-petit-fils d'ADE) est né de Monsieur Fegbegou[691] et de Lodohounde Ade Koulo[690], comme montré dans l'arbre 104.

392. SIDOINE FEGBEGOU (Arrière-arrière-petit-fils d'ADE) est né de Monsieur Fegbegou[691] et de Lodohounde Ade Koulo[690], comme montré dans l'arbre 104.

393. MOINATOU DINE (Arrière-arrière-petite-fille d'ADE) est née de Monsieur Dine[693] et d'Elisabeth Ade Koulo[692], comme montré dans l'arbre 105.

394. PIERRE HINKPON (Arrière-arrière-petit-fils d'ADE) est né de Monsieur Hinkpon[697] et d'Aladassi Inconnu[696], comme montré dans l'arbre 106.

395. PAUL HINKPON (Arrière-arrière-petit-fils d'ADE) est né de Monsieur Hinkpon[697] et d'Aladassi Inconnu[696], comme montré dans l'arbre 106.

396. EUGENIE CLANON KOULO (Arrière-arrière-petite-fille d'ADE) est née d'Aladassi Daho Ade Koulo[699], comme montré dans l'arbre 108.

397. LOUISE KOULO (Arrière-arrière-petite-fille d'ADE) est née d'Aladassi Daho Ade Koulo[699], comme montré dans l'arbre 108.

398. ADELE KOULO (Arrière-arrière-petite-fille d'ADE) est née d'Aladassi Daho Ade Koulo[699], comme montré dans l'arbre 108.

399. AHANDESSI KOULO (Arrière-arrière-petite-fille d'ADE) est née d'Aladassi Daho Ade Koulo[699], comme montré dans l'arbre 108.

400. MELLON KOULO (Arrière-arrière-petit-fils d'ADE) est né de Marcellin Ade Koulo[701], comme montré dans l'arbre 109.

401. LEONARD ADE KOULO (Arrière-arrière-petit-fils d'ADE) est né de Marcellin Ade Koulo[701], comme montré dans l'arbre 109.

402. ADELINE ADE KOULO (Arrière-arrière-petite-fille d'ADE) est née de Marcellin Ade Koulo[701], comme montré dans l'arbre 109.

403. ANICET ADE KOULO (Arrière-arrière-petit-fils d'ADE) est né de Marcellin Ade Koulo[701], comme montré dans l'arbre 109.

404. HUGUES ADE KOULO (Arrière-arrière-petit-fils d'ADE) est né de Marcellin Ade Koulo[701], comme montré dans l'arbre 109.

405. GISELE ADE KOULO (Arrière-arrière-petite-fille d'ADE) est née de Marcellin Ade Koulo[701], comme montré dans l'arbre 109.

406. ARMANDINE ADE KOULO (Arrière-arrière-petite-fille d'ADE) est née de Marcellin Ade Koulo[701], comme montré dans l'arbre 109.

407. ZITA ADE KOULO (Arrière-arrière-petite-fille d'ADE) est née de Marcellin Ade Koulo[701], comme montré dans l'arbre 109.

408. NICOLE ADE KOULO (Arrière-arrière-petite-fille d'ADE) est née de Marcellin Ade Koulo[701], comme montré dans l'arbre 109.

409. GERARD ADE KOULO (Arrière-arrière-petit-fils d'ADE) est né de Marcellin Ade Koulo[701], comme montré dans l'arbre 109.

410. HOSPICE KOULO (Arrière-arrière-petit-fils d'ADE) est né de Marcellin Ade Koulo[701], comme montré dans l'arbre 109.

411. ELISABETH ADE KOULO (Arrière-arrière-petite-fille d'ADE) est née de Marcellin Ade Koulo[701], comme montré dans l'arbre 109.

412. NADEGE ADE KOULO (Arrière-arrière-petite-fille d'ADE) est née de Marcellin Ade Koulo[701], comme montré dans l'arbre 109.

413. HERMAN ADE KOULO (Arrière-arrière-petit-fils d'ADE) est né de Marcellin Ade Koulo[701], comme montré dans l'arbre 109.

414. EDGARD ADE KOULO (Arrière-arrière-petit-fils d'ADE) est né de Marcellin Ade Koulo[701], comme montré dans l'arbre 109.

415. OPPORTUNE ADE KOULO (Arrière-arrière-petite-fille d'ADE) est née de Marcellin Ade Koulo[701], comme montré dans l'arbre 109.

416. RENE ADE KOULO (Arrière-arrière-petit-fils d'ADE) est né de Marcellin Ade Koulo[701], comme montré dans l'arbre 109.

417. WENCESLAS ADE KOULO (Arrière-arrière-petit-fils d'ADE) est né de Marcellin Ade Koulo[701], comme montré dans l'arbre 109.

418. MAURICE ADE KOULO (Arrière-arrière-petit-fils d'ADE) est né de Macaire Ade Koulo[702], comme montré dans l'arbre 110.

419. GISELE ADE KOULO (Arrière-arrière-petite-fille d'ADE) est née de Macaire Ade Koulo[702], comme montré dans l'arbre 110.

420. NINA ADE KOULO (Arrière-arrière-petite-fille d'ADE) est née de Macaire Ade Koulo[702], comme montré dans l'arbre 110.

421. MACRINE ADE KOULO (Arrière-arrière-petite-fille d'ADE) est née de Macaire Ade Koulo[702], comme montré dans l'arbre 110.

422. DESIRE FILS DE MACAIRE ADE KOULO (Arrière-arrière-petit-fils d'ADE) est né de Macaire Ade Koulo [702], comme montré dans l'arbre 110.

423. HECTOR ADE KOULO (Arrière-arrière-petit-fils d'ADE) est né de Richard Dah Ade Koulo [703], comme montré dans l'arbre 111.

424. SPERO ADE KOULO (Arrière-arrière-petit-fils d'ADE) est né de Richard Dah Ade Koulo [703], comme montré dans l'arbre 111.

425. SYLVIANE ADE KOULO (Arrière-arrière-petite-fille d'ADE) est née de Richard Dah Ade Koulo [703], comme montré dans l'arbre 111.

426. HERMIONE IMELDA ADE KOULO (Arrière-arrière-petite-fille d'ADE) est née de Richard Dah Ade Koulo [703], comme montré dans l'arbre 111.

427. ARMEL ADE KOULO (Arrière-arrière-petit-fils d'ADE) est né de Richard Dah Ade Koulo [703], comme montré dans l'arbre 111.

428. AMOS ADE KOULO (Arrière-arrière-petit-fils d'ADE) est né de Mathias Ade Koulo [704], comme montré dans l'arbre 112.

429. GRACE ADE KOULO (Arrière-arrière-petite-fille d'ADE) est née de Mathias Ade Koulo [704], comme montré dans l'arbre 112.

430. GILLIUS ADE KOULO (Arrière-arrière-petit-fils d'ADE) est né de Mathias Ade Koulo [704], comme montré dans l'arbre 112.

431. LUCRECE ADE KOULO (Arrière-arrière-petite-fille d'ADE) est née de Mathias Ade Koulo [704], comme montré dans l'arbre 112.

432. SENAMI ADE KOULO (Arrière-arrière-petite-fille d'ADE) est née de Mathias Ade Koulo [704], comme montré dans l'arbre 112.

433. FERNANDO ADE KOULO (Arrière-arrière-petit-fils d'ADE) est né de Mathias Ade Koulo [704], comme montré dans l'arbre 112.

434. DIEUDONNE ADE KOULO (Arrière-arrière-petit-fils d'ADE) est né de Mathias Ade Koulo [704], comme montré dans l'arbre 112.

435. ABEL ADE KOULO (Arrière-arrière-petit-fils d'ADE) est né de Mathias Ade Koulo [704], comme montré dans l'arbre 112.

436. JUSTINE ADE KOULO (Arrière-arrière-petite-fille d'ADE) est née d'Adrien Ade Koulo [706], comme montré dans l'arbre 113.

437. GLORIA ADE KOULO (Arrière-arrière-petite-fille d'ADE) est née d'Adrien Ade Koulo [706], comme montré dans l'arbre 113.

438. CLAUDE ADE KOULO (Arrière-arrière-petit-fils d'ADE) est né d'Adrien Ade Koulo [706], comme montré dans l'arbre 113.

439. DEO GRATIAS FILS D'ADRIEN ADE KOULO (Arrière-arrière-petit-fils d'ADE) est né d'Adrien Ade Koulo [706], comme montré dans l'arbre 113.

440. JOACHIM ADE KOULO (Arrière-arrière-petit-fils d'ADE) est né de Toussaint fils de Pierre Ade Koulo [707], comme montré dans l'arbre 114.

441. JULIETTE ADE KOULO (Arrière-arrière-petite-fille d'ADE) est née de Toussaint fils de Pierre Ade Koulo [707], comme montré dans l'arbre 114.

442. ANICETTE ADE KOULO (Arrière-arrière-petite-fille d'ADE) est née de Toussaint fils de Pierre Ade Koulo [707], comme montré dans l'arbre 114.

443. FROPIUS ADE KOULO (Arrière-arrière-petit-fils d'ADE) est né de Jules Ade Koulo [708], comme montré dans l'arbre 115.

444. SENAN ADE KOULO (Arrière-arrière-petit-fils d'ADE) est né de Jules Ade Koulo [708], comme montré dans l'arbre 115.

445. DONALDO ADE KOULO (Arrière-arrière-petit-fils d'ADE) est né de Gabin Ade Koulo [709], comme montré dans l'arbre 116.

446. HYPOLITE ADE KOULO (Arrière-arrière-petit-fils d'ADE) est né de Gabin Ade Koulo [709], comme montré dans l'arbre 116.

447. SABINE ADE KOULO (Arrière-arrière-petite-fille d'ADE) est née de Gabin Ade Koulo [709], comme montré dans l'arbre 116.

448. RAPHAEL LOKONOU (Arrière-arrière-petit-fils d'ADE) est né de Monsieur Lokonou[711] et de Singbonon Ade Koulo[710], comme montré dans l'arbre 117.

449. ALBERT LOKONOU (Arrière-arrière-petit-fils d'ADE) est né de Monsieur Lokonou[711] et de Singbonon Ade Koulo[710], comme montré dans l'arbre 117.

450. TOUSSAINT LOKONOU (Arrière-arrière-petit-fils d'ADE) est né de Monsieur Lokonou[711] et de Singbonon Ade Koulo[710], comme montré dans l'arbre 117.

451. MARIE MADELEINE LOKONOU (Arrière-arrière-petite-fille d'ADE) est née de Monsieur Lokonou[711] et de Singbonon Ade Koulo[710], comme montré dans l'arbre 117.

452. OMER ASSOGBA (Arrière-arrière-petit-fils d'ADE) est né de Mr Assogba[713] et de Ya Omer-non Ade Koulo[712], comme montré dans l'arbre 118.

453. FREDERIC ASSOGBA (Arrière-arrière-petit-fils d'ADE) est né de Mr Assogba[713] et de Ya Omer-non Ade Koulo[712], comme montré dans l'arbre 118.

454. ROSETTE ASSOGBA (Arrière-arrière-petite-fille d'ADE) est née de Mr Assogba[713] et de Ya Omer-non Ade Koulo[712], comme montré dans l'arbre 118.

455. ARMAND ASSOGBA (Arrière-arrière-petit-fils d'ADE) est né de Mr Assogba[713] et de Ya Omer-non Ade Koulo[712], comme montré dans l'arbre 118.

456. CORENTIN ASSOGBA (Arrière-arrière-petit-fils d'ADE) est né de Mr Assogba[713] et de Ya Omer-non Ade Koulo[712], comme montré dans l'arbre 118.

457. FLORENCE ASSOGBA (Arrière-arrière-petite-fille d'ADE) est née de Mr Assogba[713] et de Ya Omer-non Ade Koulo[712], comme montré dans l'arbre 118.

458. GAEL ADE KOULO (Arrière-arrière-petit-fils d'ADE) est né de Thomas Ade Koulo[714], comme montré dans l'arbre 119.

459. BERANGER ADE KOULO (Arrière-arrière-petit-fils d'ADE) est né de Thomas Ade Koulo[714], comme montré dans l'arbre 119.

460. VALOIR ADE KOULO (Arrière-arrière-petit-fils d'ADE) est né de Thomas Ade Koulo[714], comme montré dans l'arbre 119.

461. JEAN MARIE ADE KOULO (Arrière-arrière-petit-fils d'ADE) est né de Thomas Ade Koulo[714], comme montré dans l'arbre 119.

462. NADEGE ADE KOULO (Arrière-arrière-petite-fille d'ADE) est née de Thomas Ade Koulo[714], comme montré dans l'arbre 119.

463. LAURETTE ADE KOULO (Arrière-arrière-petite-fille d'ADE) est née de Thomas Ade Koulo[714], comme montré dans l'arbre 119.

464. GINETTE ADE KOULO (Arrière-arrière-petite-fille d'ADE) est née de Thomas Ade Koulo[714], comme montré dans l'arbre 119.

465. CALVIN ADE KOULO (Arrière-arrière-petit-fils d'ADE) est né d'Ignace Ade Koulo[715], comme montré dans l'arbre 120.

466. GLORIA ADE KOULO (Arrière-arrière-petite-fille d'ADE) est née d'Ignace Ade Koulo[715], comme montré dans l'arbre 120.

467. DIDIER ADE KOULO (Arrière-arrière-petit-fils d'ADE) est né de Romain Ade Koulo[716], comme montré dans l'arbre 121.

468. MAXIME ADE KOULO (Arrière-arrière-petit-fils d'ADE) est né de Romain Ade Koulo[716], comme montré dans l'arbre 121.

469. SENAN CARINE ADE KOULO (Arrière-arrière-petite-fille d'ADE) est née de Romain Ade Koulo[716], comme montré dans l'arbre 121.

470. MABELLE ADE KOULO (Arrière-arrière-petite-fille d'ADE) est née de Romain Ade Koulo[716], comme montré dans l'arbre 121.

471. ADELINE ADE KOULO (Arrière-arrière-petite-fille d'ADE) est née de Romain Ade Koulo[716], comme montré dans l'arbre 121.

472. YARISSA ADE KOULO (Arrière-arrière-petite-fille d'ADE) est née de Romain Ade Koulo[716], comme montré dans l'arbre 121.

473. ORELLE ADE KOULO (Arrière-arrière-petite-fille d'ADE) est née de Romain Ade Koulo[716], comme montré dans l'arbre 121.

474. THEOPHILE GANGBE (Arrière-arrière-petit-fils d'ADE) est né de Monsieur Gangbe[718] et de Catherine Ade Koulo[717], comme montré dans l'arbre 122.

475. CECILE GANGBE (Arrière-arrière-petite-fille d'ADE) est née de Monsieur Gangbe[718] et de Catherine Ade Koulo[717], comme montré dans l'arbre 122.

476. LUC GANGBE (Arrière-arrière-petit-fils d'ADE) est né de Monsieur Gangbe[718] et de Catherine Ade Koulo[717], comme montré dans l'arbre 122.

477. DOMINIQUE GANGBE (Arrière-arrière-petit-fils d'ADE) est né de Monsieur Gangbe[718] et de Catherine Ade Koulo[717], comme montré dans l'arbre 122.

478. FABRICE ALLAGBE (Arrière-arrière-petit-fils d'ADE) est né de Mr Allagbe[720] et d'Elisabeth Ade Koulo[719], comme montré dans l'arbre 123.

479. JEAN CLAUDE ALLAGBE (Arrière-arrière-petit-fils d'ADE) est né de Mr Allagbe[720] et d'Elisabeth Ade Koulo[719], comme montré dans l'arbre 123.

480. CANDIDE GBAGUIDI (Arrière-arrière-petit-fils d'ADE) est né de Mr Gbaguidi[722] et de Dakossi Ade Koulo[721], comme montré dans l'arbre 124.

481. DOLLOU GBAGUIDI (Arrière-arrière-petit-fils d'ADE) est né de Mr Gbaguidi[722] et de Dakossi Ade Koulo[721], comme montré dans l'arbre 124.

482. YAYA GBAGUIDI (Arrière-arrière-petite-fille d'ADE) est née de Mr Gbaguidi[722] et de Dakossi Ade Koulo[721], comme montré dans l'arbre 124.

483. SERGIO GBAGUIDI (Arrière-arrière-petit-fils d'ADE) est né de Mr Gbaguidi[722] et de Dakossi Ade Koulo[721], comme montré dans l'arbre 124.

484. SERGES GBAGUIDI (Arrière-arrière-petit-fils d'ADE) est né de Mr Gbaguidi[722] et de Dakossi Ade Koulo[721], comme montré dans l'arbre 124.

485. CREPINE GBAGUIDI (Arrière-arrière-petite-fille d'ADE) est née de Mr Gbaguidi[722] et de Dakossi Ade Koulo[721], comme montré dans l'arbre 124.

486. DEO GRATIAS GBAGUIDI (Arrière-arrière-petit-fils d'ADE) est né de Mr Gbaguidi[722] et de Dakossi Ade Koulo[721], comme montré dans l'arbre 124.

487. ROLLAND AKOGNON (Arrière-arrière-petit-fils d'ADE) est né de Monsieur Akognon[724] et de Florence Ade Koulo[723], comme montré dans l'arbre 125.

488. CHRISTELLE AKOGNON (Arrière-arrière-petite-fille d'ADE) est née de Monsieur Akognon[724] et de Florence Ade Koulo[723], comme montré dans l'arbre 125.

489. ALICE AKOGNON (Arrière-arrière-petite-fille d'ADE) est née de Monsieur Akognon[724] et de Florence Ade Koulo[723], comme montré dans l'arbre 125.

490. SANDRINE AKOGNON (Arrière-arrière-petite-fille d'ADE) est née de Monsieur Akognon[724] et de Florence Ade Koulo[723], comme montré dans l'arbre 125.

491. EVRARD AKOGNON (Arrière-arrière-petit-fils d'ADE) est né de Monsieur Akognon[724] et de Florence Ade Koulo[723], comme montré dans l'arbre 125.

492. RICHE AKOGNON (Arrière-arrière-petit-fils d'ADE) est né de Monsieur Akognon [724] et de Florence Ade Koulo [723], comme montré dans l'arbre 125.

493. GISELE ADE KOULO (Arrière-arrière-petite-fille d'ADE) est née de Valentin Ade Koulo [725], comme montré dans l'arbre 126.

494. MIREILLE ADE KOULO (Arrière-arrière-petite-fille d'ADE) est née de Valentin Ade Koulo [725], comme montré dans l'arbre 126.

495. YOLLANDE ADE KOULO (Arrière-arrière-petite-fille d'ADE) est née de Valentin Ade Koulo [725], comme montré dans l'arbre 126.

496. FRANCIS ADE KOULO (Arrière-arrière-petit-fils d'ADE) est né de Valentin Ade Koulo [725], comme montré dans l'arbre 126.

497. RENAUD ADE KOULO (Arrière-arrière-petit-fils d'ADE) est né de Valentin Ade Koulo [725], comme montré dans l'arbre 126.

498. IDA ADE KOULO (Arrière-arrière-petite-fille d'ADE) est née de Valentin Ade Koulo [725], comme montré dans l'arbre 126.

499. ROBINSON ADE KOULO (Arrière-arrière-petit-fils d'ADE) est né de Valentin Ade Koulo [725], comme montré dans l'arbre 126.

500. NINAN ADE KOULO (Arrière-arrière-petite-fille d'ADE) est née de Valentin Ade Koulo [725], comme montré dans l'arbre 126.

501. PRISCA ADE KOULO (Arrière-arrière-petite-fille d'ADE) est née de Valentin Ade Koulo [725], comme montré dans l'arbre 126.

502. NATHALIE ADE KOULO (Arrière-arrière-petite-fille d'ADE) est née de Valentin Ade Koulo [725], comme montré dans l'arbre 126.

503. DIANE ADE KOULO (Arrière-arrière-petite-fille d'ADE) est née de Valentin Ade Koulo [725], comme montré dans l'arbre 126.

504. ISABELLE ADE KOULO (Arrière-arrière-petite-fille d'ADE) est née de Valentin Ade Koulo [725], comme montré dans l'arbre 126.

505. MARCOS ADE KOULO (Arrière-arrière-petit-fils d'ADE) est né de Valentin Ade Koulo [725], comme montré dans l'arbre 126.

506. JOHN ADE KOULO (Arrière-arrière-petit-fils d'ADE) est né de Valentin Ade Koulo [725], comme montré dans l'arbre 126.

507. BENOITE ADE KOULO (Arrière-arrière-petite-fille d'ADE) est née de Valentin Ade Koulo [725], comme montré dans l'arbre 126.

508. BELVIDA ADE KOULO (Arrière-arrière-petite-fille d'ADE) est née de Valentin Ade Koulo [725], comme montré dans l'arbre 126.

509. SURNITA ADE KOULO (Arrière-arrière-petite-fille d'ADE) est née d'Omer Ade Koulo [726], comme montré dans l'arbre 127.

510. DEGAS ADE KOULO (Arrière-arrière-petit-fils d'ADE) est né d'Omer Ade Koulo [726], comme montré dans l'arbre 127.

511. DARIOS ADE KOULO (Arrière-arrière-petit-fils d'ADE) est né d'Omer Ade Koulo [726], comme montré dans l'arbre 127.

512. GLORIA ADE KOULO (Arrière-arrière-petite-fille d'ADE) est née d'Omer Ade Koulo [726], comme montré dans l'arbre 127.

513. VALENTINE ADE KOULO (Arrière-arrière-petite-fille d'ADE) est née d'Omer Ade Koulo [726], comme montré dans l'arbre 127.

514. BELVANIE ADE KOULO (Arrière-arrière-petite-fille d'ADE) est née d'Omer Ade Koulo [726], comme montré dans l'arbre 127.

515. RICARDINO ADE KOULO (Arrière-arrière-petit-fils d'ADE) est né de Thomas Ade Koulo [727], comme montré dans l'arbre 128.

516. CAROLINE ADE KOULO (Arrière-arrière-petite-fille d'ADE) est née de Thomas Ade Koulo [727], comme montré dans l'arbre 128.

517. MARINCE ADE KOULO (Arrière-arrière-petit-fils d'ADE) est né de Thomas Ade Koulo [727], comme montré dans l'arbre 128.

518. ARMEL ADE KOULO (Arrière-arrière-petit-fils d'ADE) est né de Benoit Ade Koulo [728], comme montré dans l'arbre 129.

519. DORCAS ADE KOULO (Arrière-arrière-petite-fille d'ADE) est née de Benoit Ade Koulo[728], comme montré dans l'arbre 129.

520. BIENVENU ADE KOULO (Arrière-arrière-petit-fils d'ADE) est né de Benoit Ade Koulo[728], comme montré dans l'arbre 129.

521. SANDRA ADE KOULO (Arrière-arrière-petite-fille d'ADE) est née de Benoit Ade Koulo[728], comme montré dans l'arbre 129.

522. BERTRAND ADE KOULO (Arrière-arrière-petit-fils d'ADE) est né d'Urbain Ade Koulo[730], comme montré dans l'arbre 130.

523. ERIC ADE KOULO (Arrière-arrière-petit-fils d'ADE) est né d'Urbain Ade Koulo[730], comme montré dans l'arbre 130.

524. MARIUS ADE KOULO (Arrière-arrière-petit-fils d'ADE) est né d'Urbain Ade Koulo[730], comme montré dans l'arbre 130.

525. EZEKIEL ADE KOULO (Arrière-arrière-petit-fils d'ADE) est né de Theodore Ade Koulo[734], comme montré dans l'arbre 131.

526. ELIE ADE KOULO (Arrière-arrière-petit-fils d'ADE) est né de Theodore Ade Koulo[734], comme montré dans l'arbre 131.

527. ELISEE ADE KOULO (Arrière-arrière-petit-fils d'ADE) est né de Theodore Ade Koulo[734], comme montré dans l'arbre 131.

528. INES ADE KOULO (Arrière-arrière-petite-fille d'ADE) est née de Theodore Ade Koulo[734], comme montré dans l'arbre 131.

529. SEVERINE ADE KOULO (Arrière-arrière-petite-fille d'ADE) est née de Theodore Ade Koulo[734], comme montré dans l'arbre 131.

530. ADOLPHE ADE KOULO (Arrière-arrière-petit-fils d'ADE) est né de Theodore Ade Koulo[734], comme montré dans l'arbre 131.

531. RUFFINE ADE KOULO (Arrière-arrière-petite-fille d'ADE) est née de Theodore Ade Koulo[734], comme montré dans l'arbre 131.

532. RUFFIN ADE KOULO (Arrière-arrière-petit-fils d'ADE) est né de Theodore Ade Koulo[734], comme montré dans l'arbre 131.

533. SERGINA ADE KOULO (Arrière-arrière-petite-fille d'ADE) est née de Theodore Ade Koulo[734], comme montré dans l'arbre 131.

534. SOLANGE FILLE DE THEODORE ADE KOULO (Arrière-arrière-petite-fille d'ADE) est née de Theodore Ade Koulo[734], comme montré dans l'arbre 131.

535. FLORA ADE KOULO (Arrière-arrière-petite-fille d'ADE) est née de Theodore Ade Koulo[734], comme montré dans l'arbre 131.

536. NATHALIE ADE KOULO (Arrière-arrière-petite-fille d'ADE) est née de Gilbert Ade Koulo[735], comme montré dans l'arbre 132.

537. CHRISTIAN ADE KOULO (Arrière-arrière-petit-fils d'ADE) est né de Gilbert Ade Koulo[735], comme montré dans l'arbre 132.

538. LAURENCE ADE KOULO (Arrière-arrière-petite-fille d'ADE) est née de Gilbert Ade Koulo[735], comme montré dans l'arbre 132.

539. CECILE ADE KOULO (Arrière-arrière-petite-fille d'ADE) est née de Gilbert Ade Koulo[735], comme montré dans l'arbre 132.

540. MARIUS ADE KOULO (Arrière-arrière-petit-fils d'ADE) est né de Gilbert Ade Koulo[735], comme montré dans l'arbre 132.

541. ANNE MARIE ADE KOULO (Arrière-arrière-petite-fille d'ADE) est née de Gilbert Ade Koulo[735], comme montré dans l'arbre 132.

542. AMOUR DAVI ADE KOULO (Arrière-arrière-petit-fils d'ADE) est né de Gilbert Ade Koulo[735], comme montré dans l'arbre 132.

543. MARINA ADE KOULO (Arrière-arrière-petite-fille d'ADE) est née de Gilbert Ade Koulo[735], comme montré dans l'arbre 132.

544. EMMANUEL ADE KOULO (Arrière-arrière-petit-fils d'ADE) est né de Gilbert Ade Koulo[735], comme montré dans l'arbre 132.

545. ENOCK ADE KOULO (Arrière-arrière-petit-fils d'ADE) est né de Gilbert Ade Koulo[735], comme montré dans l'arbre 132.

546. FRUCTUEUX GERARDO ADE KOULO (Arrière-arrière-petit-fils d'ADE) est né de Blaise Ade Koulo[736], comme montré dans l'arbre 133.

547. MERIK ADE KOULO (Arrière-arrière-petit-fils d'ADE) est né de Blaise Ade Koulo[736], comme montré dans l'arbre 133.

548. MELINDA ADE KOULO (Arrière-arrière-petite-fille d'ADE) est née de Blaise Ade Koulo[736], comme montré dans l'arbre 133.

549. KARL ADE KOULO (Arrière-arrière-petit-fils d'ADE) est né de Blaise Ade Koulo[736], comme montré dans l'arbre 133.

550. FERNANDA ADE KOULO (Arrière-arrière-petite-fille d'ADE) est née de Blaise Ade Koulo[736], comme montré dans l'arbre 133.

551. PELAGIE ADE KOULO (Arrière-arrière-petite-fille d'ADE) est née de Didier Ade Koulo[744], comme montré dans l'arbre 134.

552. AUBIERGE ADE KOULO (Arrière-arrière-petite-fille d'ADE) est née de Didier Ade Koulo[744], comme montré dans l'arbre 134.

553. EVARISTE ADE KOULO (Arrière-arrière-petit-fils d'ADE) est né de Didier Ade Koulo[744], comme montré dans l'arbre 134.

554. ROSEMONDE ADE KOULO (Arrière-arrière-petite-fille d'ADE) est née de Bonaventure Ade Koulo[746], comme montré dans l'arbre 135.

555. ALPHONSINE ADE KOULO (Arrière-arrière-petite-fille d'ADE) est née de Lambert Ade Koulo[750], comme montré dans l'arbre 136.

556. FIACRE ADE KOULO (Arrière-arrière-petit-fils d'ADE) est né de Lambert Ade Koulo[750], comme montré dans l'arbre 136.

557. SONYA ADE KOULO (Arrière-arrière-petite-fille d'ADE) est née de Lambert Ade Koulo[750], comme montré dans l'arbre 136.

558. TATIANA ADE KOULO (Arrière-arrière-petite-fille d'ADE) est née de Lambert Ade Koulo[750], comme montré dans l'arbre 136.

559. AMOUR ADE KOULO (Arrière-arrière-petit-fils d'ADE) est né de Lambert Ade Koulo[750], comme montré dans l'arbre 136.

560. EDWIGE ADE KOULO (Arrière-arrière-petite-fille d'ADE) est née de Theophile fils de Victorin Ade Koulo[751], comme montré dans l'arbre 137.

561. CHIMENE ADE KOULO (Arrière-arrière-petite-fille d'ADE) est née de Theophile fils de Victorin Ade Koulo[751], comme montré dans l'arbre 137.

562. EMMANUEL ADE KOULO (Arrière-arrière-petit-fils d'ADE) est né de Theophile fils de Victorin Ade Koulo[751], comme montré dans l'arbre 137.

563. SIDONIE ADE KOULO (Arrière-arrière-petite-fille d'ADE) est née de Theophile fils de Victorin Ade Koulo[751], comme montré dans l'arbre 137.

564. LUCRECE FILLE DE ERNEST ADE KOULO (Arrière-arrière-petite-fille d'ADE) est née d'Ernest Ade Koulo[752], comme montré dans l'arbre 138.

565. ALEXANDRINE ADE KOULO (Arrière-arrière-petite-fille d'ADE) est née d'Ernest Ade Koulo[752], comme montré dans l'arbre 138.

566. RODRIGUE ADE KOULO (Arrière-arrière-petit-fils d'ADE) est né d'Ernest Ade Koulo[752], comme montré dans l'arbre 138.

567. SENAN FILS DE ERNEST ADE KOULO (Arrière-arrière-petit-fils d'ADE) est né d'Ernest Ade Koulo[752], comme montré dans l'arbre 138.

568. AKPENI LOKONON (Arrière-arrière-petit-fils d'ADE) est né de Nagbotode Inconnu[767], comme montré dans l'arbre 139.

569. NESTOR INCONNU (Arrière-arrière-petit-fils d'ADE) est né de Nagbotode Inconnu[767], comme montré dans l'arbre 139.

570. TCHEKOFENAN INCONNU (Arrière-arrière-petit-fils d'ADE) est né de Nagbotode Inconnu[767], comme montré dans l'arbre 139.

571. MYRIAME ASSOGBA HOUEHOU (Arrière-arrière-petite-fille d'ADE) est née de Rene Assogba Houehou[768], comme montré dans l'arbre 140.

572. DIDIER ASSOGBA HOUEHOU (Arrière-arrière-petit-fils d'ADE) est né de Rene Assogba Houehou[768], comme montré dans l'arbre 140.

573. LUC ASSOGBA HOUEHOU (Arrière-arrière-petit-fils d'ADE) est né de Rene Assogba Houehou[768], comme montré dans l'arbre 140.

574. ELIANE ASSOGBA HOUEHOU (Arrière-arrière-petite-fille d'ADE) est née de Rene Assogba Houehou[768], comme montré dans l'arbre 140.

575. ROCK ASSOGBA HOUEHOU (Arrière-arrière-petit-fils d'ADE) est né de Rene Assogba Houehou[768], comme montré dans l'arbre 140.

576. CHIMENE ASSOGBA HOUEHOU (Arrière-arrière-petite-fille d'ADE) est née de Rene Assogba Houehou[768], comme montré dans l'arbre 140.

577. ERIC ASSOGBA HOUEHOU (Arrière-arrière-petit-fils d'ADE) est né de Rene Assogba Houehou[768], comme montré dans l'arbre 140.

578. DORCAS ASSOGBA HOUEHOU (Arrière-arrière-petite-fille d'ADE) est née de Rene Assogba Houehou[768], comme montré dans l'arbre 140.

579. CANDILE ASSOGBA HOUEHOU (Arrière-arrière-petit-fils d'ADE) est né de Rene Assogba Houehou[768], comme montré dans l'arbre 140.

580. FIACRE ASSOGBA HOUEHOU (Arrière-arrière-petit-fils d'ADE) est né de Rene Assogba Houehou[768], comme montré dans l'arbre 140.

581. SONYA ASSOGBA HOUEHOU (Arrière-arrière-petite-fille d'ADE) est née de Rene Assogba Houehou[768], comme montré dans l'arbre 140.

582. SOPHIA ASSOGBA HOUEHOU (Arrière-arrière-petite-fille d'ADE) est née de Rene Assogba Houehou[768], comme montré dans l'arbre 140.

583. SOSTHENIA ASSOGBA HOUEHOU (Arrière-arrière-petite-fille d'ADE) est née de Rene Assogba Houehou[768], comme montré dans l'arbre 140.

584. EMMANUELLA SIAKPE (Arrière-arrière-petite-fille d'ADE) est née de Monsieur Siakpe[771] et de Pauline Ade Koulo[770], comme montré dans l'arbre 141.

585. ANNE ELYSEE SIAKPE (Arrière-arrière-petite-fille d'ADE) est née de Monsieur Siakpe[771] et de Pauline Ade Koulo[770], comme montré dans l'arbre 141.

586. JEAN SAMUEL SIAKPE (Arrière-arrière-petit-fils d'ADE) est né de Monsieur Siakpe[771] et de Pauline Ade Koulo[770], comme montré dans l'arbre 141.

587. CAUREZE AKPAMOLI (Arrière-arrière-petit-fils d'ADE) est né de Monsieur Akpamoli[773] et d'Elisabeth Ade Koulo[772], comme montré dans l'arbre 142.

588. CARINE AKPAMOLI (Arrière-arrière-petite-fille d'ADE) est née de Monsieur Akpamoli[773] et d'Elisabeth Ade Koulo[772], comme montré dans l'arbre 142.

589. SILPHERIC AKPAMOLI (Arrière-arrière-petit-fils d'ADE) est né de Monsieur Akpamoli[773] et d'Elisabeth Ade Koulo[772], comme montré dans l'arbre 142.

590. RESALDIE AKPAMOLI (Arrière-arrière-petite-fille d'ADE) est née de Monsieur Akpamoli[773] et d'Elisabeth Ade Koulo[772], comme montré dans l'arbre 142.

591. POTHIN ASSOGBA (Arrière-arrière-petit-fils d'ADE) est né de Francoise Assogba[774], comme montré dans l'arbre 143.

592. AUTRES ASSOGBA (Arrière-arrière-petit-fils d'ADE) est né de Francoise Assogba[774], comme montré dans l'arbre 143.

593. PAULIN AIZANNON (Arrière-arrière-petit-fils d'ADE) est né de Monsieur Aizannon[776] et de Fabienne Aizannon[775], comme montré dans l'arbre 144.

594. PELAGIE AIZANNON (Arrière-arrière-petite-fille d'ADE) est née de Monsieur Aizannon[776] et de Fabienne Aizannon[775], comme montré dans l'arbre 144.

595. AUTRES AIZANNON (Arrière-arrière-petit-fils d'ADE) est né de Monsieur Aizannon[776] et de Fabienne Aizannon[775], comme montré dans l'arbre 144.

596. SESSE SODOKPA (Arrière-arrière-petit-fils d'ADE) est né de Monsieur Sodokpa[778] et de Jacqueline Sodokpa[777], comme montré dans l'arbre 145.

597. AUTRES SODOKPA (Arrière-arrière-petit-fils d'ADE) est né de Monsieur Sodokpa[778] et de Jacqueline Sodokpa[777], comme montré dans l'arbre 145.

598. DAMIEN ALLADAYE (Arrière-arrière-petit-fils d'ADE) est né de Monsieur Alladaye[779] et de Jacqueline Sodokpa[777], comme montré dans l'arbre 146.

599. COSME ALLADAYE (Arrière-arrière-petit-fils d'ADE) est né de Monsieur Alladaye[779] et de Jacqueline Sodokpa[777], comme montré dans l'arbre 146.

600. MYRIAM KPENOU (Arrière-arrière-petite-fille d'ADE) est née d'Augustin Kpenou[780] et d'Epouse de Augustin Kpenou[781], comme montré dans l'arbre 147.

601. CYVETTE GERSIANE KPENOU (Arrière-arrière-petite-fille d'ADE) est née d'Augustin Kpenou[780] et d'Epouse de Augustin Kpenou[781], comme montré dans l'arbre 147.

602. TETE MAEL KPENOU (Arrière-arrière-petit-fils d'ADE) est né d'Augustin Kpenou[780] et d'Epouse de Augustin Kpenou[781], comme montré dans l'arbre 147.

603. SYLVIE DJALE (Arrière-arrière-petite-fille d'ADE) est née d'Anagonou Kpenou[782], comme montré dans l'arbre 148.

604. MARINA EBANOU (Arrière-arrière-petite-fille d'ADE) est née de Monsieur Ebanou[784] et de Pelagie Kpenou[783], comme montré dans l'arbre 149.

605. SATURNIN EBANOU (Arrière-arrière-petit-fils d'ADE) est né de Monsieur Ebanou[784] et de Pelagie Kpenou[783], comme montré dans l'arbre 149.

606. YVES EBANOU (Arrière-arrière-petit-fils d'ADE) est né de Monsieur Ebanou[784] et de Pelagie Kpenou[783], comme montré dans l'arbre 149.

607. ESTELLE EBANOU (Arrière-arrière-petite-fille d'ADE) est née de Monsieur Ebanou[784] et de Pelagie Kpenou[783], comme montré dans l'arbre 149.

608. DOSSI EBANOU (Arrière-arrière-petite-fille d'ADE) est née de Monsieur Ebanou[784] et de Pelagie Kpenou[783], comme montré dans l'arbre 149.

609. VALERIE SANOUSSI (Arrière-arrière-petite-fille d'ADE) est née de Djivede Ade[792], comme montré dans l'arbre 150.
     Valerie a donné naissance à une fille :
          Agnes Sanoussi[175]
     Cette famille est montrée dans l'arbre 67.

610. PIERRETTE ADE (Arrière-arrière-petite-fille d'ADE) est née de Filibert Ade[793], comme montré dans l'arbre 151.

611. EDWIGE ADE (Arrière-arrière-petite-fille d'ADE) est née de Filibert Ade[793], comme montré dans l'arbre 151.

612. EDITH ADE (Arrière-arrière-petite-fille d'ADE) est née de Filibert Ade[793], comme montré dans l'arbre 151.

613. MONSIEUR BADOU (Mari de l'arrière-arrière-petite-fille d'ADE).
    Monsieur Badou a épousé Edith Ade[612].

614. MARGUERITE MAFIOKPE (Arrière-arrière-petite-fille d'ADE) est née de Montcho Mafiokpe[795] et d'Avlessi Inconnu[796], comme montré dans l'arbre 152.

615. GEORGETTE MAFIOKPE (Arrière-arrière-petite-fille d'ADE) est née de Montcho Mafiokpe[795] et d'Avlessi Inconnu[796], comme montré dans l'arbre 152. Elle est décédée.

616. COMLAN GREGOIRE TOGBETO (Mari de l'arrière-arrière-petite-fille d'ADE). Il est décédé.
    Comlan Gregoire Togbeto a épousé Georgette Mafiokpe[615]. Ils ont eu six enfants :
        Alain Togbeto[176]
        Aline Togbeto[177]
        Clothilde Togbeto[178]
        Achille Togbeto[179]
        Patricia Togbeto[180]
        Laurent Togbeto[181]
    Cette famille est montrée dans l'arbre 68.

617. MATHIEU TCHIBOZO (Arrière-arrière-petit-fils d'ADE) est né de Monsieur Tchibozo[798] et de Bernadette Hounyo Mafiokpe[797], comme montré dans l'arbre 153.

618. MARTHE DAKO (Arrière-arrière-petite-fille d'ADE) est née de Rigobert Dako[800], comme montré dans l'arbre 154.

619. JACQUELINE AKOUNDJI (Arrière-arrière-petite-fille d'ADE) est née de Djiha Akoundji[804] et d'Alladassi Aviansou[803], comme montré dans l'arbre 155.

620. JEROME AKOUNDJI (Arrière-arrière-petit-fils d'ADE) est né de Djiha Akoundji[804] et d'Alladassi Aviansou[803], comme montré dans l'arbre 155.

621. MICHEL AKOUNDJI (Arrière-arrière-petit-fils d'ADE) est né de Djiha Akoundji[804] et d'Alladassi Aviansou[803], comme montré dans l'arbre 155.

622. FLAVIEN AKOUNDJI (Arrière-arrière-petit-fils d'ADE) est né de Djiha Akoundji[804] et d'Alladassi Aviansou[803], comme montré dans l'arbre 155.

623. JEANNE DEGBO (Arrière-arrière-petite-fille d'ADE) est née de Pascal Degbo[809], comme montré dans l'arbre 156.

Génération des arrière-petits-enfants

624. JOSEPHINE DELE (Arrière-petite-fille d'ADE) est née de Gabriel Dele[815] et de Hounkame Inconnu[814], comme montré dans l'arbre 157. Elle est décédée.

625. CHRISTINE DELE (Arrière-petite-fille d'ADE) est née de Gabriel Dele[815] et de Hounkame Inconnu[814], comme montré dans l'arbre 157. Elle est décédée.

626. GEORGETTE DELE (Arrière-petite-fille d'ADE) est née de Gabriel Dele[815] et de Hounkame Inconnu[814], comme montré dans l'arbre 157. Elle est décédée.

627. JUSTINE DELE (Arrière-petite-fille d'ADE) est née de Gabriel Dele[815] et de Hounkame Inconnu[814], comme montré dans l'arbre 157. Elle est décédée.

628. EUGENIE DELE (Arrière-petite-fille d'ADE) est née de Gabriel Dele[815] et de Hounkame Inconnu[814], comme montré dans l'arbre 157. Elle est décédée.

629. FILS AINE DEFUNT TOKPO (Arrière-petit-fils d'ADE) est né en 1923 de Gankpon TOKPO[817] et de Catherine Sikanon Koulo[816], comme montré dans l'arbre 158. Il est décédé en 1923, étant nourrisson.

630. ANDRE ROBERT (SALANON GBEDIGA) TOKPO GANKPON (Arrière-petit-fils d'ADE) est né en 1924, à Houawe, Bohicon, Zou, Benin, de Gankpon TOKPO[817] et de Catherine Sikanon Koulo[816], comme montré dans l'arbre 158. Il est décédé le 24 janvier 2005, à environ 80 ans, à Abomey, Zou, Benin. Il a été inhumé à Abomey, Zou, Benin. Andre a été marié dix fois. Il a épousé Marguerite Agassounon[631], Gangnonde Gouklounon[632], Madame Ahomagnon[633], Jeanette Hortense Bakpe[634], Marie-Madeleine Hazoume[635], Madame Ayatode[636], Celestine Ahogle[637], Seraphine Afiavi Gbaguidi[638], Antoinette Lingboto Guezo[639] et Madame inconnue famille Tokpo Inconnu[640].

> Note : *selon les papiers officiels refaits: ne vers 1930, mais sa petite soeur est nee en 1926 donc en verite pepe andre est ne en 1924 selon Ida Tokpo et Marguerite Agassounon.*

631. MARGUERITE AGASSOUNON (Femme de l'arrière-petit-fils d'ADE) est née le 27 octobre 1943 d'Adogba Thomas Dako Agassounon et d'Awouvo Adoussingande.

> Note : *ne vers 1945. Mais date exacte: 27 oct 1943.*

Andre Robert (Salanon Gbediga) TOKPO Gankpon[630] a épousé Marguerite Agassounon. Ils ont eu sept enfants :

> Godefroy Julien Tokpo[182] né en 1964
> Ida Gisele Leocadie Tokpo[187] née en 1965
> Wilfried Tokpo[189] né en 1967
> Prisque Claudine Gilberte Tokpo[190] née en 1970
> Rodolpho Tokpo[192] né en 1971
> Damien et Damienne Tokpo[193] né en 1972
> Alvine Tokpo[194] née en 1975

Cette famille est montrée dans l'arbre 69.

632. GANGNONDE GOUKLOUNON (Femme de l'arrière-petit-fils d'ADE).

Andre Robert (Salanon Gbediga) TOKPO Gankpon[630] a épousé Gangnonde Gouklounon. Ils ont eu deux enfants :

> Blandine Tokpo[196]
> Frere defunt de Blandine Tokpo[198]

Des informations supplémentaires concernant cette famille. Séparation.

Cette famille est montrée dans l'arbre 70.

633. MADAME AHOMAGNON (Femme de l'arrière-petit-fils d'ADE). Elle est décédée.

Andre Robert (Salanon Gbediga) TOKPO Gankpon[630] a épousé Madame Ahomagnon. Ils ont eu quatre enfants :

> Nan Zognidi Sidonie Edwige Tokpo[199] née en 1953
> Damien Tokpo[201] né en 1955
> Rogatienne Damienne Tokpo[202] née en 1955
> Edith et Edon jumeaux Tokpo[206]

Des informations supplémentaires concernant cette famille. Séparation.

Cette famille est montrée dans l'arbre 71.

634. JEANETTE HORTENSE BAKPE (Femme de l'arrière-petit-fils d'ADE).

Andre Robert (Salanon Gbediga) TOKPO Gankpon[630] a épousé Jeanette Hortense Bakpe. Ils ont eu un fils :

> Eric Lionel Tokpo[207] né en 1973

Des informations supplémentaires concernant cette famille. Séparation.

Cette famille est montrée dans l'arbre 72.

635. MARIE-MADELEINE HAZOUME (Femme de l'arrière-petit-fils d'ADE). Elle est décédée en 1989.

Andre Robert (Salanon Gbediga) TOKPO Gankpon[630] a épousé Marie-Madeleine Hazoume. Ils ont eu quatre enfants :

> Laure Andrea Ya-Alatche Tokpo[209] née en 1950
> Lydie Olga Tokpo[213] née en 1953
> Alain Cyrille Tokpo[216] né en 1955
> Rock Gabin Eric Tokpo[218]

Cette famille est montrée dans l'arbre 73.

636. MADAME AYATODE (Femme de l'arrière-petit-fils d'ADE). Elle est décédée.

Madame a été mariée deux fois. Elle a épousé Andre Robert (Salanon Gbediga) TOKPO Gankpon[630] et Janvier Assogba.

Andre Robert (Salanon Gbediga) TOKPO Gankpon[630] a épousé Madame Ayatode. Ils ont eu deux enfants :

> Cletus Tokpo[219] né en 1953
> Isabelle Irma Tokpo[223] née en 1956

Des informations supplémentaires concernant cette famille. Séparation.

Cette famille est montrée dans l'arbre 74.

Janvier Assogba a épousé Madame Ayatode. Ils ont eu deux filles :

> Christiane Assogba
> Francine Assogba

Cette famille est montrée dans l'arbre 74.

637. CELESTINE AHOGLE (Femme de l'arrière-petit-fils d'ADE) est née le 1er janvier 1950 de Blekessou Ahogle et de Hedihe Assiavinon. Celestine est également connue sous le nom de "Maman Line". Elle est décédée.
> Andre Robert (Salanon Gbediga) TOKPO Gankpon[630] a épousé Celestine Ahogle. Ils ont eu quatre enfants :
>> Roselyne Nonwegnisse Tokpo[225] née en 1980
>> Francine Houindomabou Tokpo[227] née en 1981
>> Stanislas Azandegbe Tokpo[229] né en 1983
>> Peguy Estelle Tokpo[231] née en 1991
> *Cette famille est montrée dans l'arbre 75.*

638. SERAPHINE AFIAVI GBAGUIDI (Femme de l'arrière-petit-fils d'ADE) est née en 1932 d'Aisse Gbaguidi et de Mme. Assiongbon. Elle est décédée (Maladie) le 3 août 2005, à environ 73 ans, à Centre de Sante de Bethesda, Cotonou, Benin. Elle a été inhumée à Cimetiere PK 14.
Seraphine a été mariée cinq fois. Elle a épousé Andre Robert (Salanon Gbediga) TOKPO Gankpon[630], El Hadj Waidi Americo, Monsieur Quenum, Monsieur Comlan et Monsieur Da Matha Sant'Anna.
Note : *date d'enterrement: 18 aout 2005.*
> Andre Robert (Salanon Gbediga) TOKPO Gankpon[630] a épousé Seraphine Afiavi Gbaguidi. Ils ont eu deux enfants :
>> Yves Tony Tokpo[233] né en 1952
>> Solange Petronille Tokpo[237] née en 1955
> *Cette famille est montrée dans l'arbre 76.*
> El Hadj Waidi Americo a épousé Seraphine Afiavi Gbaguidi. Ils ont eu six enfants :
>> Nourou Dine Americo
>> Mouniratou Americo
>> Alifatou Americo
>> Raliatou Americo
>> Nouratou Americo
>> Ganiou Americo
> *Cette famille est montrée dans l'arbre 76.*
> Monsieur Quenum a épousé Seraphine Afiavi Gbaguidi. Ils ont eu une fille :
>> Acqueline Quenum
> *Cette famille est montrée dans l'arbre 76.*
> Monsieur Comlan a épousé Seraphine Afiavi Gbaguidi. Ils ont eu une fille :
>> Leonie Comlan
> *Cette famille est montrée dans l'arbre 76.*
> Monsieur Da Matha Sant'Anna a épousé Seraphine Afiavi Gbaguidi. Ils ont eu une fille :
>> Clemence Da Matha Sant'Anna
> *Cette famille est montrée dans l'arbre 76.*

639. ANTOINETTE LINGBOTO GUEZO (Femme de l'arrière-petit-fils d'ADE) est née de Celestin Lingboto Guezo et de Dansi Nouasse Acalogoun.
> Andre Robert (Salanon Gbediga) TOKPO Gankpon[630] a épousé Antoinette Lingboto Guezo. Ils ont eu deux enfants :
>> David Megninou Lokassa Tokpo[240] né en 1972
>> Judith Tokpo[242]
> Des informations supplémentaires concernant cette famille. Séparation.
> *Cette famille est montrée dans l'arbre 77.*

640. MADAME INCONNUE FAMILLE TOKPO INCONNU (Femme de l'arrière-petit-fils d'ADE). Elle est décédée.
> Andre Robert (Salanon Gbediga) TOKPO Gankpon[630] a épousé Madame inconnue famille Tokpo Inconnu. Ils ont eu une fille :
>> Denise Tokpo[243]
> *Cette famille est montrée dans l'arbre 78.*

641. MARIE-THERESE TOKPO (Arrière-petite-fille d'ADE) est née en 1926 de Gankpon TOKPO[817] et de Catherine Sikanon Koulo[816], comme montré dans l'arbre 158. Marie-Therese travaillait comme Enseignante Retraitee au Benin - vit en Cote d'Ivoire.
Note : *basee en Cote d'ivoire.*

642. BERNARD MANDODE (Mari de l'arrière-petite-fille d'ADE). Il est décédé.
> Bernard Mandode a épousé Marie-Therese Tokpo[641]. Ils ont eu cinq filles :
>> Lidvine Mandode[244]
>> Aveline Mandode[245]
>> Jocelyne Mandode[246]
>> Colette Mandode[247]

         Elise Mandode[248]
        Cette famille est montrée dans l'arbre 79.

643. DONATIEN CODJIA (Arrière-petit-fils d'ADE) est né d'Agbanchenou Codjia[819] et de Catherine Sikanon Koulo[816], comme montré dans l'arbre 159. Il est décédé.
644. FEMME DE DONATIEN CODJIA INCONNU (Femme de l'arrière-petit-fils d'ADE).
        Donatien Codjia[643] a épousé Femme de Donatien Codjia Inconnu. Ils ont eu dix enfants :
            Jean Claude Codjia[249]
            Jean Claude Codjia[250]
            Mireille Codjia[251]
            Regis Codjia[252]
            Marie-Josiane Codjia[253]
            Josiane Codjia[254]
            Herve Codjia[255]
            Olga Codjia[256]
            Florence Codjia[257]
            Francoise Codjia[258]
        Cette famille est montrée dans l'arbre 80.

645. EMMA JULES AGBANCHENOU CODJIA (Arrière-petite-fille d'ADE) est née le 12 juin 1936 d'Agbanchenou Codjia[819] et de Catherine Sikanon Koulo[816], comme montré dans l'arbre 159. Emma était commercante et maitresse couturiere. Elle est décédée le 1er décembre 2012, âgée de 76 ans.
646. DAMIEN DAH ADANHOUTON DEGBE AGOLI-AGBO (Mari de l'arrière-petite-fille d'ADE). Il est décédé.
        Damien Dah Adanhouton Degbe Agoli-Agbo a épousé Emma Jules Agbanchenou Codjia[645]. Ils ont eu douze enfants :
            Simeon Bienvenu Degbe Agoli-Agbo[259]
            Ghislaine Henedine Degbe Agoli-Agbo[260]
            Mesmin Emmanuel Degbe Agoli-Agbo[262]
            Esperance Eulalie Degbe Agoli-Agbo[263]
            Dah Degbe Vignon Marcel Rachel Bernard Agoli-Agbo[265]
            Eliane Olga Degbe Agoli-Agbo[266]
            Louisette Martine Degbe Agoli-Agbo[268]
            Serge Roland Degbe Agoli-Agbo[270]
            Imelda C. Nan Agbokpanou Agoli-Agbo Degbe[272]
            Viviane Senan Degbe Agoli-Agbo[274]
            Wilfried Togla Degbe Agoli-Agbo[275]
            Fernand Mahussi Degbe Agoli-Agbo[276]
        Cette famille est montrée dans l'arbre 81.

647. JUMEAUX DEFUNTS DE CATHERINE KOULO FELIHO (Arrière-petit-fils d'ADE) est né de Pere des jumeaux decedes Feliho[820] et de Catherine Sikanon Koulo[816], comme montré dans l'arbre 160. Il est décédé.

648. SOPHIE KOULO (Arrière-petite-fille d'ADE) est née de Toha Nicodeme jumeau Koulo[821] et de Marie-Agnes Anagonou Goudou[822], comme montré dans l'arbre 161. Elle est décédée.
        Sophie a été mariée deux fois. Elle a épousé Monsieur Zohou[649] et Monsieur Dovonou[650].
649. MONSIEUR ZOHOU (Mari de l'arrière-petite-fille d'ADE).
        Monsieur Zohou a épousé Sophie Koulo[648]. Ils ont eu trois enfants :
            Philomene Zohou[277]
            Camille Zohou[278]
            Dieudonne Zohou[279]
        Cette famille est montrée dans l'arbre 82.
650. MONSIEUR DOVONOU (Mari de l'arrière-petite-fille d'ADE). Il est décédé.
        Monsieur Dovonou a épousé Sophie Koulo[648]. Ils ont eu une fille :
            Claire Dovonou[280]
        Cette famille est montrée dans l'arbre 83.

651. FIRMIN KOULO (Arrière-petit-fils d'ADE) est né de Toha Nicodeme jumeau Koulo[821] et de Marie-Agnes Anagonou Goudou[822], comme montré dans l'arbre 161.
652. FEMME DE FIRMIN KOULO INCONNU (Femme de l'arrière-petit-fils d'ADE).
        Firmin Koulo[651] a épousé Femme de Firmin Koulo Inconnu. Ils ont eu onze enfants :
            Louise Koulo[281]
            John Augustin Koulo[284]

> Eliane Koulo[285]
> Jean Claude Koulo[287]
> Rosette Koulo[288]
> Edonard Koulo[289]
> Rodrigue Koulo[290]
> Arlette Koulo[291]
> Diane Koulo[292]
> Arnaud Koulo[293]
> Joel Koulo[294]
> *Cette famille est montrée dans l'arbre 84.*

653. ANDRE KOULO (Arrière-petit-fils d'ADE) est né en 1936 de Toha Nicodeme jumeau Koulo[821] et de Marie-Agnes Anagonou Goudou[822], comme montré dans l'arbre 161. Andre était ingenieur geometre - ex DG SOCOGIM. Il est décédé le 16 juin 2012, à environ 75 ans.

654. FEMME DE ANDRE KOULO INCONNU (Femme de l'arrière-petit-fils d'ADE).
> Andre Koulo[653] a épousé Femme de Andre Koulo Inconnu. Ils ont eu sept enfants :
> > Pelagie Koulo[295]
> > Jeremie Koulo[296]
> > Arcadius Koulo[297]
> > Euphrem Koulo[298]
> > Francis Koulo[299]
> > Erick Koulo[300]
> > Eustache Koulo[301]
> *Cette famille est montrée dans l'arbre 85.*

655. ANTOINE DE PADOUE KOULO (Arrière-petit-fils d'ADE) est né de Toha Nicodeme jumeau Koulo[821] et de Marie-Agnes Anagonou Goudou[822], comme montré dans l'arbre 161.

656. FEMME DE ANTOINE DE PADOUE KOULO (Femme de l'arrière-petit-fils d'ADE).
> Antoine de Padoue Koulo[655] a épousé Femme de Antoine de Padoue Koulo. Ils ont eu quinze enfants :
> > Mesmin Koulo[302]
> > Mireille Koulo[303]
> > Dieu est bon Koulo[304]
> > Franck Koulo[305]
> > Marius Koulo[306]
> > Landry Koulo[307]
> > Andoch Koulo[308]
> > Carine Koulo[309]
> > Romeo Koulo[310]
> > Elias Koulo[311]
> > Eliane Koulo[312]
> > Cherifath Koulo[313]
> > Mirabelle Koulo[314]
> > Rolland Koulo[315]
> > Pachedor Koulo[316]
> *Cette famille est montrée dans l'arbre 86.*

657. NAN-TADJILE EUGENIE TINE KOULO (Arrière-petite-fille d'ADE) est née de Toha Nicodeme jumeau Koulo[821] et de Marie-Agnes Anagonou Goudou[822], comme montré dans l'arbre 161.
> Note : *actuellement sur un trone de princesse/ministre dans la cour de Agoli Ago.*

658. MONSIEUR GAHOU (Mari de l'arrière-petite-fille d'ADE).
> Monsieur Gahou a épousé Nan-Tadjile Eugenie Tine Koulo[657]. Ils ont eu cinq enfants :
> > Marcos Gahou[317]
> > Richard Gahou[318]
> > Anicette Gahou[319]
> > Felicienne Gahou[320]
> > Estelle Gahou[321]
> *Cette famille est montrée dans l'arbre 87.*

659. HENRI KOULO (Arrière-petit-fils d'ADE) est né de Toha Nicodeme jumeau Koulo[821] et de Marie-Agnes Anagonou Goudou[822], comme montré dans l'arbre 161. Il est décédé.

Henri a engendré neuf enfants :
    Brice Koulo[322]
    Armel Koulo[323]
    Ghislain Koulo[324]
    Isabelle Koulo[325]
    Romeo Koulo[326]
    Gildas Koulo[327]
    Hermine Koulo[328]
    Mirabelle Koulo[329]
    Fille infirme Koulo[330]
Cette famille est montrée dans l'arbre 88.

660. GUSTAVE JOHNSON (Arrière-petit-fils d'ADE) est né de Monsieur Johnson[824] et d'Anagonou jumelle Koulo[823], comme montré dans l'arbre 162.
    Gustave a engendré une fille :
        Desire Parfaite Johnson[331]
    Cette famille est montrée dans l'arbre 89.

661. BRIGITTE KOULO (Arrière-petite-fille d'ADE) est née d'Antoine Ade Koulo[825] et de Mere de Brigitte Koulo Inconnu[826], comme montré dans l'arbre 163.
662. MOISE AHOKPE (Mari de l'arrière-petite-fille d'ADE).
    Moise Ahokpe a épousé Brigitte Koulo[661]. Ils ont eu trois enfants :
        Ghislaine Affi Ahokpe[332]
        Anita Ahokpe[333]
        Scero Ahokpe[334]
    Cette famille est montrée dans l'arbre 90.

663. ADOLPHE ADE (Arrière-petit-fils d'ADE) est né d'Antoine Ade Koulo[825] et de Mere de Brigitte Koulo Inconnu[826], comme montré dans l'arbre 163.

664. SOPHIE ADE (Arrière-petite-fille d'ADE) est née d'Antoine Ade Koulo[825] et de Mere de Brigitte Koulo Inconnu[826], comme montré dans l'arbre 163.
665. MONSIEUR AGBOLOSSO (Mari de l'arrière-petite-fille d'ADE).
    Monsieur Agbolosso a épousé Sophie Ade[664]. Ils ont eu deux enfants :
        Rhodes Agbolosso[335]
        Ronelle Agbolosso[336]
    Cette famille est montrée dans l'arbre 91.

666. MELANIE REINE ADE KOULO (Arrière-petite-fille d'ADE) est née d'Antoine Ade Koulo[825] et de Mere de Brigitte Koulo Inconnu[826], comme montré dans l'arbre 163.
667. MONSIEUR AKPLOGAN (Mari de l'arrière-petite-fille d'ADE).
    Monsieur Akplogan a épousé Melanie Reine Ade Koulo[666]. Ils ont eu trois enfants :
        Marylin Akplogan[337]
        Kevin Akplogan[338]
        Yasmine Akplogan[339]
    Cette famille est montrée dans l'arbre 92.

668. LUCIEN ADE KOULO (Arrière-petit-fils d'ADE) est né d'Antoine Ade Koulo[825] et de Mere de Brigitte Koulo Inconnu[826], comme montré dans l'arbre 163. Il est décédé.
    Lucien a engendré deux fils :
        Thierry Ade Koulo[340]
        Emmanuel Ade Koulo[341]
    Cette famille est montrée dans l'arbre 93.

669. GABRIEL ADE KOULO (Arrière-petit-fils d'ADE) est né d'Antoine Ade Koulo[825] et de Mere de Brigitte Koulo Inconnu[826], comme montré dans l'arbre 163.
    Gabriel a engendré quatre enfants :
        Cynthia Ade Koulo[342]
        Claire Ade Koulo[343]
        Clara Ade Koulo[344]
        Deo Gratias Ade Koulo[345]
    Cette famille est montrée dans l'arbre 94.

670. JULIEN ADE KOULO (Arrière-petit-fils d'ADE) est né d'Antoine Ade Koulo[825] et de Mere de Brigitte Koulo Inconnu[826], comme montré dans l'arbre 163.
Julien a épousé sa cousine, Houedanou Inconnu[790].

671. BERNADIN ADOTANOU (Arrière-petit-fils d'ADE) est né de Monsieur Adotanou[828] et de Gozinnon Ade Koulo[827], comme montré dans l'arbre 164.
Bernadin a engendré trois enfants :
Christine Adotanou[361]
Edouard Adotanou[362]
Josephine Adotanou[363]
Cette famille est montrée dans l'arbre 96.

672. VERONIQUE GOUGLA (Arrière-petite-fille d'ADE) est née de Monsieur Gougla[829] et de Gozinnon Ade Koulo[827], comme montré dans l'arbre 165.

673. BASILE ADE KOULO (Arrière-petit-fils d'ADE) est né de Barthelemy Ade Koulo[830], comme montré dans l'arbre 166.
Basile a engendré six enfants :
Dino Ade Koulo[364]
Miralove Ade Koulo[365]
Balistone Ade Koulo[366]
Kislove Ade Koulo[367]
Geraldine Ade Koulo[368]
Luxador Ade Koulo[369]
Cette famille est montrée dans l'arbre 97.

674. MARIUS ADE KOULO (Arrière-petit-fils d'ADE) est né de Barthelemy Ade Koulo[830], comme montré dans l'arbre 166.
Marius a engendré sept enfants :
Gloria Ade Koulo[370]
Jennifer Ade Koulo[371]
Bignon Ade Koulo[372]
David (fils de Marius) Ade Koulo[373]
Lionel Ade Koulo[374]
Mahougnon Rivaldo Ade Koulo[375]
Elvys Ade Koulo[376]
Cette famille est montrée dans l'arbre 98.

675. EULOGE ADE KOULO (Arrière-petit-fils d'ADE) est né de Barthelemy Ade Koulo[830], comme montré dans l'arbre 166.

676. CESAR ADE KOULO (Arrière-petit-fils d'ADE) est né de Barthelemy Ade Koulo[830], comme montré dans l'arbre 166.
Cesar a engendré un fils :
David Ade Koulo[377]
Cette famille est montrée dans l'arbre 99.

677. YVES ADE KOULO (Arrière-petit-fils d'ADE) est né de Barthelemy Ade Koulo[830], comme montré dans l'arbre 166.

678. KEVINE ADE KOULO (Arrière-petit-fils d'ADE) est né de Barthelemy Ade Koulo[830], comme montré dans l'arbre 166.

679. CHARLOTTE ADE KOULO (Arrière-petite-fille d'ADE) est née de Barthelemy Ade Koulo[830], comme montré dans l'arbre 166.

680. VERONIQUE ADE KOULO (Arrière-petite-fille d'ADE) est née de Barthelemy Ade Koulo[830], comme montré dans l'arbre 166.

681. REINE ADE KOULO (Arrière-petite-fille d'ADE) est née de Barthelemy Ade Koulo[830], comme montré dans l'arbre 166.

682. MURIELLE ADE KOULO (Arrière-petite-fille d'ADE) est née de Barthelemy Ade Koulo[830], comme montré dans l'arbre 166.

683. TOHOSSI HOUEGBOTON ADE KOULO (Arrière-petite-fille d'ADE) est née de Jean Ade Koulo[831] et de Kehoussi Ade Koulo[859], comme montré dans l'arbre 168.
684. MONSIEUR AGBODAYINON (Mari de l'arrière-petite-fille d'ADE).
Monsieur Agbodayinon a épousé Tohossi Houegboton Ade Koulo[683]. Ils ont eu deux fils :
Alain Agbodayinon[378]
Anselme Agbodayinon[379]
Cette famille est montrée dans l'arbre 100.

685. EMMA ADE KOULO (Arrière-petite-fille d'ADE) est née de Jean Ade Koulo[831] et de Kehoussi Ade Koulo[859], comme montré dans l'arbre 168.
686. MONSIEUR AMANOUNGBE (Mari de l'arrière-petite-fille d'ADE).
>   Monsieur Amanoungbe a épousé Emma Ade Koulo[685]. Ils ont eu un fils :
>> Camus Amanoungbe[380]
>   *Cette famille est montrée dans l'arbre 101.*

687. MADELEINE ADE KOULO (Arrière-petite-fille d'ADE) est née de Jean Ade Koulo[831] et de Kehoussi Ade Koulo[859], comme montré dans l'arbre 168.
688. MONSIEUR KPILI (Mari de l'arrière-petite-fille d'ADE).
>   Monsieur Kpili a épousé Madeleine Ade Koulo[687]. Ils ont eu quatre enfants :
>> Herve Kpili[381]
>> Beatrice Kpili[382]
>> Benedicte Kpili[383]
>> Mariette Kpili[384]
>   *Cette famille est montrée dans l'arbre 102.*

689. MATHIAS ADE KOULO (Arrière-petit-fils d'ADE) est né de Jean Ade Koulo[831] et d'Autres epouse de Jean Koulo[832], comme montré dans l'arbre 167.
>   Mathias a engendré six enfants :
>> Modeste Ade Koulo[385]
>> Marius Ade Koulo[386]
>> Francky Ade Koulo[387]
>> Raoul Ade Koulo[388]
>> Ernest Ade Koulo[389]
>> Pelagie Ade Koulo[390]
>   *Cette famille est montrée dans l'arbre 103.*

690. LODOHOUNDE ADE KOULO (Arrière-petite-fille d'ADE) est née de Jean Ade Koulo[831] et d'Autres epouse de Jean Koulo[832], comme montré dans l'arbre 167.
691. MONSIEUR FEGBEGOU (Mari de l'arrière-petite-fille d'ADE).
>   Monsieur Fegbegou a épousé Lodohounde Ade Koulo[690]. Ils ont eu deux fils :
>> Hospice Fegbegou[391]
>> Sidoine Fegbegou[392]
>   *Cette famille est montrée dans l'arbre 104.*

692. ELISABETH ADE KOULO (Arrière-petite-fille d'ADE) est née de Jean Ade Koulo[831] et d'Autres epouse de Jean Koulo[832], comme montré dans l'arbre 167.
693. MONSIEUR DINE (Mari de l'arrière-petite-fille d'ADE).
>   Monsieur Dine a épousé Elisabeth Ade Koulo[692]. Ils ont eu une fille :
>> Moinatou Dine[393]
>   *Cette famille est montrée dans l'arbre 105.*

694. ADELAIDE ADE KOULO (Arrière-petite-fille d'ADE) est née de Jean Ade Koulo[831] et d'Autres epouse de Jean Koulo[832], comme montré dans l'arbre 167.

695. AMAVI ADE KOULO (Arrière-petite-fille d'ADE) est née de Jean Ade Koulo[831] et d'Autres epouse de Jean Koulo[832], comme montré dans l'arbre 167.
>   Amavi Ade Koulo a épousé.

696. ALADASSI INCONNU (Arrière-petite-fille d'ADE) est née d'Ahouandjisside Ade Koulo[834], comme montré dans l'arbre 169.
697. MONSIEUR HINKPON (Mari de l'arrière-petite-fille d'ADE).
>   Monsieur Hinkpon a épousé Aladassi Inconnu[696]. Ils ont eu deux fils :
>> Pierre Hinkpon[394]
>> Paul Hinkpon[395]
>   *Cette famille est montrée dans l'arbre 106.*

698. NANSI BENOU-NON INCONNU (Arrière-petite-fille d'ADE) est née d'Ahouandjisside Ade Koulo[834], comme montré dans l'arbre 169.
>   Nansi a épousé son oncle, Bertin Ade Koulo[843].

699. ALADASSI DAHO ADE KOULO (Arrière-petit-fils d'ADE) est né d'Adissin Ade Koulo[835] et de Dame Hogbonouto Inconnu[836], comme montré dans l'arbre 170.
>   Aladassi a engendré quatre filles :
>>   Eugenie Clanon Koulo[396]
>>   Louise Koulo[397]
>>   Adele Koulo[398]
>>   Ahandessi Koulo[399]
>   *Cette famille est montrée dans l'arbre 108.*

700. ALADASSI KPEVI DAYI MEDESSOU ADE KOULO (Arrière-petit-fils d'ADE) est né d'Adissin Ade Koulo[835] et de Dame Hogbonouto Inconnu[836], comme montré dans l'arbre 170.

701. MARCELLIN ADE KOULO (Arrière-petit-fils d'ADE) est né d'Adissin Ade Koulo[835] et de Dame Hogbonouto Inconnu[836], comme montré dans l'arbre 170.
>   Marcellin a engendré dix-huit enfants :
>>   Mellon Koulo[400]
>>   Leonard Ade Koulo[401]
>>   Adeline Ade Koulo[402]
>>   Anicet Ade Koulo[403]
>>   Hugues Ade Koulo[404]
>>   Gisele Ade Koulo[405]
>>   Armandine Ade Koulo[406]
>>   Zita Ade Koulo[407]
>>   Nicole Ade Koulo[408]
>>   Gerard Ade Koulo[409]
>>   Hospice Koulo[410]
>>   Elisabeth Ade Koulo[411]
>>   Nadege Ade Koulo[412]
>>   Herman Ade Koulo[413]
>>   Edgard Ade Koulo[414]
>>   Opportune Ade Koulo[415]
>>   Rene Ade Koulo[416]
>>   Wenceslas Ade Koulo[417]
>   *Cette famille est montrée dans l'arbre 109.*

702. MACAIRE ADE KOULO (Arrière-petit-fils d'ADE) est né de Pierre (3e Dah) Ade Koulo[838], comme montré dans l'arbre 171.
>   Macaire a engendré cinq enfants :
>>   Maurice Ade Koulo[418]
>>   Gisele Ade Koulo[419]
>>   Nina Ade Koulo[420]
>>   Macrine Ade Koulo[421]
>>   Desire fils de Macaire Ade Koulo[422]
>   *Cette famille est montrée dans l'arbre 110.*

703. RICHARD DAH ADE KOULO (Arrière-petit-fils d'ADE) est né de Pierre (3e Dah) Ade Koulo[838], comme montré dans l'arbre 171.
>   Richard a engendré cinq enfants :
>>   Hector Ade Koulo[423]
>>   Spero Ade Koulo[424]
>>   Sylviane Ade Koulo[425]
>>   Hermione Imelda Ade Koulo[426]
>>   Armel Ade Koulo[427]
>   *Cette famille est montrée dans l'arbre 111.*

704. MATHIAS ADE KOULO (Arrière-petit-fils d'ADE) est né de Pierre (3e Dah) Ade Koulo[838], comme montré dans l'arbre 171.
>   Mathias a engendré huit enfants :

Amos Ade Koulo[428]
Grace Ade Koulo[429]
Gillius Ade Koulo[430]
Lucrece Ade Koulo[431]
Senami Ade Koulo[432]
Fernando Ade Koulo[433]
Dieudonne Ade Koulo[434]
Abel Ade Koulo[435]
Cette famille est montrée dans l'arbre 112.

705. EMILE ADE KOULO (Arrière-petit-fils d'ADE) est né de Pierre (3e Dah) Ade Koulo[838], comme montré dans l'arbre 171.

706. ADRIEN ADE KOULO (Arrière-petit-fils d'ADE) est né de Pierre (3e Dah) Ade Koulo[838], comme montré dans l'arbre 171.
Adrien a engendré quatre enfants :
Justine Ade Koulo[436]
Gloria Ade Koulo[437]
Claude Ade Koulo[438]
Deo Gratias fils d'Adrien Ade Koulo[439]
Cette famille est montrée dans l'arbre 113.

707. TOUSSAINT FILS DE PIERRE ADE KOULO (Arrière-petit-fils d'ADE) est né de Pierre (3e Dah) Ade Koulo[838], comme montré dans l'arbre 171.
Toussaint a engendré trois enfants :
Joachim Ade Koulo[440]
Juliette Ade Koulo[441]
Anicette Ade Koulo[442]
Cette famille est montrée dans l'arbre 114.

708. JULES ADE KOULO (Arrière-petit-fils d'ADE) est né de Pierre (3e Dah) Ade Koulo[838], comme montré dans l'arbre 171.
Jules a engendré deux fils :
Fropius Ade Koulo[443]
Senan Ade Koulo[444]
Cette famille est montrée dans l'arbre 115.

709. GABIN ADE KOULO (Arrière-petit-fils d'ADE) est né de Pierre (3e Dah) Ade Koulo[838], comme montré dans l'arbre 171.
Gabin a engendré trois enfants :
Donaldo Ade Koulo[445]
Hypolite Ade Koulo[446]
Sabine Ade Koulo[447]
Cette famille est montrée dans l'arbre 116.

710. SINGBONON ADE KOULO (Arrière-petite-fille d'ADE) est née de Houekpon Ade Koulo[839] et d'Epouse de Houekpon Inconnu[840], comme montré dans l'arbre 172.
711. MONSIEUR LOKONOU (Mari de l'arrière-petite-fille d'ADE).
Monsieur Lokonou a épousé Singbonon Ade Koulo[710]. Ils ont eu quatre enfants :
Raphael Lokonou[448]
Albert Lokonou[449]
Toussaint Lokonou[450]
Marie Madeleine Lokonou[451]
Cette famille est montrée dans l'arbre 117.

712. YA OMER-NON ADE KOULO (Arrière-petite-fille d'ADE) est née de Houekpon Ade Koulo[839] et d'Epouse de Houekpon Inconnu[840], comme montré dans l'arbre 172.
713. MR ASSOGBA (Mari de l'arrière-petite-fille d'ADE).
Mr Assogba a épousé Ya Omer-non Ade Koulo[712]. Ils ont eu six enfants :
Omer Assogba[452]
Frederic Assogba[453]
Rosette Assogba[454]
Armand Assogba[455]
Corentin Assogba[456]
Florence Assogba[457]
Cette famille est montrée dans l'arbre 118.

714. THOMAS ADE KOULO (Arrière-petit-fils d'ADE) est né de Houekpon Ade Koulo[839] et d'Epouse de Houekpon Inconnu[840], comme montré dans l'arbre 172.

Thomas a engendré sept enfants :
Gael Ade Koulo[458]
Beranger Ade Koulo[459]
Valoir Ade Koulo[460]
Jean Marie Ade Koulo[461]
Nadege Ade Koulo[462]
Laurette Ade Koulo[463]
Ginette Ade Koulo[464]
Cette famille est montrée dans l'arbre 119.

715. IGNACE ADE KOULO (Arrière-petit-fils d'ADE) est né de Houekpon Ade Koulo[839] et d'Epouse de Houekpon Inconnu[840], comme montré dans l'arbre 172.

Ignace a engendré deux enfants :
Calvin Ade Koulo[465]
Gloria Ade Koulo[466]
Cette famille est montrée dans l'arbre 120.

716. ROMAIN ADE KOULO (Arrière-petit-fils d'ADE) est né de Houekpon Ade Koulo[839] et d'Epouse de Houekpon Inconnu[840], comme montré dans l'arbre 172.

Romain a engendré sept enfants :
Didier Ade Koulo[467]
Maxime Ade Koulo[468]
Senan Carine Ade Koulo[469]
Mabelle Ade Koulo[470]
Adeline Ade Koulo[471]
Yarissa Ade Koulo[472]
Orelle Ade Koulo[473]
Cette famille est montrée dans l'arbre 121.

717. CATHERINE ADE KOULO (Arrière-petite-fille d'ADE) est née de Pierre d'Azohoue Ade Koulo[841] et d'Epouse de Pierre d'Azohoue Inconnu[842], comme montré dans l'arbre 173.
718. MONSIEUR GANGBE (Mari de l'arrière-petite-fille d'ADE).

Monsieur Gangbe a épousé Catherine Ade Koulo[717]. Ils ont eu quatre enfants :
Theophile Gangbe[474]
Cecile Gangbe[475]
Luc Gangbe[476]
Dominique Gangbe[477]
Cette famille est montrée dans l'arbre 122.

719. ELISABETH ADE KOULO (Arrière-petite-fille d'ADE) est née de Pierre d'Azohoue Ade Koulo[841] et d'Epouse de Pierre d'Azohoue Inconnu[842], comme montré dans l'arbre 173.
720. MR ALLAGBE (Mari de l'arrière-petite-fille d'ADE).

Mr Allagbe a épousé Elisabeth Ade Koulo[719]. Ils ont eu deux fils :
Fabrice Allagbe[478]
Jean Claude Allagbe[479]
Cette famille est montrée dans l'arbre 123.

721. DAKOSSI ADE KOULO (Arrière-petite-fille d'ADE) est née de Pierre d'Azohoue Ade Koulo[841] et d'Epouse de Pierre d'Azohoue Inconnu[842], comme montré dans l'arbre 173.
722. MR GBAGUIDI (Mari de l'arrière-petite-fille d'ADE).

Mr Gbaguidi a épousé Dakossi Ade Koulo[721]. Ils ont eu sept enfants :
Candide Gbaguidi[480]
Dollou Gbaguidi[481]
Yaya Gbaguidi[482]
Sergio Gbaguidi[483]
Serges Gbaguidi[484]
Crepine Gbaguidi[485]
Deo Gratias Gbaguidi[486]
Cette famille est montrée dans l'arbre 124.

723. FLORENCE ADE KOULO (Arrière-petite-fille d'ADE) est née de Pierre d'Azohoue Ade Koulo[841] et d'Epouse de Pierre d'Azohoue Inconnu[842], comme montré dans l'arbre 173.
724. MONSIEUR AKOGNON (Mari de l'arrière-petite-fille d'ADE).
> Monsieur Akognon a épousé Florence Ade Koulo[723]. Ils ont eu six enfants :
>> Rolland Akognon[487]
>> Christelle Akognon[488]
>> Alice Akognon[489]
>> Sandrine Akognon[490]
>> Evrard Akognon[491]
>> Riche Akognon[492]
> *Cette famille est montrée dans l'arbre 125.*

725. VALENTIN ADE KOULO (Arrière-petit-fils d'ADE) est né de Pierre d'Azohoue Ade Koulo[841] et d'Epouse de Pierre d'Azohoue Inconnu[842], comme montré dans l'arbre 173.
> Valentin a engendré seize enfants :
>> Gisele Ade Koulo[493]
>> Mireille Ade Koulo[494]
>> Yollande Ade Koulo[495]
>> Francis Ade Koulo[496]
>> Renaud Ade Koulo[497]
>> Ida Ade Koulo[498]
>> Robinson Ade Koulo[499]
>> Ninan Ade Koulo[500]
>> Prisca Ade Koulo[501]
>> Nathalie Ade Koulo[502]
>> Diane Ade Koulo[503]
>> Isabelle Ade Koulo[504]
>> Marcos Ade Koulo[505]
>> John Ade Koulo[506]
>> Benoite Ade Koulo[507]
>> Belvida Ade Koulo[508]
> *Cette famille est montrée dans l'arbre 126.*

726. OMER ADE KOULO (Arrière-petit-fils d'ADE) est né de Pierre d'Azohoue Ade Koulo[841] et d'Epouse de Pierre d'Azohoue Inconnu[842], comme montré dans l'arbre 173.
> Omer a engendré six enfants :
>> Surnita Ade Koulo[509]
>> Degas Ade Koulo[510]
>> Darios Ade Koulo[511]
>> Gloria Ade Koulo[512]
>> Valentine Ade Koulo[513]
>> Belvanie Ade Koulo[514]
> *Cette famille est montrée dans l'arbre 127.*

727. THOMAS ADE KOULO (Arrière-petit-fils d'ADE) est né de Pierre d'Azohoue Ade Koulo[841] et d'Epouse de Pierre d'Azohoue Inconnu[842], comme montré dans l'arbre 173.
> Thomas a engendré trois enfants :
>> Ricardino Ade Koulo[515]
>> Caroline Ade Koulo[516]
>> Marince Ade Koulo[517]
> *Cette famille est montrée dans l'arbre 128.*

728. BENOIT ADE KOULO (Arrière-petit-fils d'ADE) est né de Bertin Ade Koulo[843] et de Nansi Benou-non Inconnu[698], comme montré dans l'arbre 107.
> Benoit a engendré quatre enfants :
>> Armel Ade Koulo[518]
>> Dorcas Ade Koulo[519]
>> Bienvenu Ade Koulo[520]
>> Sandra Ade Koulo[521]
> *Cette famille est montrée dans l'arbre 129.*

729. MARGUERITE FILLE DE BERTIN ADE KOULO (Arrière-petite-fille d'ADE) est née de Bertin Ade Koulo[843] et de Nansi Benou-non Inconnu[698], comme montré dans l'arbre 107.

730. URBAIN ADE KOULO (Arrière-petit-fils d'ADE) est né de Bertin Ade Koulo[843] et de Nansi Benou-non Inconnu[698], comme montré dans l'arbre 107.
        Urbain a engendré trois fils :
                Bertrand Ade Koulo[522]
                Eric Ade Koulo[523]
                Marius Ade Koulo[524]
        Cette famille est montrée dans l'arbre 130.

731. ANICETTE ADE KOULO (Arrière-petite-fille d'ADE) est née de Bertin Ade Koulo[843] et de Nansi Benou-non Inconnu[698], comme montré dans l'arbre 107.

732. HELENE ADE KOULO (Arrière-petite-fille d'ADE) est née de Bertin Ade Koulo[843] et de Nansi Benou-non Inconnu[698], comme montré dans l'arbre 107.

733. ALICE ADE KOULO (Arrière-petite-fille d'ADE) est née de Bertin Ade Koulo[843] et de Nansi Benou-non Inconnu[698], comme montré dans l'arbre 107.

734. THEODORE ADE KOULO (Arrière-petit-fils d'ADE) est né de Felix Ade Koulo[844], comme montré dans l'arbre 174.
        Theodore a engendré onze enfants :
                Ezekiel Ade Koulo[525]
                Elie Ade Koulo[526]
                Elisee Ade Koulo[527]
                Ines Ade Koulo[528]
                Severine Ade Koulo[529]
                Adolphe Ade Koulo[530]
                Ruffine Ade Koulo[531]
                Ruffin Ade Koulo[532]
                Sergina Ade Koulo[533]
                Solange fille de Theodore Ade Koulo[534]
                Flora Ade Koulo[535]
        Cette famille est montrée dans l'arbre 131.

735. GILBERT ADE KOULO (Arrière-petit-fils d'ADE) est né de Felix Ade Koulo[844], comme montré dans l'arbre 174.
        Gilbert a engendré dix enfants :
                Nathalie Ade Koulo[536]
                Christian Ade Koulo[537]
                Laurence Ade Koulo[538]
                Cecile Ade Koulo[539]
                Marius Ade Koulo[540]
                Anne Marie Ade Koulo[541]
                Amour Davi Ade Koulo[542]
                Marina Ade Koulo[543]
                Emmanuel Ade Koulo[544]
                Enock Ade Koulo[545]
        Cette famille est montrée dans l'arbre 132.

736. BLAISE ADE KOULO (Arrière-petit-fils d'ADE) est né de Felix Ade Koulo[844], comme montré dans l'arbre 174.
        Blaise a engendré cinq enfants :
                Fructueux Gerardo Ade Koulo[546]
                Merik Ade Koulo[547]
                Melinda Ade Koulo[548]
                Karl Ade Koulo[549]
                Fernanda Ade Koulo[550]
        Cette famille est montrée dans l'arbre 133.

737. BERNARDIN ADE KOULO (Arrière-petit-fils d'ADE) est né de Felix Ade Koulo[844], comme montré dans l'arbre 174.

738. CHARLEMAGNE ADE KOULO (Arrière-petit-fils d'ADE) est né de Felix Ade Koulo[844], comme montré dans l'arbre 174.

739. VICTORINE ADE KOULO (Arrière-petite-fille d'ADE) est née de Felix Ade Koulo[844], comme montré dans l'arbre 174.

740. VICTOIRE ADE KOULO (Arrière-petite-fille d'ADE) est née de Felix Ade Koulo[844], comme montré dans l'arbre 174.

741. FLORENCE ADE KOULO (Arrière-petite-fille d'ADE) est née de Felix Ade Koulo[844], comme montré dans l'arbre 174.

742. SOLANGE ADE KOULO (Arrière-petite-fille d'ADE) est née de Felix Ade Koulo[844], comme montré dans l'arbre 174.

743. JUSTINE ADE KOULO (Arrière-petite-fille d'ADE) est née de Felix Ade Koulo[844], comme montré dans l'arbre 174.

744. DIDIER ADE KOULO (Arrière-petit-fils d'ADE) est né de Tranquillin Ade Koulo[848], comme montré dans l'arbre 175.
Didier a engendré trois enfants :
Pelagie Ade Koulo[551]
Aubierge Ade Koulo[552]
Evariste Ade Koulo[553]
Cette famille est montrée dans l'arbre 134.

745. ROCK ADE KOULO (Arrière-petit-fils d'ADE) est né de Tranquillin Ade Koulo[848], comme montré dans l'arbre 175.

746. BONAVENTURE ADE KOULO (Arrière-petit-fils d'ADE) est né de Tranquillin Ade Koulo[848], comme montré dans l'arbre 175.
Bonaventure a engendré une fille :
Rosemonde Ade Koulo[554]
Cette famille est montrée dans l'arbre 135.

747. DESIRE ADE KOULO (Arrière-petit-fils d'ADE) est né de Tranquillin Ade Koulo[848], comme montré dans l'arbre 175.

748. BENJAMIN ADE KOULO (Arrière-petit-fils d'ADE) est né de Tranquillin Ade Koulo[848], comme montré dans l'arbre 175.

749. VALERIE ADE KOULO (Arrière-petite-fille d'ADE) est née de Tranquillin Ade Koulo[848], comme montré dans l'arbre 175.

750. LAMBERT ADE KOULO (Arrière-petit-fils d'ADE) est né de Victorin Kpevegba Ade Koulo[850], comme montré dans l'arbre 176.
Lambert a engendré cinq enfants :
Alphonsine Ade Koulo[555]
Fiacre Ade Koulo[556]
Sonya Ade Koulo[557]
Tatiana Ade Koulo[558]
Amour Ade Koulo[559]
Cette famille est montrée dans l'arbre 136.

751. THEOPHILE FILS DE VICTORIN ADE KOULO (Arrière-petit-fils d'ADE) est né de Victorin Kpevegba Ade Koulo[850], comme montré dans l'arbre 176.
Theophile a engendré quatre enfants :
Edwige Ade Koulo[560]
Chimene Ade Koulo[561]
Emmanuel Ade Koulo[562]
Sidonie Ade Koulo[563]
Cette famille est montrée dans l'arbre 137.

752. ERNEST ADE KOULO (Arrière-petit-fils d'ADE) est né de Victorin Kpevegba Ade Koulo[850], comme montré dans l'arbre 176.
Ernest a engendré quatre enfants :
Lucrece fille de Ernest Ade Koulo[564]
Alexandrine Ade Koulo[565]
Rodrigue Ade Koulo[566]
Senan fils de Ernest Ade Koulo[567]
Cette famille est montrée dans l'arbre 138.

753. NESTOR ADE KOULO (Arrière-petit-fils d'ADE) est né de Victorin Kpevegba Ade Koulo[850], comme montré dans l'arbre 176.

754. URBAIN ADE KOULO (Arrière-petit-fils d'ADE) est né de Victorin Kpevegba Ade Koulo[850], comme montré dans l'arbre 176.

755. ANSELME ADE KOULO (Arrière-petit-fils d'ADE) est né de Victorin Kpevegba Ade Koulo[850], comme montré dans l'arbre 176.

756. DAVID FILS DE VICTORIN ADE KOULO (Arrière-petit-fils d'ADE) est né de Victorin Kpevegba Ade Koulo[850], comme montré dans l'arbre 176.

757. BENJAMIN ADE KOULO (Arrière-petit-fils d'ADE) est né de Victorin Kpevegba Ade Koulo[850], comme montré dans l'arbre 176.

758. PHILOMENE ADE KOULO (Arrière-petite-fille d'ADE) est née de Victorin Kpevegba Ade Koulo[850], comme montré dans l'arbre 176.

759. JULIENNE ADE KOULO (Arrière-petite-fille d'ADE) est née de Victorin Kpevegba Ade Koulo[850], comme montré dans l'arbre 176.

760. FRANCISCA ADE KOULO (Arrière-petite-fille d'ADE) est née de Victorin Kpevegba Ade Koulo[850], comme montré dans l'arbre 176.

761. JOSEPHINE ADE KOULO (Arrière-petite-fille d'ADE) est née de Victorin Kpevegba Ade Koulo[850], comme montré dans l'arbre 176.

762. YVONNE ADE KOULO (Arrière-petite-fille d'ADE) est née de Victorin Kpevegba Ade Koulo[850], comme montré dans l'arbre 176.

763. MELANIE ADE KOULO (Arrière-petite-fille d'ADE) est née de Victorin Kpevegba Ade Koulo[850], comme montré dans l'arbre 176.

764. HELENE ADE KOULO (Arrière-petite-fille d'ADE) est née de Victorin Kpevegba Ade Koulo[850], comme montré dans l'arbre 176.

765. MARGUERITE FILLE DE VICTORIN ADE KOULO (Arrière-petite-fille d'ADE) est née de Victorin Kpevegba Ade Koulo[850], comme montré dans l'arbre 176.

766. SEHA INCONNU (Arrière-petit-fils d'ADE) est né d'Akonsonhounde Ade Koulo[851], comme montré dans l'arbre 177.

767. NAGBOTODE INCONNU (Arrière-petit-fils d'ADE) est né d'Akonsonhounde Ade Koulo[851], comme montré dans l'arbre 177.
    Nagbotode a engendré trois fils :
        Akpeni Lokonon[568]
        Nestor Inconnu[569]
        Tchekofenan Inconnu[570]
    Cette famille est montrée dans l'arbre 139.

768. RENE ASSOGBA HOUEHOU (Arrière-petit-fils d'ADE) est né de Monsieur Assogba Houehou[853] et d'Atokoukinde Ade Koulo[852], comme montré dans l'arbre 178.
    Rene a engendré treize enfants :
        Myriame Assogba Houehou[571]
        Didier Assogba Houehou[572]
        Luc Assogba Houehou[573]
        Eliane Assogba Houehou[574]
        Rock Assogba Houehou[575]
        Chimene Assogba Houehou[576]
        Eric Assogba Houehou[577]
        Dorcas Assogba Houehou[578]
        Candile Assogba Houehou[579]
        Fiacre Assogba Houehou[580]
        Sonya Assogba Houehou[581]
        Sophia Assogba Houehou[582]

Sosthenia Assogba Houehou[583]
Cette famille est montrée dans l'arbre 140.

769. ALPHONSE INCONNU (Arrière-petit-fils d'ADE) est né de Houlekon Lome-ton Ade Koulo[854], comme montré dans l'arbre 179.

770. PAULINE ADE KOULO (Arrière-petite-fille d'ADE) est née de Soudo Ade Koulo[855], comme montré dans l'arbre 180.
771. MONSIEUR SIAKPE (Mari de l'arrière-petite-fille d'ADE).
Monsieur Siakpe a épousé Pauline Ade Koulo[770]. Ils ont eu trois enfants :
Emmanuella Siakpe[584]
Anne Elysee Siakpe[585]
Jean Samuel Siakpe[586]
Cette famille est montrée dans l'arbre 141.

772. ELISABETH ADE KOULO (Arrière-petite-fille d'ADE) est née de Soudo Ade Koulo[855], comme montré dans l'arbre 180.
773. MONSIEUR AKPAMOLI (Mari de l'arrière-petite-fille d'ADE).
Monsieur Akpamoli a épousé Elisabeth Ade Koulo[772]. Ils ont eu quatre enfants :
Caureze Akpamoli[587]
Carine Akpamoli[588]
Silpheric Akpamoli[589]
Resaldie Akpamoli[590]
Cette famille est montrée dans l'arbre 142.

774. FRANCOISE ASSOGBA (Arrière-petite-fille d'ADE) est née d'Akpossi Ade Koulo[856], comme montré dans l'arbre 181.
Francoise a donné naissance à deux fils :
Pothin Assogba[591]
Autres Assogba[592]
Cette famille est montrée dans l'arbre 143.

775. FABIENNE AIZANNON (Arrière-petite-fille d'ADE) est née d'Akpossi Ade Koulo[856], comme montré dans l'arbre 181.
776. MONSIEUR AIZANNON (Mari de l'arrière-petite-fille d'ADE).
Monsieur Aizannon a épousé Fabienne Aizannon[775]. Ils ont eu trois enfants :
Paulin Aizannon[593]
Pelagie Aizannon[594]
Autres Aizannon[595]
Cette famille est montrée dans l'arbre 144.

777. JACQUELINE SODOKPA (Arrière-petite-fille d'ADE) est née d'Akpossi Ade Koulo[856], comme montré dans l'arbre 181.
Jacqueline a été mariée deux fois. Elle a épousé Monsieur Sodokpa[778] et Monsieur Alladaye[779].
778. MONSIEUR SODOKPA (Mari de l'arrière-petite-fille d'ADE).
Monsieur Sodokpa a épousé Jacqueline Sodokpa[777]. Ils ont eu deux fils :
Sesse Sodokpa[596]
Autres Sodokpa[597]
Cette famille est montrée dans l'arbre 145.
779. MONSIEUR ALLADAYE (Mari de l'arrière-petite-fille d'ADE).
Monsieur Alladaye a épousé Jacqueline Sodokpa[777]. Ils ont eu deux fils :
Damien Alladaye[598]
Cosme Alladaye[599]
Cette famille est montrée dans l'arbre 146.

780. AUGUSTIN KPENOU (Arrière-petit-fils d'ADE) est né de Monsieur Kpenou[858] et de Kodossi Djeto Ade Koulo[857], comme montré dans l'arbre 182.
781. EPOUSE DE AUGUSTIN KPENOU (Femme de l'arrière-petit-fils d'ADE).
Epouse a été mariée deux fois. Elle a épousé Augustin Kpenou[780] et Raoul ? Gbodja.
Augustin Kpenou[780] a épousé Epouse de Augustin Kpenou. Ils ont eu trois enfants :
Myriam Kpenou[600]
Cyvette Gersiane Kpenou[601]
Tete Mael Kpenou[602]
Cette famille est montrée dans l'arbre 147.

Raoul ? Gbodja a épousé Epouse de Augustin Kpenou. Ils ont eu trois enfants :
> Herbert Gbodja
> Raoul Dahlio Gbodja
> Raoul Dahlia Gbodja
Cette famille est montrée dans l'arbre 147.

782. ANAGONOU KPENOU (Arrière-petit-fils d'ADE) est né de Monsieur Kpenou[858] et de Kodossi Djeto Ade Koulo[857], comme montré dans l'arbre 182.
> Anagonou a engendré une fille :
>> Sylvie Djale[603]
> *Cette famille est montrée dans l'arbre 148.*

783. PELAGIE KPENOU (Arrière-petite-fille d'ADE) est née de Monsieur Kpenou[858] et de Kodossi Djeto Ade Koulo[857], comme montré dans l'arbre 182.

784. MONSIEUR EBANOU (Mari de l'arrière-petite-fille d'ADE).
> Monsieur Ebanou a épousé Pelagie Kpenou[783]. Ils ont eu cinq enfants :
>> Marina Ebanou[604]
>> Saturnin Ebanou[605]
>> Yves Ebanou[606]
>> Estelle Ebanou[607]
>> Dossi Ebanou[608]
> *Cette famille est montrée dans l'arbre 149.*

785. BERNADETTE ATINMAKAN (Arrière-petite-fille d'ADE) est née de Monsieur Atinmakan[861] et d'Ahivetin Ade Koulo[860], comme montré dans l'arbre 183.

786. JOSEPH ATINMAKAN (Arrière-petit-fils d'ADE) est né de Monsieur Atinmakan[861] et d'Ahivetin Ade Koulo[860], comme montré dans l'arbre 183.

787. ANTOINETTE ATINMAKAN (Arrière-petite-fille d'ADE) est née de Monsieur Atinmakan[861] et d'Ahivetin Ade Koulo[860], comme montré dans l'arbre 183.

788. DENISE ATINMAKAN (Arrière-petite-fille d'ADE) est née de Monsieur Atinmakan[861] et d'Ahivetin Ade Koulo[860], comme montré dans l'arbre 183.

789. ANTOINE ADE KOULO (Arrière-petit-fils d'ADE) est né de Dansi Ade Koulo[864], comme montré dans l'arbre 184.

790. HOUEDANOU INCONNU (Arrière-petite-fille d'ADE) est née de Naga Akoleme Ade Koulo[865], comme montré dans l'arbre 185.
> Houedanou a épousé son cousin, Julien Ade Koulo[670].
>> Julien Ade Koulo[670] a épousé Houedanou Inconnu. Ils ont eu quinze enfants :
>>> Clotaire Ade[346]
>>> Gisele Ade[347]
>>> Yvonne Ade[348]
>>> Sabine Adele Ade[349]
>>> Arnaud Ade[350]
>>> Lidwine Ade[351]
>>> Tanguy Ade[352]
>>> Igor Ade[353]
>>> Alizias Ade Koulo[354]
>>> Charbel Ade Koulo[355]
>>> Samuel Ade Koulo[356]
>>> Alexis Ade Koulo[357]
>>> Rolande Ade Koulo[358]
>>> Samson Ade Koulo[359]
>>> Ange Ade Koulo[360]
> *Cette famille est montrée dans l'arbre 95.*

791. HOUEGBELOSSI ADE KOULO (Arrière-petite-fille d'ADE) est née de Naga Akoleme Ade Koulo[865], comme montré dans l'arbre 185.

Note : *voir ADINGON.*

792. DJIVEDE ADE (Arrière-petite-fille d'ADE) est née de Zinvoedo Ade[867], comme montré dans l'arbre 186.
        Djivede a donné naissance à une fille :
                Valerie Sanoussi[609]
        Cette famille est montrée dans l'arbre 150.

793. FILIBERT ADE (Arrière-petit-fils d'ADE) est né de Zinvoedo Ade[867], comme montré dans l'arbre 186.
        Filibert a engendré trois filles :
                Pierrette Ade[610]
                Edwige Ade[611]
                Edith Ade[612]
        Cette famille est montrée dans l'arbre 151.

794. JOACHIM INCONNU (Arrière-petit-fils d'ADE) est né de Nague Ade[869], comme montré dans l'arbre 187.

795. MONTCHO MAFIOKPE (Arrière-petit-fils d'ADE) est né de Monsieur Mafiokpe[872] et de Nansi Ade Mafiokpe[871], comme montré dans l'arbre 188.

796. AVLESSI INCONNU (Femme de l'arrière-petit-fils d'ADE). Elle est décédée.
        Montcho Mafiokpe[795] a épousé Avlessi Inconnu. Ils ont eu deux filles :
                Marguerite Mafiokpe[614]
                Georgette Mafiokpe[615]
        Cette famille est montrée dans l'arbre 152.

797. BERNADETTE HOUNYO MAFIOKPE (Arrière-petite-fille d'ADE) est née de Monsieur Mafiokpe[872] et de Nansi Ade Mafiokpe[871], comme montré dans l'arbre 188.

798. MONSIEUR TCHIBOZO (Mari de l'arrière-petite-fille d'ADE).
        Monsieur Tchibozo a épousé Bernadette Hounyo Mafiokpe[797]. Ils ont eu un fils :
                Mathieu Tchibozo[617]
        Cette famille est montrée dans l'arbre 153.

799. NESTOR DAKO (Arrière-petit-fils d'ADE) est né de Monsieur Dako[873] et de Nansi Ade Mafiokpe[871], comme montré dans l'arbre 189.

800. RIGOBERT DAKO (Arrière-petit-fils d'ADE) est né de Monsieur Dako[873] et de Nansi Ade Mafiokpe[871], comme montré dans l'arbre 189.
        Rigobert a engendré une fille :
                Marthe Dako[618]
        Cette famille est montrée dans l'arbre 154.

801. RAPHAEL DAKO (Arrière-petit-fils d'ADE) est né de Monsieur Dako[873] et de Nansi Ade Mafiokpe[871], comme montré dans l'arbre 189.

802. VALENTIN ADE (Arrière-petit-fils d'ADE) est né de Gerard Ade[874], comme montré dans l'arbre 190.

803. ALLADASSI AVIANSOU (Arrière-petite-fille d'ADE) est née à Tori, Benin de Monsieur Aviansou[877] et de Fakame Inconnu[876], comme montré dans l'arbre 192. Elle est décédée.

804. DJIHA AKOUNDJI (Mari de l'arrière-petite-fille d'ADE) est né de Monsieur Akoundji. Il est décédé.
        Djiha Akoundji a épousé Alladassi Aviansou[803]. Ils ont eu quatre enfants :
                Jacqueline Akoundji[619]
                Jerome Akoundji[620]
                Michel Akoundji[621]
                Flavien Akoundji[622]
        Cette famille est montrée dans l'arbre 155.

805. DOHOUNDETE INCONNU (Arrière-petit-fils d'ADE) est né d'Assigbe dah GBEGBE-SA Inconnu[879], comme montré dans l'arbre 193.

806. GASTON ADE (Arrière-petit-fils d'ADE) est né d'Assigbe dah GBEGBE-SA Inconnu[879], comme montré dans l'arbre 193.

807. JULIEN ADE (Arrière-petit-fils d'ADE) est né d'Assigbe dah GBEGBE-SA Inconnu[879], comme montré dans l'arbre 193.

808. SIMON ADE (Arrière-petit-fils d'ADE) est né d'Assigbe dah GBEGBE-SA Inconnu[879], comme montré dans l'arbre 193.

809. PASCAL DEGBO (Arrière-petit-fils d'ADE) est né de Nassougande Degbo[881] et de Dame Lokonon[882], comme montré dans l'arbre 194.
>   Pascal a engendré une fille :
>   Jeanne Degbo[623]
>   *Cette famille est montrée dans l'arbre 156.*

810. CYPRIEN DEGBO (Arrière-petit-fils d'ADE) est né de Nassougande Degbo[881] et de Dame Lokonon[882], comme montré dans l'arbre 194.

811. ADONONSI DEGBO (Arrière-petite-fille d'ADE) est née de Nassougande Degbo[881] et de Dame Lokonon[882], comme montré dans l'arbre 194.

812. AHOUANVO EKPE DEGBO (Arrière-petite-fille d'ADE) est née de Nassougande Degbo[881] et de Dame Lokonon[882], comme montré dans l'arbre 194.

Génération des petits-enfants

813. ENFANT MORT DANS L'ACCOUCHEMENT INCONNU (Petit-fils d'ADE) est né de Dakpewi Agbohounmin Inconnu[885] et de Bodjo Inconnu[875], comme montré dans l'arbre 191. Il est décédé à Azohoue-Aliho, Atlantique, Benin.

814. HOUNKAME INCONNU (Petite-fille d'ADE) est née de Dakpewi Agbohounmin Inconnu[885] et d'2e epouse Inconnu[886], comme montré dans l'arbre 195. Elle est décédée.

815. GABRIEL DELE (Mari de la petite-fille d'ADE) est né à Toffo, Benin de Dele de Oyo Inconnu et de Femme originaire de Toffo. Il est décédé.
>   Gabriel Dele a épousé Hounkame Inconnu[814]. Ils ont eu cinq filles :
>   Josephine Dele[624]
>   Christine Dele[625]
>   Georgette Dele[626]
>   Justine Dele[627]
>   Eugenie Dele[628]
>   *Cette famille est montrée dans l'arbre 157.*

816. CATHERINE SIKANON KOULO (Petite-fille d'ADE) est née vers 1904, à Abomey, Zou, Benin, de KOULO Christophe Ade[887] et de Nan Houedotin Z AHOMAGNON[888], comme montré dans l'arbre 196. Catherine était grande commercante de tissus a Abomey. Elle est décédée en 1992, à environ 88 ans, à Abomey, Zou, Benin. Catherine a été mariée quatre fois. Elle a épousé Gankpon TOKPO[817], Gerome Adonon[818], Agbanchenou Codjia[819] et Pere des jumeaux decedes Feliho[820].

817. GANKPON TOKPO (Mari de la petite-fille d'ADE) est né vers 1874 de KOUDANOU Allodjemandokokpon TOKPO. Gankpon était commercant de produits vivriers. Il est décédé (Empoisonnement) vers 1934, à environ 60 ans, à Abomey, Zou, Benin. Il a été inhumé à Abomey, Zou, Benin.
    Gankpon a été marié quatre fois. Il a épousé Catherine Sikanon Koulo[816], Epouse 1 Gankpon Tokpo, Epouse 2 Gankpon Tokpo et Mere de Henri Tokpo Inconnu.
>   Gankpon TOKPO a épousé Catherine Sikanon Koulo[816]. Ils ont eu trois enfants :
>   Fils aine defunt Tokpo[629] né en 1923
>   Andre Robert (Salanon Gbediga) TOKPO Gankpon[630] né en 1924
>   Marie-Therese Tokpo[641] née en 1926
>   *Cette famille est montrée dans l'arbre 158.*
>   Gankpon TOKPO a épousé Epouse 1 Gankpon Tokpo. Ils ont eu une fille :
>   Badoussi Marguerite Monloto-non Tokpo née en 1916
>   *Cette famille est montrée dans l'arbre 158.*
>   Gankpon TOKPO a épousé Epouse 2 Gankpon Tokpo. Ils ont eu deux enfants :
>   Martin Tokpo
>   Sonouton Tokpo
>   *Cette famille est montrée dans l'arbre 158.*

Gankpon TOKPO a épousé Mere de Henri Tokpo Inconnu. Ils ont eu un fils :
    Henri Tokpo Gankpon
Cette famille est montrée dans l'arbre 158.

818. GEROME ADONON (Mari de la petite-fille d'ADE) est né de Medjome Magni Yaya Justin Guezo Adonon. Gerome était Garcon de salle pour les colons. Il est décédé.
    Gerome a été marié deux fois. Il a épousé Catherine Sikanon Koulo[816] et 2e epouse de Gerome Adonon.
      Gerome Adonon a épousé Catherine Sikanon Koulo[816].
      Gerome Adonon a épousé 2e epouse de Gerome Adonon. Ils ont eu quatre fils :
        Benoit Adonon
        Raymond Adonon
        Pierre Adonon
        Georges Adonon

819. AGBANCHENOU CODJIA (Mari de la petite-fille d'ADE) est né de Dah Codjia. Il est décédé.
    Agbanchenou Codjia a épousé Catherine Sikanon Koulo[816]. Ils ont eu deux enfants :
      Donatien Codjia[643]
      Emma Jules Agbanchenou Codjia[645] née en 1936
Cette famille est montrée dans l'arbre 159.

820. PERE DES JUMEAUX DECEDES FELIHO (Mari de la petite-fille d'ADE). Il est décédé.
    Pere des jumeaux decedes Feliho a épousé Catherine Sikanon Koulo[816]. Ils ont eu un fils :
      Jumeaux defunts de Catherine Koulo Feliho[647]
Cette famille est montrée dans l'arbre 160.

821. TOHA NICODEME JUMEAU KOULO (Petit-fils d'ADE) est né de KOULO Christophe Ade[887] et de Nan Houedotin Z AHOMAGNON[888], comme montré dans l'arbre 196. Il est décédé le 13 août 1970.
822. MARIE-AGNES ANAGONOU GOUDOU (Femme du petit-fils d'ADE) est née en 1901 de Monsieur Goudou. Elle est décédée en 2004, à environ 103 ans.
    Toha Nicodeme jumeau Koulo[821] a épousé Marie-Agnes Anagonou Goudou. Ils ont eu six enfants :
      Sophie Koulo[648]
      Firmin Koulo[651]
      Andre Koulo[653] né en 1936
      Antoine de Padoue Koulo[655]
      Nan-Tadjile Eugenie Tine Koulo[657]
      Henri Koulo[659]
Cette famille est montrée dans l'arbre 161.

823. ANAGONOU JUMELLE KOULO (Petite-fille d'ADE) est née de KOULO Christophe Ade[887] et de Nan Houedotin Z AHOMAGNON[888], comme montré dans l'arbre 196. Elle est décédée.
824. MONSIEUR JOHNSON (Mari de la petite-fille d'ADE).
    Monsieur Johnson a épousé Anagonou jumelle Koulo[823]. Ils ont eu un fils :
      Gustave Johnson[660]
Cette famille est montrée dans l'arbre 162.

825. ANTOINE ADE KOULO (Petit-fils d'ADE) est né de KOULO Christophe Ade[887] et d'Autre epouse de Nicodeme Koulo[889], comme montré dans l'arbre 197. Il est décédé le 31 décembre 1977.

826. MERE DE BRIGITTE KOULO INCONNU (Femme du petit-fils d'ADE). Elle est décédée.
    Antoine Ade Koulo[825] a épousé Mere de Brigitte Koulo Inconnu. Ils ont eu sept enfants :
      Brigitte Koulo[661]
      Adolphe Ade[663]
      Sophie Ade[664]
      Melanie Reine Ade Koulo[666]
      Lucien Ade Koulo[668]
      Gabriel Ade Koulo[669]
      Julien Ade Koulo[670]
Cette famille est montrée dans l'arbre 163.

827. GOZINNON ADE KOULO (Petite-fille d'ADE) est née de KOULO Christophe Ade[887] et d'Autre epouse de Nicodeme Koulo[889], comme montré dans l'arbre 197. Elle est décédée.
Gozinnon a été mariée deux fois. Elle a épousé Monsieur Adotanou[828] et Monsieur Gougla[829].

828. MONSIEUR ADOTANOU (Mari de la petite-fille d'ADE).
Monsieur Adotanou a épousé Gozinnon Ade Koulo[827]. Ils ont eu un fils :
Bernadin Adotanou[671]
Cette famille est montrée dans l'arbre 164.

829. MONSIEUR GOUGLA (Mari de la petite-fille d'ADE).
Monsieur Gougla a épousé Gozinnon Ade Koulo[827]. Ils ont eu une fille :
Veronique Gougla[672]
Cette famille est montrée dans l'arbre 165.

830. BARTHELEMY ADE KOULO (Petit-fils d'ADE) est né de KOULO Christophe Ade[887] et d'Autre epouse de Nicodeme Koulo[889], comme montré dans l'arbre 197. Il est décédé le 5 mai 2015.
Barthelemy a engendré dix enfants :
Basile Ade Koulo[673]
Marius Ade Koulo[674]
Euloge Ade Koulo[675]
Cesar Ade Koulo[676]
Yves Ade Koulo[677]
Kevine Ade Koulo[678]
Charlotte Ade Koulo[679]
Veronique Ade Koulo[680]
Reine Ade Koulo[681]
Murielle Ade Koulo[682]
Cette famille est montrée dans l'arbre 166.

831. JEAN ADE KOULO (Petit-fils d'ADE) est né de KOULO Christophe Ade[887] et de Mere de Jean Inconnu[890], comme montré dans l'arbre 198.
Jean a été marié deux fois. Il a épousé Kehoussi Ade Koulo[859] et Autres epouse de Jean Koulo[832].

832. AUTRES EPOUSE DE JEAN KOULO (Femme du petit-fils d'ADE).
Jean Ade Koulo[831] a épousé Autres epouse de Jean Koulo. Ils ont eu cinq enfants :
Mathias Ade Koulo[689]
Lodohounde Ade Koulo[690]
Elisabeth Ade Koulo[692]
Adelaide Ade Koulo[694]
Amavi Ade Koulo[695]
Cette famille est montrée dans l'arbre 167.

833. TEGBESSOUSSI ADE KOULO (Petite-fille d'ADE) est née de KOULO Christophe Ade[887] et de Mere de Jean Inconnu[890], comme montré dans l'arbre 198. Elle est décédée.

834. AHOUANDJISSIDE ADE KOULO (Petite-fille d'ADE) est née de KOULO Christophe Ade[887] et de Mere de Jean Inconnu[890], comme montré dans l'arbre 198. Elle est décédée.
Ahouandjisside a donné naissance à deux filles :
Aladassi Inconnu[696]
Nansi Benou-non Inconnu[698]
Cette famille est montrée dans l'arbre 169.

835. ADISSIN ADE KOULO (Petit-fils d'ADE) est né de KOULO Christophe Ade[887] et de Femme originaire de Hlagon Inconnu[891], comme montré dans l'arbre 199.

836. DAME HOGBONOUTO INCONNU (Femme du petit-fils d'ADE).
Adissin Ade Koulo[835] a épousé Dame Hogbonouto Inconnu. Ils ont eu trois fils :
Aladassi Daho Ade Koulo[699]
Aladassi Kpevi Dayi Medessou Ade Koulo[700]
Marcellin Ade Koulo[701]
Cette famille est montrée dans l'arbre 170.

837. KPAHETON ADE KOULO (Petite-fille d'ADE) est née de KOULO Christophe Ade[887] et de Femme originaire de Hlagon Inconnu[891], comme montré dans l'arbre 199.

838. PIERRE (3E DAH) ADE KOULO (Petit-fils d'ADE) est né de KOULO Christophe Ade[887] et d'Autres femmes Inconnu[892], comme montré dans l'arbre 200. Il est décédé le 2 juin 1977.
> Pierre a engendré huit fils :
>> Macaire Ade Koulo[702]
>> Richard Dah Ade Koulo[703]
>> Mathias Ade Koulo[704]
>> Emile Ade Koulo[705]
>> Adrien Ade Koulo[706]
>> Toussaint fils de Pierre Ade Koulo[707]
>> Jules Ade Koulo[708]
>> Gabin Ade Koulo[709]
> *Cette famille est montrée dans l'arbre 171.*

839. HOUEKPON ADE KOULO (Petit-fils d'ADE) est né de KOULO Christophe Ade[887] et d'Autres femmes Inconnu[892], comme montré dans l'arbre 200. Il est décédé le 7 juillet 1994.
840. EPOUSE DE HOUEKPON INCONNU (Femme du petit-fils d'ADE).
> Houekpon Ade Koulo[839] a épousé Epouse de Houekpon Inconnu. Ils ont eu cinq enfants :
>> Singbonon Ade Koulo[710]
>> Ya Omer-non Ade Koulo[712]
>> Thomas Ade Koulo[714]
>> Ignace Ade Koulo[715]
>> Romain Ade Koulo[716]
> *Cette famille est montrée dans l'arbre 172.*

841. PIERRE D'AZOHOUE ADE KOULO (Petit-fils d'ADE) est né de KOULO Christophe Ade[887] et d'Autres femmes Inconnu[892], comme montré dans l'arbre 200. Il est décédé le 13 août 2001.
842. EPOUSE DE PIERRE D'AZOHOUE INCONNU (Femme du petit-fils d'ADE).
> Pierre d'Azohoue Ade Koulo[841] a épousé Epouse de Pierre d'Azohoue Inconnu. Ils ont eu sept enfants :
>> Catherine Ade Koulo[717]
>> Elisabeth Ade Koulo[719]
>> Dakossi Ade Koulo[721]
>> Florence Ade Koulo[723]
>> Valentin Ade Koulo[725]
>> Omer Ade Koulo[726]
>> Thomas Ade Koulo[727]
> *Cette famille est montrée dans l'arbre 173.*

843. BERTIN ADE KOULO (Petit-fils d'ADE) est né de KOULO Christophe Ade[887] et d'Autres femmes Inconnu[892], comme montré dans l'arbre 200. Il est décédé le 16 septembre 2006.
> Bertin a épousé sa nièce, Nansi Benou-non Inconnu[698].
> Bertin Ade Koulo a épousé Nansi Benou-non Inconnu[698]. Ils ont eu six enfants :
>> Benoit Ade Koulo[728]
>> Marguerite fille de Bertin Ade Koulo[729]
>> Urbain Ade Koulo[730]
>> Anicette Ade Koulo[731]
>> Helene Ade Koulo[732]
>> Alice Ade Koulo[733]
> *Cette famille est montrée dans l'arbre 107.*

844. FELIX ADE KOULO (Petit-fils d'ADE) est né de KOULO Christophe Ade[887] et d'Autres femmes Inconnu[892], comme montré dans l'arbre 200.
> Felix a engendré dix enfants :
>> Theodore Ade Koulo[734]
>> Gilbert Ade Koulo[735]
>> Blaise Ade Koulo[736]
>> Bernardin Ade Koulo[737]
>> Charlemagne Ade Koulo[738]
>> Victorine Ade Koulo[739]
>> Victoire Ade Koulo[740]
>> Florence Ade Koulo[741]
>> Solange Ade Koulo[742]

> Justine Ade Koulo [743]
> *Cette famille est montrée dans l'arbre 174.*

845. CELESTIN ADE KOULO (Petit-fils d'ADE) est né de KOULO Christophe Ade [887] et d'Autres femmes Inconnu [892], comme montré dans l'arbre 200.

846. AHOUANZIN ADE KOULO (Petit-fils d'ADE) est né de KOULO Christophe Ade [887] et d'Autres femmes Inconnu [892], comme montré dans l'arbre 200.

847. HAYETON ADE KOULO (Petite-fille d'ADE) est née de KOULO Christophe Ade [887] et d'Autres femmes Inconnu [892], comme montré dans l'arbre 200.

848. TRANQUILLIN ADE KOULO (Petit-fils d'ADE) est né de KOULO Christophe Ade [887] et d'Autres femmes Inconnu [892], comme montré dans l'arbre 200. Il est décédé le 7 septembre 2013.
> Tranquillin a engendré six enfants :
> > Didier Ade Koulo [744]
> > Rock Ade Koulo [745]
> > Bonaventure Ade Koulo [746]
> > Desire Ade Koulo [747]
> > Benjamin Ade Koulo [748]
> > Valerie Ade Koulo [749]
> *Cette famille est montrée dans l'arbre 175.*

849. KODO ADE KOULO (Petit-fils d'ADE) est né de KOULO Christophe Ade [887] et de Nankpe Dossounon [893], comme montré dans l'arbre 201. Il est décédé le 21 avril 1985.

850. VICTORIN KPEVEGBA ADE KOULO (Petit-fils d'ADE) est né de KOULO Christophe Ade [887] et de Nankpe Dossounon [893], comme montré dans l'arbre 201. Il est décédé le 6 février 2005.
> Victorin a engendré seize enfants :
> > Lambert Ade Koulo [750]
> > Theophile fils de Victorin Ade Koulo [751]
> > Ernest Ade Koulo [752]
> > Nestor Ade Koulo [753]
> > Urbain Ade Koulo [754]
> > Anselme Ade Koulo [755]
> > David fils de Victorin Ade Koulo [756]
> > Benjamin Ade Koulo [757]
> > Philomene Ade Koulo [758]
> > Julienne Ade Koulo [759]
> > Francisca Ade Koulo [760]
> > Josephine Ade Koulo [761]
> > Yvonne Ade Koulo [762]
> > Melanie Ade Koulo [763]
> > Helene Ade Koulo [764]
> > Marguerite fille de Victorin Ade Koulo [765]
> *Cette famille est montrée dans l'arbre 176.*

851. AKONSONHOUNDE ADE KOULO (Petite-fille d'ADE) est née de KOULO Christophe Ade [887] et de Nankpe Dossounon [893], comme montré dans l'arbre 201. Elle est décédée.
> Akonsonhounde a donné naissance à deux fils :
> > Seha Inconnu [766]
> > Nagbotode Inconnu [767]
> *Cette famille est montrée dans l'arbre 177.*

852. ATOKOUKINDE ADE KOULO (Petite-fille d'ADE) est née de KOULO Christophe Ade [887] et de Nankpe Dossounon [893], comme montré dans l'arbre 201. Elle est décédée le 15 juillet 2012.

853. MONSIEUR ASSOGBA HOUEHOU (Mari de la petite-fille d'ADE). Il est décédé.
> Monsieur Assogba Houehou a épousé Atokoukinde Ade Koulo [852]. Ils ont eu un fils :
> > Rene Assogba Houehou [768]
> *Cette famille est montrée dans l'arbre 178.*

854. HOULEKON LOME-TON ADE KOULO (Petite-fille d'ADE) est née de KOULO Christophe Ade[887] et de Nankpe Dossounon[893], comme montré dans l'arbre 201. Elle est décédée.
        Houlekon a donné naissance à un fils :
            Alphonse Inconnu[769]
        Cette famille est montrée dans l'arbre 179.

855. SOUDO ADE KOULO (Petit-fils d'ADE) est né de KOULO Christophe Ade[887] et de Fille du Migan Gnigla d'Abomey Inconnu[894], comme montré dans l'arbre 202.
        Soudo a engendré deux filles :
            Pauline Ade Koulo[770]
            Elisabeth Ade Koulo[772]
        Cette famille est montrée dans l'arbre 180.

856. AKPOSSI ADE KOULO (Petite-fille d'ADE) est née de KOULO Christophe Ade[887] et de Fille du Migan Gnigla d'Abomey Inconnu[894], comme montré dans l'arbre 202.
        Akpossi a donné naissance à trois filles :
            Francoise Assogba[774]
            Fabienne Aizannon[775]
            Jacqueline Sodokpa[777]
        Cette famille est montrée dans l'arbre 181.

857. KODOSSI DJETO ADE KOULO (Petite-fille d'ADE) est née de KOULO Christophe Ade[887] et de Femme originaire de Adingnon Inconnu[895], comme montré dans l'arbre 203. Elle est décédée le 22 septembre 2010.
858. MONSIEUR KPENOU (Mari de la petite-fille d'ADE). Il est décédé.
        Monsieur Kpenou a épousé Kodossi Djeto Ade Koulo[857]. Ils ont eu trois enfants :
            Augustin Kpenou[780]
            Anagonou Kpenou[782]
            Pelagie Kpenou[783]
        Cette famille est montrée dans l'arbre 182.

859. KEHOUSSI ADE KOULO (Petite-fille d'ADE) est née de KOULO Christophe Ade[887] et de Femme originaire de Adingnon Inconnu[895], comme montré dans l'arbre 203.
        Jean Ade Koulo[831] a épousé Kehoussi Ade Koulo. Ils ont eu trois filles :
            Tohossi Houegboton Ade Koulo[683]
            Emma Ade Koulo[685]
            Madeleine Ade Koulo[687]
         Cette famille est montrée dans l'arbre 168.

860. AHIVETIN ADE KOULO (Petite-fille d'ADE) est née de KOULO Christophe Ade[887] et de Femme originaire de Adingnon Inconnu[895], comme montré dans l'arbre 203.
861. MONSIEUR ATINMAKAN (Mari de la petite-fille d'ADE).
        Monsieur Atinmakan a épousé Ahivetin Ade Koulo[860]. Ils ont eu quatre enfants :
            Bernadette Atinmakan[785]
            Joseph Atinmakan[786]
            Antoinette Atinmakan[787]
            Denise Atinmakan[788]
        Cette famille est montrée dans l'arbre 183.

862. NADJO OU NAVO DILITON ADE KOULO (Petite-fille d'ADE) est née de KOULO Christophe Ade[887] et de Ganhouato Inconnu[896], comme montré dans l'arbre 204.

863. AWEKETO ADE KOULO (Petite-fille d'ADE) est née de KOULO Christophe Ade[887] et de Ganhouato Inconnu[896], comme montré dans l'arbre 204.

864. DANSI ADE KOULO (Petite-fille d'ADE) est née de KOULO Christophe Ade[887] et de Mere de Naga et Dansi Inconnu[897], comme montré dans l'arbre 205. Elle est décédée.
      Note : *vecut dans le village de Dili.*
        Dansi a donné naissance à un fils :
            Antoine Ade Koulo[789]
        Cette famille est montrée dans l'arbre 184.

865. NAGA AKOLEME ADE KOULO (Petite-fille d'ADE) est née de KOULO Christophe Ade[887] et de Mere de Naga et Dansi Inconnu[897], comme montré dans l'arbre 205.
>   Naga a donné naissance à deux filles :
>   Houedanou Inconnu[790]
>   Houegbelossi Ade Koulo[791]
>   *Cette famille est montrée dans l'arbre 185.*

866. NANHONSODE ADE (Petite-fille d'ADE) est née d'AKPANSOU ancien Ade[898] et d'2e epouse Akpansou Ade[899], comme montré dans l'arbre 206.

867. ZINVOEDO ADE (Petit-fils d'ADE) est né d'AKPANSOU ancien Ade[898] et d'2e epouse Akpansou Ade[899], comme montré dans l'arbre 206.
>   Zinvoedo a engendré deux enfants :
>   Djivede Ade[792]
>   Filibert Ade[793]
>   *Cette famille est montrée dans l'arbre 186.*

868. ALLOSOHOUNDE ADE (Petite-fille d'ADE) est née d'AKPANSOU ancien Ade[898] et d'1ere epouse Akpansou Ade[900], comme montré dans l'arbre 207. Elle est décédée.

869. NAGUE ADE (Petite-fille d'ADE) est née d'AKPANSOU ancien Ade[898] et d'1ere epouse Akpansou Ade[900], comme montré dans l'arbre 207. Elle est décédée.
>   Nague a donné naissance à un fils :
>   Joachim Inconnu[794]
>   *Cette famille est montrée dans l'arbre 187.*

870. PAULIN ADE (Petit-fils d'ADE) est né d'AKPANSOU ancien Ade[898] et d'1ere epouse Akpansou Ade[900], comme montré dans l'arbre 207. Il est décédé.

871. NANSI ADE MAFIOKPE (Petite-fille d'ADE) est née d'AKPANSOU ancien Ade[898] et d'1ere epouse Akpansou Ade[900], comme montré dans l'arbre 207. Elle est décédée à Pahou Ounganlo, Benin.
>   Nansi a été mariée deux fois. Elle a épousé Monsieur Mafiokpe[872] et Monsieur Dako[873].
872. MONSIEUR MAFIOKPE (Mari de la petite-fille d'ADE). Il est décédé.
>   Monsieur Mafiokpe a épousé Nansi Ade Mafiokpe[871]. Ils ont eu deux enfants :
>   Montcho Mafiokpe[795]
>   Bernadette Hounyo Mafiokpe[797]
>   *Cette famille est montrée dans l'arbre 188.*
873. MONSIEUR DAKO (Mari de la petite-fille d'ADE).
>   Monsieur Dako a épousé Nansi Ade Mafiokpe[871]. Ils ont eu trois fils :
>   Nestor Dako[799]
>   Rigobert Dako[800]
>   Raphael Dako[801]
>   *Cette famille est montrée dans l'arbre 189.*

874. GERARD ADE (Petit-fils d'ADE) est né d'AKPANSOU ancien Ade[898] et d'1ere epouse Akpansou Ade[900], comme montré dans l'arbre 207. Il est décédé.
>   Gerard a engendré un fils :
>   Valentin Ade[802]
>   *Cette famille est montrée dans l'arbre 190.*

875. BODJO INCONNU (Petite-fille d'ADE) est née d'AKPANSOU ancien Ade[898] et de Ya-Fatouma Ya-nafi[901], comme montré dans l'arbre 208. Elle est décédée.

876. FAKAME INCONNU (Petite-fille d'ADE) est née d'AKPANSOU ancien Ade[898] et de Ya-Fatouma Ya-nafi[901], comme montré dans l'arbre 208. Elle est décédée.
877. MONSIEUR AVIANSOU (Mari de la petite-fille d'ADE). Il est décédé.
>   Monsieur Aviansou a épousé Fakame Inconnu[876]. Ils ont eu une fille :
>   Alladassi Aviansou[803]
>   *Cette famille est montrée dans l'arbre 192.*

878. BADEMESSOU INCONNU (Petit-fils d'ADE) est né d'Akoundji Inconnu[902] et de Nin Inconnu[904], comme montré dans l'arbre 209. Il est décédé.

879. ASSIGBE DAH GBEGBE-SA INCONNU (Petit-fils d'ADE) est né d'Akoundji Inconnu[902] et de Nin Inconnu[904], comme montré dans l'arbre 209. Il est décédé.
    Assigbe a engendré quatre fils :
        Dohoundete Inconnu[805]
        Gaston Ade[806]
        Julien Ade[807]
        Simon Ade[808]
    Cette famille est montrée dans l'arbre 193.

880. DJIHA INCONNU (Petit-fils d'ADE) est né d'Akoundji Inconnu[902] et de Nin Inconnu[904], comme montré dans l'arbre 209. Il est décédé le 23 décembre 1959.

881. NASSOUGANDE DEGBO (Petit-fils d'ADE) est né d'Akoundji Inconnu[902] et de Nin Inconnu[904], comme montré dans l'arbre 209. Il est décédé.

882. DAME LOKONON (Femme du petit-fils d'ADE). Elle est décédée.
    Nassougande Degbo[881] a épousé Dame Lokonon. Ils ont eu quatre enfants :
        Pascal Degbo[809]
        Cyprien Degbo[810]
        Adononsi Degbo[811]
        Ahouanvo ekpe Degbo[812]
    Cette famille est montrée dans l'arbre 194.

Génération des enfants

883. DJEHOUAN ADE (Fils d'ADE) est né à Abomey, Zou, Benin d'ADE KPLANKOUN Zinsou Inconnu[911] et de YA-KPAKO Inconnu[912], comme montré dans l'arbre 210. Il est décédé à Abomey, Zou, Benin.

884. HOUEDANOUGA ADE (Fils d'ADE) est né à Abomey, Zou, Benin d'ADE KPLANKOUN Zinsou Inconnu[911] et de YA-KPAKO Inconnu[912], comme montré dans l'arbre 210. Il est décédé à Abomey, Zou, Benin.

885. DAKPEWI AGBOHOUNMIN INCONNU (Fils d'ADE) est né d'ADE KPLANKOUN Zinsou Inconnu[911] et de YA-KPAKO Inconnu[912], comme montré dans l'arbre 210. Il est décédé.
    Dakpewi a été marié deux fois. Il a épousé Bodjo Inconnu[875] (sa nièce) et 2e epouse Inconnu[886].
    Note : *vecut dans un village proche de Allada: Azohoue-Aliho.*
    Dakpewi Agbohounmin Inconnu a épousé Bodjo Inconnu[875]. Ils ont eu un fils :
        Enfant mort dans l'accouchement Inconnu[813]
    Cette famille est montrée dans l'arbre 191.

886. 2E EPOUSE INCONNU (Belle-fille d'ADE). Elle est décédée.
    Dakpewi Agbohounmin Inconnu[885] a épousé 2e epouse Inconnu. Ils ont eu une fille :
        Hounkame Inconnu[814]
    Cette famille est montrée dans l'arbre 195.

887. KOULO CHRISTOPHE ADE (Fils d'ADE) est né d'ADE KPLANKOUN Zinsou Inconnu[911] et de YA-KPAKO Inconnu[912], comme montré dans l'arbre 210. Il est décédé le 15 décembre 1936 à Abomey, Zou, Benin.
    KOULO a été marié dix fois. Il a épousé Nan Houedotin Z AHOMAGNON[888], Autre epouse de Nicodeme Koulo[889], Mere de Jean Inconnu[890], Femme originaire de Hlagon Inconnu[891], Autres femmes Inconnu[892], Nankpe Dossounon[893], Fille du Migan Gnigla d'Abomey Inconnu[894], Femme originaire de Adingnon Inconnu[895], Ganhouato Inconnu[896] et Mere de Naga et Dansi Inconnu[897].

888. NAN HOUEDOTIN Z AHOMAGNON (Belle-fille d'ADE) est née de Soba AHOMAGNON et d'Epouse non connue. Elle est décédée.
    Nan a été mariée trois fois. Elle a épousé KOULO Christophe Ade[887], Roi BEHANZIN Kondo Gbehin-azin-aidjre Gbehanzin et Roi AGOLI-AGBO Goutchili Holo Djevivi.
    KOULO Christophe Ade[887] a épousé Nan Houedotin Z AHOMAGNON. Ils ont eu trois enfants :
        Catherine Sikanon Koulo[816] née en v1904
        Toha Nicodeme jumeau Koulo[821]
        Anagonou jumelle Koulo[823]
    Cette famille est montrée dans l'arbre 196.

Roi BEHANZIN Kondo Gbehin-azin-aidjre Gbehanzin a épousé Nan Houedotin Z AHOMAGNON. Ils ont eu une fille :
     Nan ADJAYIWO Behanzin
Cette famille est montrée dans l'arbre 196.

Roi AGOLI-AGBO Goutchili Holo Djevivi a épousé Nan Houedotin Z AHOMAGNON. Ils ont eu deux enfants :
     Nan WOUDIDI Agoli-Agbo
     Dah GBENON Agoli-Agbo
Cette famille est montrée dans l'arbre 196.

889. AUTRE EPOUSE DE NICODEME KOULO (Belle-fille d'ADE). Elle est décédée.
     KOULO Christophe Ade[887] a épousé Autre epouse de Nicodeme Koulo. Ils ont eu trois enfants :
         Antoine Ade Koulo[825]
         Gozinnon Ade Koulo[827]
         Barthelemy Ade Koulo[830]
Cette famille est montrée dans l'arbre 197.

890. MERE DE JEAN INCONNU (Belle-fille d'ADE). Elle est décédée.
     KOULO Christophe Ade[887] a épousé Mere de Jean Inconnu. Ils ont eu trois enfants :
         Jean Ade Koulo[831]
         Tegbessoussi Ade Koulo[833]
         Ahouandjisside Ade Koulo[834]
Cette famille est montrée dans l'arbre 198.

891. FEMME ORIGINAIRE DE HLAGON INCONNU (Belle-fille d'ADE). Elle est décédée.
     KOULO Christophe Ade[887] a épousé Femme originaire de Hlagon Inconnu. Ils ont eu deux enfants :
         Adissin Ade Koulo[835]
         Kpaheton Ade Koulo[837]
Cette famille est montrée dans l'arbre 199.

892. AUTRES FEMMES INCONNU (Belle-fille d'ADE). Elle est décédée.
     KOULO Christophe Ade[887] a épousé Autres femmes Inconnu. Ils ont eu neuf enfants :
         Pierre (3e Dah) Ade Koulo[838]
         Houekpon Ade Koulo[839]
         Pierre d'Azohoue Ade Koulo[841]
         Bertin Ade Koulo[843]
         Felix Ade Koulo[844]
         Celestin Ade Koulo[845]
         Ahouanzin Ade Koulo[846]
         Hayeton Ade Koulo[847]
         Tranquillin Ade Koulo[848]
Cette famille est montrée dans l'arbre 200.

893. NANKPE DOSSOUNON (Belle-fille d'ADE).
Note : *originaire de Agouna Kpahe.*
     KOULO Christophe Ade[887] a épousé Nankpe Dossounon. Ils ont eu cinq enfants :
         Kodo Ade Koulo[849]
         Victorin Kpevegba Ade Koulo[850]
         Akonsonhounde Ade Koulo[851]
         Atokoukinde Ade Koulo[852]
         Houlekon Lome-ton Ade Koulo[854]
Cette famille est montrée dans l'arbre 201.

894. FILLE DU MIGAN GNIGLA D'ABOMEY INCONNU (Belle-fille d'ADE) est née de Migan d'Abomey Gnigla. Elle est décédée.
     KOULO Christophe Ade[887] a épousé Fille du Migan Gnigla d'Abomey Inconnu. Ils ont eu deux enfants :
         Soudo Ade Koulo[855]
         Akpossi Ade Koulo[856]
Cette famille est montrée dans l'arbre 202.

895. FEMME ORIGINAIRE DE ADINGNON INCONNU (Belle-fille d'ADE). Elle est décédée.
     KOULO Christophe Ade[887] a épousé Femme originaire de Adingnon Inconnu. Ils ont eu trois filles :
         Kodossi Djeto Ade Koulo[857]
         Kehoussi Ade Koulo[859]
         Ahivetin Ade Koulo[860]
Cette famille est montrée dans l'arbre 203.

896. GANHOUATO INCONNU (Belle-fille d'ADE). Elle est décédée.
     KOULO Christophe Ade[887] a épousé Ganhouato Inconnu. Ils ont eu deux filles :
         Nadjo ou Navo Diliton Ade Koulo[862]
         Aweketo Ade Koulo[863]
Cette famille est montrée dans l'arbre 204.

897. MERE DE NAGA ET DANSI INCONNU (Belle-fille d'ADE). Elle est décédée.
  KOULO Christophe Ade[887] a épousé Mere de Naga et Dansi Inconnu. Ils ont eu deux filles :
    Dansi Ade Koulo[864]
    Naga Akoleme Ade Koulo[865]
  Cette famille est montrée dans l'arbre 205.

898. AKPANSOU ANCIEN ADE (Fils d'ADE) est né d'ADE KPLANKOUN Zinsou Inconnu[911] et d'Epouse 1 Originaire de Zakpo Bohicon[913], comme montré dans l'arbre 211. Il est décédé à Tori, Benin.
  AKPANSOU a été marié quatre fois ; incluant 2e epouse Akpansou Ade[899], 1ere epouse Akpansou Ade[900] et Ya-Fatouma Ya-nafi[901].
  Note : *1er fils de Ade Kplankoun*
    Vecut dans Tori Togoudo Adowehoue (Tori Bossito, Atlantique, Benin) avec sa progeniture.
  AKPANSOU ancien Ade a épousé.

899. 2E EPOUSE AKPANSOU ADE (Belle-fille d'ADE). Elle est décédée.
  AKPANSOU ancien Ade[898] a épousé 2e epouse Akpansou Ade. Ils ont eu deux enfants :
    Nanhonsode Ade[866]
    Zinvoedo Ade[867]
  Cette famille est montrée dans l'arbre 206.

900. 1ERE EPOUSE AKPANSOU ADE (Belle-fille d'ADE). Elle est décédée.
  AKPANSOU ancien Ade[898] a épousé 1ere epouse Akpansou Ade. Ils ont eu cinq enfants :
    Allosohounde Ade[868]
    Nague Ade[869]
    Paulin Ade[870]
    Nansi Ade Mafiokpe[871]
    Gerard Ade[874]
  Cette famille est montrée dans l'arbre 207.

901. YA-FATOUMA YA-NAFI (Belle-fille d'ADE) est née de Patriarche inconnu d'Oyo Inconnu. Elle est décédée.
  AKPANSOU ancien Ade[898] a épousé Ya-Fatouma Ya-nafi. Ils ont eu deux filles :
    Bodjo Inconnu[875]
    Fakame Inconnu[876]
  Cette famille est montrée dans l'arbre 208.

902. AKOUNDJI INCONNU (Fils d'ADE) est né d'ADE KPLANKOUN Zinsou Inconnu[911] et d'Epouse 1 Originaire de Zakpo Bohicon[913], comme montré dans l'arbre 211. Il est décédé.

903. DEGAN ADE (Fils d'ADE) est né d'ADE KPLANKOUN Zinsou Inconnu[911] et de Femme issue de Hountonho Inconnu[914], comme montré dans l'arbre 212. Il est décédé.

904. NIN INCONNU (Fille d'ADE) est née d'ADE KPLANKOUN Zinsou Inconnu[911] et de Femme issue de Hountonho Inconnu[914], comme montré dans l'arbre 212. Elle est décédée.
  Akoundji Inconnu[902] a épousé Nin Inconnu. Ils ont eu quatre fils :
    Bademessou Inconnu[878]
    Assigbe dah GBEGBE-SA Inconnu[879]
    Djiha Inconnu[880]
    Nassougande Degbo[881]
  Cette famille est montrée dans l'arbre 209.

905. NASSIGA INCONNU (Fille d'ADE) est née d'ADE KPLANKOUN Zinsou Inconnu[911] et de Femme issue de Hountonho Inconnu[914], comme montré dans l'arbre 212. Elle est décédée.

906. GUINFINMIN ADE (Fils d'ADE) est né d'ADE KPLANKOUN Zinsou Inconnu[911] et d'Epouses inconnues de Ade Kplankoun[915], comme montré dans l'arbre 213. Il est décédé.

907. AKOUNVOEDO INCONNU (Belle-fille d'ADE) est née à Abomey, Zou, Benin de Yaoicha Inconnu. Elle est décédée à Abomey, Zou, Benin.
  Akounvoedo a été mariée trois fois. Elle a épousé Linfin Inconnu, Kinse Inconnu et Guinfinmin Ade[906].
  Linfin Inconnu a épousé Akounvoedo Inconnu.
  Kinse Inconnu a épousé Akounvoedo Inconnu.
  Guinfinmin Ade[906] a épousé Akounvoedo Inconnu.

908. DAKOSSI ADE (Fils d'ADE) est né d'ADE KPLANKOUN Zinsou Inconnu[911] et d'Epouses inconnues de Ade Kplankoun[915], comme montré dans l'arbre 213. Il est décédé.

909. LINLIN ADE (Fils d'ADE) est né d'ADE KPLANKOUN Zinsou Inconnu[911] et d'Epouses inconnues de Ade Kplankoun[915], comme montré dans l'arbre 213. Il est décédé.

910. GNIMINON ADE (Fille d'ADE) est née d'ADE KPLANKOUN Zinsou Inconnu[911] et de Derniere Epouse Gbaguidi[916], comme montré dans l'arbre 214. Elle est décédée.

Génération des pairs

911. ADE KPLANKOUN ZINSOU INCONNU (Le sujet de ce rapport) est né de Sossa Aikpe Inconnu[918], comme montré dans l'arbre 215. Il est décédé.
ADE a été marié cinq fois. Il a épousé YA-KPAKO Inconnu[912], Epouse 1 Originaire de Zakpo Bohicon[913], Femme issue de Hountonho Inconnu[914], Epouses inconnues de Ade Kplankoun[915] et Derniere Epouse Gbaguidi[916].

912. YA-KPAKO INCONNU (Femme d'ADE) est née à Oyo, Nigeria de Patriarche inconnu d'Oyo Inconnu. Elle est décédée à Abomey, Zou, Benin.
YA-KPAKO a été mariée deux fois. Elle a épousé ADE KPLANKOUN Zinsou Inconnu[911] et Epoux inconnu de Oyo.
ADE KPLANKOUN Zinsou Inconnu[911] a épousé YA-KPAKO Inconnu. Ils ont eu quatre fils :
Djehouan Ade[883]
Houedanouga Ade[884]
Dakpewi Agbohounmin Inconnu[885]
KOULO Christophe Ade[887]
Cette famille est montrée dans l'arbre 210.
Epoux inconnu de Oyo a épousé YA-KPAKO Inconnu. Ils ont eu une fille :
Yaoicha Inconnu
Cette famille est montrée dans l'arbre 210.

913. EPOUSE 1 ORIGINAIRE DE ZAKPO BOHICON (Femme d'ADE) est née à Bohicon, Benin. Elle est décédée.
ADE KPLANKOUN Zinsou Inconnu[911] a épousé Epouse 1 Originaire de Zakpo Bohicon. Ils ont eu deux fils :
AKPANSOU ancien Ade[898]
Akoundji Inconnu[902]
Cette famille est montrée dans l'arbre 211.

914. FEMME ISSUE DE HOUNTONHO INCONNU (Femme d'ADE). Elle est décédée.
ADE KPLANKOUN Zinsou Inconnu[911] a épousé Femme issue de Hountonho Inconnu. Ils ont eu trois enfants :
Degan Ade[903]
Nin Inconnu[904]
Nassiga Inconnu[905]
Cette famille est montrée dans l'arbre 212.

915. EPOUSES INCONNUES DE ADE KPLANKOUN (Femme d'ADE). Elle est décédée.
ADE KPLANKOUN Zinsou Inconnu[911] a épousé Epouses inconnues de Ade Kplankoun. Ils ont eu trois fils :
Guinfinmin Ade[906]
Dakossi Ade[908]
Linlin Ade[909]
Cette famille est montrée dans l'arbre 213.

916. DERNIERE EPOUSE GBAGUIDI (Femme d'ADE). Elle est décédée.
ADE KPLANKOUN Zinsou Inconnu[911] a épousé Derniere Epouse Gbaguidi. Ils ont eu une fille :
Gniminon Ade[910]
Cette famille est montrée dans l'arbre 214.

917. ZINHOUE INCONNU (Sœur d'ADE) est née de Sossa Aikpe Inconnu[918], comme montré dans l'arbre 215. Elle est décédée.

Génération des parents

918. SOSSA AIKPE INCONNU (Père d'ADE) est né de Pere de Sossa Aikpe Fils de Zonoun[919], comme montré dans l'arbre 215. Il est décédé.
Sossa a engendré deux enfants :
ADE KPLANKOUN Zinsou Inconnu[911]
Zinhoue Inconnu[917]
Cette famille est montrée dans l'arbre 215.

Génération des grands-parents

919. PERE DE SOSSA AIKPE FILS DE ZONOUN (Grand-père d'ADE) est né de ZONOUN Inconnu[920], comme montré dans l'arbre 215. Il est décédé.
  Pere a engendré un fils :
    Sossa Aikpe Inconnu[918]
  Cette famille est montrée dans l'arbre 215.

Génération des arrière-grands-parents

920. ZONOUN INCONNU (Arrière-grand-père d'ADE) est né à Aneho, Togo. Il est décédé.
  ZONOUN a engendré un fils :
    Pere de Sossa Aikpe Fils de Zonoun[919]
  Cette famille est montrée dans l'arbre 215.

4. ARBRES GÉNÉALOGIQUES

Chaque arbre montre une famille sur quatre générations : les enfants, les parents, les grands-parents et les arrière grands-parents recensées d'un groupe de famille. Afin de réduire les redondances, toute famille qui est complètement incluse dans un autre arbre de famille ne sera pas traitée séparément.

La référence "..." au-dessus des arrière grands-parents, à gauche des grands-parents ou des parents ou en dessous des enfants se rapporte au numéro d'arbre de ces personnes (arbre qui comprend enfants, grands-parents et arrière grands-parents de ces personnes).

Dans les cas de mariages multiples, un numéro de référence précédé par "=" est montré à la droite des parents. Ce numéro référence l'arbre précédent et/ou prochain dans lequel cet individu est montré associé à une autre personne.

Dans les cas des enfants adoptés, le lien parental est montré avec un tiret et un numéro de référence précédé par "=" est montré dans la boîte de l'individu. Ce nombre référence l'arbre dans lequel cet individu est montré avec ses parents normaux.

1. TOKPO, Cedriq Boris et FUMEY, Nirvana Ahouefa
2. TONON, Venance et TOKPO, Vaida Meryl
3. MEDALI, Dallys-Tom Stalino et DIMIGOU, Mireille Philibertovna
4. PADONOU, Serge et AKAKPO, Clothilde
5. PADONOU, Bienvenu et GBEDEVI, Eunice
6. GBENAFA, Monsieur et PADONOU, Estelle Lulu
7. DJOSSOU, Landry et PADONOU, Nadia Senande
8. AHOYO, Rufin et PADONOU, Marcelle
9. DOSSOUGOUIN, Simon et PADONOU, Salome
10. JOHNSON, Monsieur et PADONOU, Achille
11. PADONOU, Rodolphe et AHOGBEDJI, Edwige
12. HOUNDANON, Wilfried
13. YAKANON, Severin et EDOH, Annick Nico
14. MONTCHO, Jerome et EDOH, Annick Nico
15. PAZOU, Romuald et PAZOU, Charlotte
16. KAKPO, Arnaud et JEAN-MARIE, Nadia
17. KAKPO, Joel et BAZIZI, Sara
18. SYLLA, Mory et KAKPO, Phalyele
19. DOSSOU REKANGALT, Orphee et TOKPO, Gladys
20. CHAFFA, Modeste et CODJO, Celia
21. CODJO, Lionel et BIWOUH, Diane
22. ZINZINDOHOUE, Richard et TOKPO, Sabine Tony
23. TOKPO, Herve Tony et GNINION, Florence
24. TOKPO, Godefroy Julien et TOSSOU, Eugenie
25. TOKPO, Godefroy Julien et PRUDENCIO, Renee Lisette Adenike
26. TOKPO, Godefroy Julien et ZOUNTCHEGBE, Irene Fifi
27. TOKPO, Godefroy Julien et ADONON, Patricia
28. MEDALI, David et TOKPO, Ida Gisele Leocadie
29. FASSASSI, Kamarou et TOKPO, Prisque Claudine Gilberte
30. AHOSSI, Alain et TOKPO, Alvine
31. AMOULE, Leon Noubiyoyo et TOKPO, Blandine
32. PADONOU, Desire et TOKPO, Nan Zognidi Sidonie Edwige
33. DOSSA, Sagbo Damien et TOKPO, Rogatienne Damienne
34. ALLAGBE, Monsieur et TOKPO, Rogatienne Damienne
35. TOKPO, Eric Lionel et AMOUZOU, Delphine
36. HOUNDANON, Gaston et TOKPO, Laure Andrea Ya-Alatche
37. EDOH, Yaovi Bonifacio et TOKPO, Laure Andrea Ya-Alatche
38. ABOBO, Jules et TOKPO, Laure Andrea Ya-Alatche
39. PAZOU, Monsieur et TOKPO, Lydie Olga
40. KAKPO, Raphael et TOKPO, Lydie Olga
41. TOKPO, Alain Cyrille et BRETIN, Francine
42. TOKPO, Cletus et HODONOU, Lydie
43. TOKPO, Cletus et L'ASIATIQUE, Christiane
44. TOKPO, Cletus et ADDALA, Farida
45. CODJO, Placide et TOKPO, Isabelle Irma
46. SOULEMANE, Djibril et TOKPO, Roselyne Nonwegnisse
47. EWAGNIGNON, Emannuel Rene Martin et TOKPO, Francine Houindomabou
48. TOKPO, Stanislas Azandegbe et ALOKPE, Francoise

49. KPELA, Crysanthe et TOKPO, Peguy Estelle
50. TOKPO, Yves Tony et TOKPO, 3rd Wife Tony
51. TOKPO, Yves Tony et SIHOU, Pierrette
52. TOKPO, Yves Tony et SOSSOU, Pierrette
53. AMOUSSOU, Claude et TOKPO, Solange Petronille
54. TOKPO, David Megninou Lokassa et CODJOVI, Alice
55. TOKPO, Denise
56. COSSOU, Monsieur et AGOLI-AGBO, Ghislaine Henedine Degbe
57. MENSAH, Barnabe et AGOLI-AGBO, Eliane Olga Degbe
58. YAHOUEDEHOU, Bertin et AGOLI-AGBO, Louisette Martine Degbe
59. ADATIN, Casimir et AGOLI-AGBO DEGBE, Imelda C. Nan Agbokpanou
60. GBAGUIDI, Monsieur et KOULO, Louise
61. TEBE, Mbai et KOULO, Louise
62. KOULO, John Augustin
63. ADJANOHOUN, Monsieur et KOULO, Eliane
64. KOULO, Rosette
65. KOULO, Edonard
66. KOULO, Rodrigue
67. SANOUSSI, Valerie
68. TOGBETO, Comlan Gregoire et MAFIOKPE, Georgette
69. TOKPO GANKPON, Andre Robert (Salanon Gbediga) et AGASSOUNON, Marguerite
70. TOKPO GANKPON, Andre Robert (Salanon Gbediga) et GOUKLOUNON, Gangnonde
71. TOKPO GANKPON, Andre Robert (Salanon Gbediga) et AHOMAGNON, Madame
72. TOKPO GANKPON, Andre Robert (Salanon Gbediga) et BAKPE, Jeanette Hortense
73. TOKPO GANKPON, Andre Robert (Salanon Gbediga) et HAZOUME, Marie-Madeleine
74. TOKPO GANKPON, Andre Robert (Salanon Gbediga) et AYATODE, Madame
75. TOKPO GANKPON, Andre Robert (Salanon Gbediga) et AHOGLE, Celestine
76. TOKPO GANKPON, Andre Robert (Salanon Gbediga) et GBAGUIDI, Seraphine Afiavi
77. TOKPO GANKPON, Andre Robert (Salanon Gbediga) et LINGBOTO GUEZO, Antoinette
78. TOKPO GANKPON, Andre Robert (Salanon Gbediga) et INCONNU, Madame inconnue famille Tokpo
79. MANDODE, Bernard et TOKPO, Marie-Therese
80. CODJIA, Donatien et INCONNU, Femme de Donatien Codjia
81. AGOLI-AGBO, Damien Dah Adanhouton Degbe et CODJIA, Emma Jules Agbanchenou
82. ZOHOU, Monsieur et KOULO, Sophie
83. DOVONOU, Monsieur et KOULO, Sophie
84. KOULO, Firmin et INCONNU, Femme de Firmin Koulo
85. KOULO, Andre et INCONNU, Femme de Andre Koulo
86. KOULO, Antoine de Padoue et KOULO, Femme de Antoine de Padoue
87. GAHOU, Monsieur et KOULO, Nan-Tadjile Eugenie Tine
88. KOULO, Henri
89. JOHNSON, Gustave
90. AHOKPE, Moise et KOULO, Brigitte
91. AGBOLOSSO, Monsieur et ADE, Sophie
92. AKPLOGAN, Monsieur et ADE KOULO, Melanie Reine
93. ADE KOULO, Lucien
94. ADE KOULO, Gabriel
95. ADE KOULO, Julien et INCONNU, Houedanou
96. ADOTANOU, Bernadin
97. ADE KOULO, Basile
98. ADE KOULO, Marius
99. ADE KOULO, Cesar
100. AGBODAYINON, Monsieur et ADE KOULO, Tohossi Houegboton
101. AMANOUNGBE, Monsieur et ADE KOULO, Emma
102. KPILI, Monsieur et ADE KOULO, Madeleine
103. ADE KOULO, Mathias
104. FEGBEGOU, Monsieur et ADE KOULO, Lodohounde
105. DINE, Monsieur et ADE KOULO, Elisabeth
106. HINKPON, Monsieur et INCONNU, Aladassi
107. ADE KOULO, Bertin et INCONNU, Nansi Benou-non
108. ADE KOULO, Aladassi Daho
109. ADE KOULO, Marcellin

110. ADE KOULO, Macaire
111. ADE KOULO, Richard Dah
112. ADE KOULO, Mathias
113. ADE KOULO, Adrien
114. ADE KOULO, Toussaint fils de Pierre
115. ADE KOULO, Jules
116. ADE KOULO, Gabin
117. LOKONOU, Monsieur et ADE KOULO, Singbonon
118. ASSOGBA, Mr et ADE KOULO, Ya Omer-non
119. ADE KOULO, Thomas
120. ADE KOULO, Ignace
121. ADE KOULO, Romain
122. GANGBE, Monsieur et ADE KOULO, Catherine
123. ALLAGBE, Mr et ADE KOULO, Elisabeth
124. GBAGUIDI, Mr et ADE KOULO, Dakossi
125. AKOGNON, Monsieur et ADE KOULO, Florence
126. ADE KOULO, Valentin
127. ADE KOULO, Omer
128. ADE KOULO, Thomas
129. ADE KOULO, Benoit
130. ADE KOULO, Urbain
131. ADE KOULO, Theodore
132. ADE KOULO, Gilbert
133. ADE KOULO, Blaise
134. ADE KOULO, Didier
135. ADE KOULO, Bonaventure
136. ADE KOULO, Lambert
137. ADE KOULO, Theophile fils de Victorin
138. ADE KOULO, Ernest
139. INCONNU, Nagbotode
140. ASSOGBA HOUEHOU, Rene
141. SIAKPE, Monsieur et ADE KOULO, Pauline
142. AKPAMOLI, Monsieur et ADE KOULO, Elisabeth
143. ASSOGBA, Francoise
144. AIZANNON, Monsieur et AIZANNON, Fabienne
145. SODOKPA, Monsieur et SODOKPA, Jacqueline
146. ALLADAYE, Monsieur et SODOKPA, Jacqueline
147. KPENOU, Augustin et KPENOU, Epouse de Augustin
148. KPENOU, Anagonou
149. EBANOU, Monsieur et KPENOU, Pelagie
150. ADE, Djivede
151. ADE, Filibert
152. MAFIOKPE, Montcho et INCONNU, Avlessi
153. TCHIBOZO, Monsieur et MAFIOKPE, Bernadette Hounyo
154. DAKO, Rigobert
155. AKOUNDJI, Djiha et AVIANSOU, Alladassi
156. DEGBO, Pascal
157. DELE, Gabriel et INCONNU, Hounkame
158. TOKPO, Gankpon et KOULO, Catherine Sikanon
159. CODJIA, Agbanchenou et KOULO, Catherine Sikanon
160. FELIHO, Pere des jumeaux decedes et KOULO, Catherine Sikanon
161. KOULO, Toha Nicodeme jumeau et GOUDOU, Marie-Agnes Anagonou
162. JOHNSON, Monsieur et KOULO, Anagonou jumelle
163. ADE KOULO, Antoine et INCONNU, Mere de Brigitte Koulo
164. ADOTANOU, Monsieur et ADE KOULO, Gozinnon
165. GOUGLA, Monsieur et ADE KOULO, Gozinnon
166. ADE KOULO, Barthelemy
167. ADE KOULO, Jean et KOULO, Autres epouse de Jean
168. ADE KOULO, Jean et ADE KOULO, Kehoussi
169. ADE KOULO, Ahouandjisside
170. ADE KOULO, Adissin et INCONNU, Dame Hogbonouto

171. ADE KOULO, Pierre (3e Dah)
172. ADE KOULO, Houekpon et INCONNU, Epouse de Houekpon
173. ADE KOULO, Pierre d'Azohoue et INCONNU, Epouse de Pierre d'Azohoue
174. ADE KOULO, Felix
175. ADE KOULO, Tranquillin
176. ADE KOULO, Victorin Kpevegba
177. ADE KOULO, Akonsonhounde
178. ASSOGBA HOUEHOU, Monsieur et ADE KOULO, Atokoukinde
179. ADE KOULO, Houlekon Lome-ton
180. ADE KOULO, Soudo
181. ADE KOULO, Akpossi
182. KPENOU, Monsieur et ADE KOULO, Kodossi Djeto
183. ATINMAKAN, Monsieur et ADE KOULO, Ahivetin
184. ADE KOULO, Dansi
185. ADE KOULO, Naga Akoleme
186. ADE, Zinvoedo
187. ADE, Nague
188. MAFIOKPE, Monsieur et ADE MAFIOKPE, Nansi
189. DAKO, Monsieur et ADE MAFIOKPE, Nansi
190. ADE, Gerard
191. INCONNU, Dakpewi Agbohounmin et INCONNU, Bodjo
192. AVIANSOU, Monsieur et INCONNU, Fakame
193. INCONNU, Assigbe dah GBEGBE-SA
194. DEGBO, Nassougande et LOKONON, Dame
195. INCONNU, Dakpewi Agbohounmin et INCONNU, 2e epouse
196. ADE, KOULO Christophe et AHOMAGNON, Nan Houedotin Z
197. ADE, KOULO Christophe et KOULO, Autre epouse de Nicodeme
198. ADE, KOULO Christophe et INCONNU, Mere de Jean
199. ADE, KOULO Christophe et INCONNU, Femme originaire de Hlagon
200. ADE, KOULO Christophe et INCONNU, Autres femmes
201. ADE, KOULO Christophe et DOSSOUNON, Nankpe
202. ADE, KOULO Christophe et INCONNU, Fille du Migan Gnigla d'Abomey
203. ADE, KOULO Christophe et INCONNU, Femme originaire de Adingnon
204. ADE, KOULO Christophe et INCONNU, Ganhouato
205. ADE, KOULO Christophe et INCONNU, Mere de Naga et Dansi
206. ADE, AKPANSOU ancien et AKPANSOU ADE, 2e epouse
207. ADE, AKPANSOU ancien et AKPANSOU ADE, 1ere epouse
208. ADE, AKPANSOU ancien et YA-NAFI, Ya-Fatouma
209. INCONNU, Akoundji et INCONNU, Nin
210. INCONNU, ADE KPLANKOUN Zinsou et INCONNU, YA-KPAKO
211. INCONNU, ADE KPLANKOUN Zinsou et ORIGINAIRE DE ZAKPO BOHICON, Epouse 1
212. INCONNU, ADE KPLANKOUN Zinsou et INCONNU, Femme issue de Hountonho
213. INCONNU, ADE KPLANKOUN Zinsou et DE ADE KPLANKOUN, Epouses inconnues
214. INCONNU, ADE KPLANKOUN Zinsou et GBAGUIDI, Derniere Epouse
215. INCONNU, Sossa Aikpe

1. Cedriq Boris Tokpo et Nirvana Ahouefa Fumey

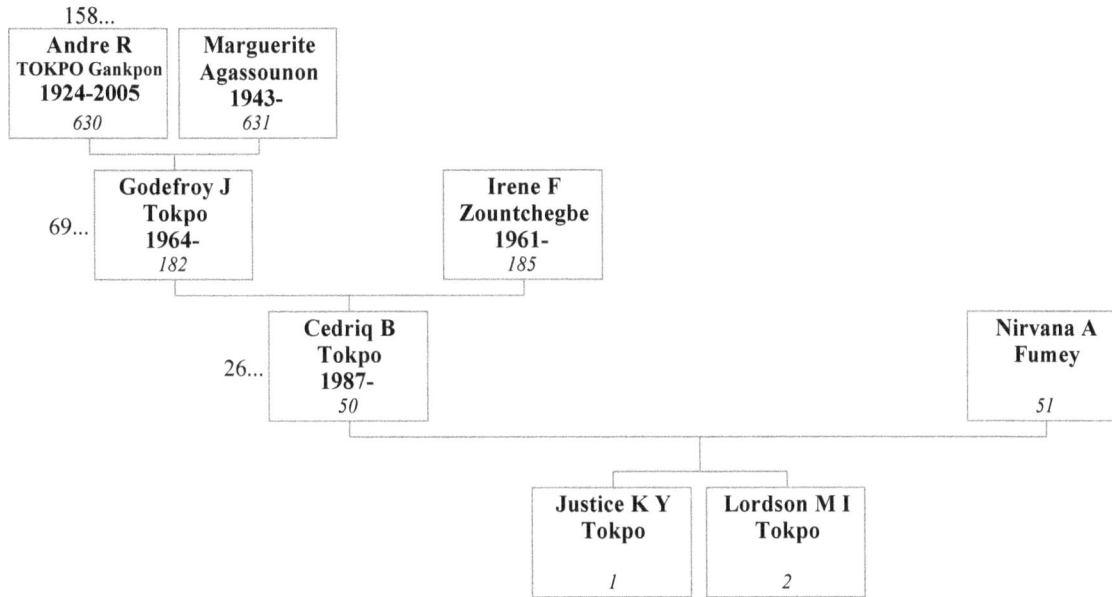

158...

Andre R
TOKPO Gankpon
1924-2005
630

Marguerite Agassounon 1943-
631

69...

Godefroy J Tokpo 1964-
182

Irene F Zountchegbe 1961-
185

26...

Cedriq B Tokpo 1987-
50

Nirvana A Fumey
51

Justice K Y Tokpo
1

Lordson M I Tokpo
2

2. Venance Tonon et Vaida Meryl Tokpo

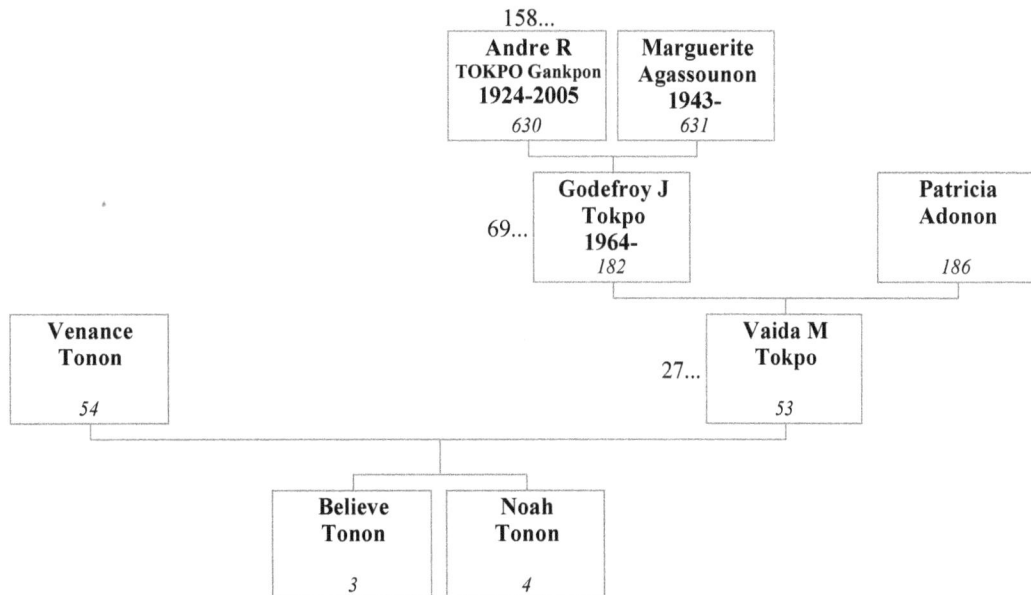

158...

Andre R
TOKPO Gankpon
1924-2005
630

Marguerite Agassounon 1943-
631

69...

Godefroy J Tokpo 1964-
182

Patricia Adonon
186

Venance Tonon
54

27...

Vaida M Tokpo
53

Believe Tonon
3

Noah Tonon
4

3. Dallys-Tom Stalino Medali et Mireille Philibertovna Dimigou

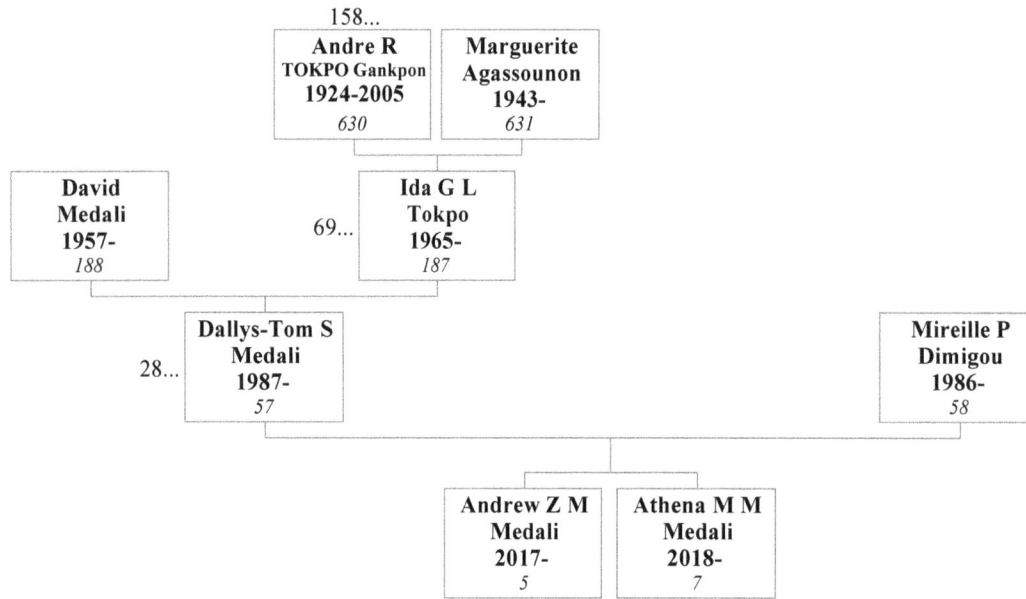

158...

| Andre R TOKPO Gankpon 1924-2005 *630* | Marguerite Agassounon 1943- *631* |

| David Medali 1957- *188* | 69... | Ida G L Tokpo 1965- *187* |

28... | Dallys-Tom S Medali 1987- *57* | Mireille P Dimigou 1986- *58* |

| Andrew Z M Medali 2017- *5* | Athena M M Medali 2018- *7* |

4. Serge Padonou et Clothilde Akakpo

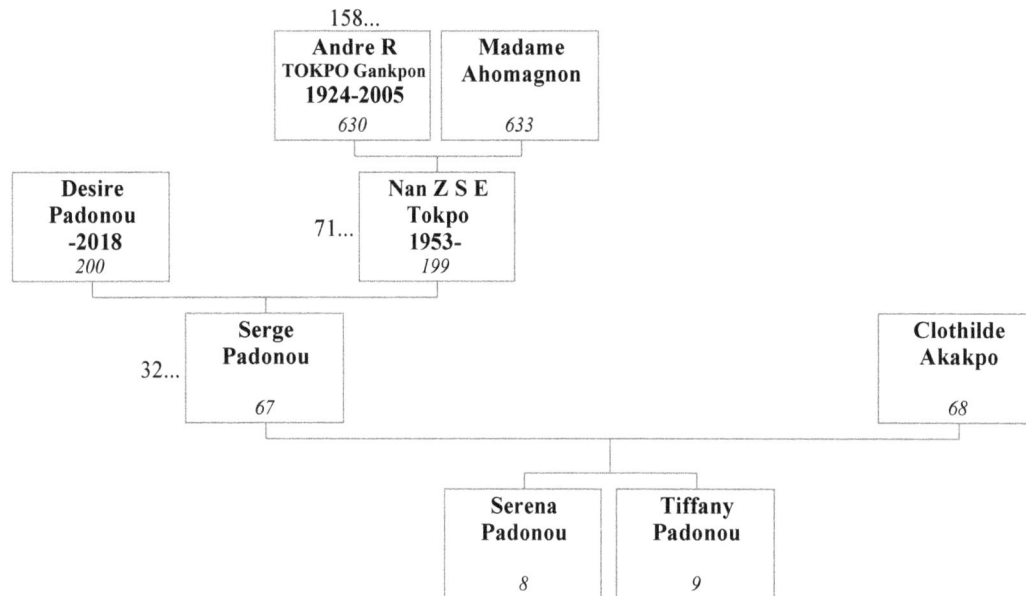

158...

| Andre R TOKPO Gankpon 1924-2005 *630* | Madame Ahomagnon *633* |

| Desire Padonou -2018 *200* | 71... | Nan Z S E Tokpo 1953- *199* |

32... | Serge Padonou *67* | Clothilde Akakpo *68* |

| Serena Padonou *8* | Tiffany Padonou *9* |

5. Bienvenu Padonou et Eunice Gbedevi

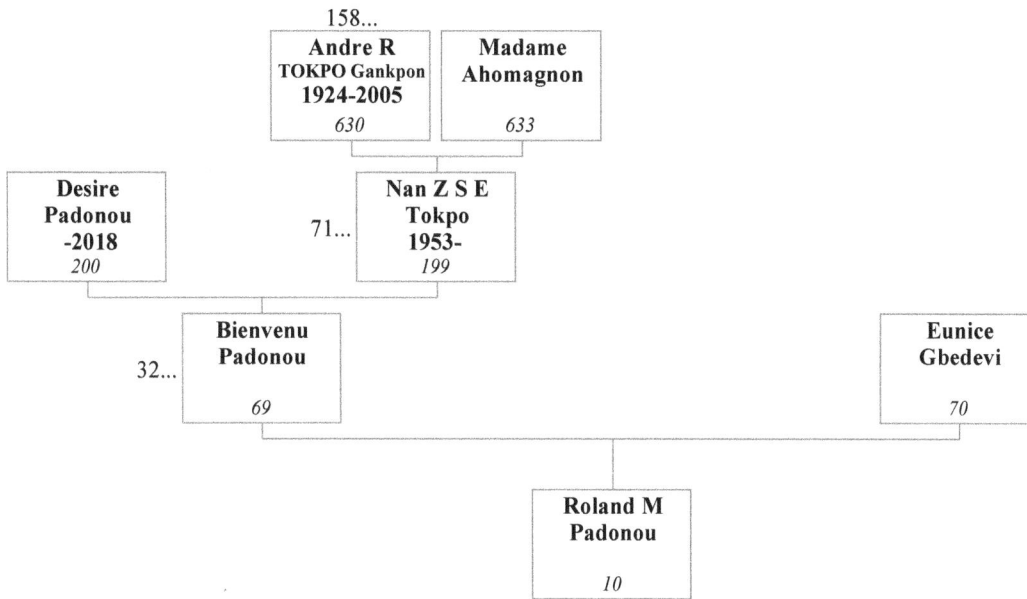

158...

Andre R TOKPO Gankpon 1924-2005	Madame Ahomagnon
630	633

Nan Z S E Tokpo 1953-
199

71...

Desire Padonou -2018
200

Bienvenu Padonou
69

32...

Eunice Gbedevi
70

Roland M Padonou
10

6. Monsieur Gbenafa et Estelle Lulu Padonou

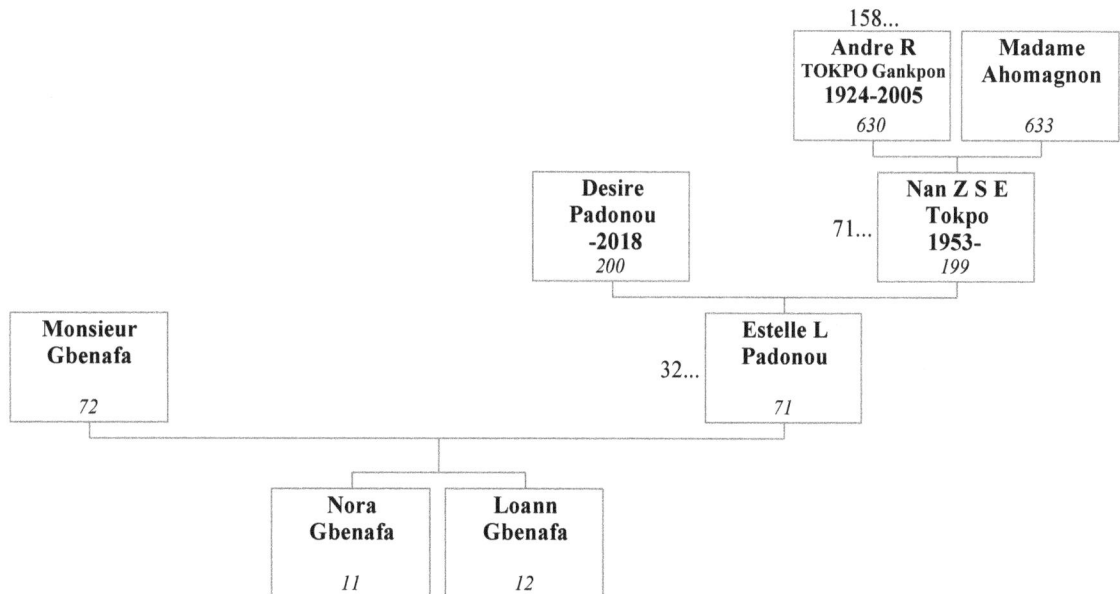

158...

Andre R TOKPO Gankpon 1924-2005	Madame Ahomagnon
630	633

Nan Z S E Tokpo 1953-
199

71...

Desire Padonou -2018
200

Estelle L Padonou
71

32...

Monsieur Gbenafa
72

Nora Gbenafa	Loann Gbenafa
11	12

7. Landry Djossou et Nadia Senande Padonou

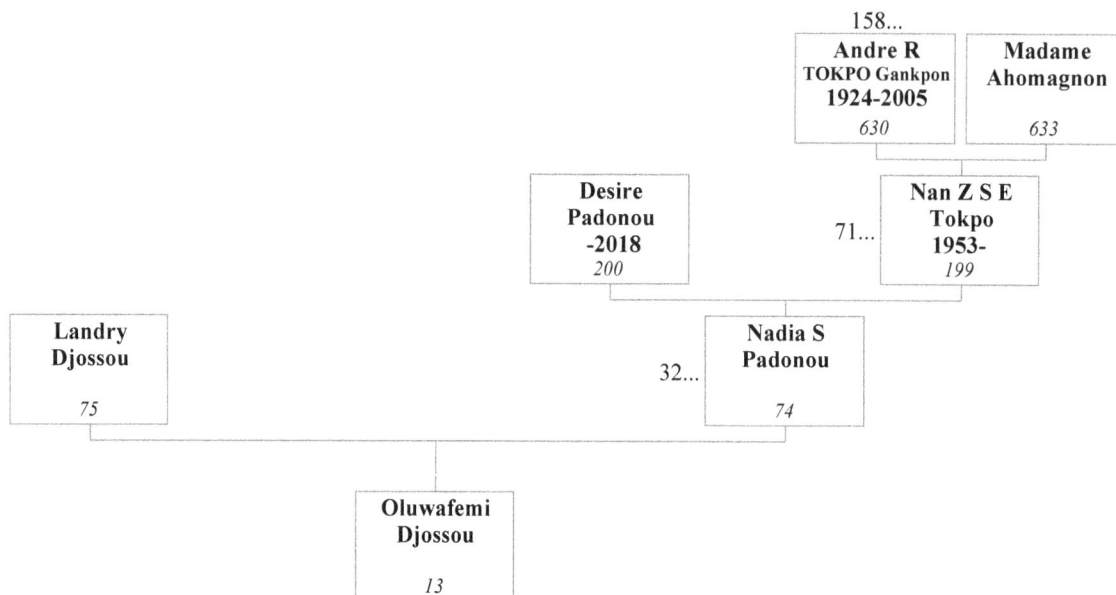

158...

Andre R
TOKPO Gankpon
1924-2005
630

**Madame
Ahomagnon**
633

**Desire
Padonou
-2018**
200

71...

**Nan Z S E
Tokpo
1953-**
199

**Landry
Djossou**
75

32...

**Nadia S
Padonou**
74

**Oluwafemi
Djossou**
13

8. Rufin Ahoyo et Marcelle Padonou

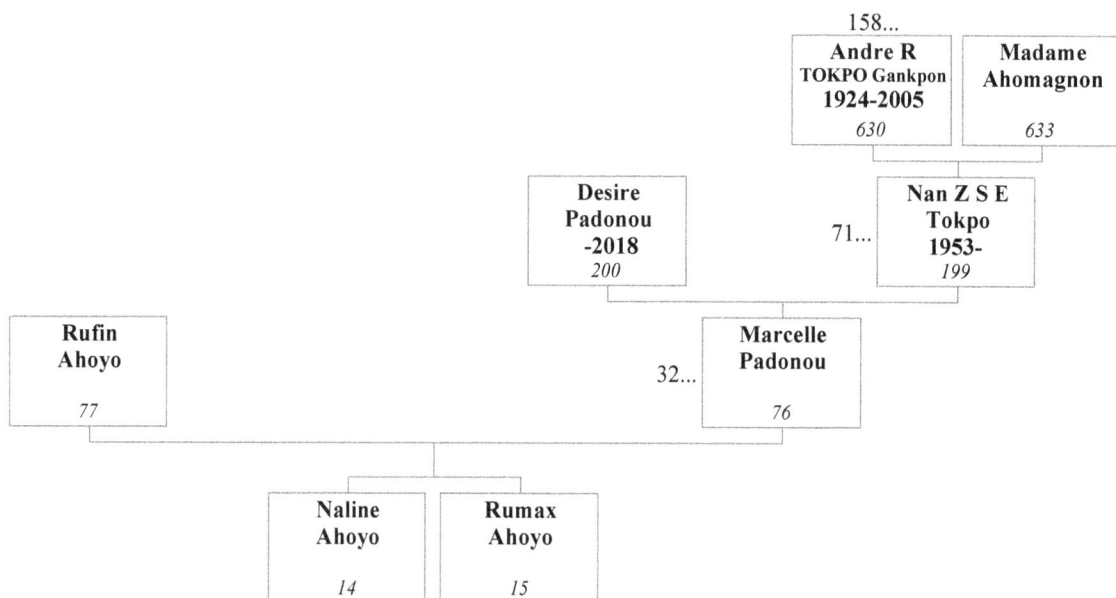

158...

Andre R
TOKPO Gankpon
1924-2005
630

**Madame
Ahomagnon**
633

**Desire
Padonou
-2018**
200

71...

**Nan Z S E
Tokpo
1953-**
199

**Rufin
Ahoyo**
77

32...

**Marcelle
Padonou**
76

**Naline
Ahoyo**
14

**Rumax
Ahoyo**
15

9. Simon Dossougouin et Salome Padonou

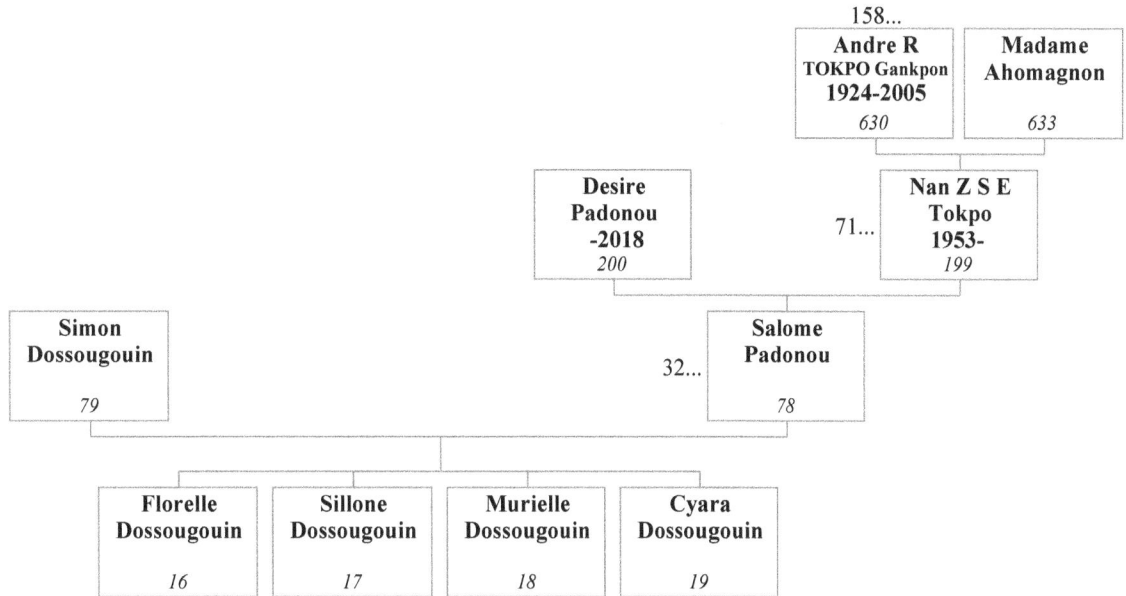

158...

Andre R TOKPO Gankpon 1924-2005	Madame Ahomagnon
630	633

Desire Padonou -2018	Nan Z S E Tokpo 1953-
200	199

71...

Simon Dossougouin	Salome Padonou
79	78

32...

Florelle Dossougouin	Sillone Dossougouin	Murielle Dossougouin	Cyara Dossougouin
16	17	18	19

10. Monsieur Johnson et Achille Padonou

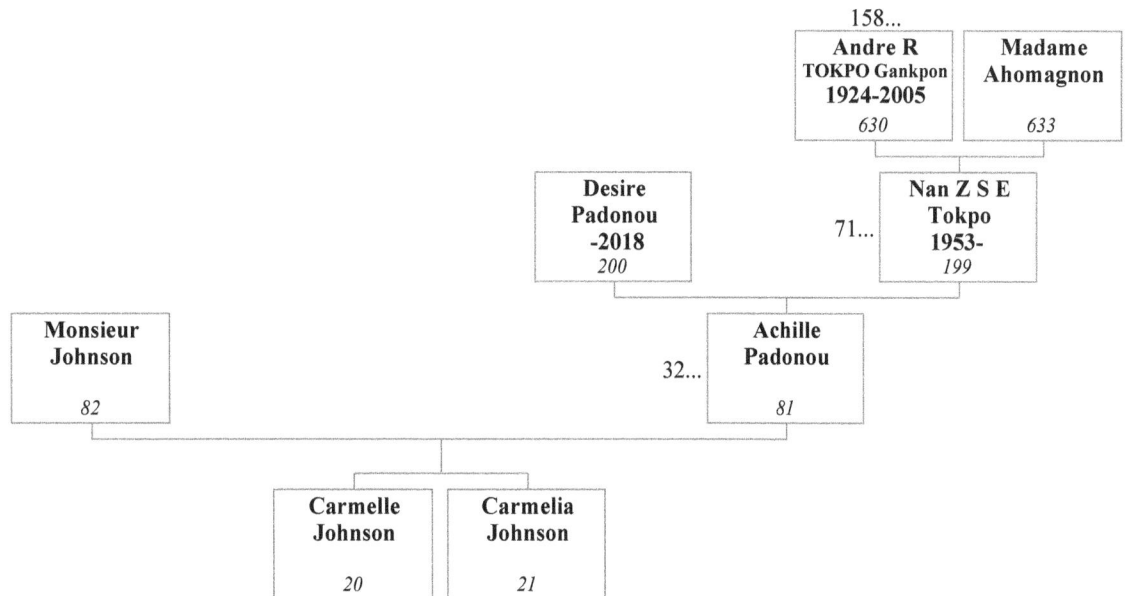

158...

Andre R TOKPO Gankpon 1924-2005	Madame Ahomagnon
630	633

Desire Padonou -2018	Nan Z S E Tokpo 1953-
200	199

71...

Monsieur Johnson	Achille Padonou
82	81

32...

Carmelle Johnson	Carmelia Johnson
20	21

11. Rodolphe Padonou et Edwige Ahogbedji

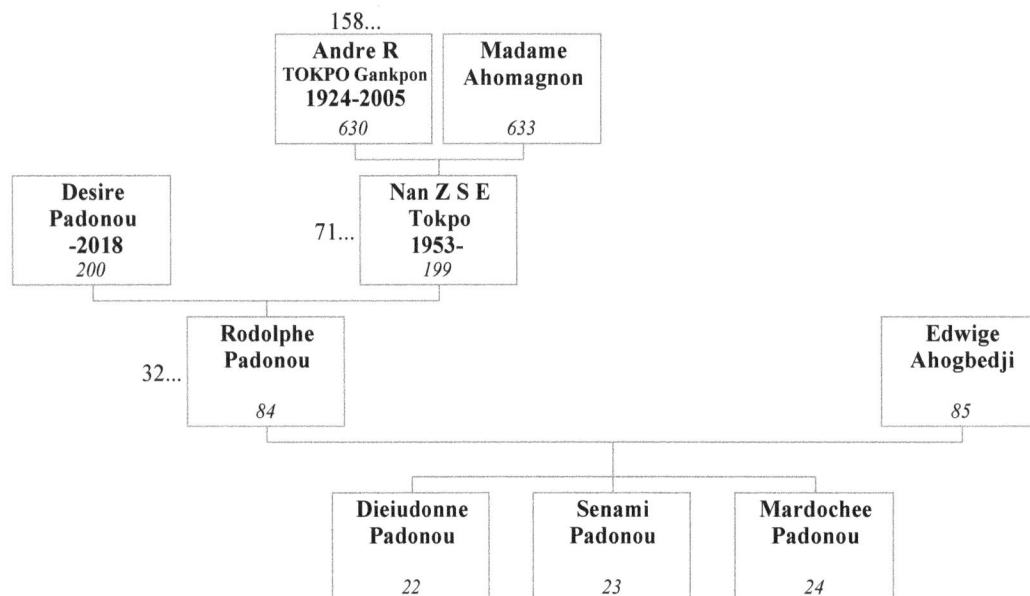

158...

| Andre R TOKPO Gankpon 1924-2005 *630* | Madame Ahomagnon *633* |

Desire Padonou -2018 *200*

71...

Nan Z S E Tokpo 1953- *199*

32...

Rodolphe Padonou *84*

Edwige Ahogbedji *85*

| Dieiudonne Padonou *22* | Senami Padonou *23* | Mardochee Padonou *24* |

12. Wilfried Houndanon

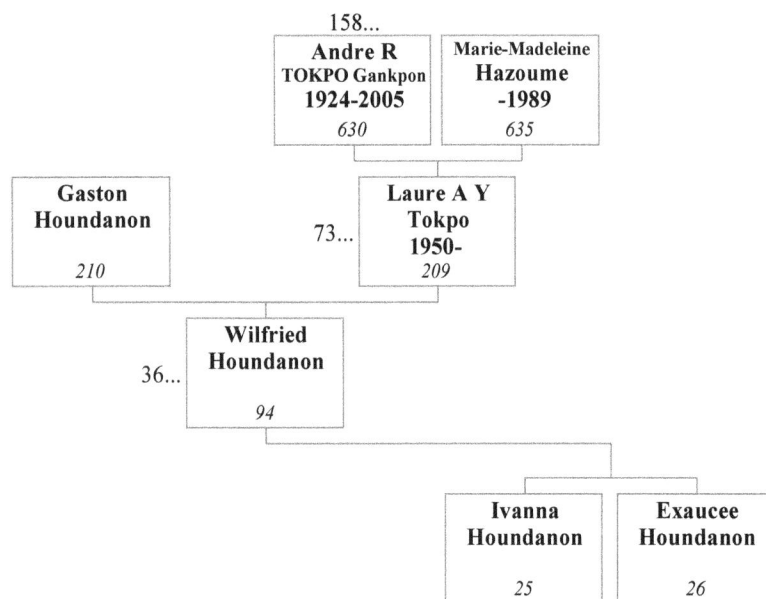

158...

| Andre R TOKPO Gankpon 1924-2005 *630* | Marie-Madeleine Hazoume -1989 *635* |

Gaston Houndanon *210*

73...

Laure A Y Tokpo 1950- *209*

36...

Wilfried Houndanon *94*

| Ivanna Houndanon *25* | Exaucee Houndanon *26* |

13. Severin Yakanon et Annick Nico Edoh

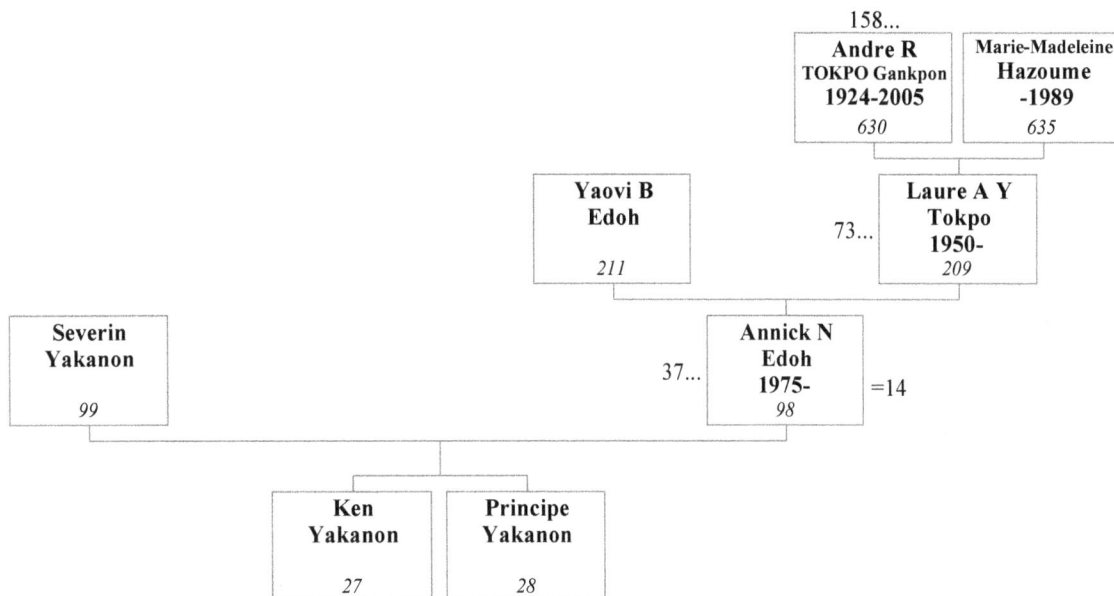

158...

Andre R	Marie-Madeleine
TOKPO Gankpon	Hazoume
1924-2005	-1989
630	635

Yaovi B		Laure A Y
Edoh	73...	Tokpo
		1950-
211		209

Severin		Annick N
Yakanon	37...	Edoh
		1975-
99		98	=14

Ken	Principe
Yakanon	Yakanon
27	28

14. Jerome Montcho et Annick Nico Edoh

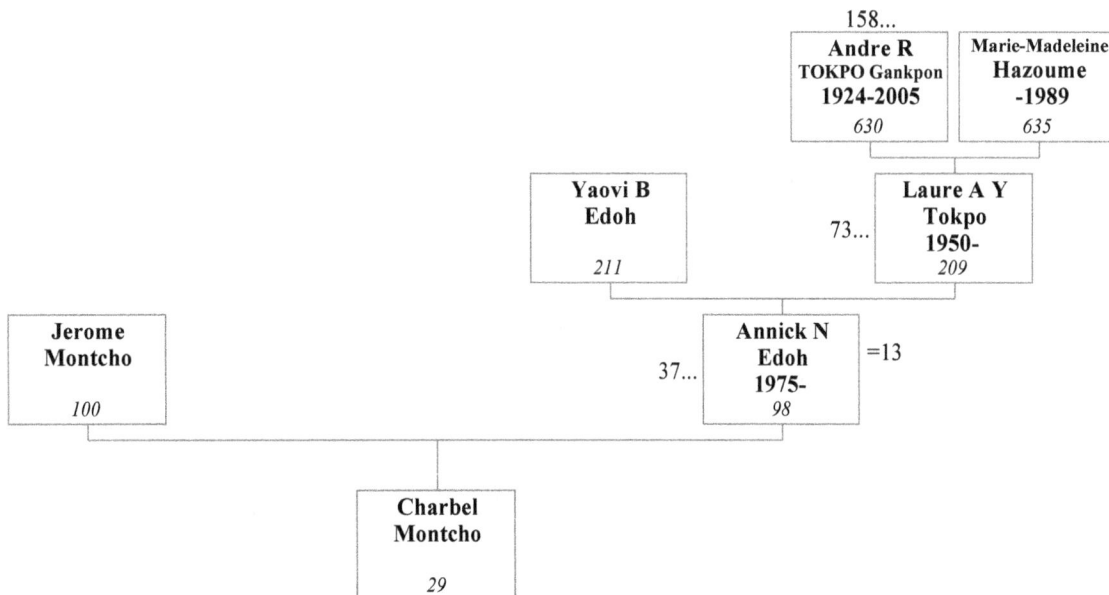

158...

Andre R	Marie-Madeleine
TOKPO Gankpon	Hazoume
1924-2005	-1989
630	635

Yaovi B		Laure A Y
Edoh	73...	Tokpo
		1950-
211		209

Jerome		Annick N
Montcho	37...	Edoh
		1975-
100		98	=13

| Charbel |
| Montcho |
| 29 |

Page 99

15. Romuald Pazou et Charlotte Pazou

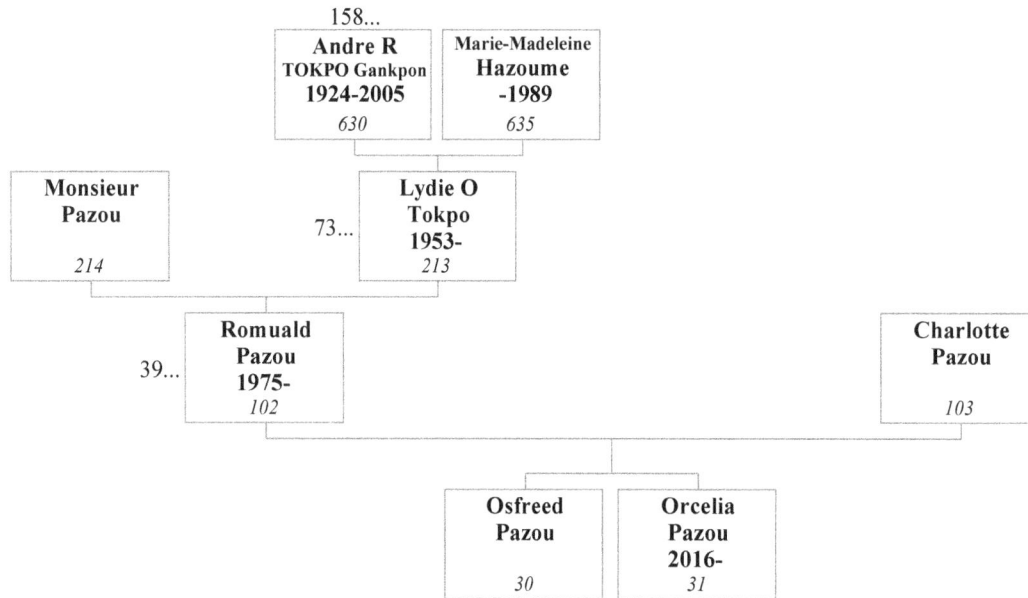

158...

Andre R
TOKPO Gankpon
1924-2005
630

Marie-Madeleine
Hazoume
-1989
635

Monsieur
Pazou
214

73...

Lydie O
Tokpo
1953-
213

39...

Romuald
Pazou
1975-
102

Charlotte
Pazou
103

Osfreed
Pazou
30

Orcelia
Pazou
2016-
31

16. Arnaud Kakpo et Nadia Jean-Marie

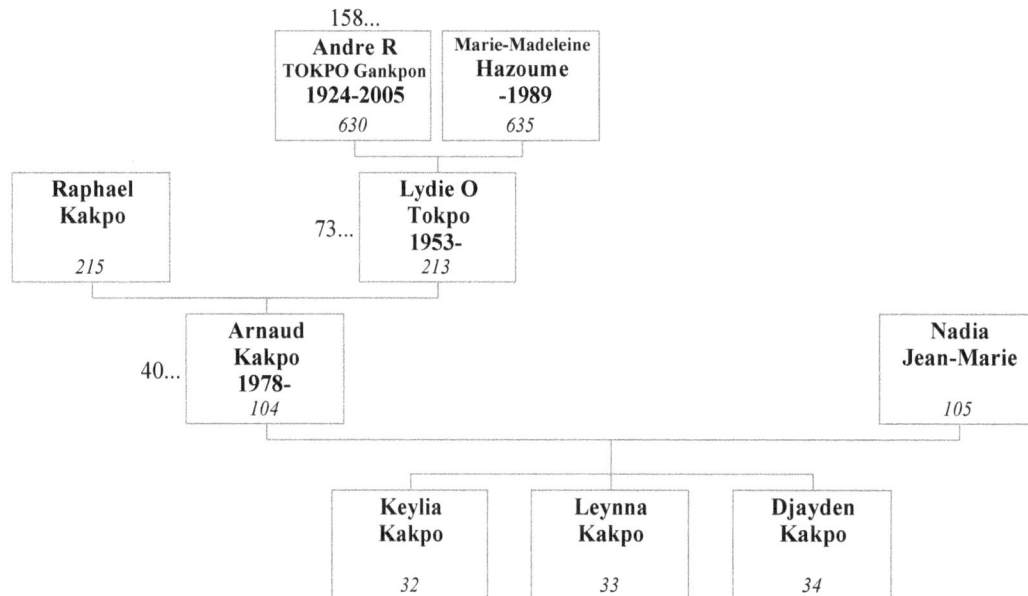

158...

Andre R
TOKPO Gankpon
1924-2005
630

Marie-Madeleine
Hazoume
-1989
635

Raphael
Kakpo
215

73...

Lydie O
Tokpo
1953-
213

40...

Arnaud
Kakpo
1978-
104

Nadia
Jean-Marie
105

Keylia
Kakpo
32

Leynna
Kakpo
33

Djayden
Kakpo
34

Arbres généalogiques

17. Joel Kakpo et Sara Bazizi

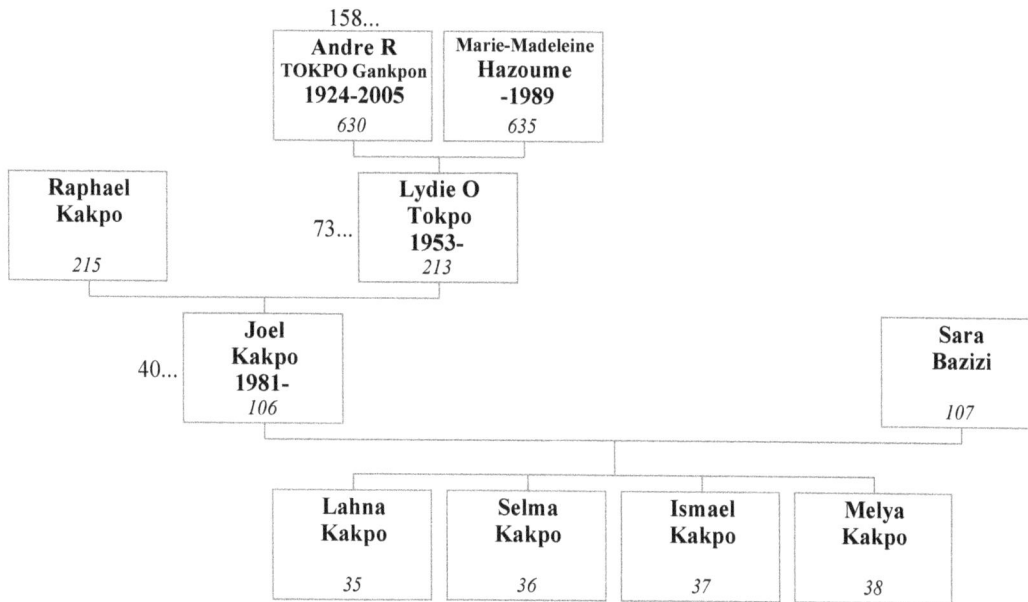

158...

Andre R
TOKPO Gankpon
1924-2005
630

Marie-Madeleine Hazoume
-1989
635

Raphael Kakpo
215

73...

Lydie O Tokpo
1953-
213

40...

Joel Kakpo
1981-
106

Sara Bazizi
107

Lahna Kakpo
35

Selma Kakpo
36

Ismael Kakpo
37

Melya Kakpo
38

18. Mory Sylla et Phalyele Kakpo

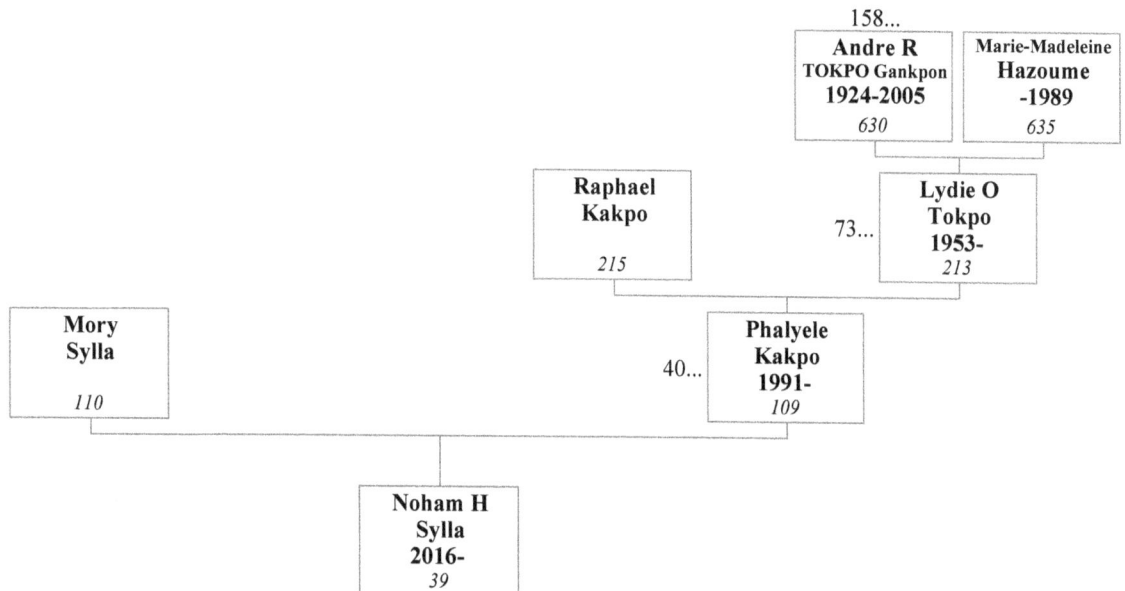

158...

Andre R
TOKPO Gankpon
1924-2005
630

Marie-Madeleine Hazoume
-1989
635

Raphael Kakpo
215

73...

Lydie O Tokpo
1953-
213

Mory Sylla
110

40...

Phalyele Kakpo
1991-
109

Noham H Sylla
2016-
39

19. Orphee Dossou Rekangalt et Gladys Tokpo

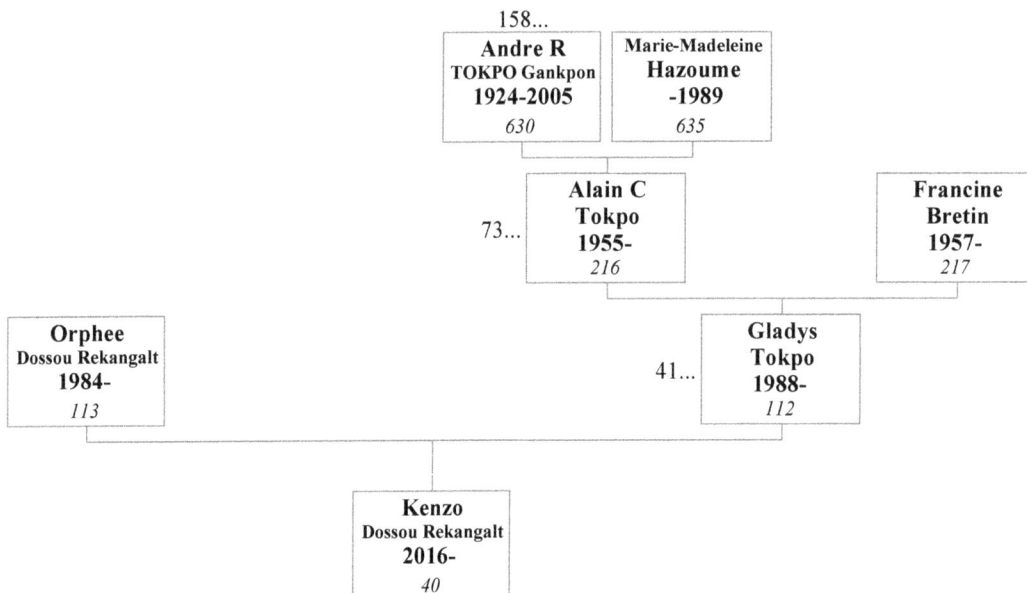

158...

Andre R TOKPO Gankpon 1924-2005	Marie-Madeleine Hazoume -1989
630	635

73...

Alain C Tokpo 1955-
216

Francine Bretin 1957-
217

Orphee Dossou Rekangalt 1984-
113

41...

Gladys Tokpo 1988-
112

Kenzo Dossou Rekangalt 2016-
40

20. Modeste Chaffa et Celia Codjo

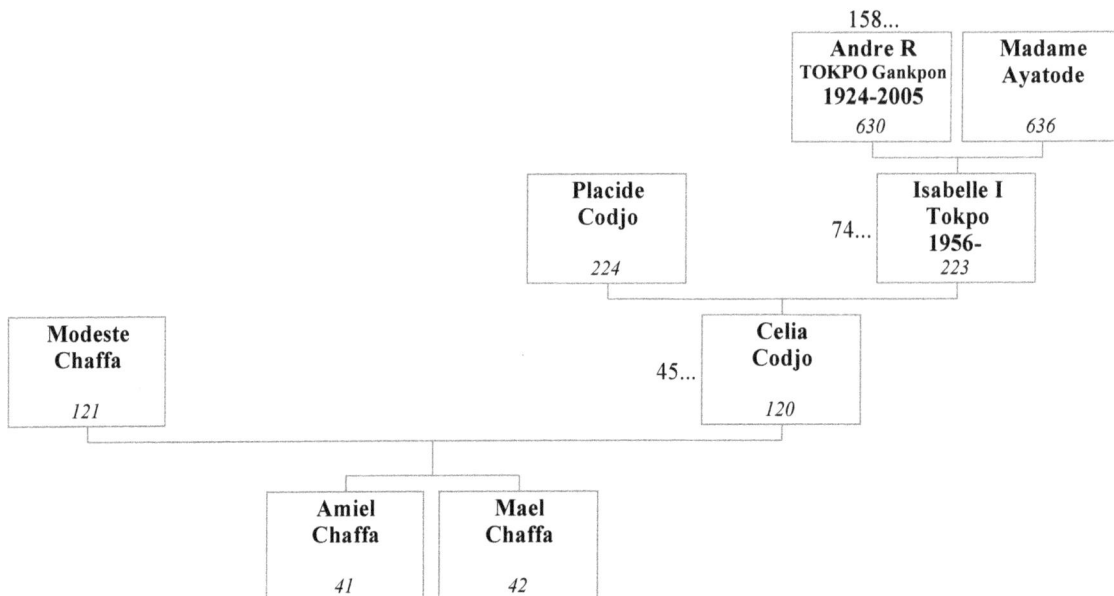

158...

Andre R TOKPO Gankpon 1924-2005	Madame Ayatode
630	636

Placide Codjo
224

74...

Isabelle I Tokpo 1956-
223

Modeste Chaffa
121

45...

Celia Codjo
120

Amiel Chaffa	Mael Chaffa
41	42

21. Lionel Codjo et Diane Biwouh

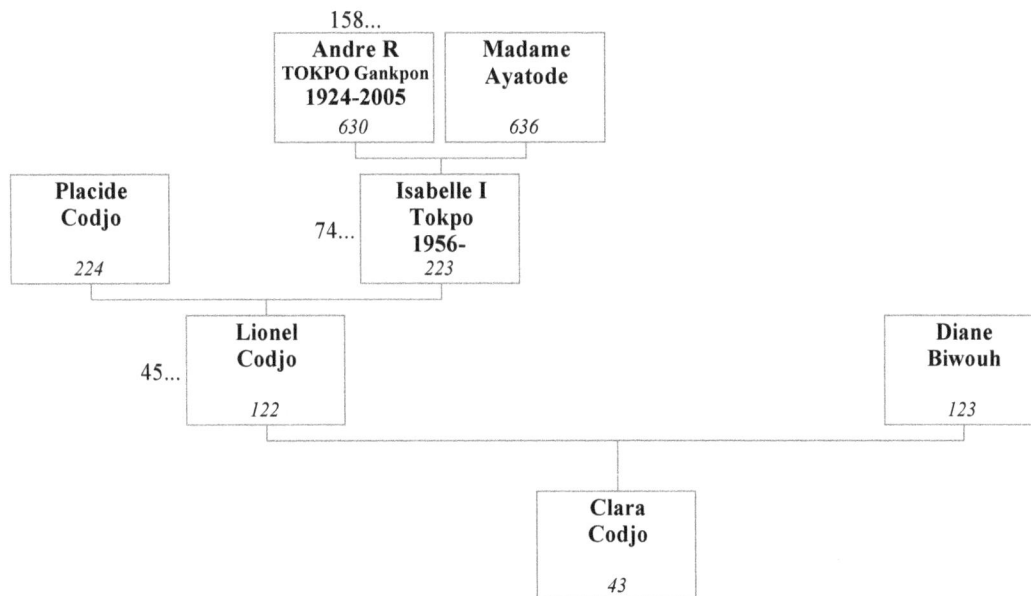

158...

Andre R **TOKPO Gankpon** **1924-2005** *630*	**Madame** **Ayatode** *636*

Placide **Codjo** *224*		**Isabelle I** **Tokpo** **1956-** *223*
	74...	

	Lionel **Codjo** *122*		**Diane** **Biwouh** *123*
45...			

Clara **Codjo** *43*

22. Richard Zinzindohoue et Sabine Tony Tokpo

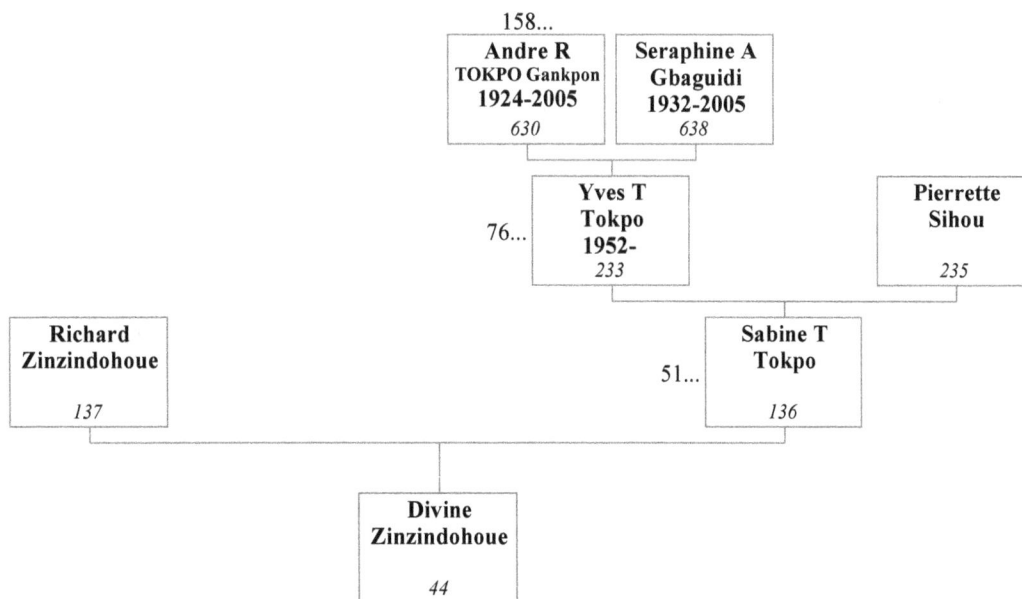

158...

Andre R **TOKPO Gankpon** **1924-2005** *630*	**Seraphine A** **Gbaguidi** **1932-2005** *638*

	Yves T **Tokpo** **1952-** *233*	**Pierrette** **Sihou** *235*
76...		

Richard **Zinzindohoue** *137*		**Sabine T** **Tokpo** *136*
	51...	

Divine **Zinzindohoue** *44*

23. Herve Tony Tokpo et Florence Gninion

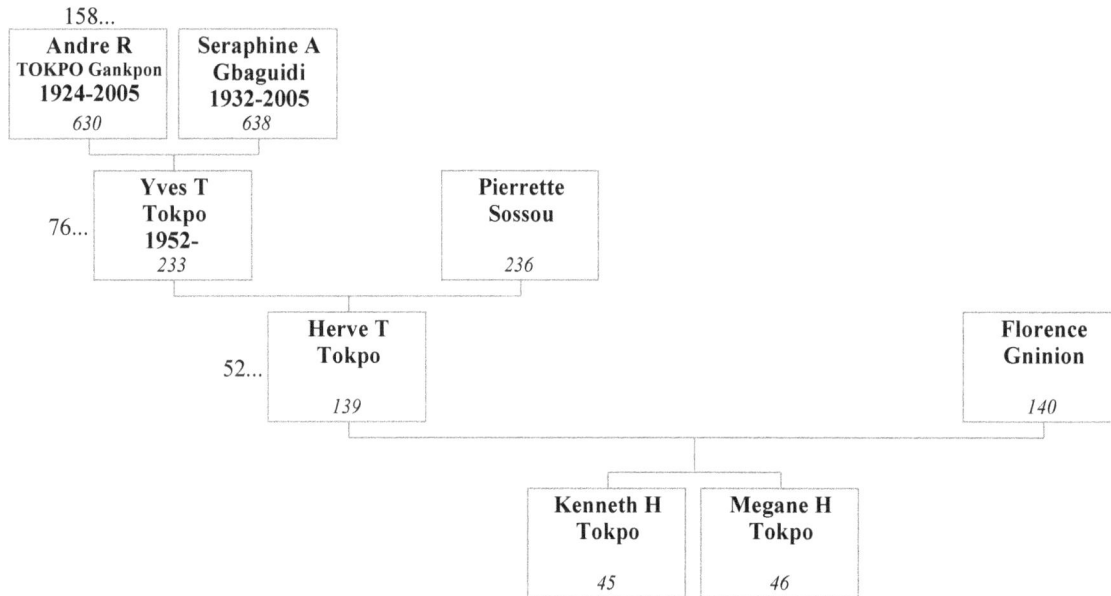

158...

| Andre R TOKPO Gankpon 1924-2005 630 | Seraphine A Gbaguidi 1932-2005 638 |

76...

| Yves T Tokpo 1952- 233 | | Pierrette Sossou 236 |

52...

| Herve T Tokpo 139 | | Florence Gninion 140 |

| Kenneth H Tokpo 45 | Megane H Tokpo 46 |

24. Godefroy Julien Tokpo et Eugenie Tossou

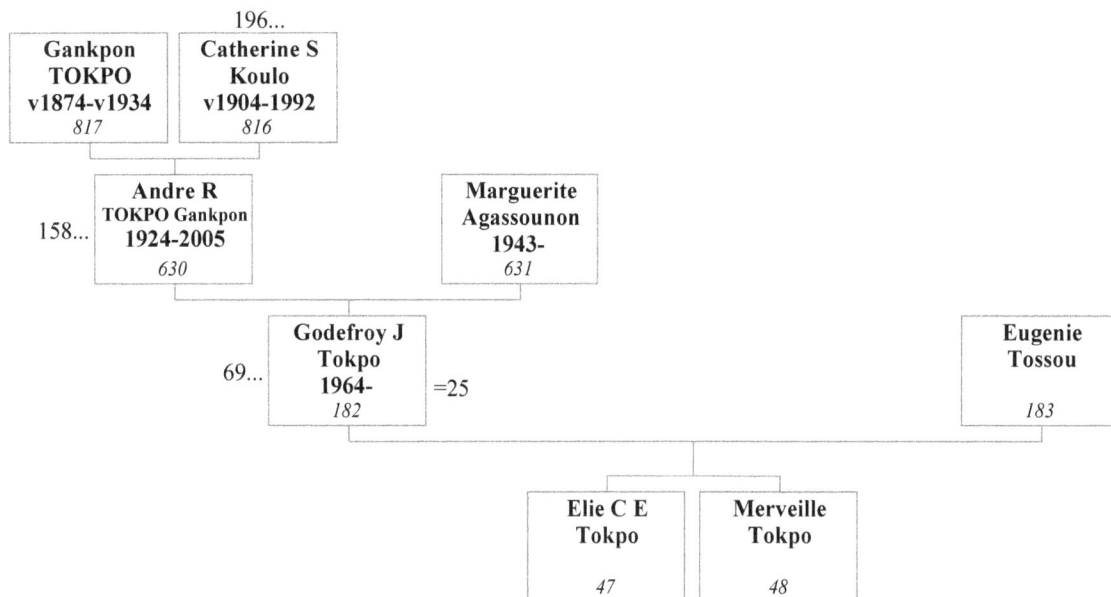

196...

| Gankpon TOKPO v1874-v1934 817 | Catherine S Koulo v1904-1992 816 |

158...

| Andre R TOKPO Gankpon 1924-2005 630 | | Marguerite Agassounon 1943- 631 |

69...

| Godefroy J Tokpo 1964- 182 | =25 | Eugenie Tossou 183 |

| Elie C E Tokpo 47 | Merveille Tokpo 48 |

25. Godefroy Julien Tokpo et Renee Lisette Adenike Prudencio

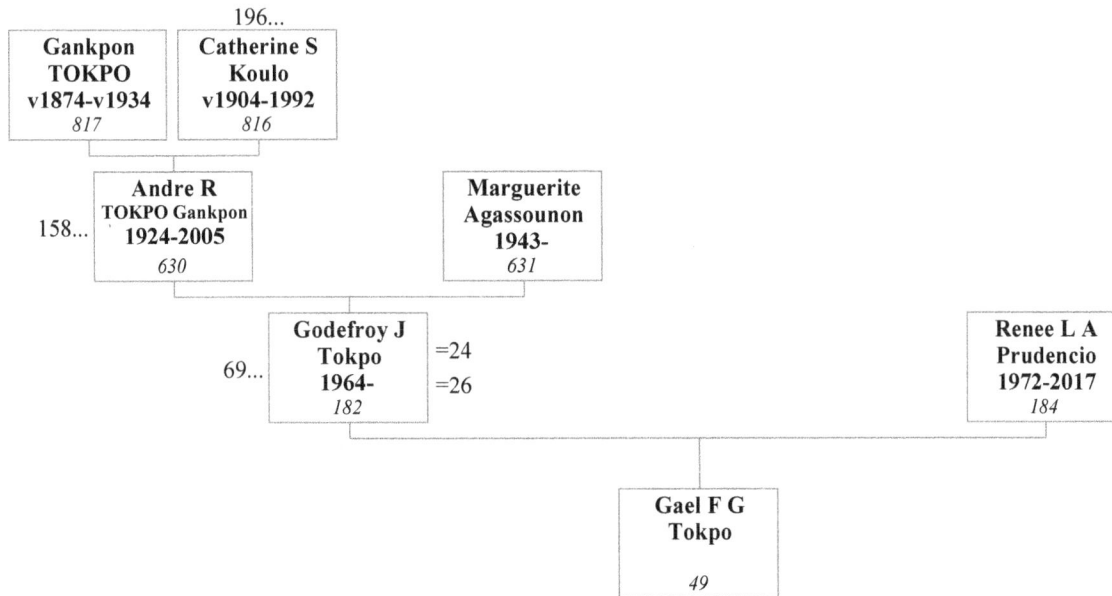

196...

Gankpon TOKPO v1874-v1934 *817*	Catherine S Koulo v1904-1992 *816*

158...

Andre R TOKPO Gankpon 1924-2005 *630*

Marguerite Agassounon 1943- *631*

69...

Godefroy J Tokpo 1964- *182*   =24 =26

Renee L A Prudencio 1972-2017 *184*

Gael F G Tokpo *49*

26. Godefroy Julien Tokpo et Irene Fifi Zountchegbe

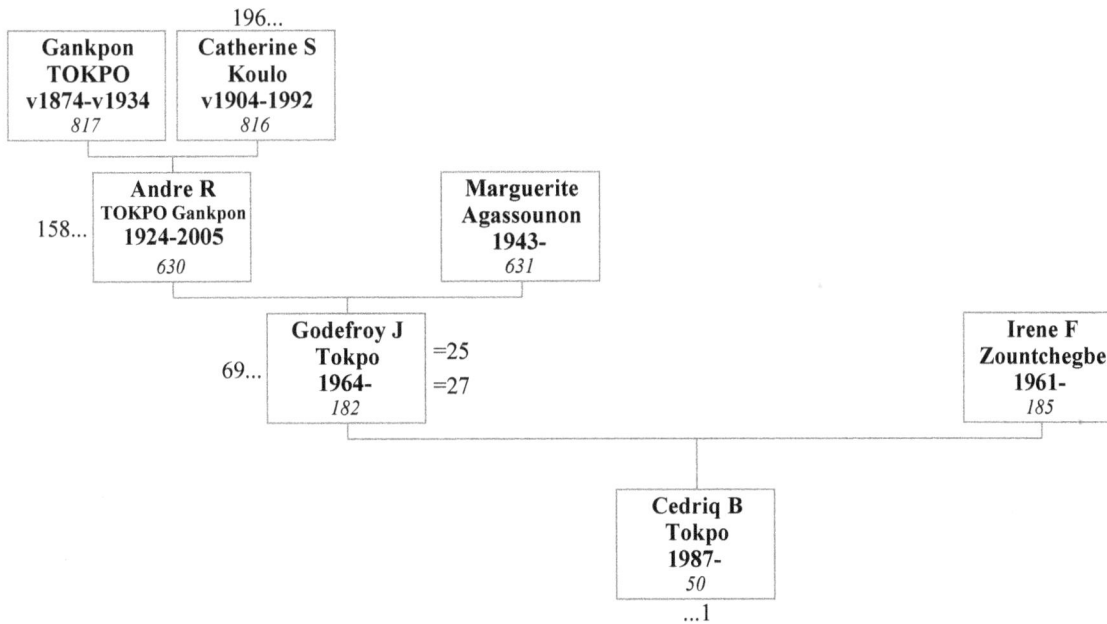

196...

Gankpon TOKPO v1874-v1934 *817*	Catherine S Koulo v1904-1992 *816*

158...

Andre R TOKPO Gankpon 1924-2005 *630*

Marguerite Agassounon 1943- *631*

69...

Godefroy J Tokpo 1964- *182*   =25 =27

Irene F Zountchegbe 1961- *185*

Cedriq B Tokpo 1987- *50*

...1

27. Godefroy Julien Tokpo et Patricia Adonon

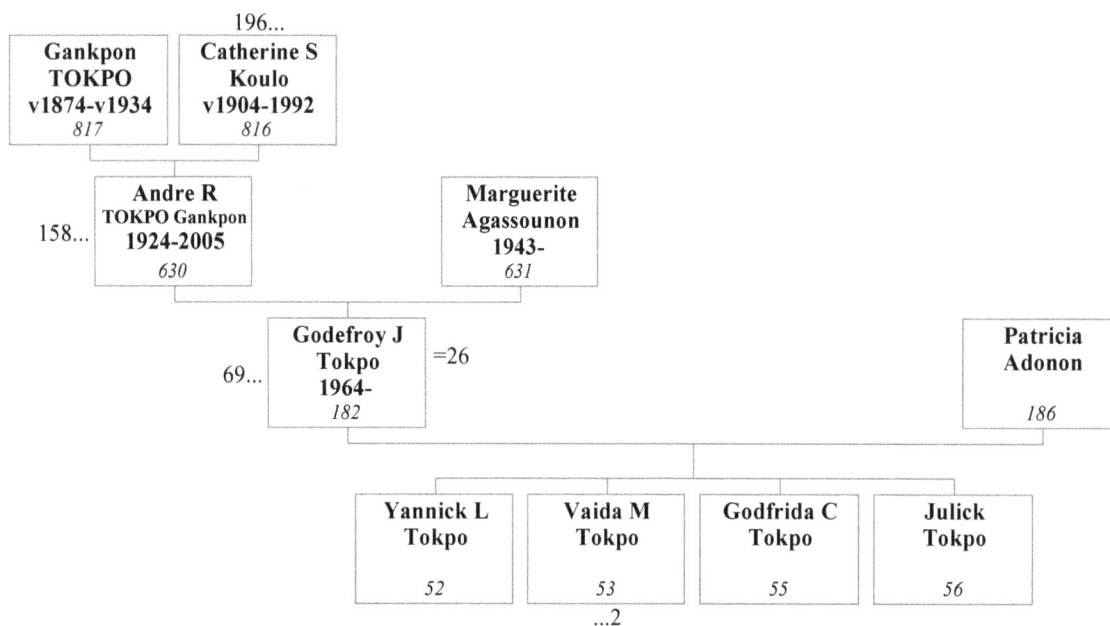

196...

Gankpon TOKPO v1874-v1934 *817*	Catherine S Koulo v1904-1992 *816*

158...

Andre R TOKPO Gankpon 1924-2005 *630*	Marguerite Agassounon 1943- *631*

69... Godefroy J Tokpo 1964- *182*   =26   Patricia Adonon *186*

Yannick L Tokpo *52*	Vaida M Tokpo *53*	Godfrida C Tokpo *55*	Julick Tokpo *56*

...2

28. David Medali et Ida Gisele Leocadie Tokpo

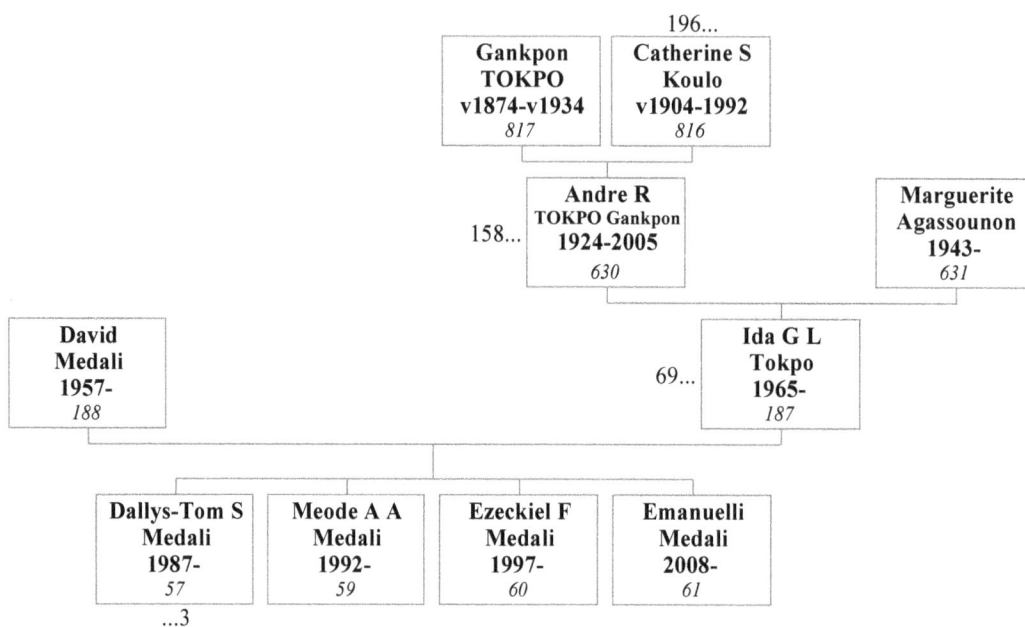

196...

Gankpon TOKPO v1874-v1934 *817*	Catherine S Koulo v1904-1992 *816*

158...

Andre R TOKPO Gankpon 1924-2005 *630*	Marguerite Agassounon 1943- *631*

David Medali 1957- *188*   69...   Ida G L Tokpo 1965- *187*

Dallys-Tom S Medali 1987- *57*	Meode A A Medali 1992- *59*	Ezeckiel F Medali 1997- *60*	Emanuelli Medali 2008- *61*

...3

29. Kamarou Fassassi et Prisque Claudine Gilberte Tokpo

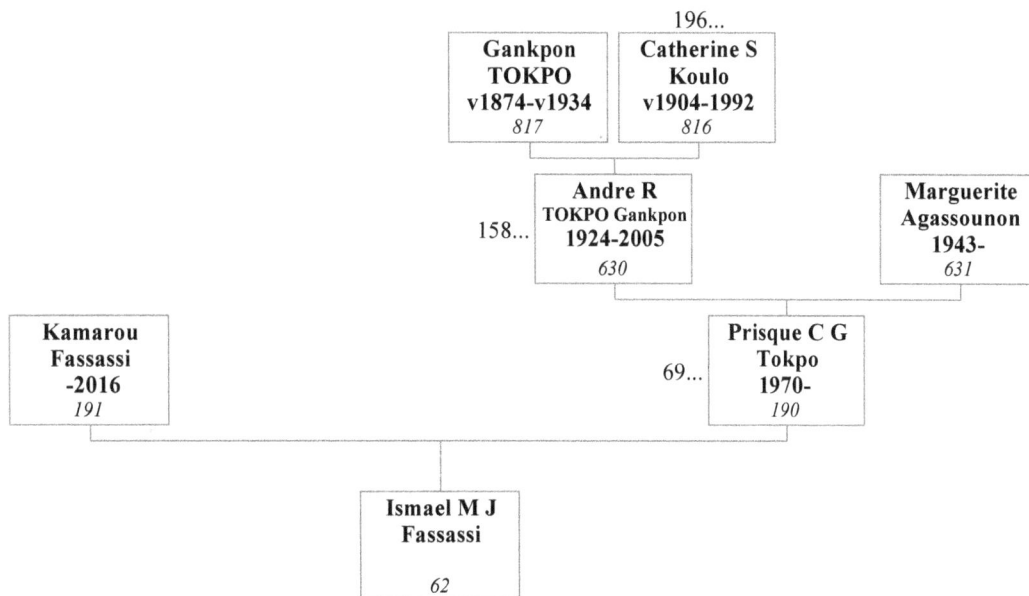

196...

Gankpon TOKPO v1874-v1934 *817*	Catherine S Koulo v1904-1992 *816*

Andre R TOKPO Gankpon **1924-2005** *630*

158...

Marguerite Agassounon 1943- *631*

Kamarou Fassassi -2016 *191*

Prisque C G Tokpo 1970- *190*

69...

Ismael M J Fassassi *62*

30. Alain Ahossi et Alvine Tokpo

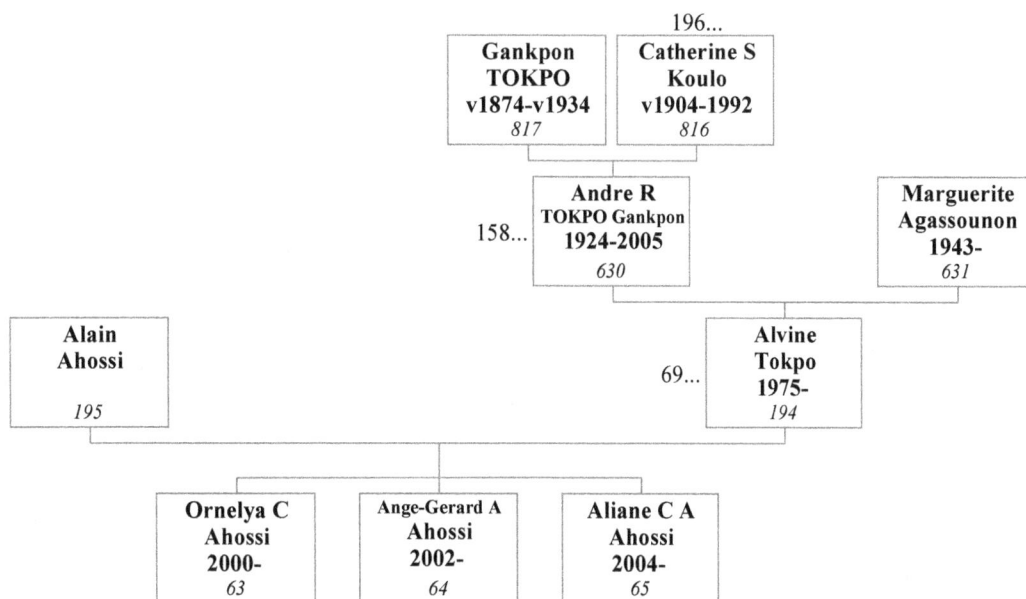

196...

Gankpon TOKPO v1874-v1934 *817*	Catherine S Koulo v1904-1992 *816*

Andre R TOKPO Gankpon **1924-2005** *630*

158...

Marguerite Agassounon 1943- *631*

Alain Ahossi *195*

Alvine Tokpo 1975- *194*

69...

Ornelya C Ahossi 2000- *63*	Ange-Gerard A Ahossi 2002- *64*	Aliane C A Ahossi 2004- *65*

31. Leon Noubiyoyo Amoule et Blandine Tokpo

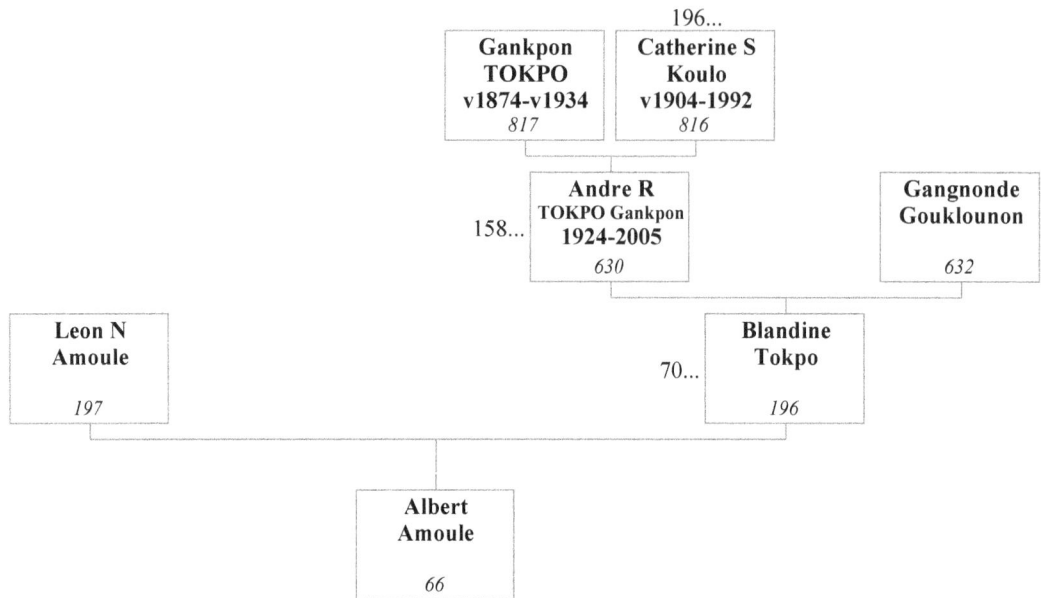

196...

| Gankpon TOKPO v1874-v1934 *817* | Catherine S Koulo v1904-1992 *816* |

| Andre R TOKPO Gankpon 1924-2005 *630* |

158...

| Gangnonde Gouklounon *632* |

| Leon N Amoule *197* |

| Blandine Tokpo *196* |

70...

| Albert Amoule *66* |

32. Desire Padonou et Nan Zognidi Sidonie Edwige Tokpo

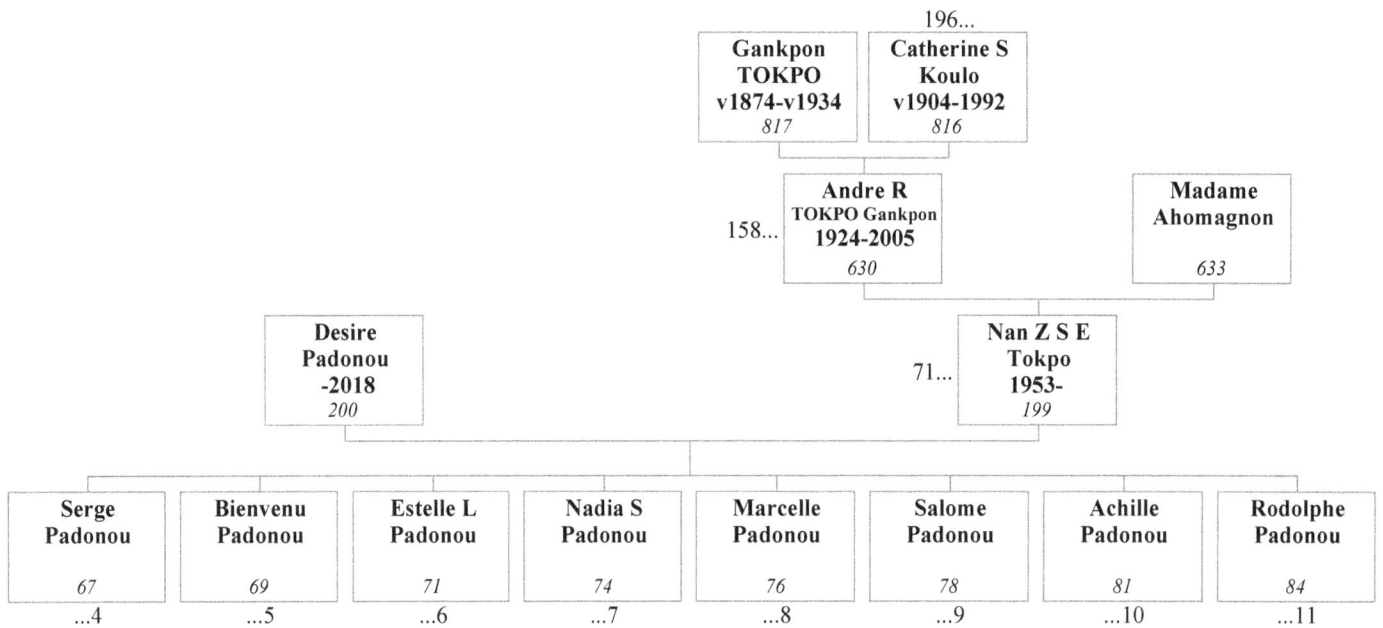

196...

| Gankpon TOKPO v1874-v1934 *817* | Catherine S Koulo v1904-1992 *816* |

| Andre R TOKPO Gankpon 1924-2005 *630* |

158...

| Madame Ahomagnon *633* |

| Desire Padonou -2018 *200* |

| Nan Z S E Tokpo 1953- *199* |

71...

| Serge Padonou *67* ...4 | Bienvenu Padonou *69* ...5 | Estelle L Padonou *71* ...6 | Nadia S Padonou *74* ...7 | Marcelle Padonou *76* ...8 | Salome Padonou *78* ...9 | Achille Padonou *81* ...10 | Rodolphe Padonou *84* ...11 |

33. Sagbo Damien Dossa et Rogatienne Damienne Tokpo

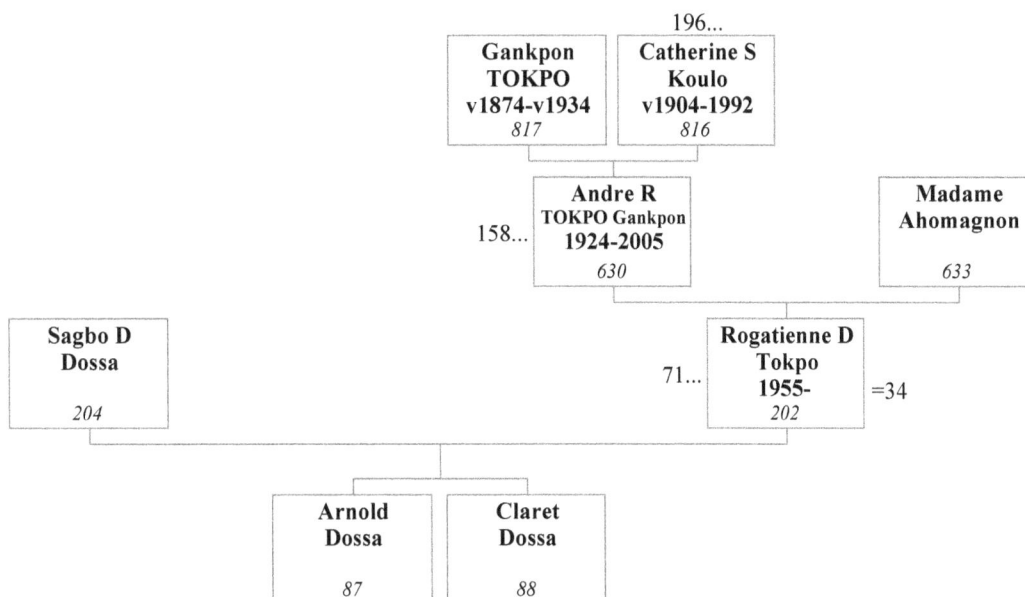

196...

Gankpon TOKPO v1874-v1934
817

Catherine S Koulo v1904-1992
816

Andre R TOKPO Gankpon 1924-2005
630

158...

Madame Ahomagnon
633

Sagbo D Dossa
204

Rogatienne D Tokpo 1955-
202

71...

=34

Arnold Dossa
87

Claret Dossa
88

34. Monsieur Allagbe et Rogatienne Damienne Tokpo

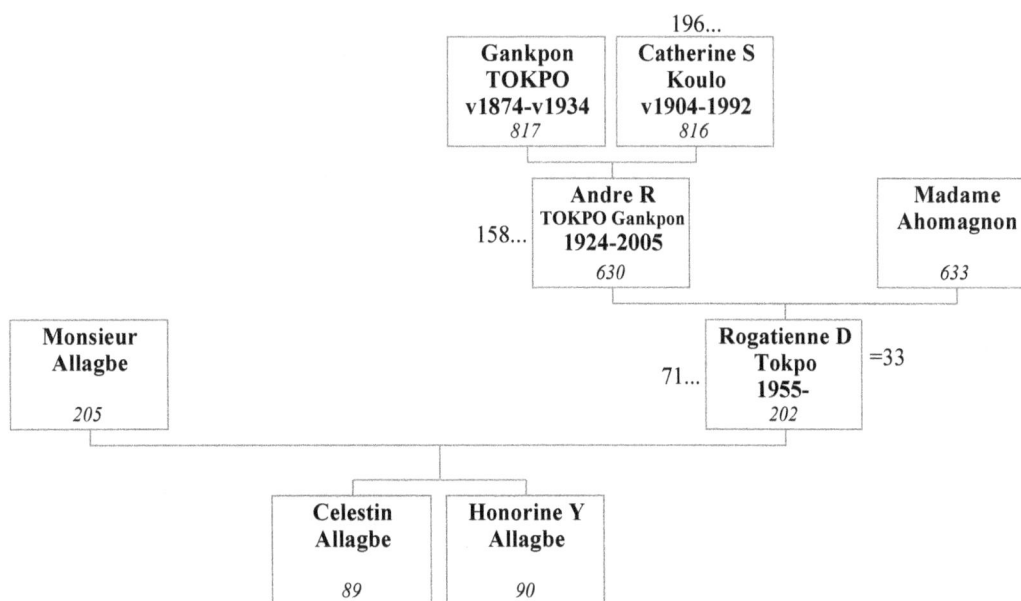

196...

Gankpon TOKPO v1874-v1934
817

Catherine S Koulo v1904-1992
816

Andre R TOKPO Gankpon 1924-2005
630

158...

Madame Ahomagnon
633

Monsieur Allagbe
205

Rogatienne D Tokpo 1955-
202

71...

=33

Celestin Allagbe
89

Honorine Y Allagbe
90

Page 109

35. Eric Lionel Tokpo et Delphine Amouzou

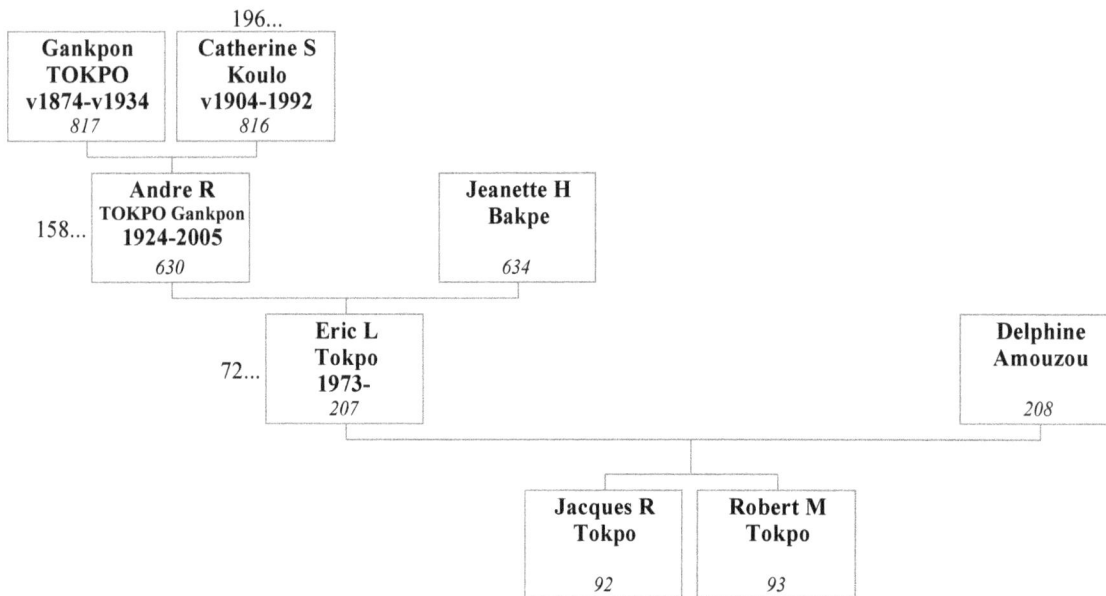

196...

| Gankpon TOKPO v1874-v1934 *817* | Catherine S Koulo v1904-1992 *816* |

158...

| Andre R TOKPO Gankpon 1924-2005 *630* | Jeanette H Bakpe *634* |

72...

| Eric L Tokpo 1973- *207* | Delphine Amouzou *208* |

| Jacques R Tokpo *92* | Robert M Tokpo *93* |

36. Gaston Houndanon et Laure Andrea Ya-Alatche Tokpo

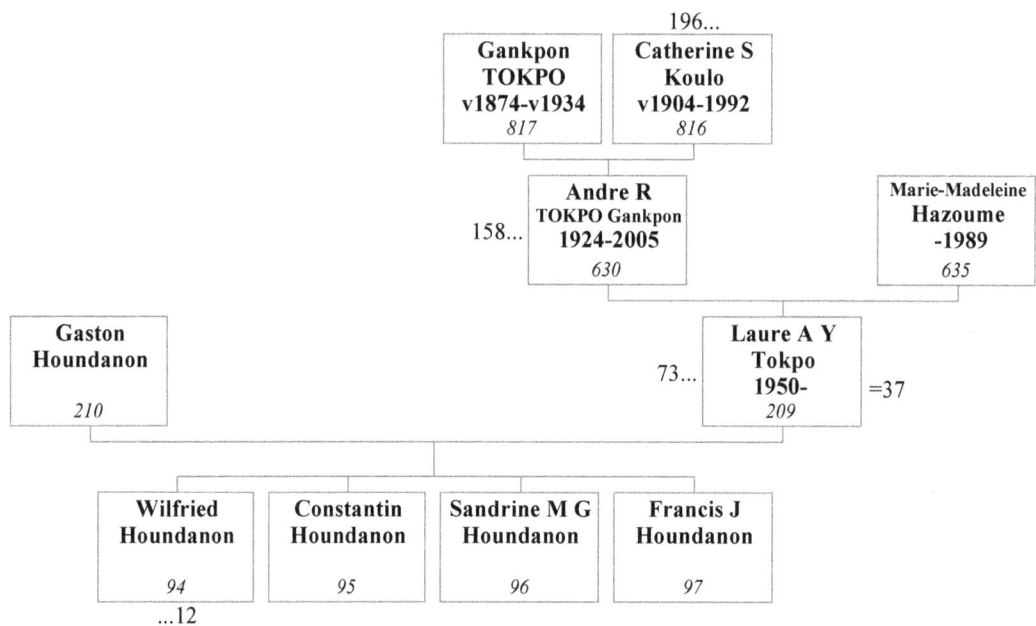

196...

| Gankpon TOKPO v1874-v1934 *817* | Catherine S Koulo v1904-1992 *816* |

158...

| Andre R TOKPO Gankpon 1924-2005 *630* | Marie-Madeleine Hazoume -1989 *635* |

| Gaston Houndanon *210* | Laure A Y Tokpo 1950- *209* | =37

73...

| Wilfried Houndanon *94* | Constantin Houndanon *95* | Sandrine M G Houndanon *96* | Francis J Houndanon *97* |

...12

37. Yaovi Bonifacio Edoh et Laure Andrea Ya-Alatche Tokpo

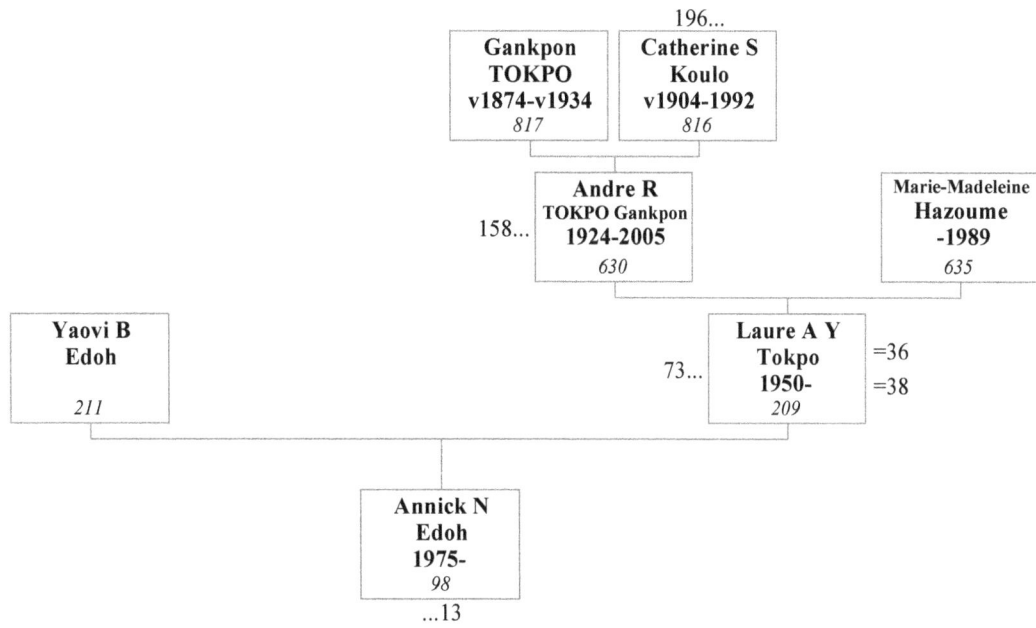

196...

Gankpon TOKPO v1874-v1934 817	Catherine S Koulo v1904-1992 816

Andre R
TOKPO Gankpon
1924-2005
630

158...

Marie-Madeleine
Hazoume
-1989
635

Yaovi B
Edoh
211

Laure A Y
Tokpo
1950-
209

73...

=36
=38

Annick N
Edoh
1975-
98

...13

38. Jules Abobo et Laure Andrea Ya-Alatche Tokpo

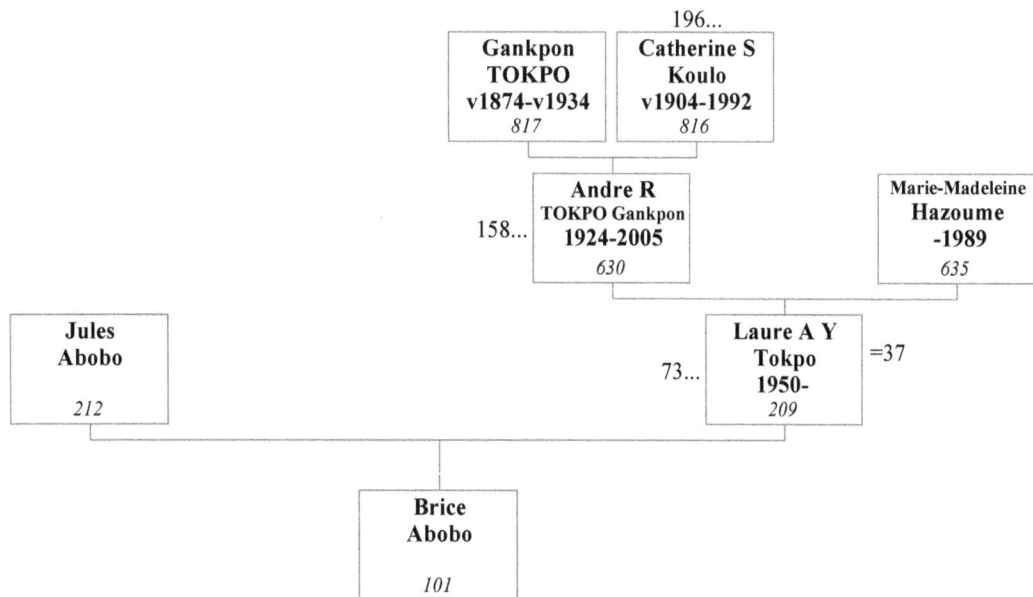

196...

Gankpon TOKPO v1874-v1934 817	Catherine S Koulo v1904-1992 816

Andre R
TOKPO Gankpon
1924-2005
630

158...

Marie-Madeleine
Hazoume
-1989
635

Jules
Abobo
212

Laure A Y
Tokpo
1950-
209

73...

=37

Brice
Abobo

101

39. Monsieur Pazou et Lydie Olga Tokpo

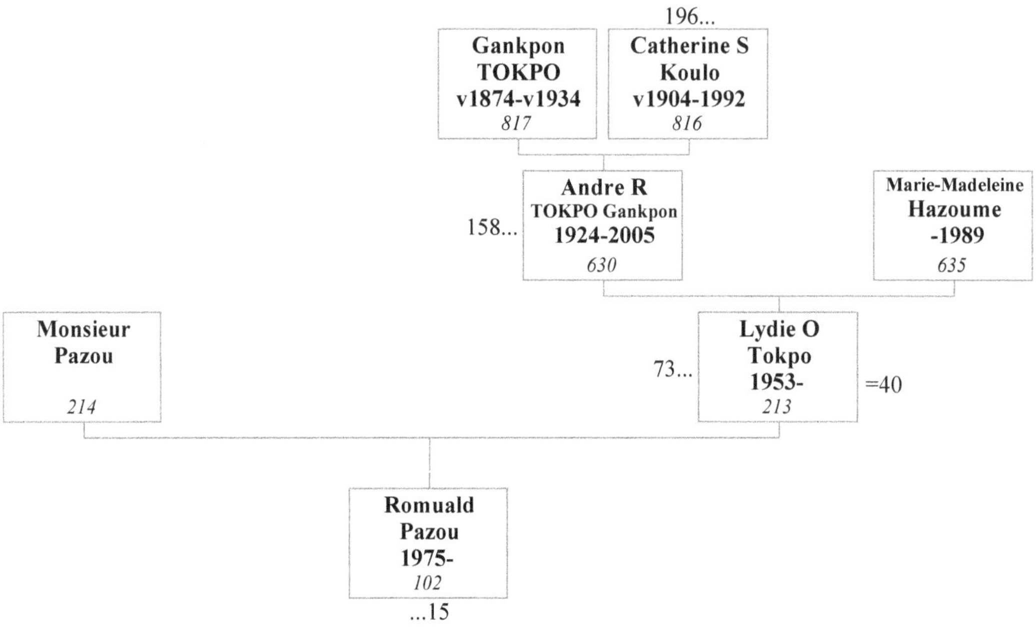

196...

| Gankpon TOKPO v1874-v1934 *817* | Catherine S Koulo v1904-1992 *816* |

Andre R
TOKPO Gankpon
1924-2005
630

158...

Marie-Madeleine
Hazoume
-1989
635

Monsieur
Pazou
214

Lydie O
Tokpo
1953-
213

73...

=40

Romuald
Pazou
1975-
102

...15

40. Raphael Kakpo et Lydie Olga Tokpo

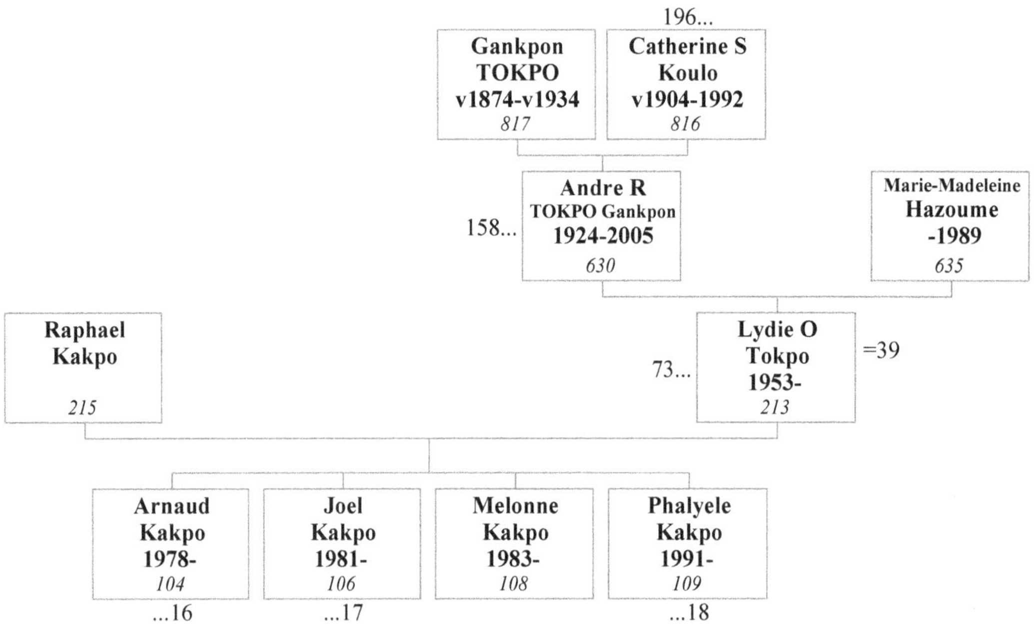

196...

| Gankpon TOKPO v1874-v1934 *817* | Catherine S Koulo v1904-1992 *816* |

Andre R
TOKPO Gankpon
1924-2005
630

158...

Marie-Madeleine
Hazoume
-1989
635

Raphael
Kakpo
215

Lydie O
Tokpo
1953-
213

73...

=39

| Arnaud Kakpo 1978- *104* | Joel Kakpo 1981- *106* | Melonne Kakpo 1983- *108* | Phalyele Kakpo 1991- *109* |

...16   ...17   ...18

41. Alain Cyrille Tokpo et Francine Bretin

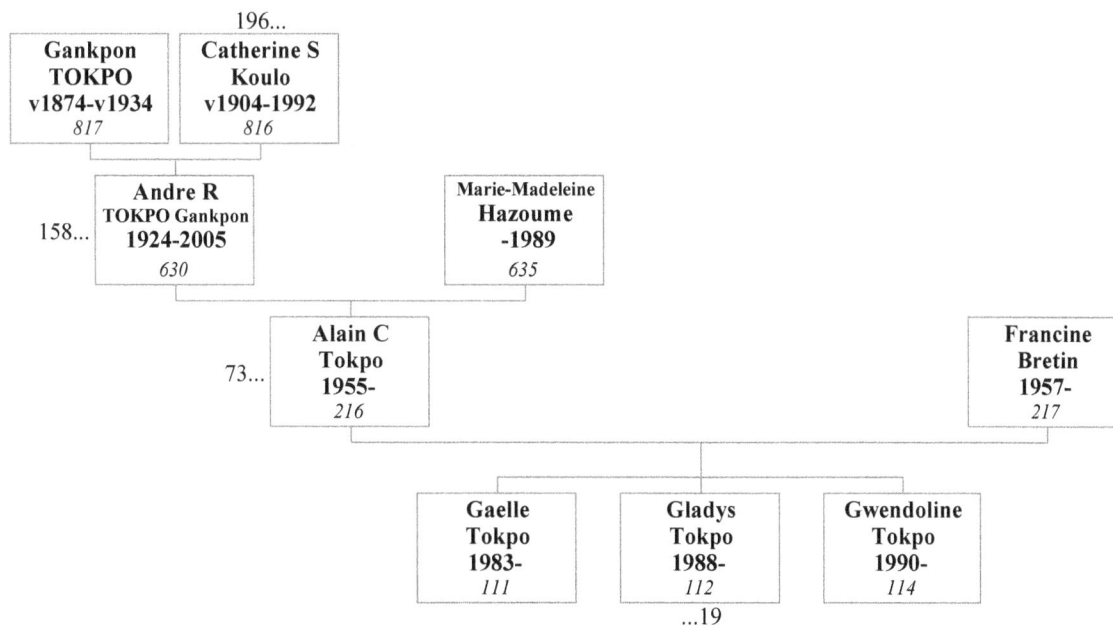

196...

Gankpon TOKPO v1874-v1934 *817*	Catherine S Koulo v1904-1992 *816*

158...

Andre R TOKPO Gankpon 1924-2005 *630*	Marie-Madeleine Hazoume -1989 *635*

73...

Alain C Tokpo 1955- *216*	Francine Bretin 1957- *217*

Gaelle Tokpo 1983- *111*	Gladys Tokpo 1988- *112*	Gwendoline Tokpo 1990- *114*

...19

42. Cletus Tokpo et Lydie Hodonou

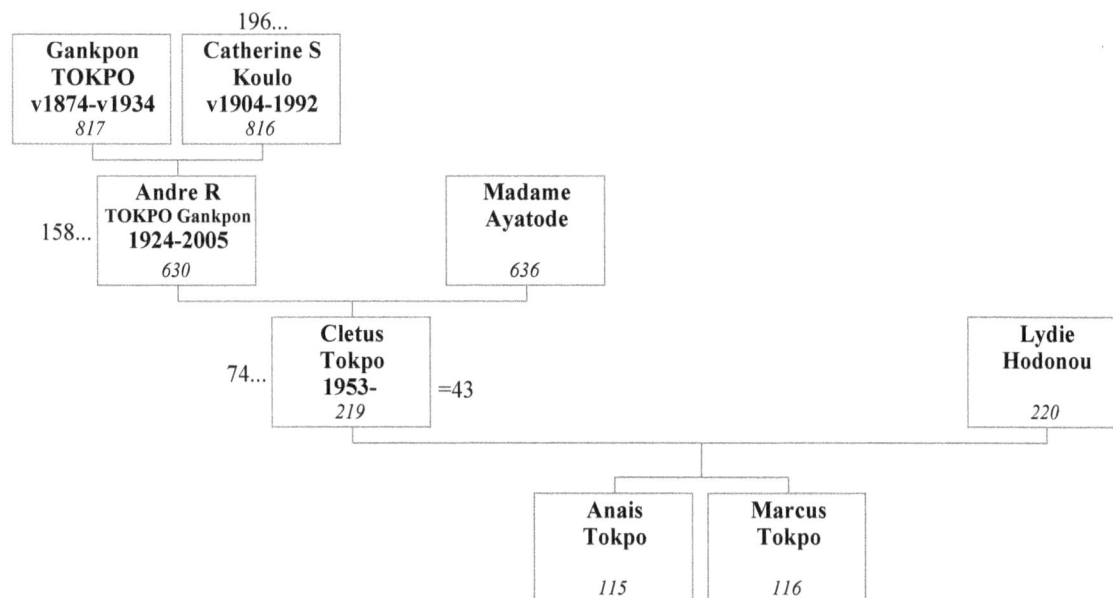

196...

Gankpon TOKPO v1874-v1934 *817*	Catherine S Koulo v1904-1992 *816*

158...

Andre R TOKPO Gankpon 1924-2005 *630*	Madame Ayatode *636*

74...

Cletus Tokpo 1953- *219*	=43	Lydie Hodonou *220*

Anais Tokpo *115*	Marcus Tokpo *116*

43. Cletus Tokpo et Christiane L'Asiatique

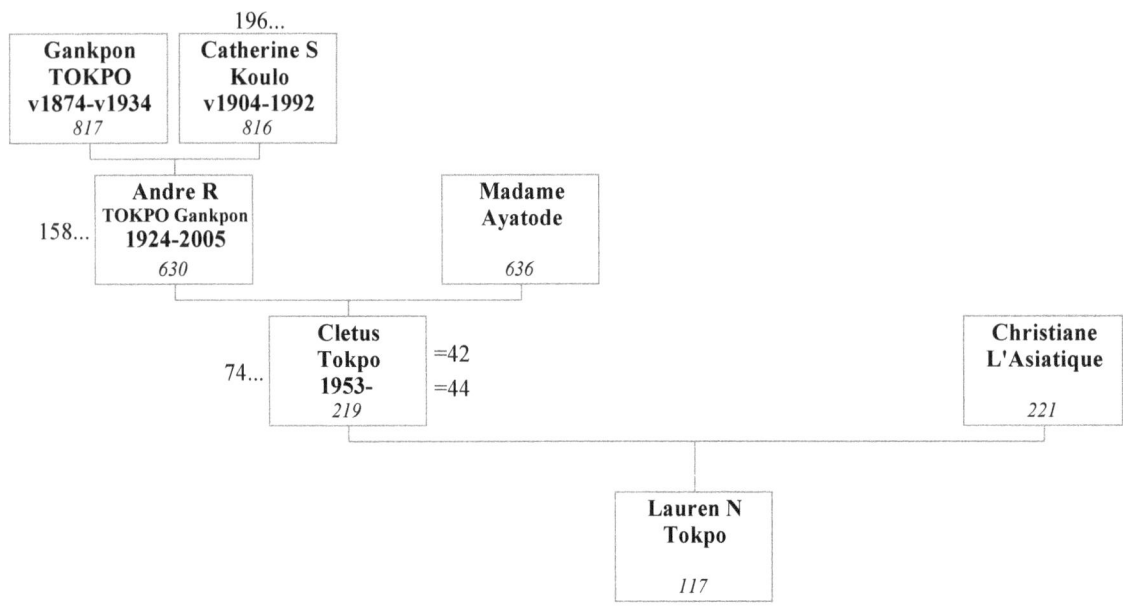

196...

Gankpon TOKPO v1874-v1934 *817*	Catherine S Koulo v1904-1992 *816*

158...

Andre R TOKPO Gankpon 1924-2005 *630*	Madame Ayatode *636*

74...

Cletus Tokpo 1953- *219*	=42 =44

Christiane L'Asiatique *221*

Lauren N Tokpo *117*

44. Cletus Tokpo et Farida Addala

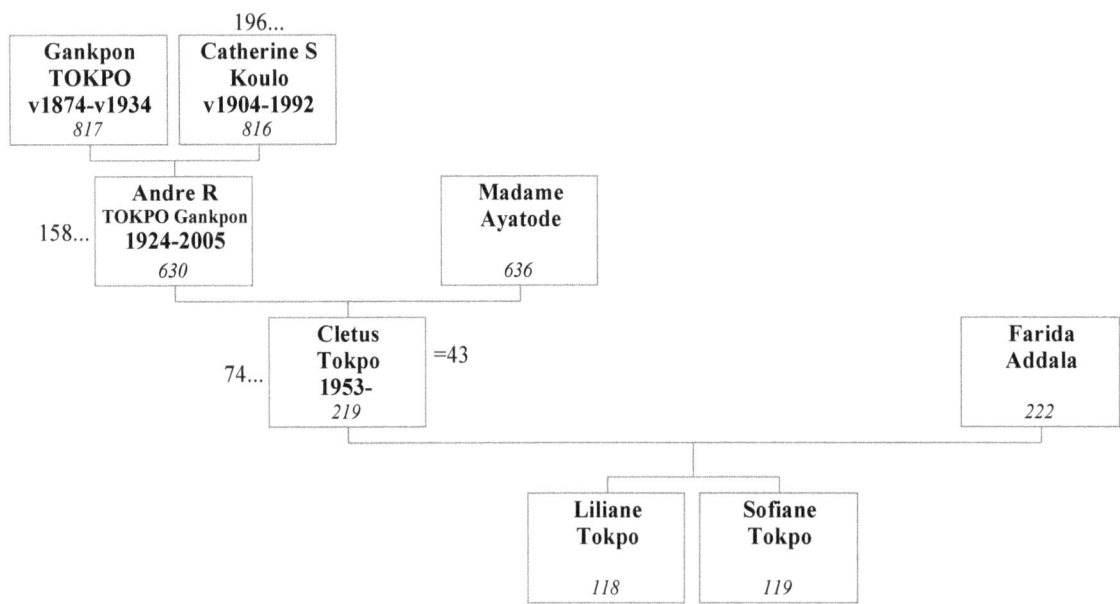

196...

Gankpon TOKPO v1874-v1934 *817*	Catherine S Koulo v1904-1992 *816*

158...

Andre R TOKPO Gankpon 1924-2005 *630*	Madame Ayatode *636*

74...

Cletus Tokpo 1953- *219*	=43

Farida Addala *222*

Liliane Tokpo *118*	Sofiane Tokpo *119*

45. Placide Codjo et Isabelle Irma Tokpo

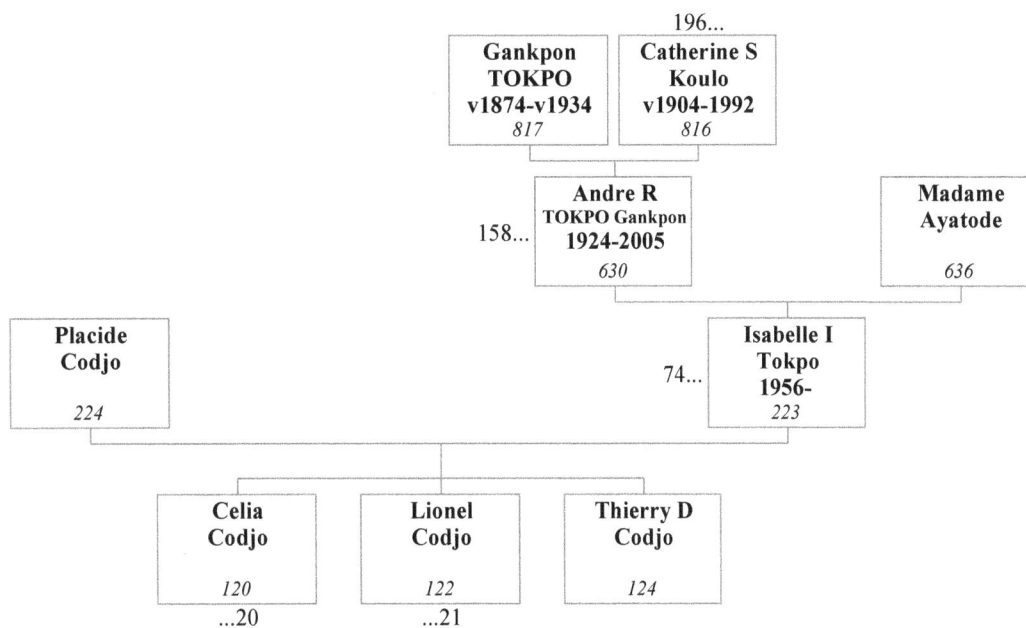

196...

| Gankpon TOKPO v1874-v1934 *817* | Catherine S Koulo v1904-1992 *816* |

Andre R
TOKPO Gankpon
1924-2005
630

158...

| Madame Ayatode *636* |

Placide Codjo
224

Isabelle I Tokpo 1956-
223

74...

| Celia Codjo *120* | Lionel Codjo *122* | Thierry D Codjo *124* |

...20   ...21

46. Djibril Soulemane et Roselyne Nonwegnisse Tokpo

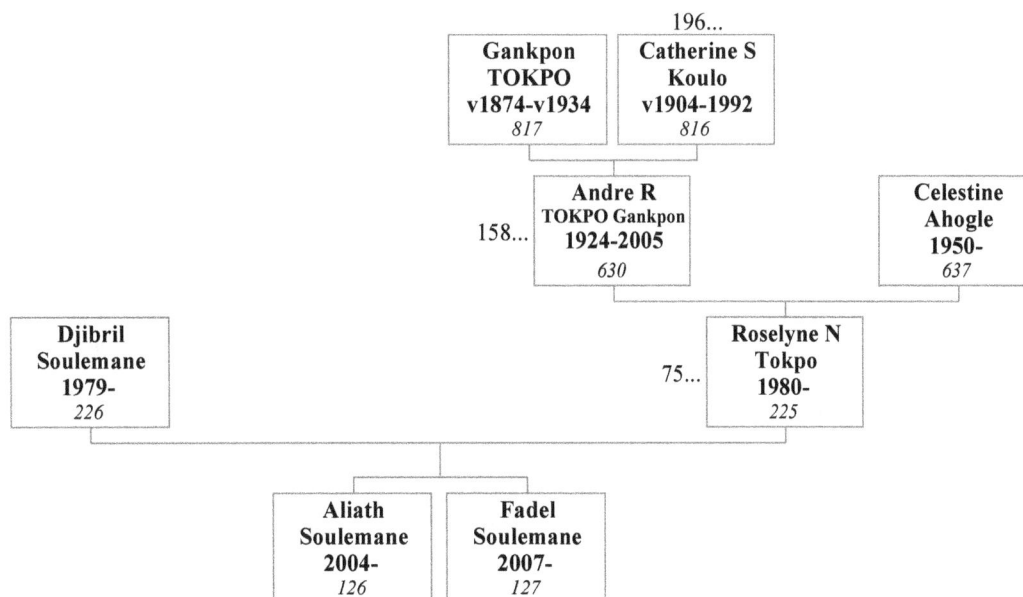

196...

| Gankpon TOKPO v1874-v1934 *817* | Catherine S Koulo v1904-1992 *816* |

Andre R
TOKPO Gankpon
1924-2005
630

158...

| Celestine Ahogle 1950- *637* |

Djibril Soulemane 1979-
226

Roselyne N Tokpo 1980-
225

75...

| Aliath Soulemane 2004- *126* | Fadel Soulemane 2007- *127* |

47. Emannuel Rene Martin Ewagnignon et Francine Houindomabou Tokpo

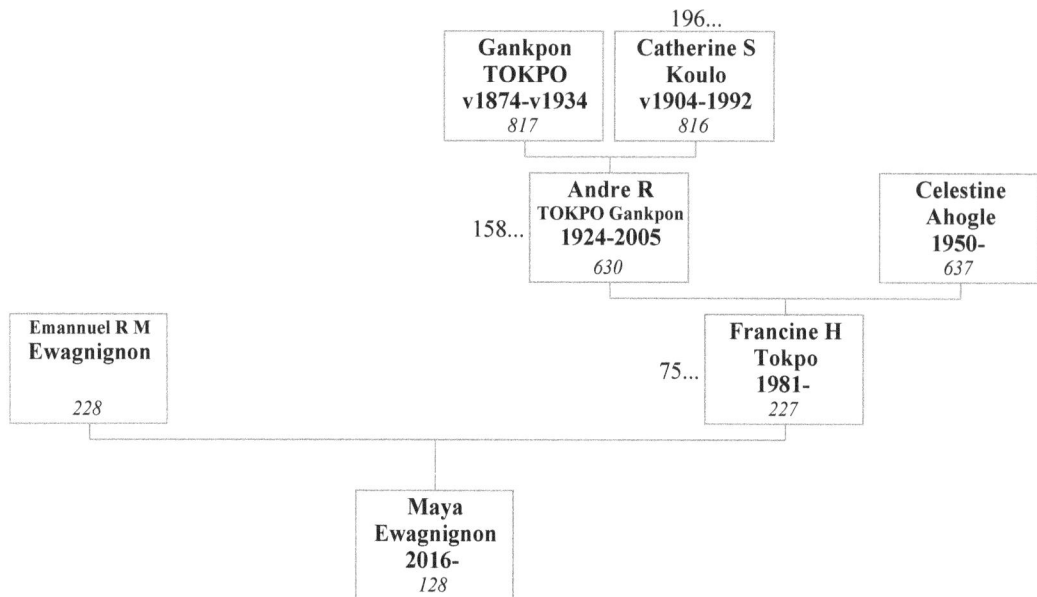

196...

| Gankpon TOKPO v1874-v1934 *817* | Catherine S Koulo v1904-1992 *816* |

| Andre R TOKPO Gankpon 1924-2005 *630* | Celestine Ahogle 1950- *637* |

158...

| Emannuel R M Ewagnignon *228* | Francine H Tokpo 1981- *227* |

75...

| Maya Ewagnignon 2016- *128* |

48. Stanislas Azandegbe Tokpo et Francoise Alokpe

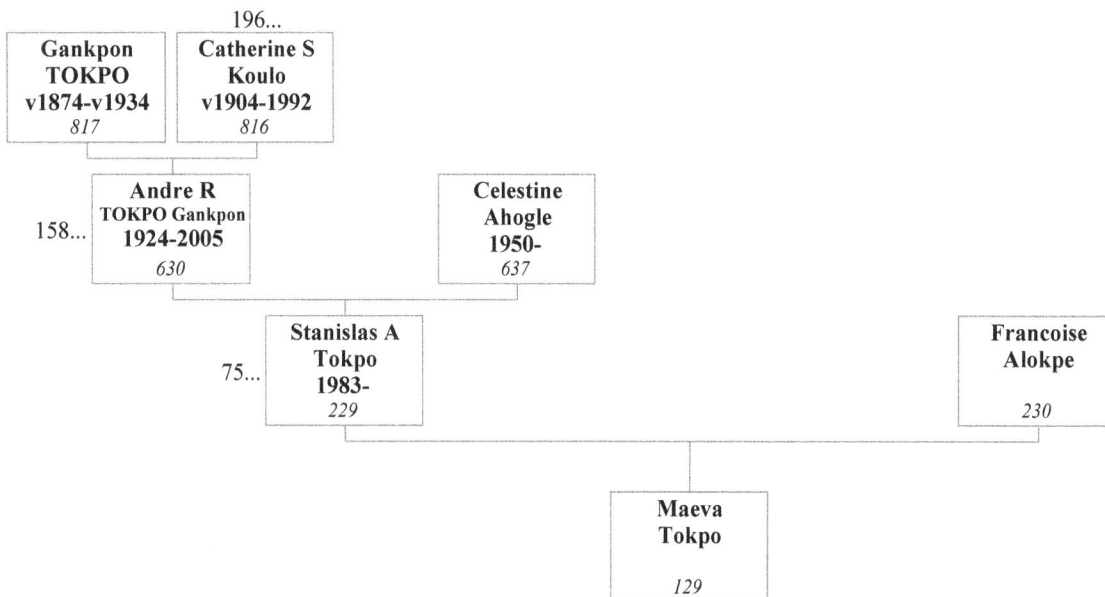

196...

| Gankpon TOKPO v1874-v1934 *817* | Catherine S Koulo v1904-1992 *816* |

| Andre R TOKPO Gankpon 1924-2005 *630* | Celestine Ahogle 1950- *637* |

158...

| Stanislas A Tokpo 1983- *229* | Francoise Alokpe *230* |

75...

| Maeva Tokpo *129* |

49. Crysanthe Kpela et Peguy Estelle Tokpo

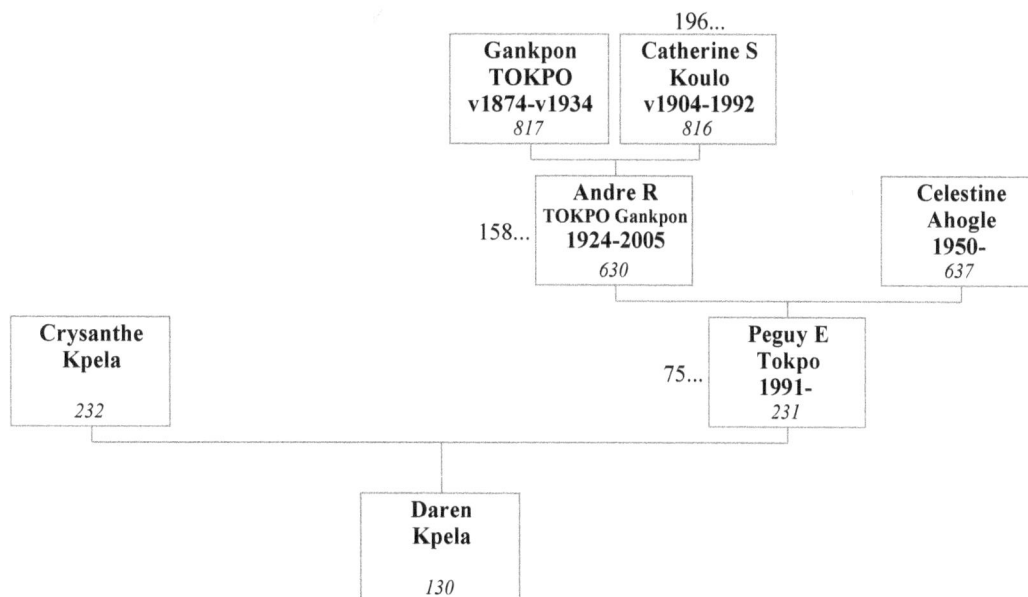

196...

| Gankpon TOKPO v1874-v1934 *817* | Catherine S Koulo v1904-1992 *816* |

158...

| Andre R TOKPO Gankpon 1924-2005 *630* |

| Celestine Ahogle 1950- *637* |

| Crysanthe Kpela *232* |

75...

| Peguy E Tokpo 1991- *231* |

| Daren Kpela *130* |

50. Yves Tony Tokpo et 3rd Wife Tony Tokpo

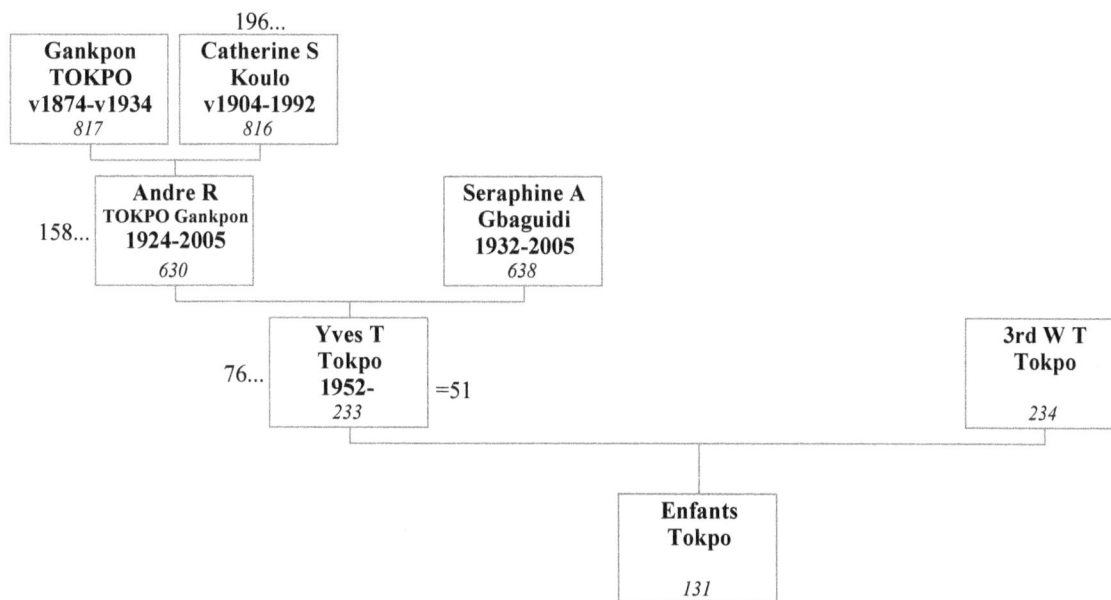

196...

| Gankpon TOKPO v1874-v1934 *817* | Catherine S Koulo v1904-1992 *816* |

158...

| Andre R TOKPO Gankpon 1924-2005 *630* |

| Seraphine A Gbaguidi 1932-2005 *638* |

76...

| Yves T Tokpo 1952- *233* | =51 |

| 3rd W T Tokpo *234* |

| Enfants Tokpo *131* |

51. Yves Tony Tokpo et Pierrette Sihou

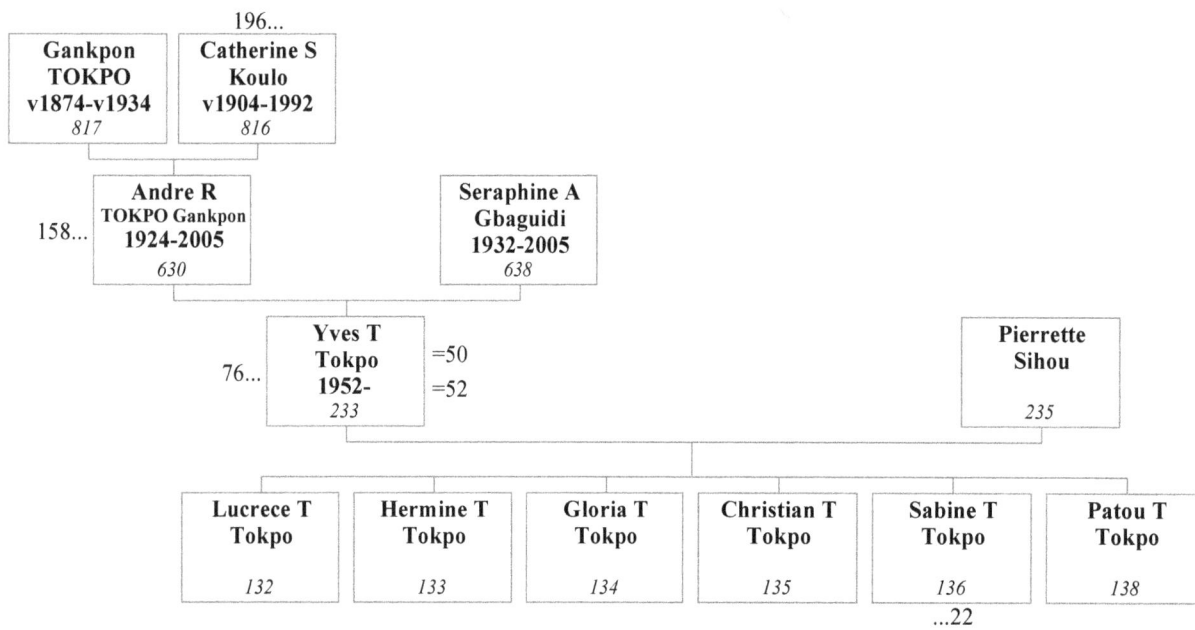

```
196...
```

Gankpon TOKPO v1874-v1934 *817*

Catherine S Koulo v1904-1992 *816*

158...

Andre R TOKPO Gankpon **1924-2005** *630*

Seraphine A Gbaguidi 1932-2005 *638*

76...

Yves T Tokpo 1952- *233*

=50
=52

Pierrette Sihou *235*

| **Lucrece T Tokpo** *132* | **Hermine T Tokpo** *133* | **Gloria T Tokpo** *134* | **Christian T Tokpo** *135* | **Sabine T Tokpo** *136* | **Patou T Tokpo** *138* |

...22

52. Yves Tony Tokpo et Pierrette Sossou

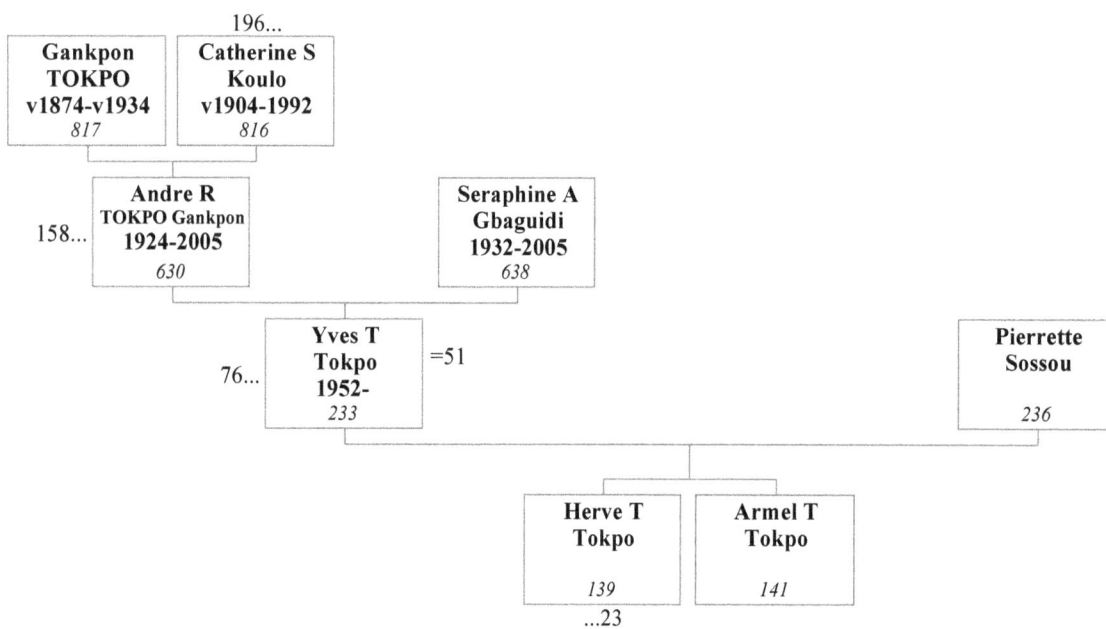

```
196...
```

Gankpon TOKPO v1874-v1934 *817*

Catherine S Koulo v1904-1992 *816*

158...

Andre R TOKPO Gankpon **1924-2005** *630*

Seraphine A Gbaguidi 1932-2005 *638*

76...

Yves T Tokpo 1952- *233*

=51

Pierrette Sossou *236*

| **Herve T Tokpo** *139* | **Armel T Tokpo** *141* |

...23

53. Claude Amoussou et Solange Petronille Tokpo

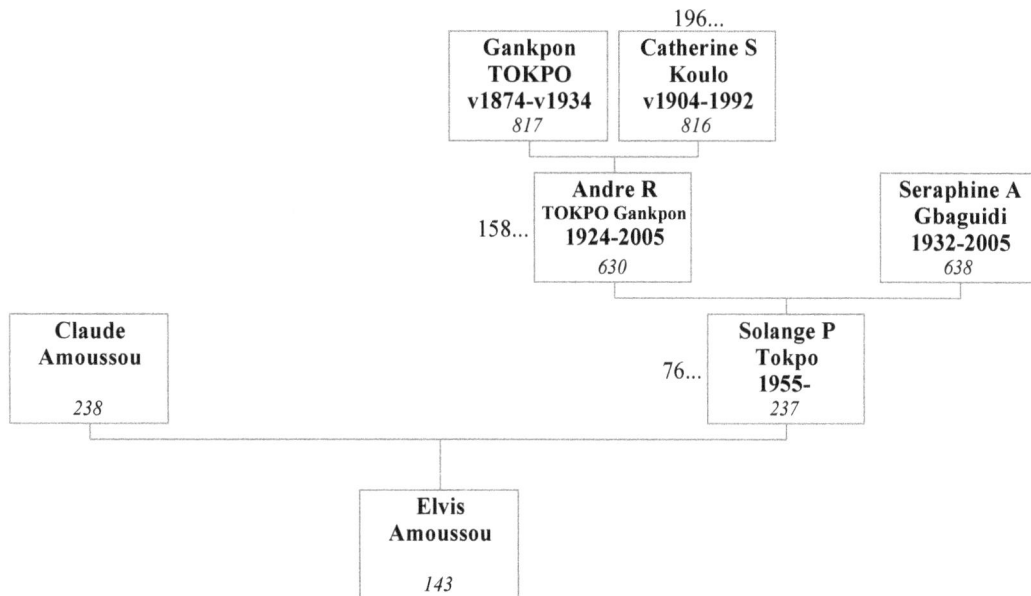

196...

Gankpon TOKPO v1874-v1934 *817*	Catherine S Koulo v1904-1992 *816*

158...

Andre R
TOKPO Gankpon
1924-2005
630

Seraphine A
Gbaguidi
1932-2005
638

Claude
Amoussou
238

76...

Solange P
Tokpo
1955-
237

Elvis
Amoussou
143

54. David Megninou Lokassa Tokpo et Alice Codjovi

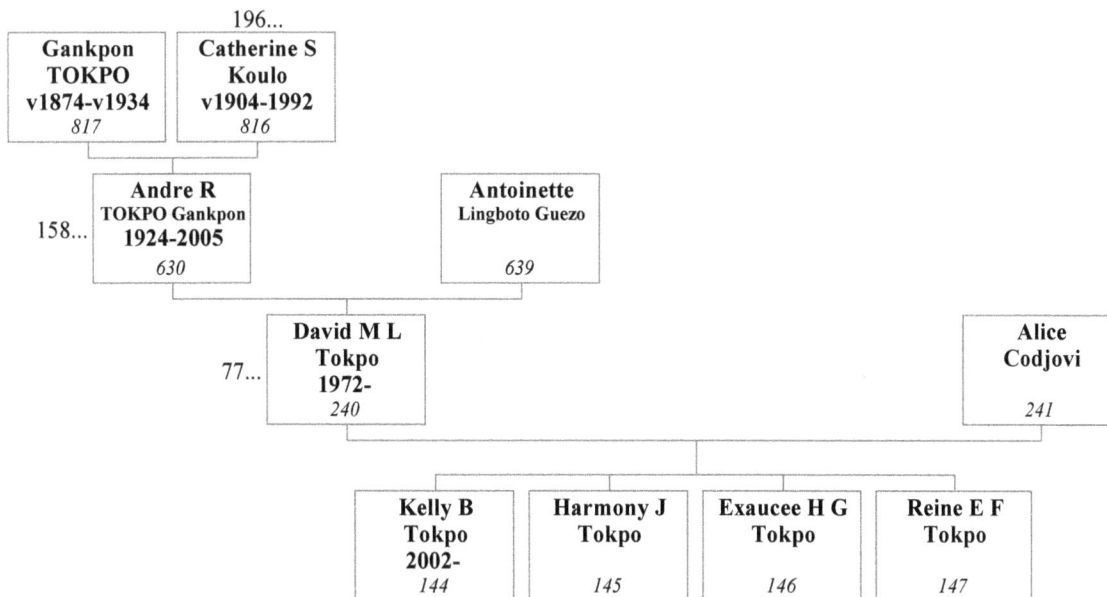

196...

Gankpon TOKPO v1874-v1934 *817*	Catherine S Koulo v1904-1992 *816*

158...

Andre R
TOKPO Gankpon
1924-2005
630

Antoinette
Lingboto Guezo
639

77...

David M L
Tokpo
1972-
240

Alice
Codjovi
241

Kelly B Tokpo **2002-** *144*	Harmony J Tokpo *145*	Exaucee H G Tokpo *146*	Reine E F Tokpo *147*

55. Denise Tokpo

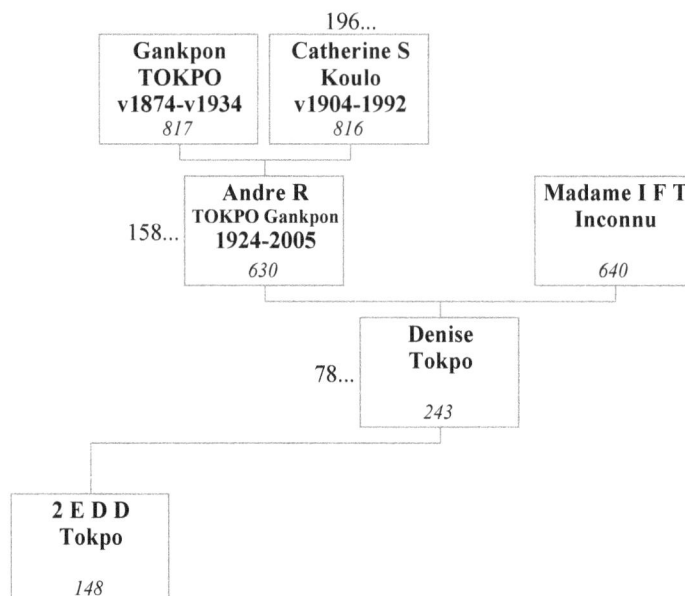

196...

| Gankpon
TOKPO
v1874-v1934
817 | Catherine S
Koulo
v1904-1992
816 |

| Andre R
TOKPO Gankpon
1924-2005
630 | Madame I F T
Inconnu

640 |

158...

Denise
Tokpo
243

78...

2 E D D
Tokpo
148

56. Monsieur Cossou et Ghislaine Henedine Degbe Agoli-Agbo

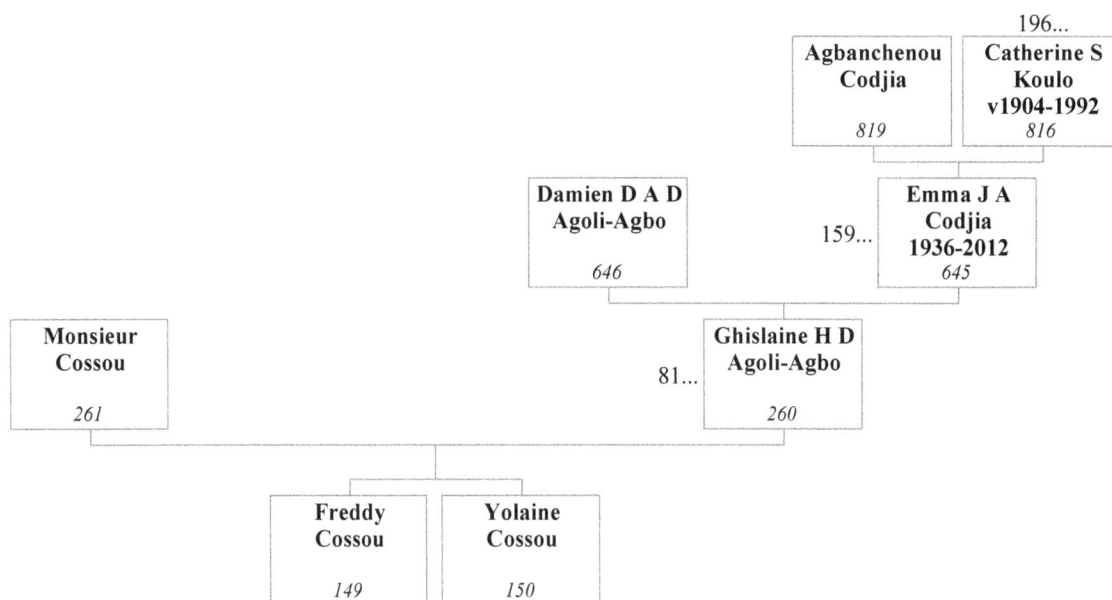

196...

| Agbanchenou
Codjia

819 | Catherine S
Koulo
v1904-1992
816 |

| Damien D A D
Agoli-Agbo

646 | Emma J A
Codjia
1936-2012
645 |

159...

| Monsieur
Cossou

261 | Ghislaine H D
Agoli-Agbo

260 |

81...

| Freddy
Cossou

149 | Yolaine
Cossou

150 |

57. Barnabe Mensah et Eliane Olga Degbe Agoli-Agbo

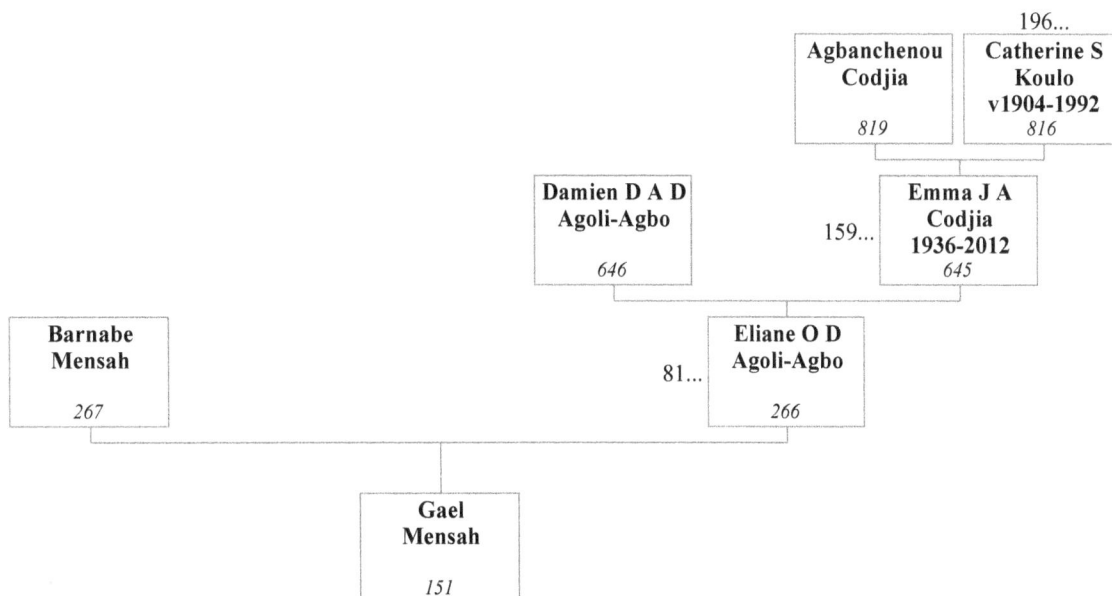

196...

Agbanchenou Codjia	Catherine S Koulo v1904-1992
819	*816*

Damien D A D Agoli-Agbo	159...	Emma J A Codjia 1936-2012
646		*645*

Barnabe Mensah		Eliane O D Agoli-Agbo
267	81...	*266*

Gael Mensah

151

58. Bertin Yahouedehou et Louisette Martine Degbe Agoli-Agbo

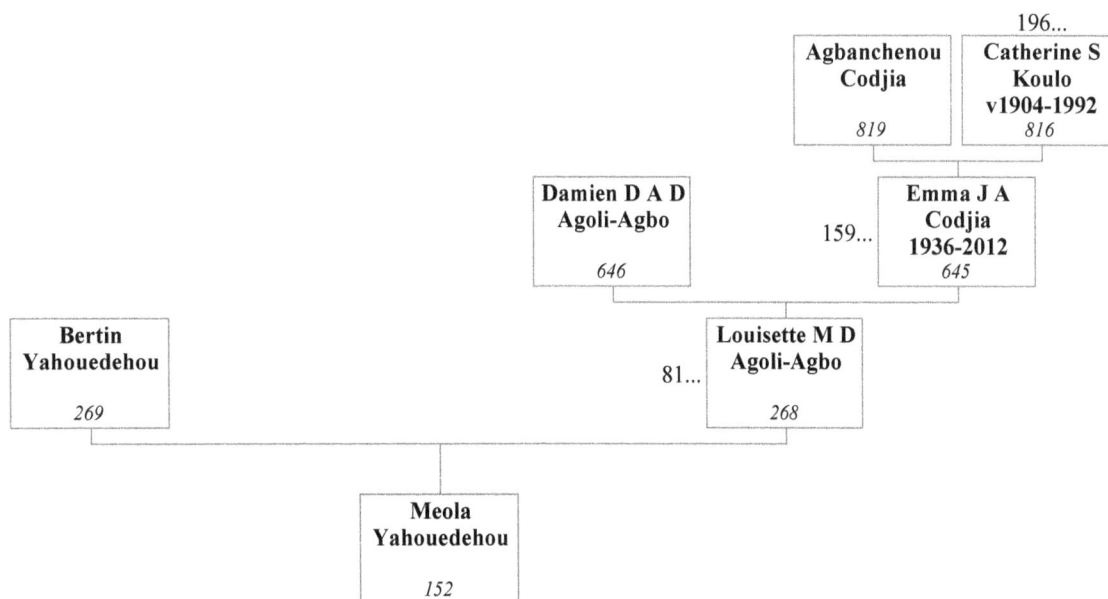

196...

Agbanchenou Codjia	Catherine S Koulo v1904-1992
819	*816*

Damien D A D Agoli-Agbo	159...	Emma J A Codjia 1936-2012
646		*645*

Bertin Yahouedehou		Louisette M D Agoli-Agbo
269	81...	*268*

Meola Yahouedehou

152

59. Casimir Adatin et Imelda C. Nan Agbokpanou Agoli-Agbo Degbe

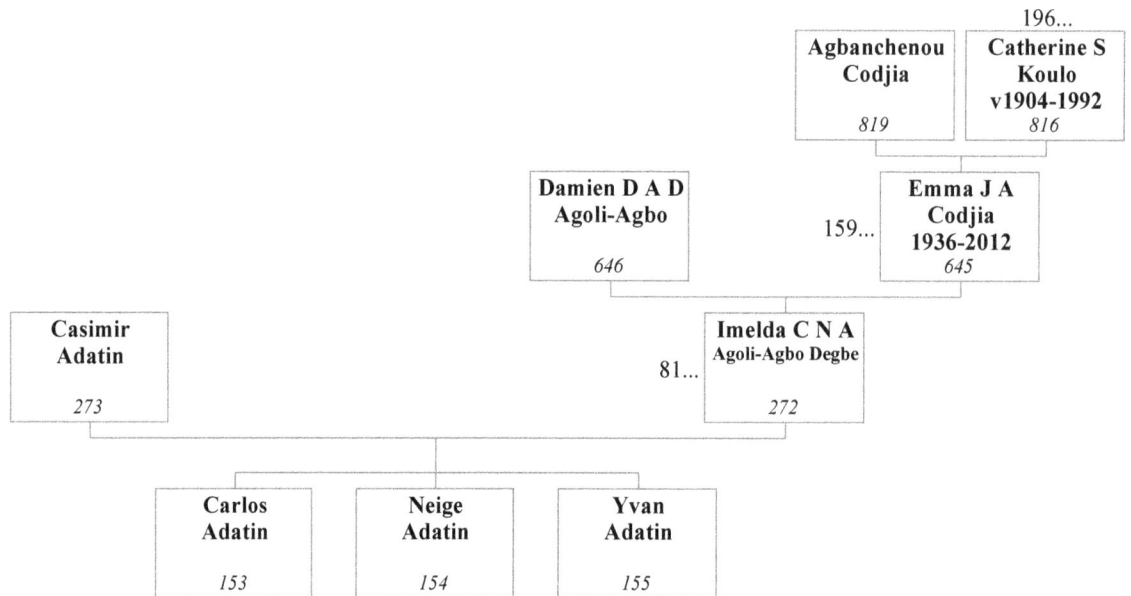

196...

Agbanchenou Codjia
819

Catherine S Koulo
v1904-1992
816

Damien D A D Agoli-Agbo
646

159...

Emma J A Codjia
1936-2012
645

Casimir Adatin
273

81...

Imelda C N A
Agoli-Agbo Degbe
272

Carlos Adatin
153

Neige Adatin
154

Yvan Adatin
155

60. Monsieur Gbaguidi et Louise Koulo

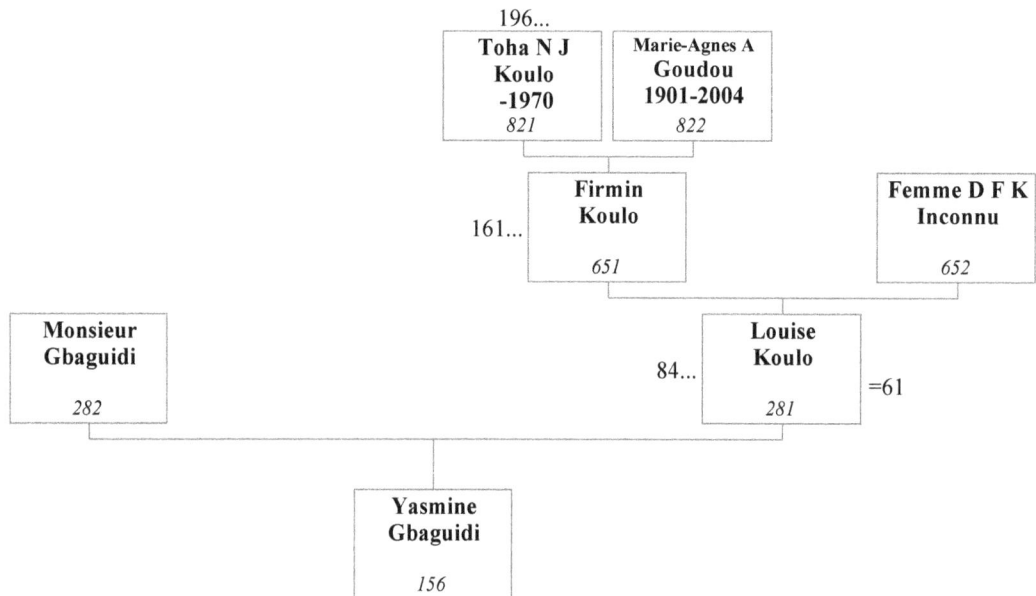

196...

Toha N J Koulo
-1970
821

Marie-Agnes A Goudou
1901-2004
822

161...

Firmin Koulo
651

Femme D F K Inconnu
652

Monsieur Gbaguidi
282

84...

Louise Koulo
281

=61

Yasmine Gbaguidi
156

61. Mbai Tebe et Louise Koulo

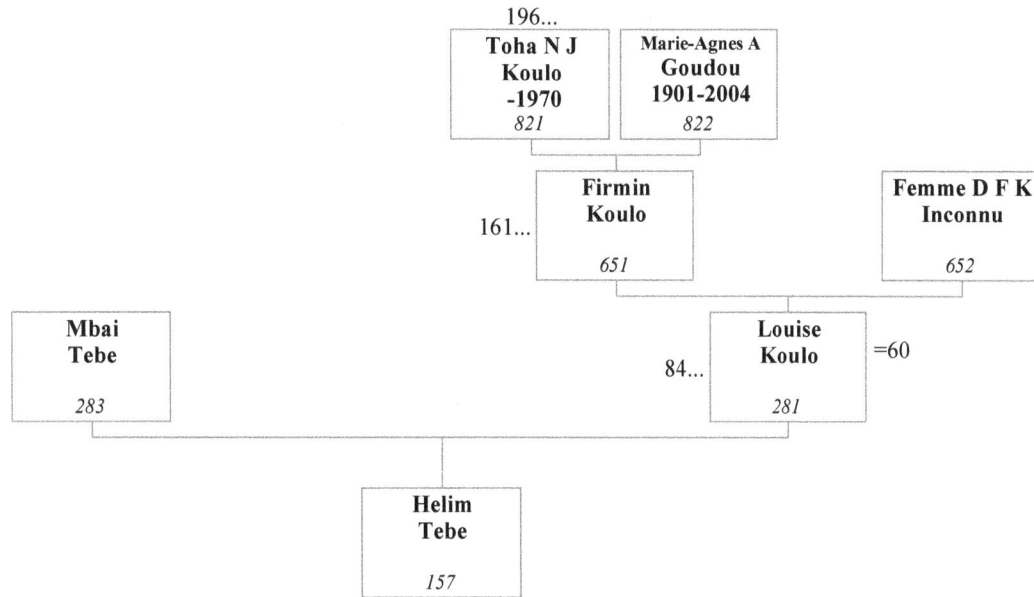

196...

Toha N J Koulo -1970	Marie-Agnes A Goudou 1901-2004
821	*822*

Firmin Koulo
161...
651

Femme D F K Inconnu
652

Mbai Tebe
283

Louise Koulo
84...
281
=60

Helim Tebe
157

62. John Augustin Koulo

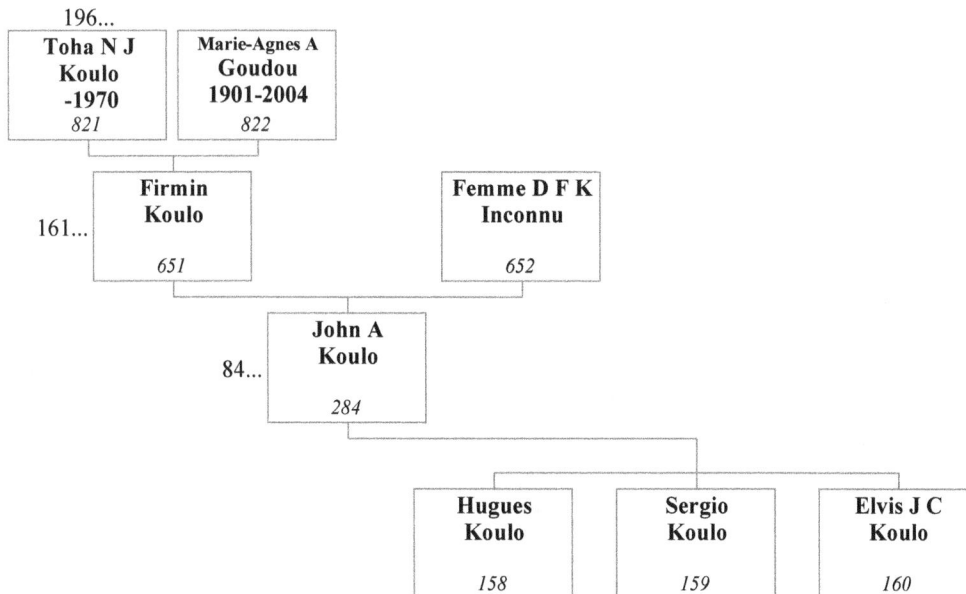

196...

Toha N J Koulo -1970	Marie-Agnes A Goudou 1901-2004
821	*822*

Firmin Koulo
161...
651

Femme D F K Inconnu
652

John A Koulo
84...
284

Hugues Koulo	Sergio Koulo	Elvis J C Koulo
158	*159*	*160*

63. Monsieur Adjanohoun et Eliane Koulo

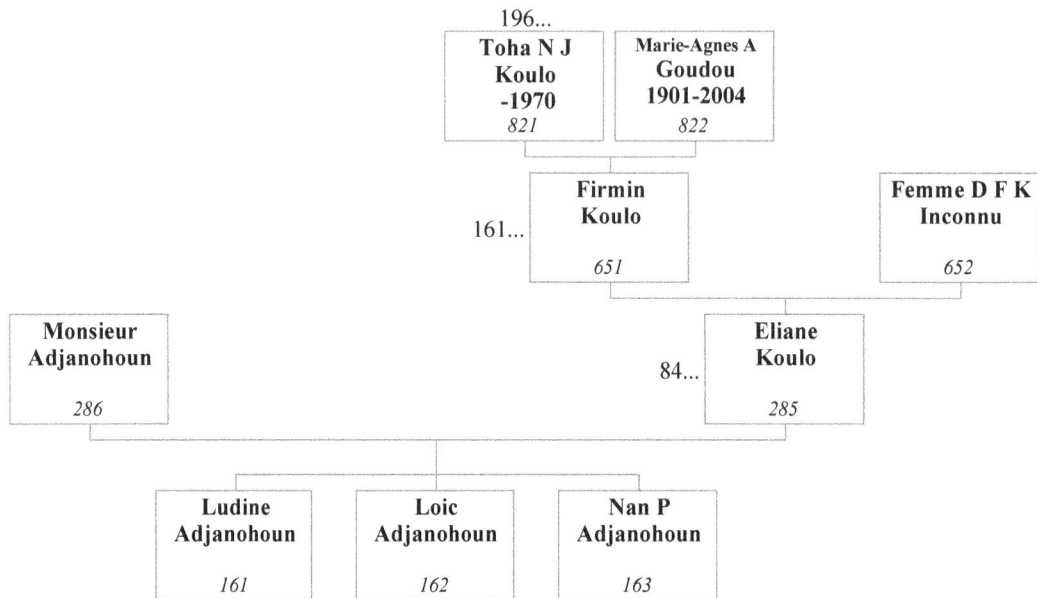

196...

Toha N J Koulo -1970	Marie-Agnes A Goudou 1901-2004
821	*822*

161...

Firmin Koulo	Femme D F K Inconnu
651	*652*

Monsieur Adjanohoun	Eliane Koulo
286	84... *285*

Ludine Adjanohoun	Loic Adjanohoun	Nan P Adjanohoun
161	*162*	*163*

64. Rosette Koulo

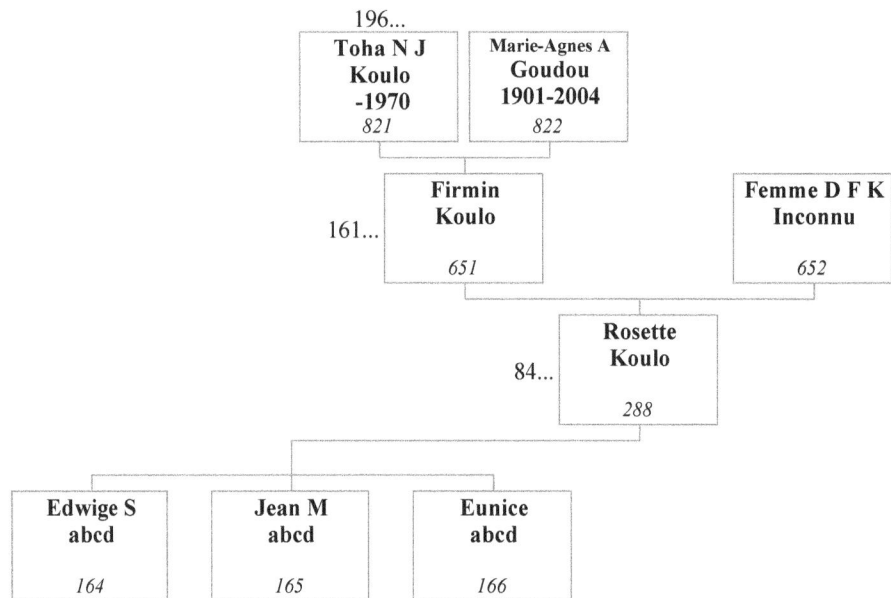

196...

Toha N J Koulo -1970	Marie-Agnes A Goudou 1901-2004
821	*822*

161...

Firmin Koulo	Femme D F K Inconnu
651	*652*

Rosette Koulo
84... *288*

Edwige S abcd	Jean M abcd	Eunice abcd
164	*165*	*166*

65. Edonard Koulo

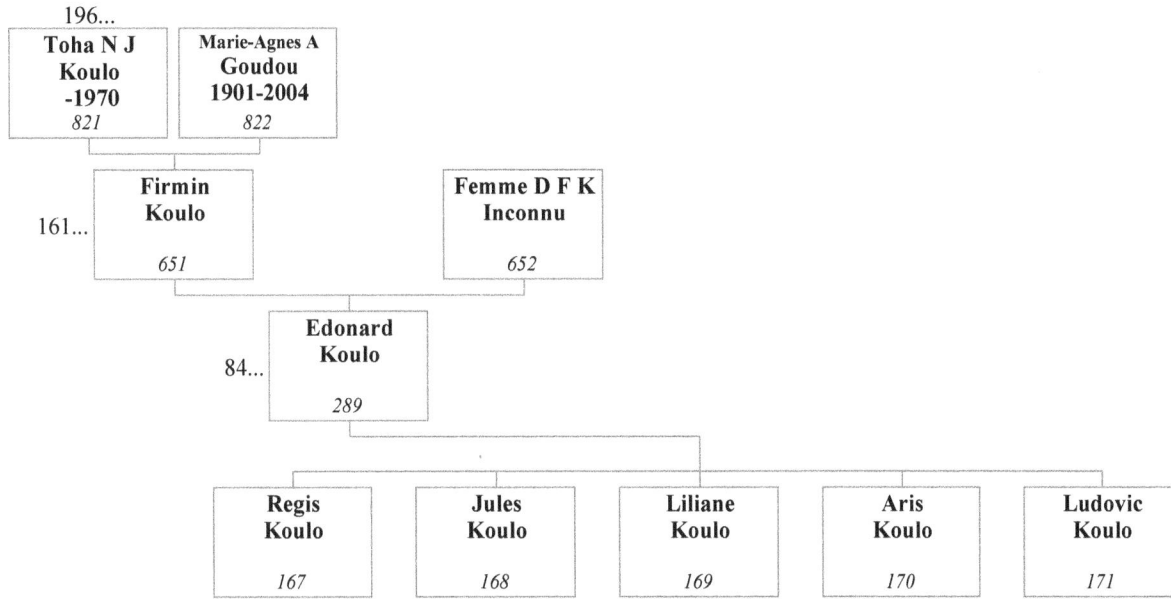

196...

Toha N J Koulo -1970	Marie-Agnes A Goudou 1901-2004
821	*822*

161...

Firmin Koulo	Femme D F K Inconnu
651	*652*

84...

Edonard Koulo

289

Regis Koulo	Jules Koulo	Liliane Koulo	Aris Koulo	Ludovic Koulo
167	*168*	*169*	*170*	*171*

66. Rodrigue Koulo

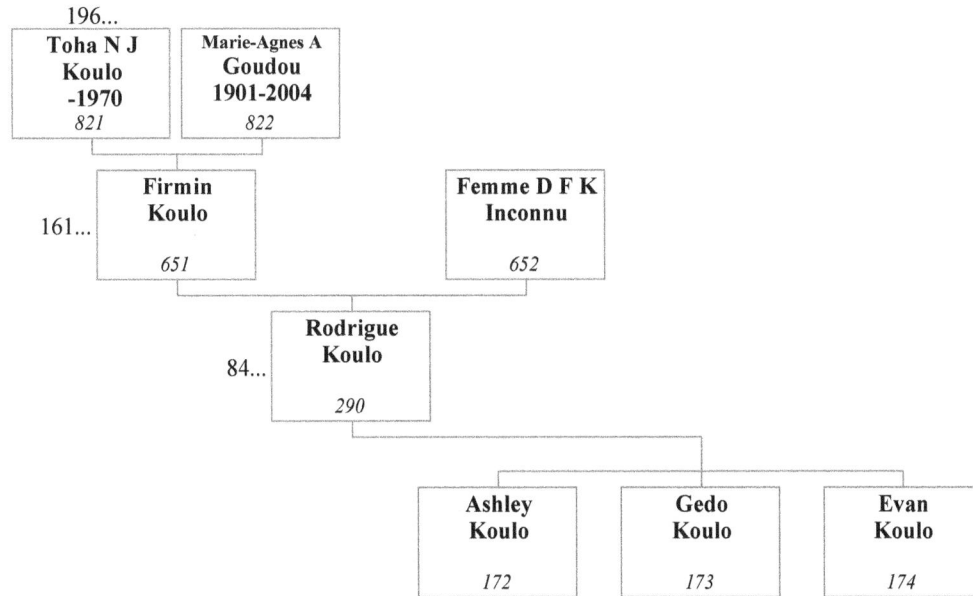

196...

Toha N J Koulo -1970	Marie-Agnes A Goudou 1901-2004
821	*822*

161...

Firmin Koulo	Femme D F K Inconnu
651	*652*

84...

Rodrigue Koulo

290

Ashley Koulo	Gedo Koulo	Evan Koulo
172	*173*	*174*

67. Valerie Sanoussi

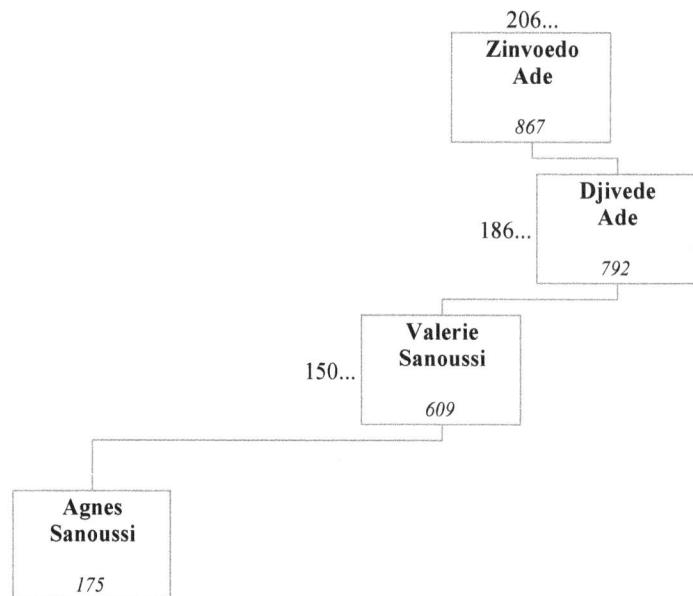

206...
Zinvoedo Ade
867

186...
Djivede Ade
792

150...
Valerie Sanoussi
609

Agnes Sanoussi
175

68. Comlan Gregoire Togbeto et Georgette Mafiokpe

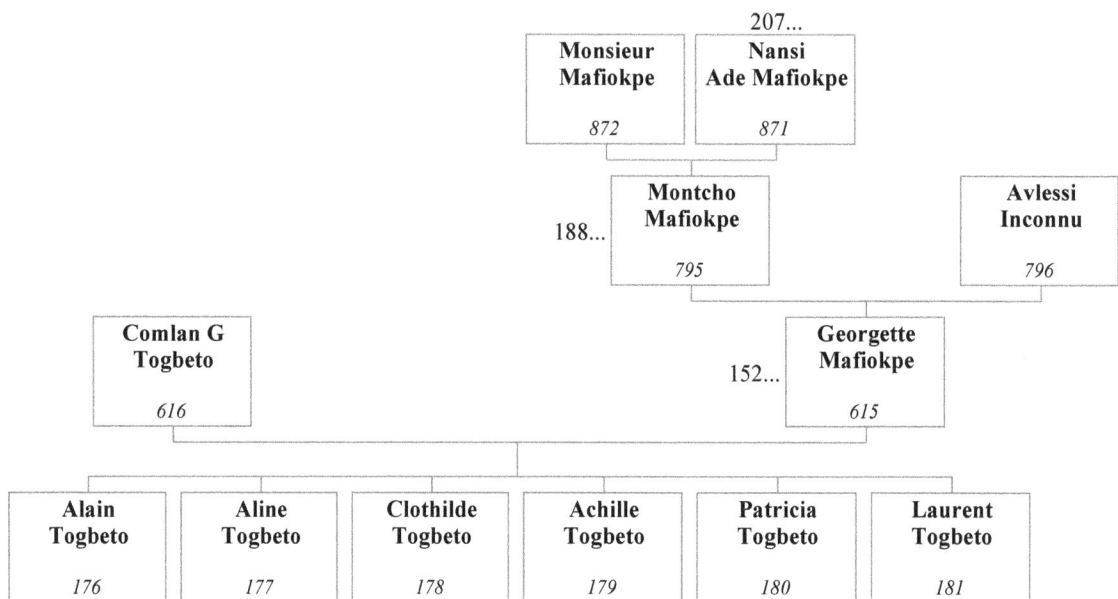

Monsieur Mafiokpe
872

207...
Nansi Ade Mafiokpe
871

188...
Montcho Mafiokpe
795

Avlessi Inconnu
796

Comlan G Togbeto
616

152...
Georgette Mafiokpe
615

Alain Togbeto	Aline Togbeto	Clothilde Togbeto	Achille Togbeto	Patricia Togbeto	Laurent Togbeto
176	*177*	*178*	*179*	*180*	*181*

69. Andre Robert (Salanon Gbediga) TOKPO Gankpon et Marguerite Agassounon

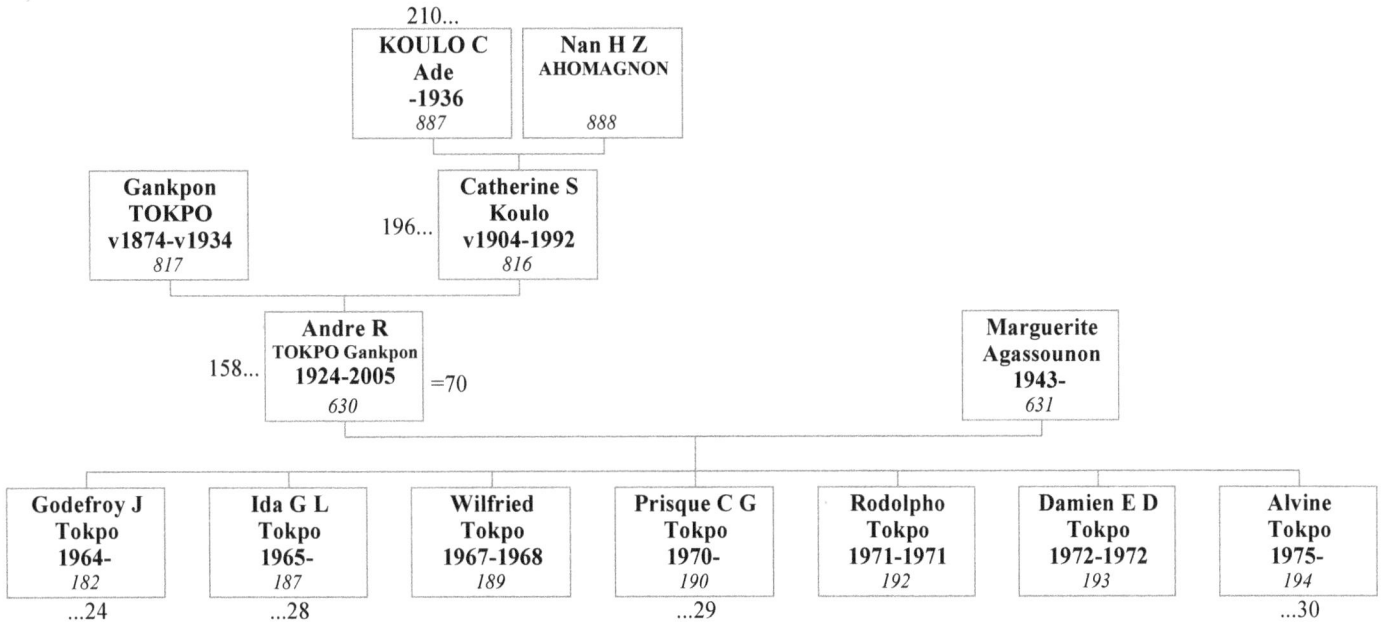

210...

| KOULO C Ade -1936 *887* | Nan H Z AHOMAGNON *888* |

| Gankpon TOKPO v1874-v1934 *817* | 196... | Catherine S Koulo v1904-1992 *816* |

| 158... | Andre R TOKPO Gankpon 1924-2005 *630* =70 | Marguerite Agassounon 1943- *631* |

| Godefroy J Tokpo 1964- *182* ...24 | Ida G L Tokpo 1965- *187* ...28 | Wilfried Tokpo 1967-1968 *189* | Prisque C G Tokpo 1970- *190* ...29 | Rodolpho Tokpo 1971-1971 *192* | Damien E D Tokpo 1972-1972 *193* | Alvine Tokpo 1975- *194* ...30 |

70. Andre Robert (Salanon Gbediga) TOKPO Gankpon et Gangnonde Gouklounon

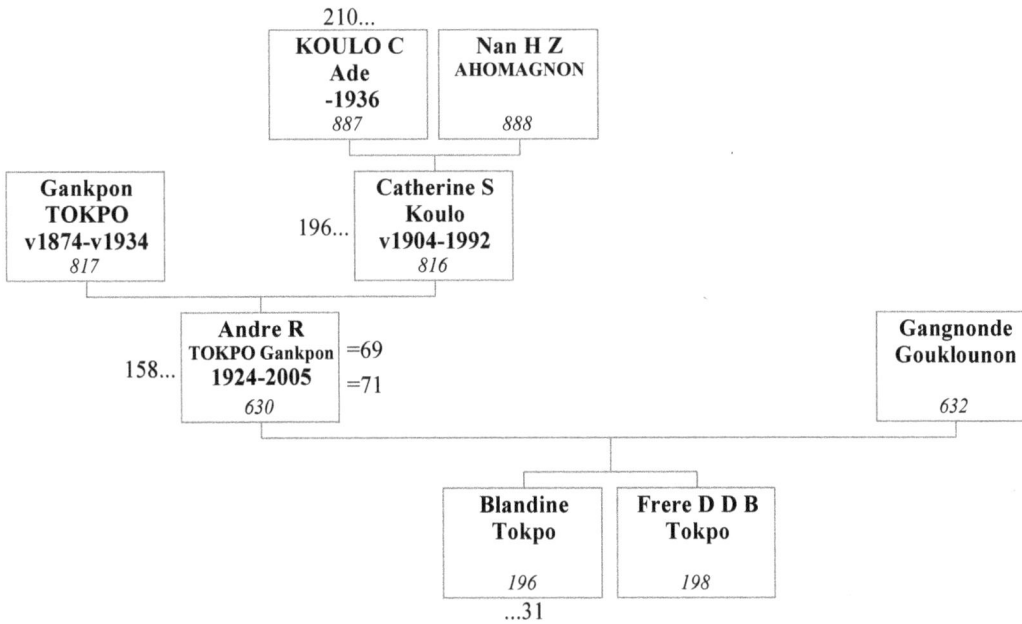

210...

| KOULO C Ade -1936 *887* | Nan H Z AHOMAGNON *888* |

| Gankpon TOKPO v1874-v1934 *817* | 196... | Catherine S Koulo v1904-1992 *816* |

| 158... | Andre R TOKPO Gankpon 1924-2005 *630* =69 =71 | Gangnonde Gouklounon *632* |

| Blandine Tokpo *196* ...31 | Frere D D B Tokpo *198* |

71. Andre Robert (Salanon Gbediga) TOKPO Gankpon et Madame Ahomagnon

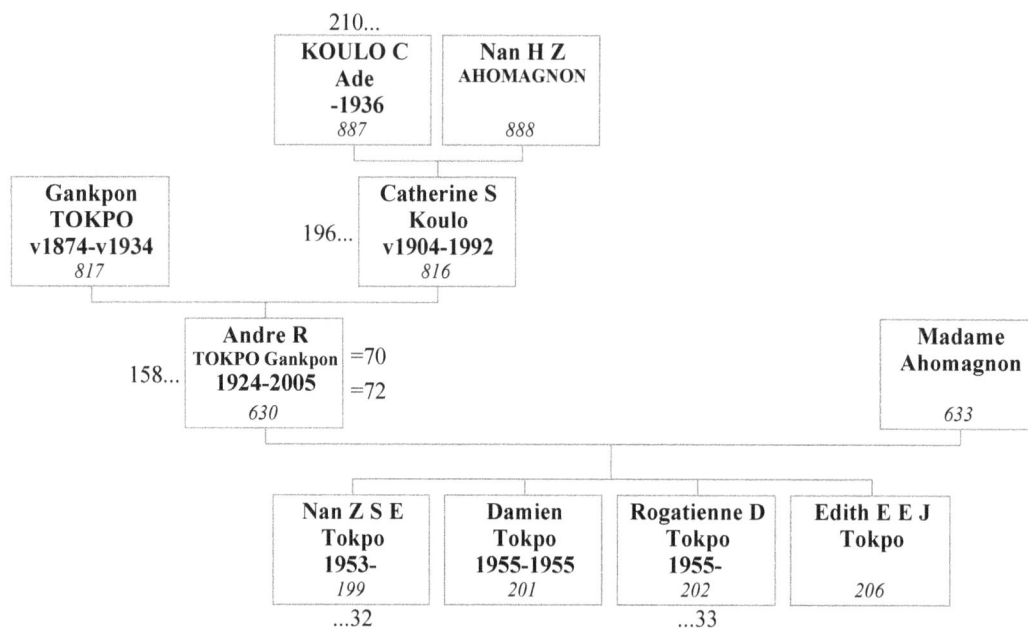

210...

KOULO C Ade -1936 *887*	Nan H Z AHOMAGNON *888*

Gankpon TOKPO v1874-v1934 *817*	196...	Catherine S Koulo v1904-1992 *816*

158...

Andre R TOKPO Gankpon 1924-2005 *630*	=70 =72

Madame Ahomagnon *633*

Nan Z S E Tokpo 1953- *199*	Damien Tokpo 1955-1955 *201*	Rogatienne D Tokpo 1955- *202*	Edith E E J Tokpo *206*

...32   ...33

72. Andre Robert (Salanon Gbediga) TOKPO Gankpon et Jeanette Hortense Bakpe

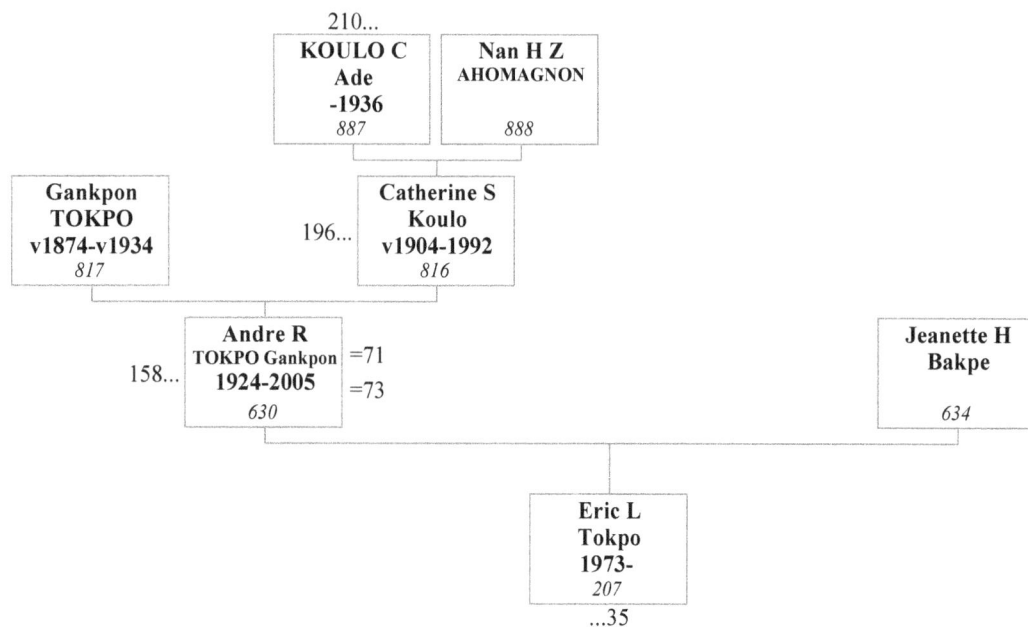

210...

KOULO C Ade -1936 *887*	Nan H Z AHOMAGNON *888*

Gankpon TOKPO v1874-v1934 *817*	196...	Catherine S Koulo v1904-1992 *816*

158...

Andre R TOKPO Gankpon 1924-2005 *630*	=71 =73

Jeanette H Bakpe *634*

Eric L Tokpo 1973- *207*

...35

73. Andre Robert (Salanon Gbediga) TOKPO Gankpon et Marie-Madeleine Hazoume

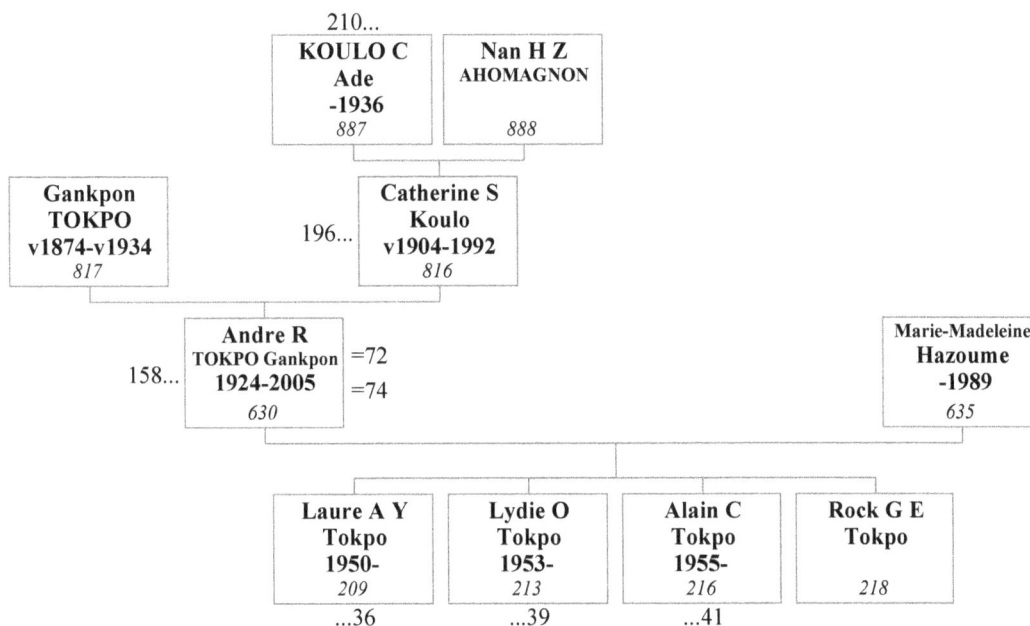

210...

| KOULO C Ade -1936 *887* | Nan H Z AHOMAGNON *888* |

| Gankpon TOKPO v1874-v1934 *817* | 196... | Catherine S Koulo v1904-1992 *816* |

| 158... | Andre R TOKPO Gankpon 1924-2005 *630* | =72 =74 | | Marie-Madeleine Hazoume -1989 *635* |

| Laure A Y Tokpo 1950- *209* | Lydie O Tokpo 1953- *213* | Alain C Tokpo 1955- *216* | Rock G E Tokpo *218* |

...36 ...39 ...41

74. Andre Robert (Salanon Gbediga) TOKPO Gankpon et Madame Ayatode

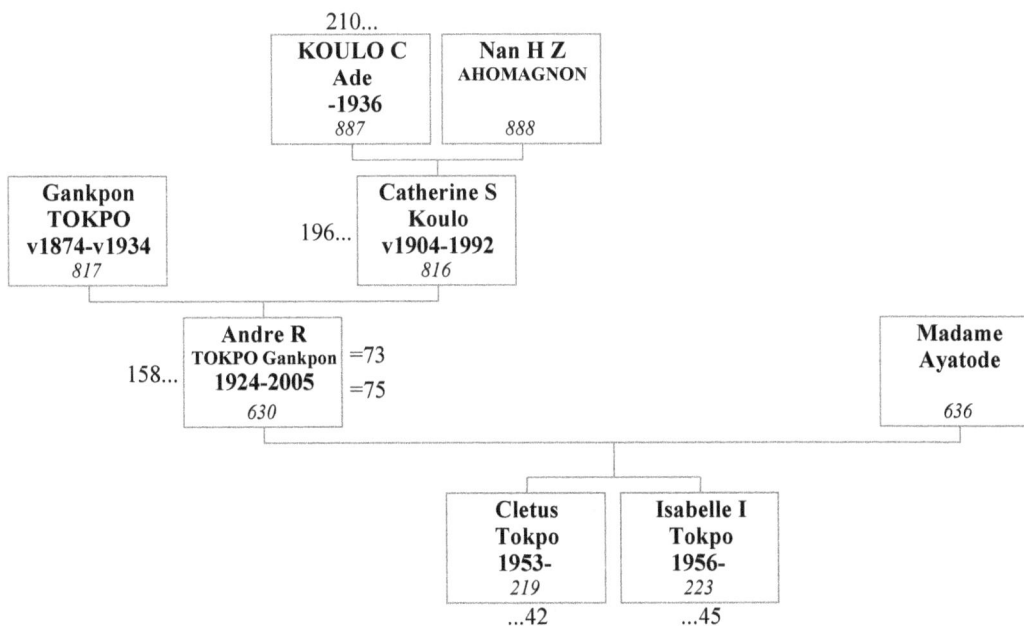

210...

| KOULO C Ade -1936 *887* | Nan H Z AHOMAGNON *888* |

| Gankpon TOKPO v1874-v1934 *817* | 196... | Catherine S Koulo v1904-1992 *816* |

| 158... | Andre R TOKPO Gankpon 1924-2005 *630* | =73 =75 | | Madame Ayatode *636* |

| Cletus Tokpo 1953- *219* | Isabelle I Tokpo 1956- *223* |

...42 ...45

75. Andre Robert (Salanon Gbediga) TOKPO Gankpon et Celestine Ahogle

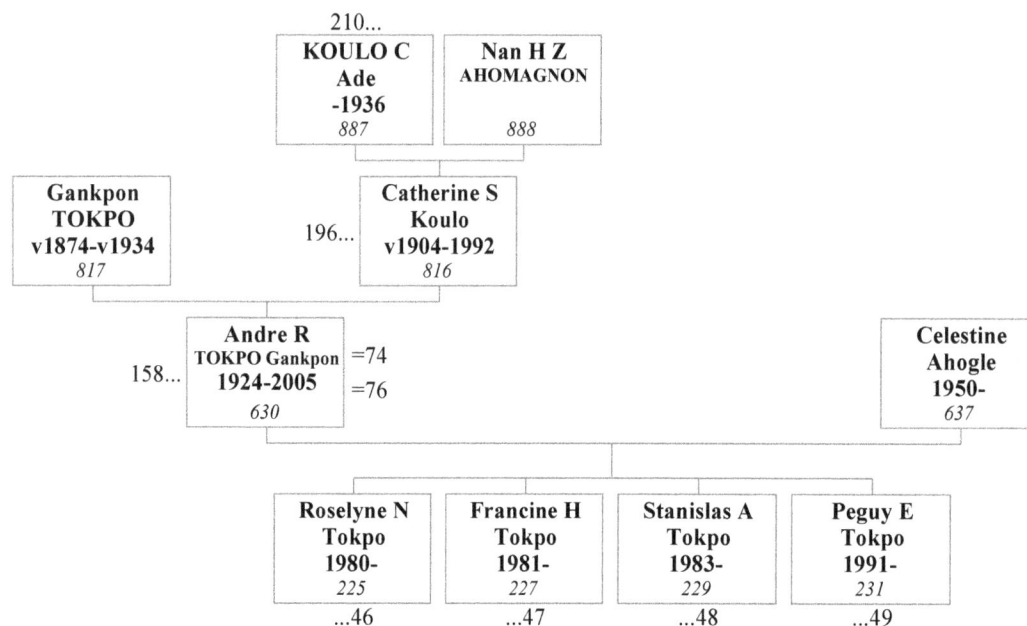

210...

| KOULO C Ade -1936 887 | Nan H Z AHOMAGNON 888 |

| Gankpon TOKPO v1874-v1934 817 | 196... | Catherine S Koulo v1904-1992 816 |

| 158... | Andre R TOKPO Gankpon 1924-2005 630 | =74 =76 | Celestine Ahogle 1950- 637 |

| Roselyne N Tokpo 1980- 225 ...46 | Francine H Tokpo 1981- 227 ...47 | Stanislas A Tokpo 1983- 229 ...48 | Peguy E Tokpo 1991- 231 ...49 |

76. Andre Robert (Salanon Gbediga) TOKPO Gankpon et Seraphine Afiavi Gbaguidi

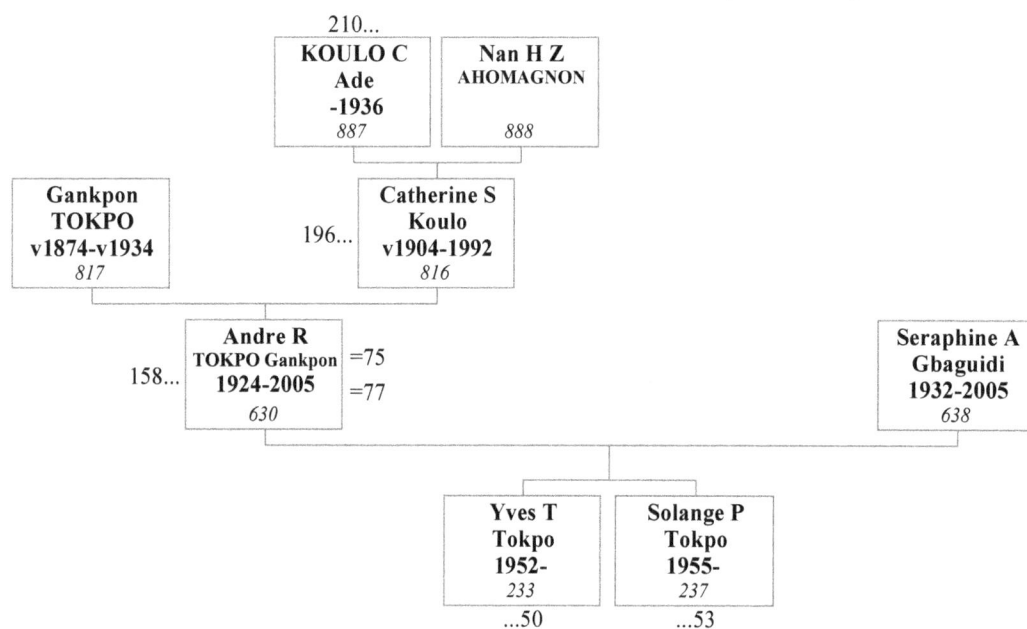

210...

| KOULO C Ade -1936 887 | Nan H Z AHOMAGNON 888 |

| Gankpon TOKPO v1874-v1934 817 | 196... | Catherine S Koulo v1904-1992 816 |

| 158... | Andre R TOKPO Gankpon 1924-2005 630 | =75 =77 | Seraphine A Gbaguidi 1932-2005 638 |

| Yves T Tokpo 1952- 233 ...50 | Solange P Tokpo 1955- 237 ...53 |

77. Andre Robert (Salanon Gbediga) TOKPO Gankpon et Antoinette Lingboto Guezo

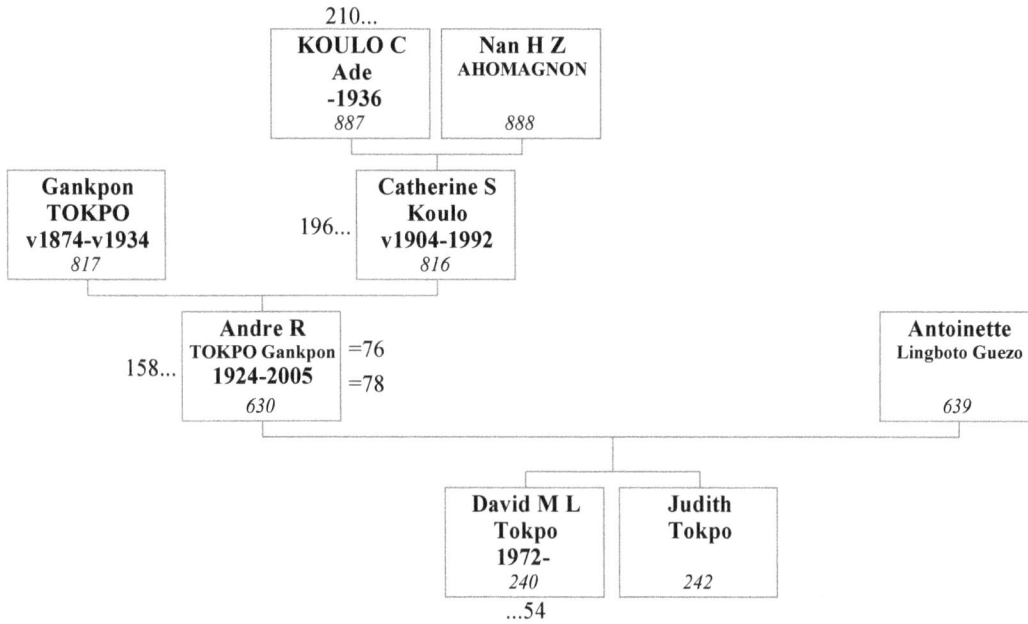

210...

KOULO C Ade -1936 *887*	Nan H Z AHOMAGNON *888*

Gankpon TOKPO v1874-v1934 *817*	196...	Catherine S Koulo v1904-1992 *816*

158...

Andre R TOKPO Gankpon 1924-2005 *630*	=76 =78

Antoinette Lingboto Guezo *639*

David M L Tokpo 1972- *240*	Judith Tokpo *242*

...54

78. Andre Robert (Salanon Gbediga) TOKPO Gankpon et Madame inconnue famille Tokpo Inconnu

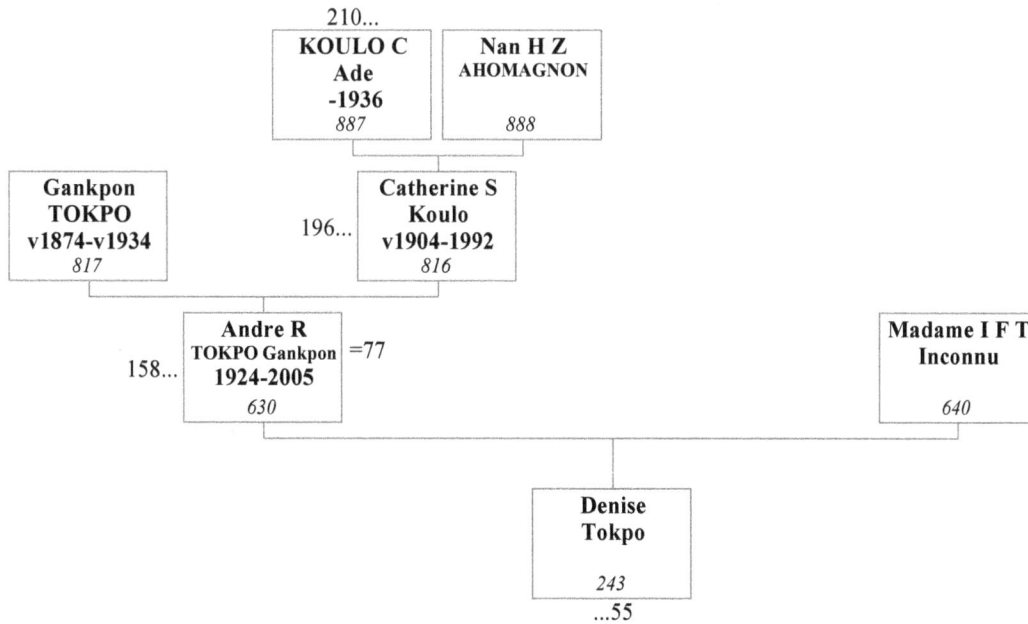

210...

KOULO C Ade -1936 *887*	Nan H Z AHOMAGNON *888*

Gankpon TOKPO v1874-v1934 *817*	196...	Catherine S Koulo v1904-1992 *816*

158...

Andre R TOKPO Gankpon 1924-2005 *630*	=77

Madame I F T Inconnu *640*

Denise Tokpo *243*

...55

79. Bernard Mandode et Marie-Therese Tokpo

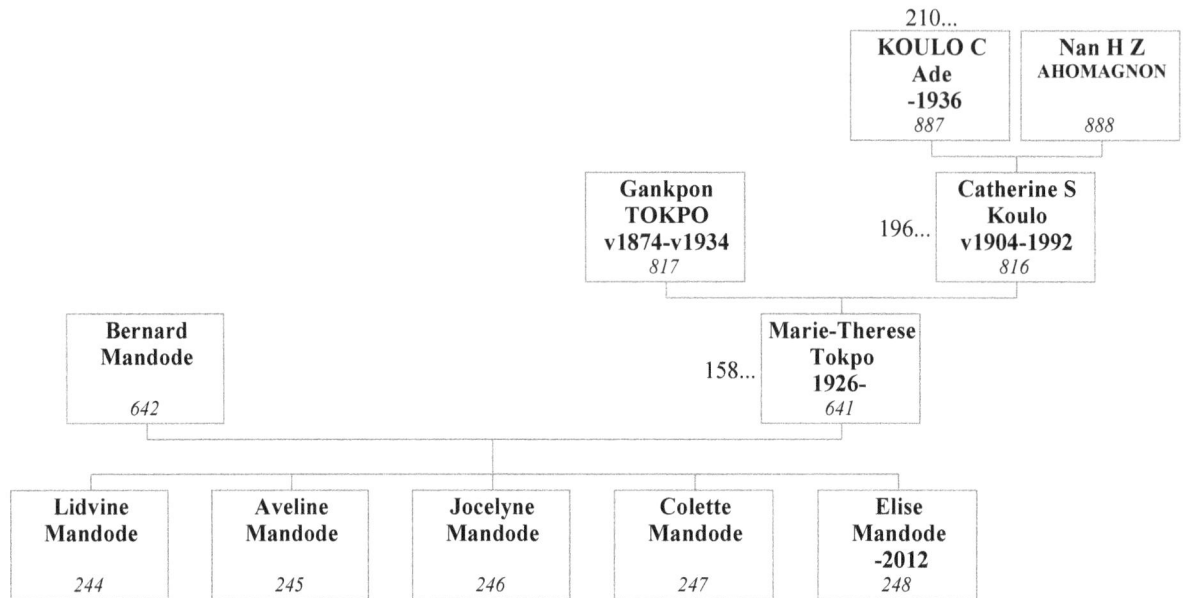

210...

| KOULO C Ade -1936 *887* | Nan H Z AHOMAGNON *888* |

| Gankpon TOKPO v1874-v1934 *817* | | Catherine S Koulo v1904-1992 *816* |

196...

| Bernard Mandode *642* | | Marie-Therese Tokpo 1926- *641* |

158...

| Lidvine Mandode *244* | Aveline Mandode *245* | Jocelyne Mandode *246* | Colette Mandode *247* | Elise Mandode -2012 *248* |

80. Donatien Codjia et Femme de Donatien Codjia Inconnu

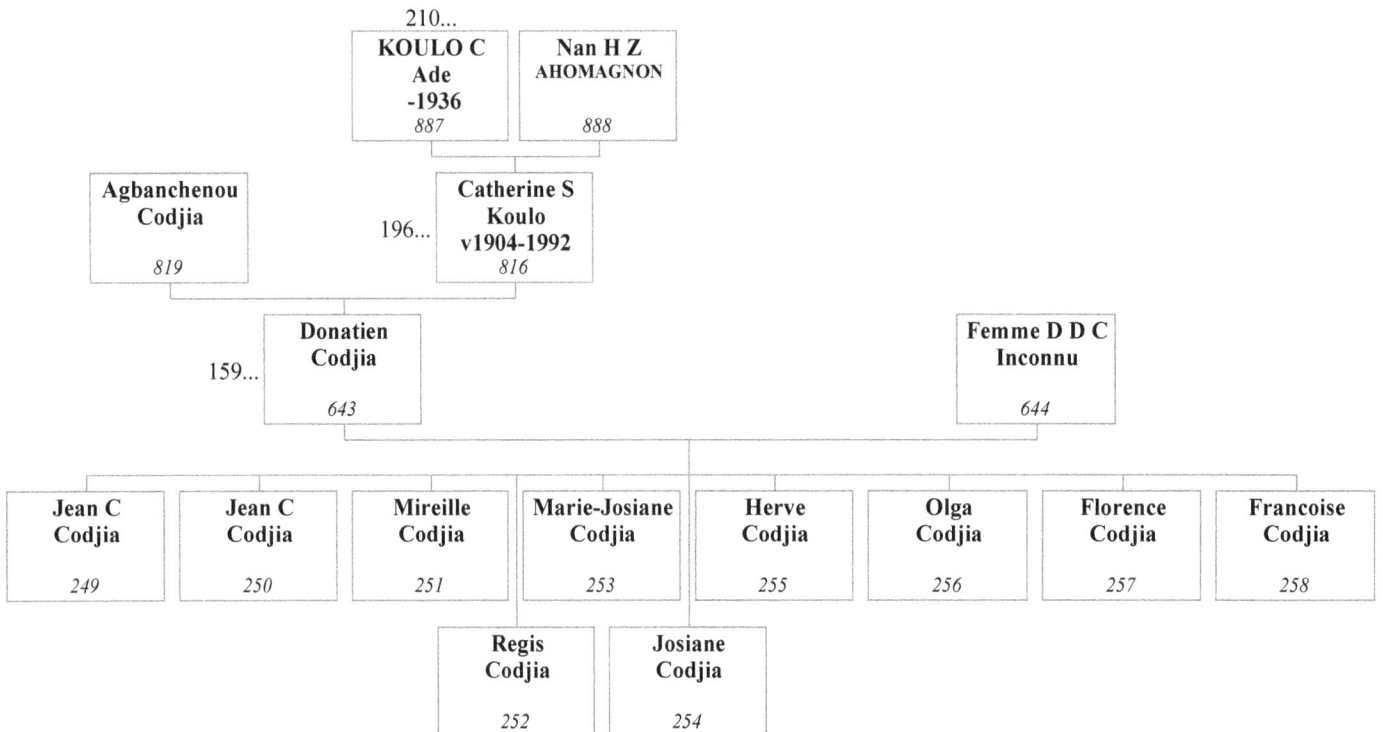

210...

| KOULO C Ade -1936 *887* | Nan H Z AHOMAGNON *888* |

| Catherine S Koulo v1904-1992 *816* |

| Agbanchenou Codjia *819* | | Catherine S Koulo v1904-1992 *816* |

196...

| Donatien Codjia *643* | | Femme D D C Inconnu *644* |

159...

| Jean C Codjia *249* | Jean C Codjia *250* | Mireille Codjia *251* | Marie-Josiane Codjia *253* | Herve Codjia *255* | Olga Codjia *256* | Florence Codjia *257* | Francoise Codjia *258* |

| Regis Codjia *252* | Josiane Codjia *254* |

81. Damien Dah Adanhouton Degbe Agoli-Agbo et Emma Jules Agbanchenou Codjia

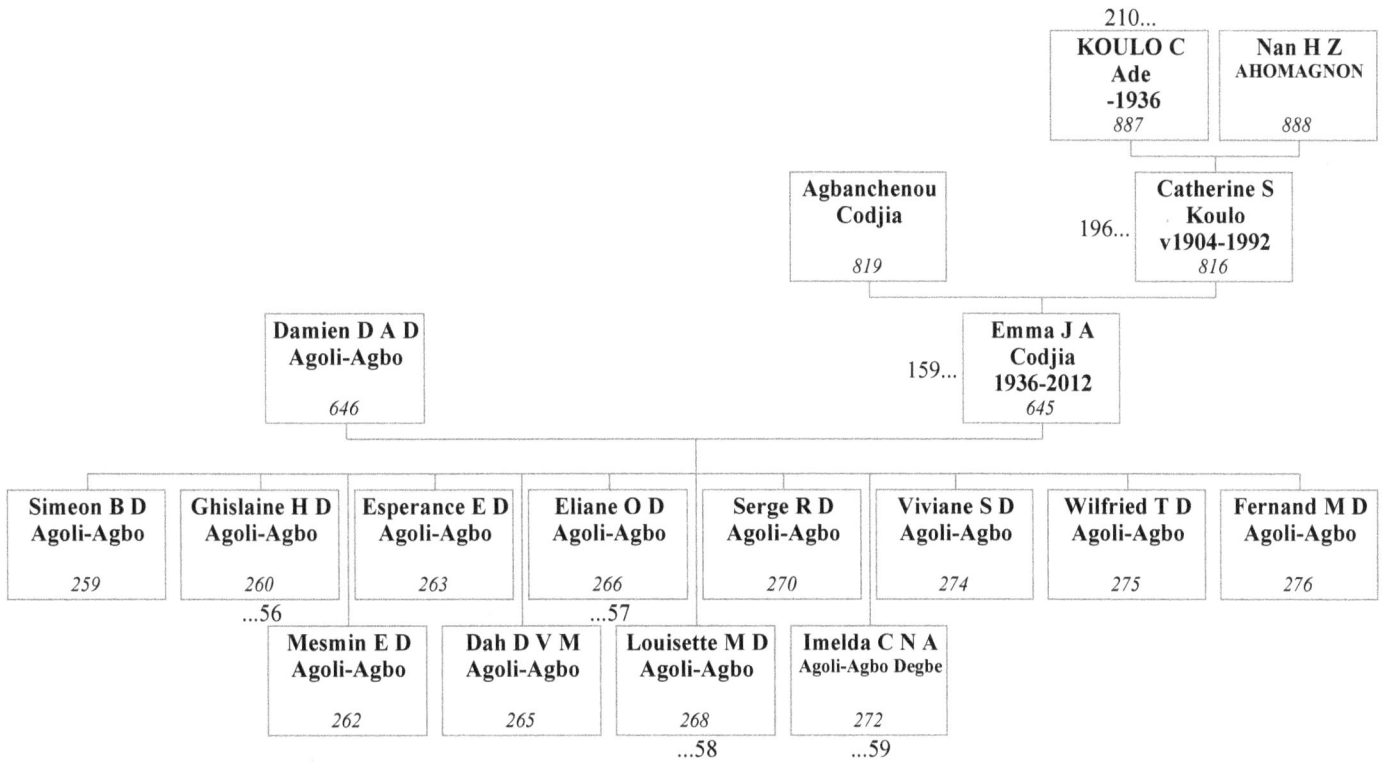

210...

| KOULO C Ade -1936 *887* | Nan H Z AHOMAGNON *888* |

| Agbanchenou Codjia *819* | 196... | Catherine S Koulo v1904-1992 *816* |

| Damien D A D Agoli-Agbo *646* | 159... | Emma J A Codjia 1936-2012 *645* |

| Simeon B D Agoli-Agbo *259* | Ghislaine H D Agoli-Agbo *260* ...56 | Esperance E D Agoli-Agbo *263* | Eliane O D Agoli-Agbo *266* ...57 | Serge R D Agoli-Agbo *270* | Viviane S D Agoli-Agbo *274* | Wilfried T D Agoli-Agbo *275* | Fernand M D Agoli-Agbo *276* |

| Mesmin E D Agoli-Agbo *262* | Dah D V M Agoli-Agbo *265* | Louisette M D Agoli-Agbo *268* ...58 | Imelda C N A Agoli-Agbo Degbe *272* ...59 |

82. Monsieur Zohou et Sophie Koulo

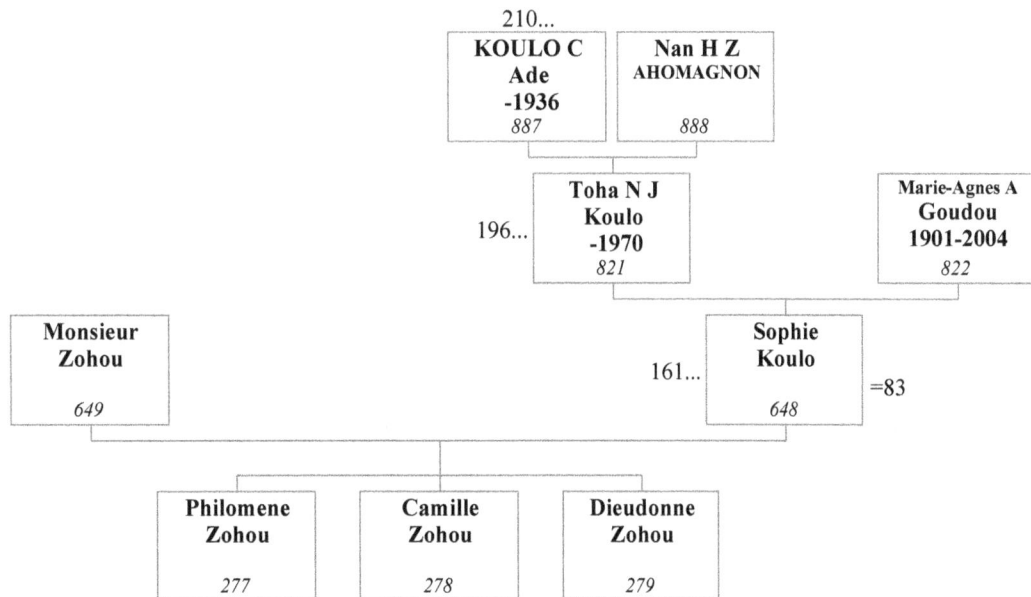

210...

| KOULO C Ade -1936 *887* | Nan H Z AHOMAGNON *888* |

| 196... | Toha N J Koulo -1970 *821* | Marie-Agnes A Goudou 1901-2004 *822* |

| Monsieur Zohou *649* | 161... | Sophie Koulo *648* | =83 |

| Philomene Zohou *277* | Camille Zohou *278* | Dieudonne Zohou *279* |

83. Monsieur Dovonou et Sophie Koulo

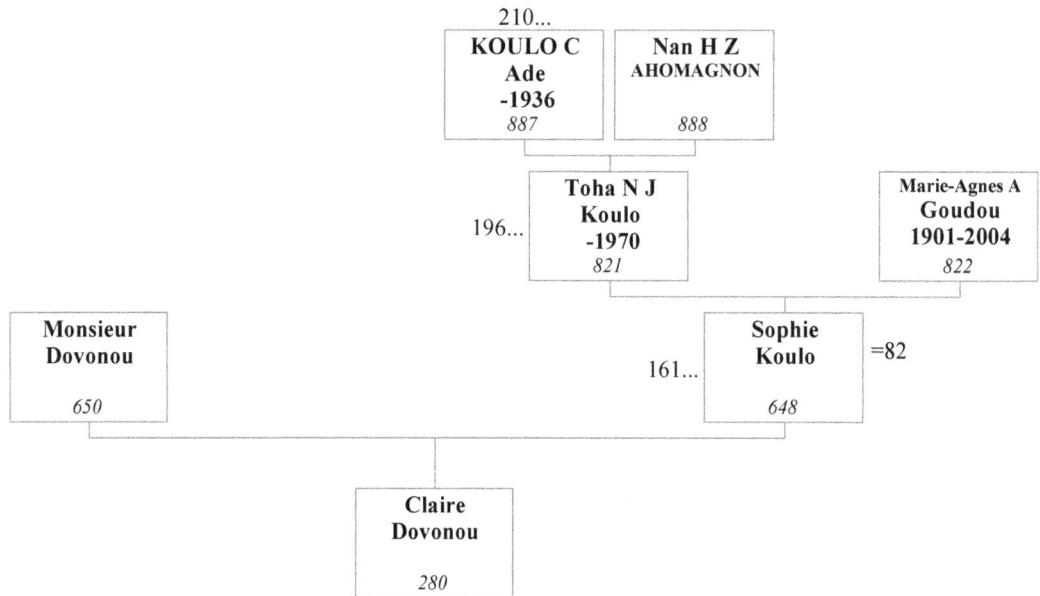

210...

KOULO C Ade -1936	Nan H Z AHOMAGNON
887	*888*

196...

Toha N J Koulo -1970	Marie-Agnes A Goudou 1901-2004
821	*822*

Monsieur Dovonou	Sophie Koulo =82
650	161... *648*

Claire Dovonou
280

84. Firmin Koulo et Femme de Firmin Koulo Inconnu

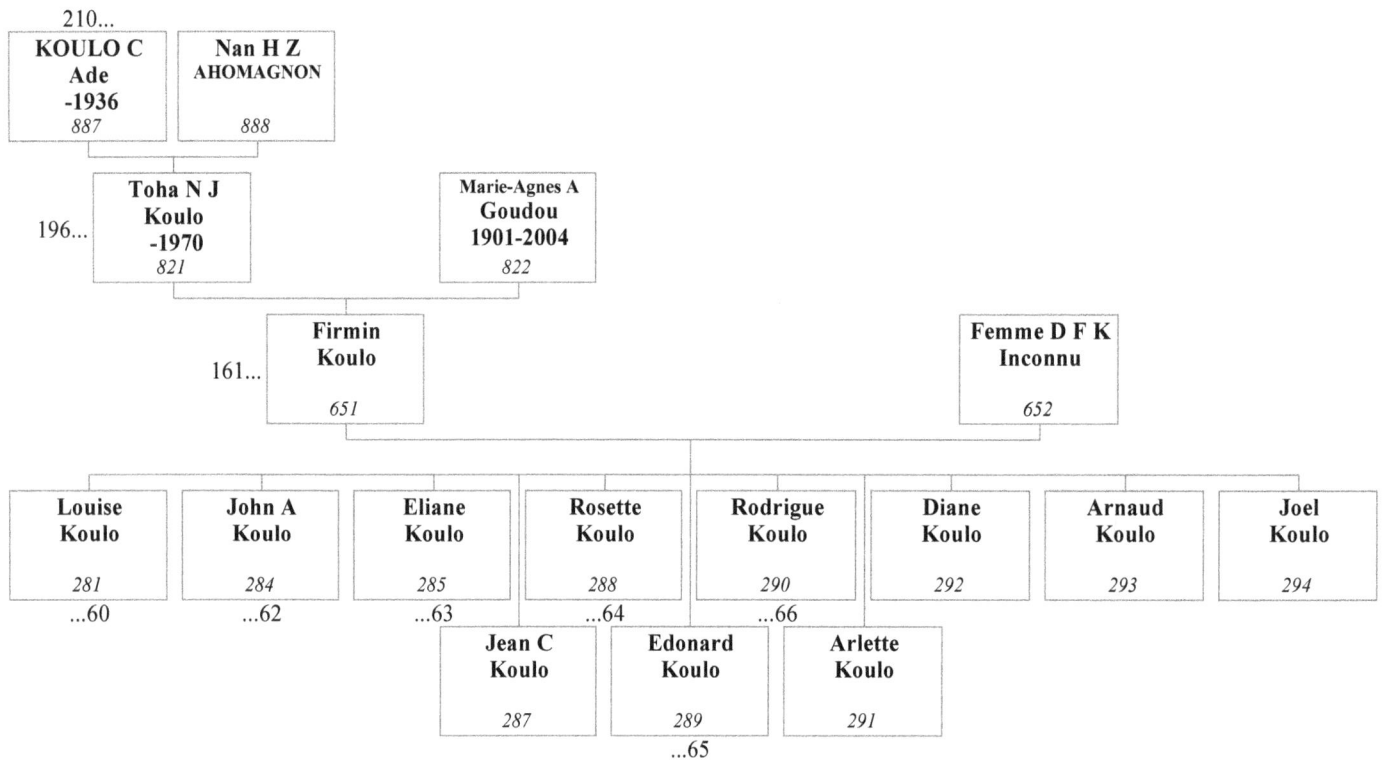

210...

KOULO C Ade -1936	Nan H Z AHOMAGNON
887	*888*

196...

Toha N J Koulo -1970	Marie-Agnes A Goudou 1901-2004
821	*822*

161...

Firmin Koulo	Femme D F K Inconnu
651	*652*

Louise Koulo	John A Koulo	Eliane Koulo	Rosette Koulo	Rodrigue Koulo	Diane Koulo	Arnaud Koulo	Joel Koulo
281	*284*	*285*	*288*	*290*	*292*	*293*	*294*
...60	...62	...63	...64	...66			

Jean C Koulo	Edonard Koulo	Arlette Koulo
287	*289*	*291*
	...65	

85. Andre Koulo et Femme de Andre Koulo Inconnu

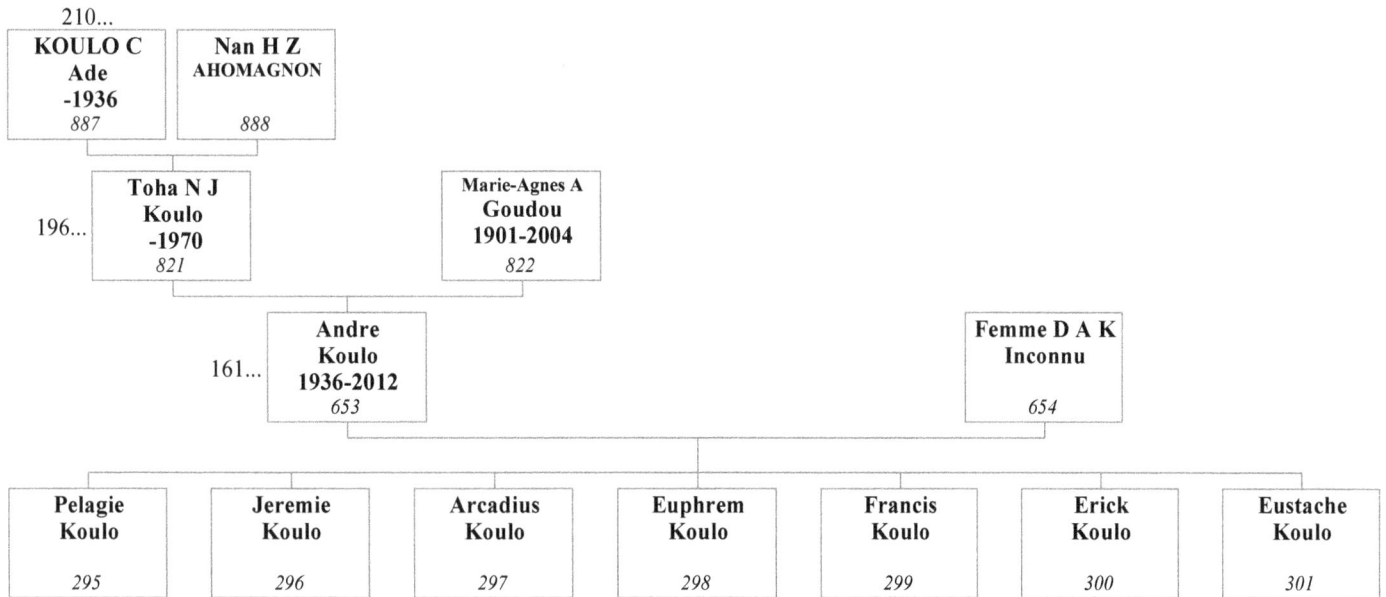

210...

KOULO C Ade -1936 *887*	Nan H Z AHOMAGNON *888*

196...

Toha N J Koulo -1970 *821*	Marie-Agnes A Goudou 1901-2004 *822*

161...

Andre Koulo 1936-2012 *653*	Femme D A K Inconnu *654*

Pelagie Koulo *295*	Jeremie Koulo *296*	Arcadius Koulo *297*	Euphrem Koulo *298*	Francis Koulo *299*	Erick Koulo *300*	Eustache Koulo *301*

86. Antoine de Padoue Koulo et Femme de Antoine de Padoue Koulo

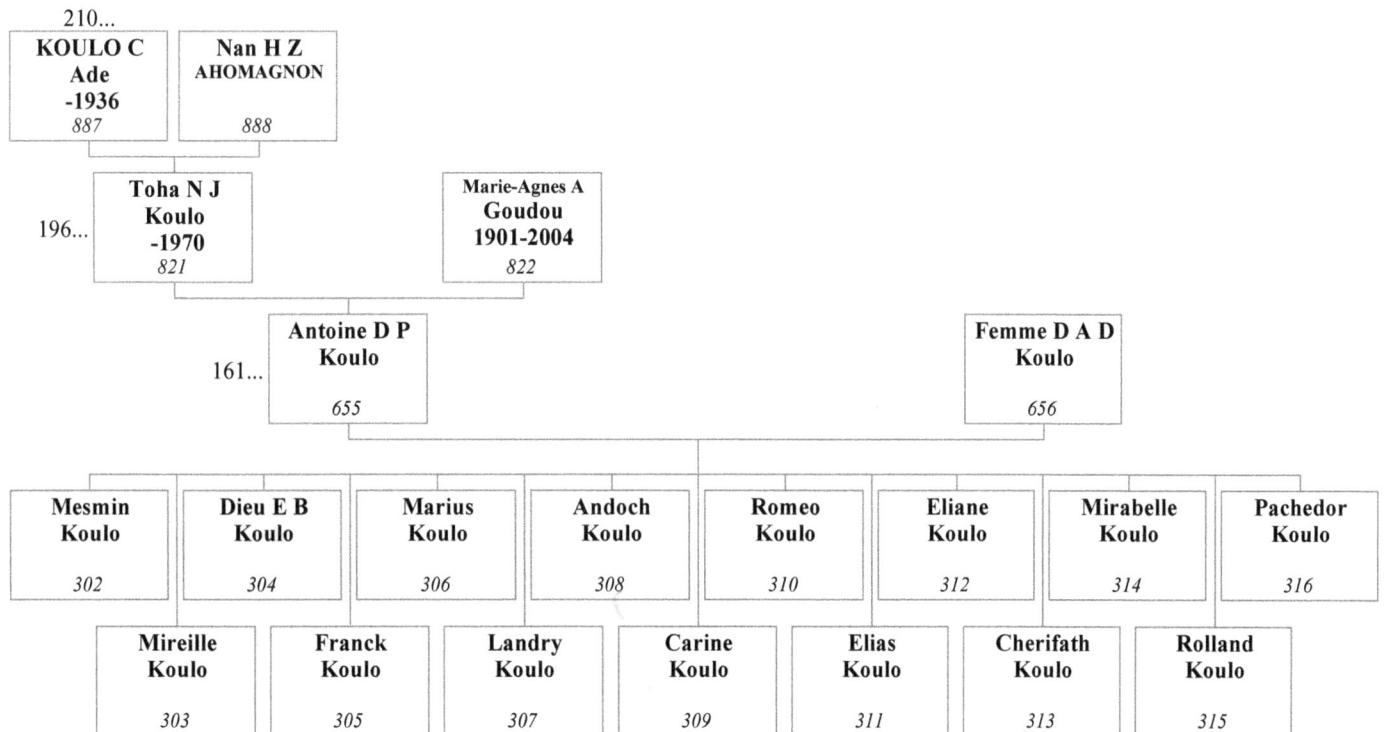

210...

KOULO C Ade -1936 *887*	Nan H Z AHOMAGNON *888*

196...

Toha N J Koulo -1970 *821*	Marie-Agnes A Goudou 1901-2004 *822*

161...

Antoine D P Koulo *655*	Femme D A D Koulo *656*

Mesmin Koulo *302*	Dieu E B Koulo *304*	Marius Koulo *306*	Andoch Koulo *308*	Romeo Koulo *310*	Eliane Koulo *312*	Mirabelle Koulo *314*	Pachedor Koulo *316*

Mireille Koulo *303*	Franck Koulo *305*	Landry Koulo *307*	Carine Koulo *309*	Elias Koulo *311*	Cherifath Koulo *313*	Rolland Koulo *315*

87. Monsieur Gahou et Nan-Tadjile Eugenie Tine Koulo

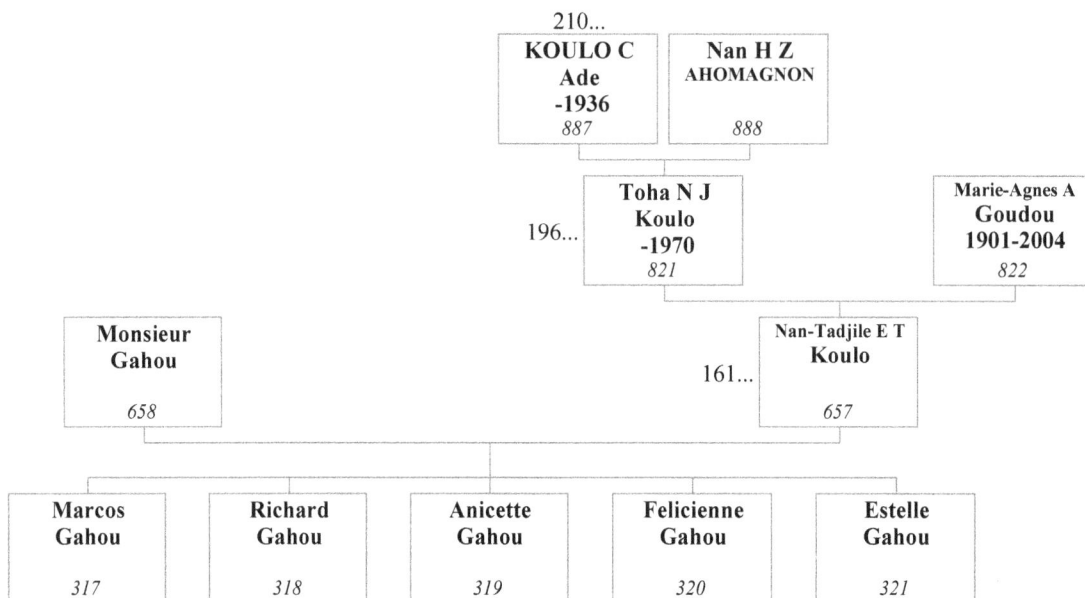

210...

| KOULO C Ade -1936 *887* | Nan H Z AHOMAGNON *888* |

196...

| Toha N J Koulo -1970 *821* |

| Marie-Agnes A Goudou 1901-2004 *822* |

| Monsieur Gahou *658* |

161...

| Nan-Tadjile E T Koulo *657* |

| Marcos Gahou *317* | Richard Gahou *318* | Anicette Gahou *319* | Felicienne Gahou *320* | Estelle Gahou *321* |

88. Henri Koulo

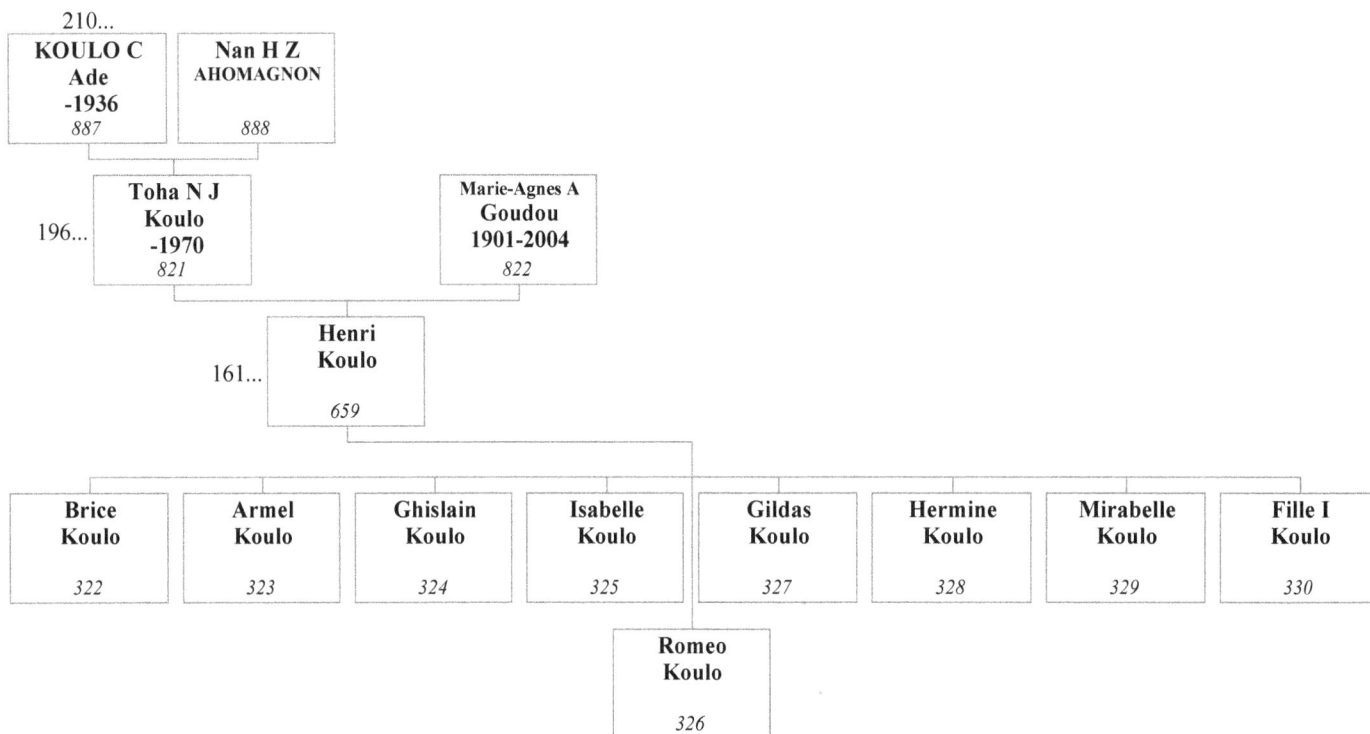

210...

| KOULO C Ade -1936 *887* | Nan H Z AHOMAGNON *888* |

196...

| Toha N J Koulo -1970 *821* |

| Marie-Agnes A Goudou 1901-2004 *822* |

161...

| Henri Koulo *659* |

| Brice Koulo *322* | Armel Koulo *323* | Ghislain Koulo *324* | Isabelle Koulo *325* | Gildas Koulo *327* | Hermine Koulo *328* | Mirabelle Koulo *329* | Fille I Koulo *330* |

| Romeo Koulo *326* |

89. Gustave Johnson

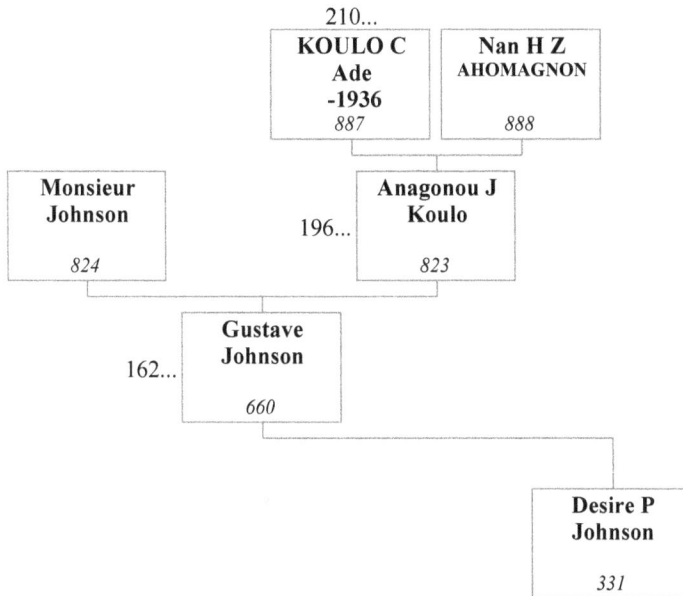

210...

| KOULO C Ade -1936 *887* | Nan H Z AHOMAGNON *888* |

Monsieur Johnson
824

196...   Anagonou J Koulo
823

162...   Gustave Johnson
660

Desire P Johnson
331

90. Moise Ahokpe et Brigitte Koulo

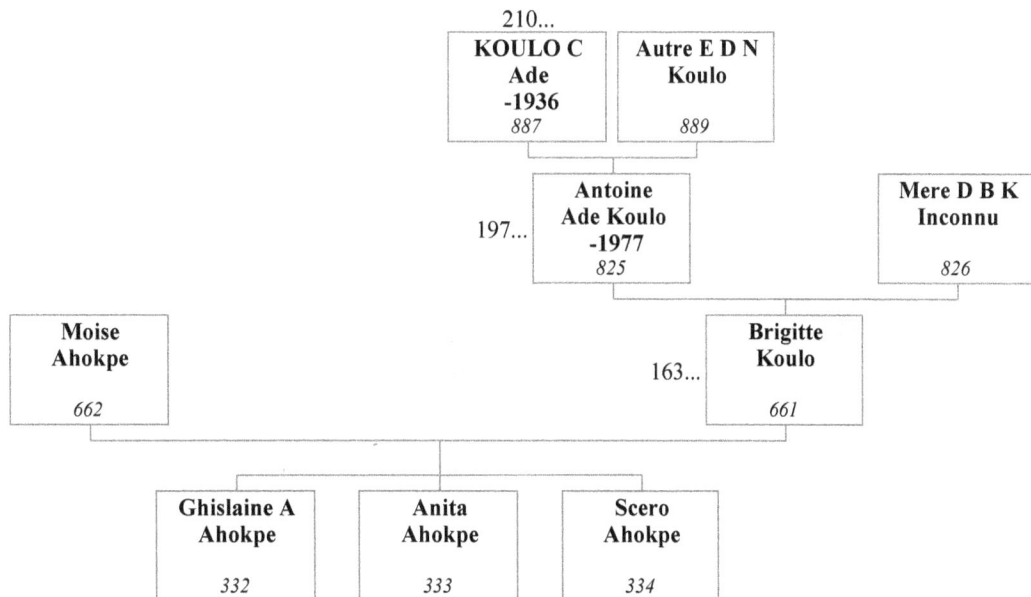

210...

| KOULO C Ade -1936 *887* | Autre E D N Koulo *889* |

197...   Antoine Ade Koulo -1977
825

Mere D B K Inconnu
826

Moise Ahokpe
662

163...   Brigitte Koulo
661

| Ghislaine A Ahokpe *332* | Anita Ahokpe *333* | Scero Ahokpe *334* |

91. Monsieur Agbolosso et Sophie Ade

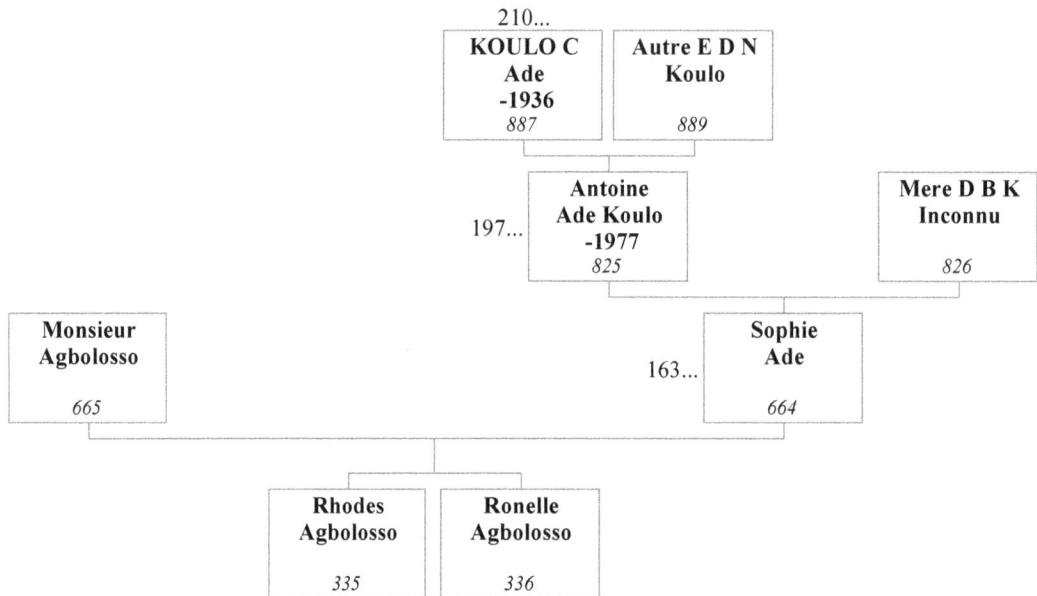

210...

KOULO C Ade -1936	Autre E D N Koulo
887	889

197...

Antoine Ade Koulo -1977	Mere D B K Inconnu
825	826

Monsieur Agbolosso	Sophie Ade
665	664

163...

Rhodes Agbolosso	Ronelle Agbolosso
335	336

92. Monsieur Akplogan et Melanie Reine Ade Koulo

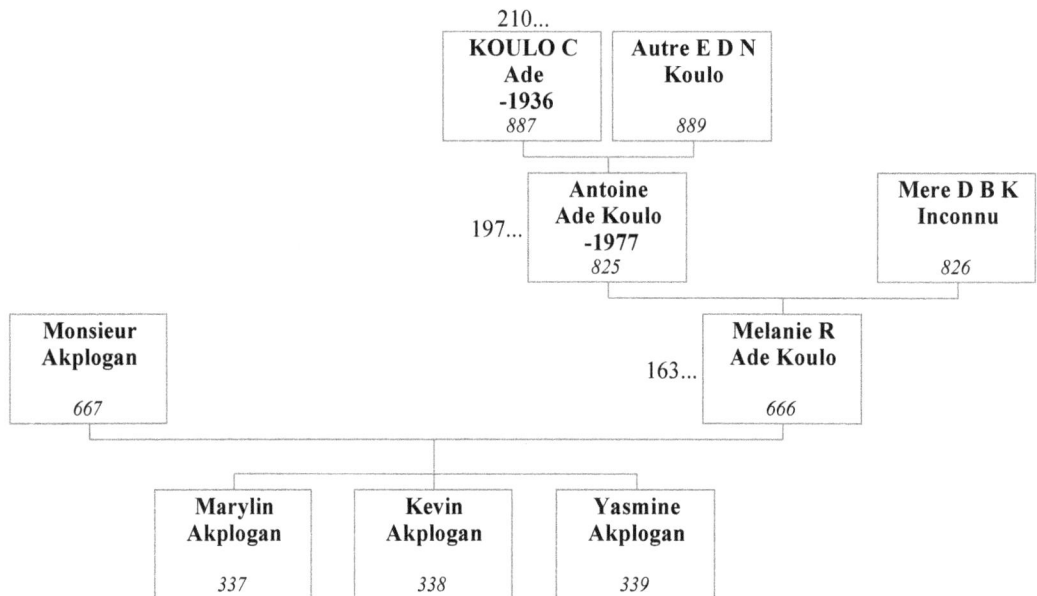

210...

KOULO C Ade -1936	Autre E D N Koulo
887	889

197...

Antoine Ade Koulo -1977	Mere D B K Inconnu
825	826

Monsieur Akplogan	Melanie R Ade Koulo
667	666

163...

Marylin Akplogan	Kevin Akplogan	Yasmine Akplogan
337	338	339

93. Lucien Ade Koulo

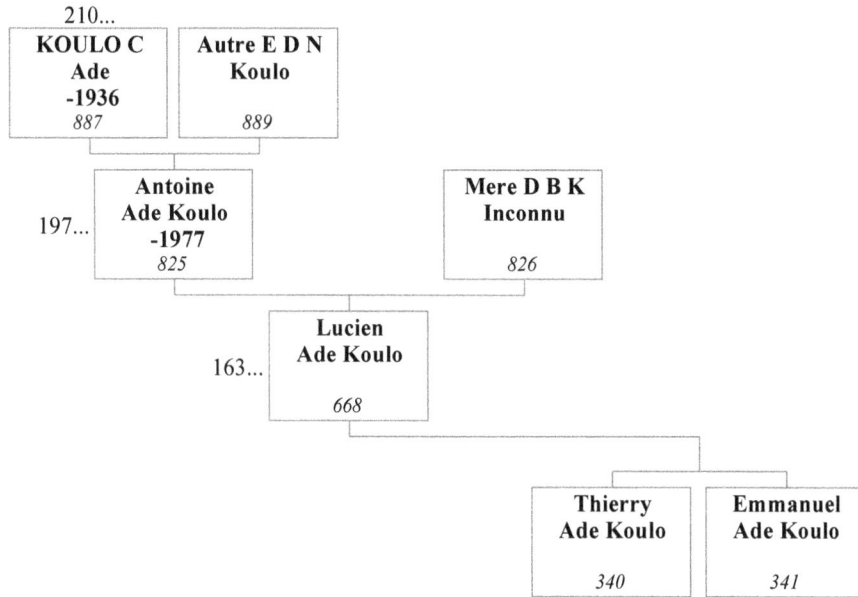

210...

KOULO C Ade -1936	Autre E D N Koulo
887	889

197...

Antoine Ade Koulo -1977	Mere D B K Inconnu
825	826

163...

Lucien Ade Koulo
668

Thierry Ade Koulo	Emmanuel Ade Koulo
340	341

94. Gabriel Ade Koulo

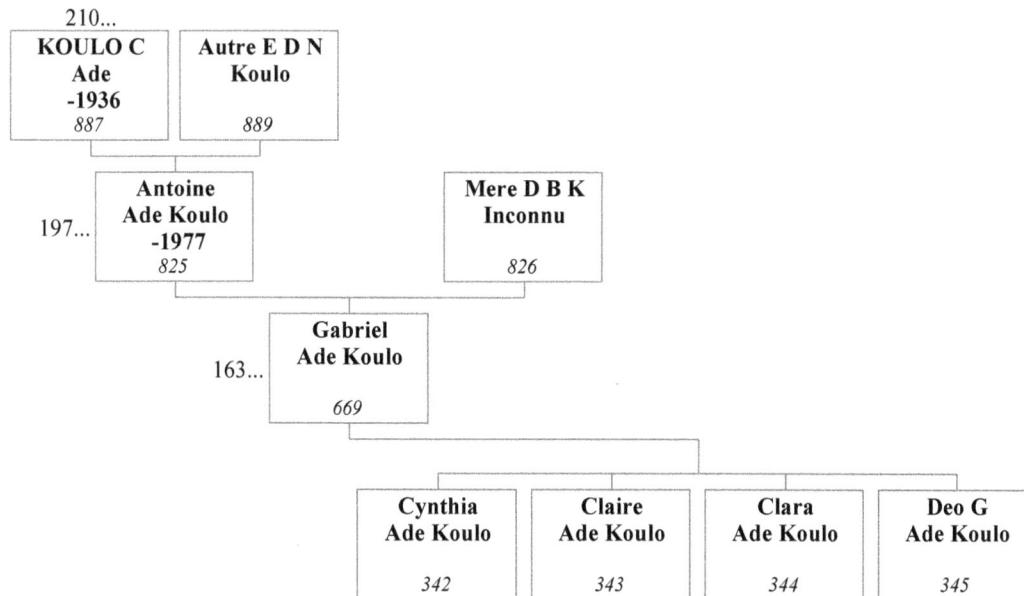

210...

KOULO C Ade -1936	Autre E D N Koulo
887	889

197...

Antoine Ade Koulo -1977	Mere D B K Inconnu
825	826

163...

Gabriel Ade Koulo
669

Cynthia Ade Koulo	Claire Ade Koulo	Clara Ade Koulo	Deo G Ade Koulo
342	343	344	345

95. Julien Ade Koulo et Houedanou Inconnu

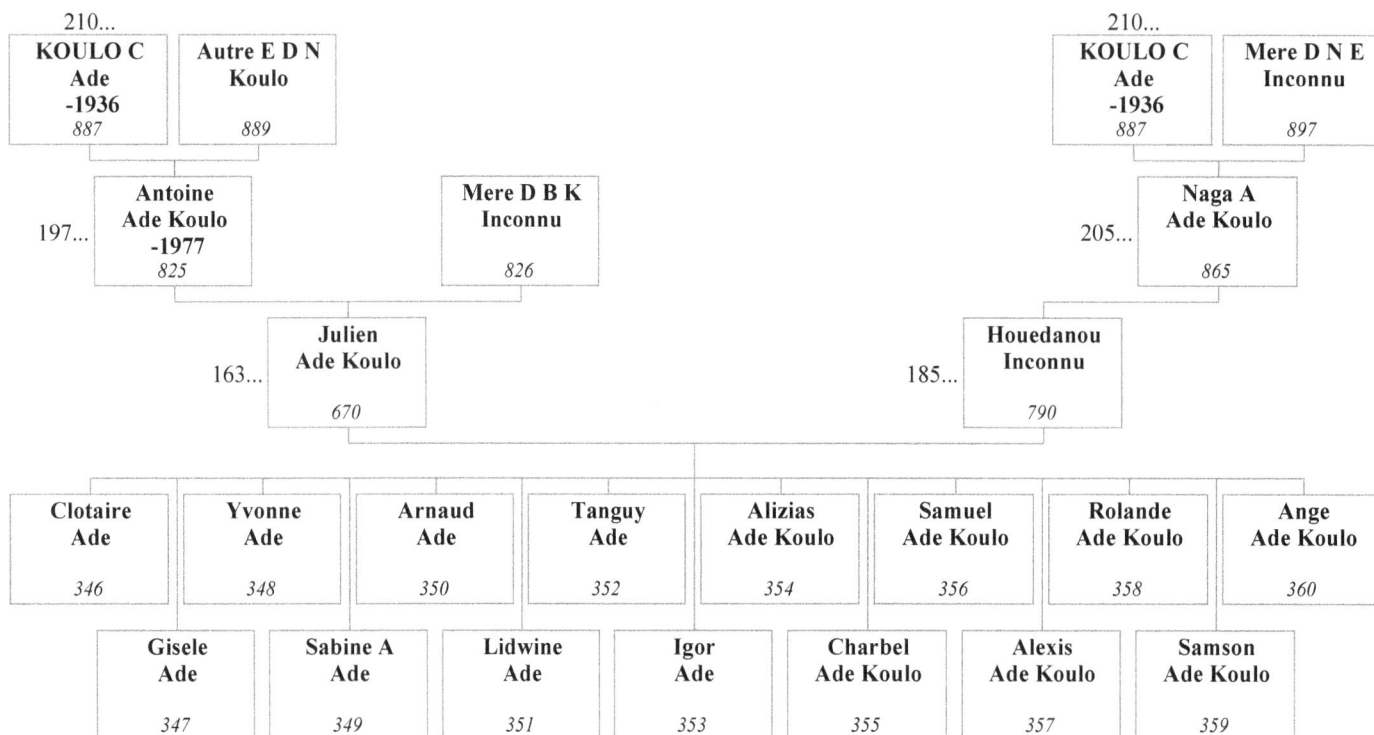

210...

| KOULO C Ade -1936 *887* | Autre E D N Koulo *889* |

197...

| Antoine Ade Koulo -1977 *825* | | Mere D B K Inconnu *826* |

210...

| KOULO C Ade -1936 *887* | Mere D N E Inconnu *897* |

205...

Naga A Ade Koulo *865*

163... Julien Ade Koulo *670*

185... Houedanou Inconnu *790*

| Clotaire Ade *346* | Yvonne Ade *348* | Arnaud Ade *350* | Tanguy Ade *352* | Alizias Ade Koulo *354* | Samuel Ade Koulo *356* | Rolande Ade Koulo *358* | Ange Ade Koulo *360* |

| Gisele Ade *347* | Sabine A Ade *349* | Lidwine Ade *351* | Igor Ade *353* | Charbel Ade Koulo *355* | Alexis Ade Koulo *357* | Samson Ade Koulo *359* |

96. Bernadin Adotanou

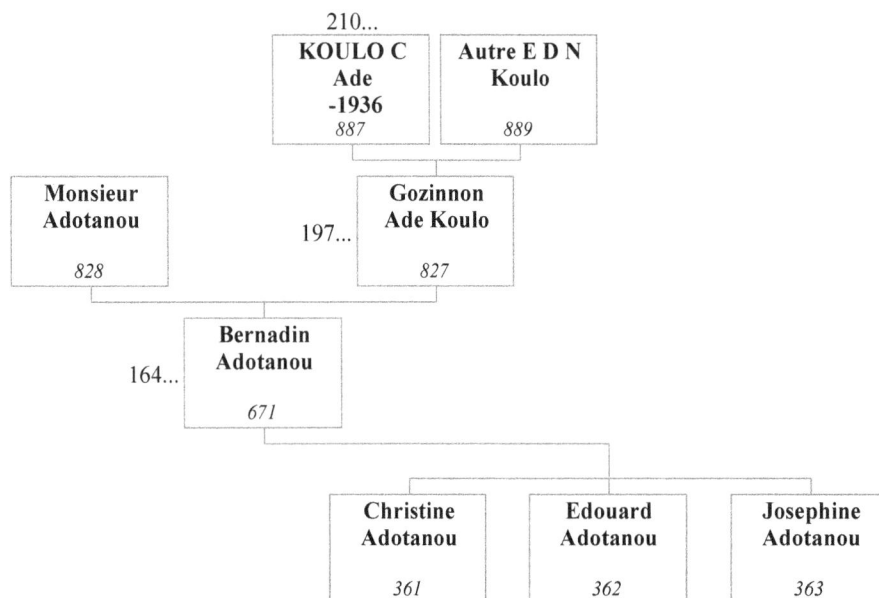

210...

| KOULO C Ade -1936 *887* | Autre E D N Koulo *889* |

| Monsieur Adotanou *828* | | Gozinnon Ade Koulo *827* | 197... |

164... Bernadin Adotanou *671*

| Christine Adotanou *361* | Edouard Adotanou *362* | Josephine Adotanou *363* |

97. Basile Ade Koulo

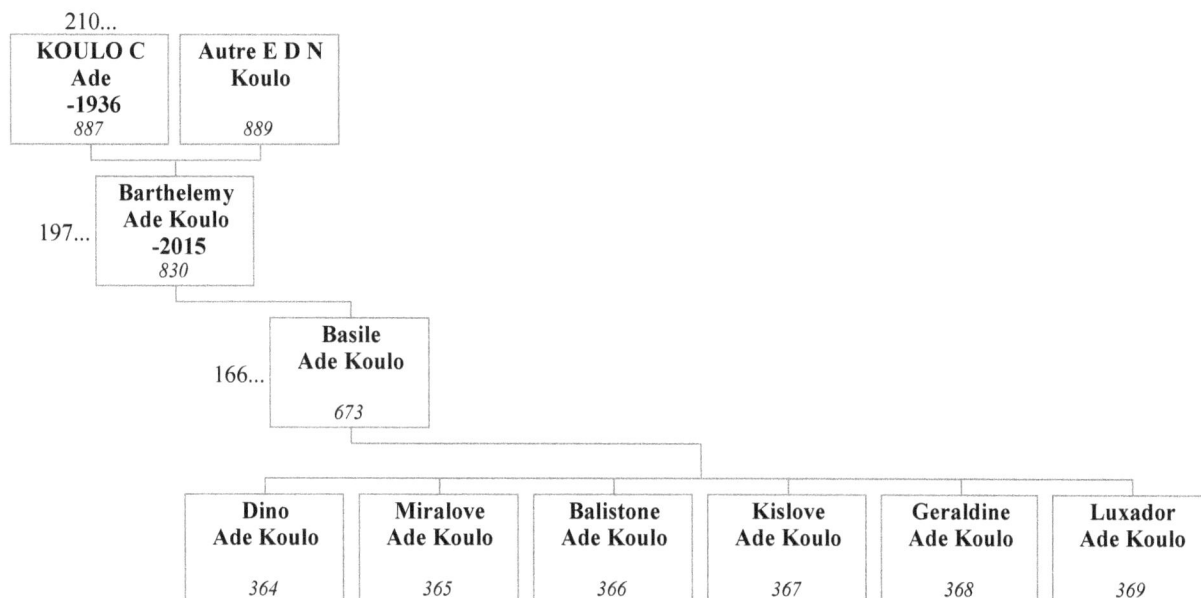

210...

KOULO C Ade -1936	Autre E D N Koulo
887	889

197...

Barthelemy Ade Koulo -2015
830

166...

Basile Ade Koulo
673

Dino Ade Koulo	Miralove Ade Koulo	Balistone Ade Koulo	Kislove Ade Koulo	Geraldine Ade Koulo	Luxador Ade Koulo
364	365	366	367	368	369

98. Marius Ade Koulo

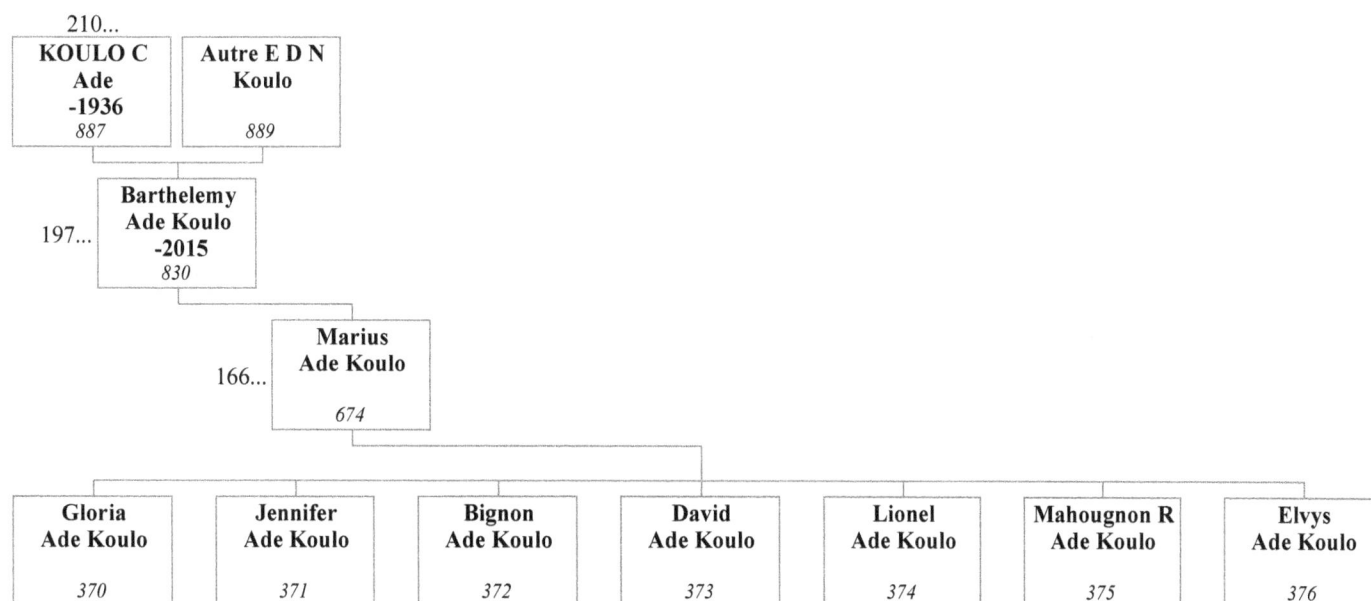

210...

KOULO C Ade -1936	Autre E D N Koulo
887	889

197...

Barthelemy Ade Koulo -2015
830

166...

Marius Ade Koulo
674

Gloria Ade Koulo	Jennifer Ade Koulo	Bignon Ade Koulo	David Ade Koulo	Lionel Ade Koulo	Mahougnon R Ade Koulo	Elvys Ade Koulo
370	371	372	373	374	375	376

99. Cesar Ade Koulo

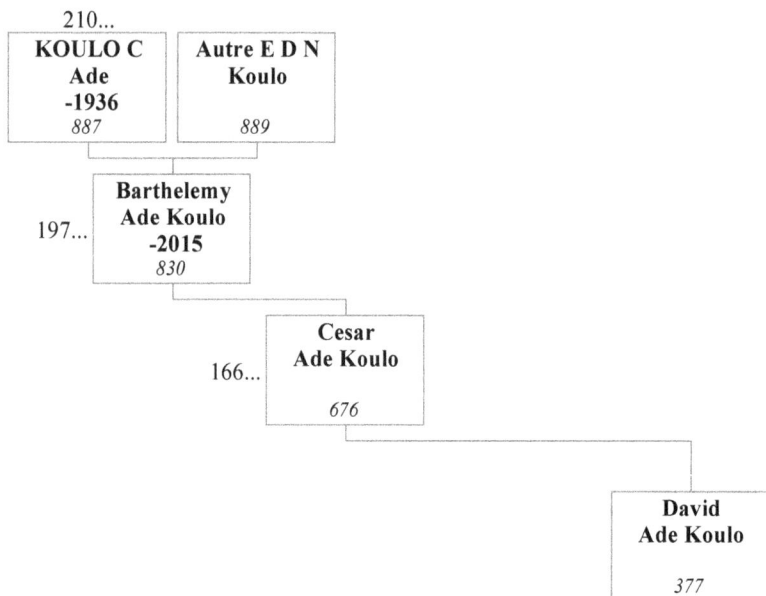

210...
| KOULO C Ade -1936 *887* | Autre E D N Koulo *889* |

197...
Barthelemy Ade Koulo -2015 *830*

166...
Cesar Ade Koulo *676*

David Ade Koulo *377*

100. Monsieur Agbodayinon et Tohossi Houegboton Ade Koulo

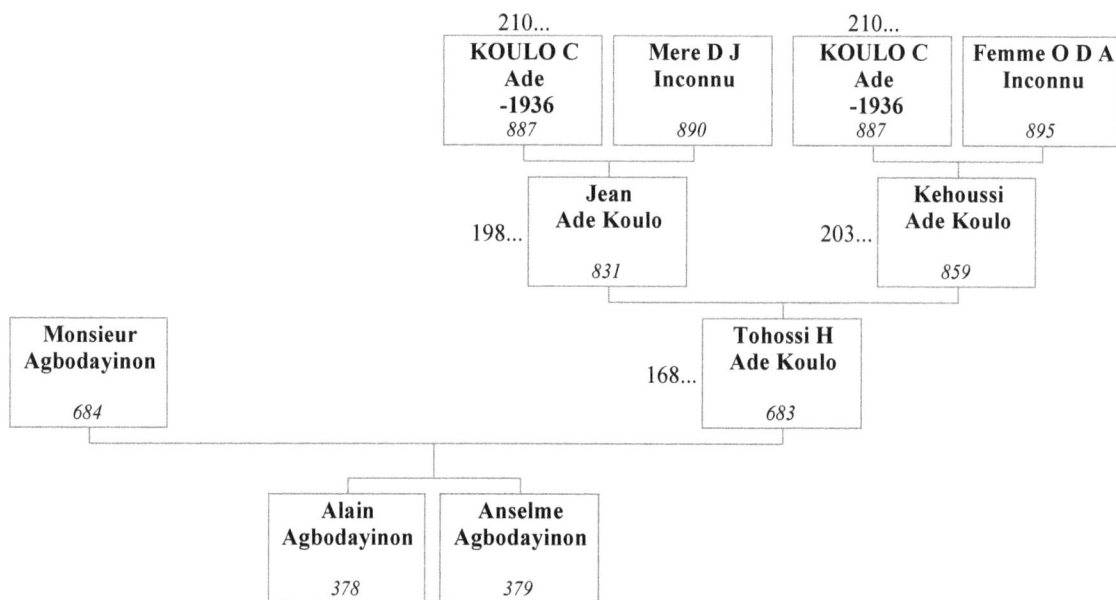

210... 210...
| KOULO C Ade -1936 *887* | Mere D J Inconnu *890* | KOULO C Ade -1936 *887* | Femme O D A Inconnu *895* |

198...
Jean Ade Koulo *831*

203...
Kehoussi Ade Koulo *859*

Monsieur Agbodayinon *684*

168...
Tohossi H Ade Koulo *683*

| Alain Agbodayinon *378* | Anselme Agbodayinon *379* |

Arbres généalogiques

101. Monsieur Amanoungbe et Emma Ade Koulo

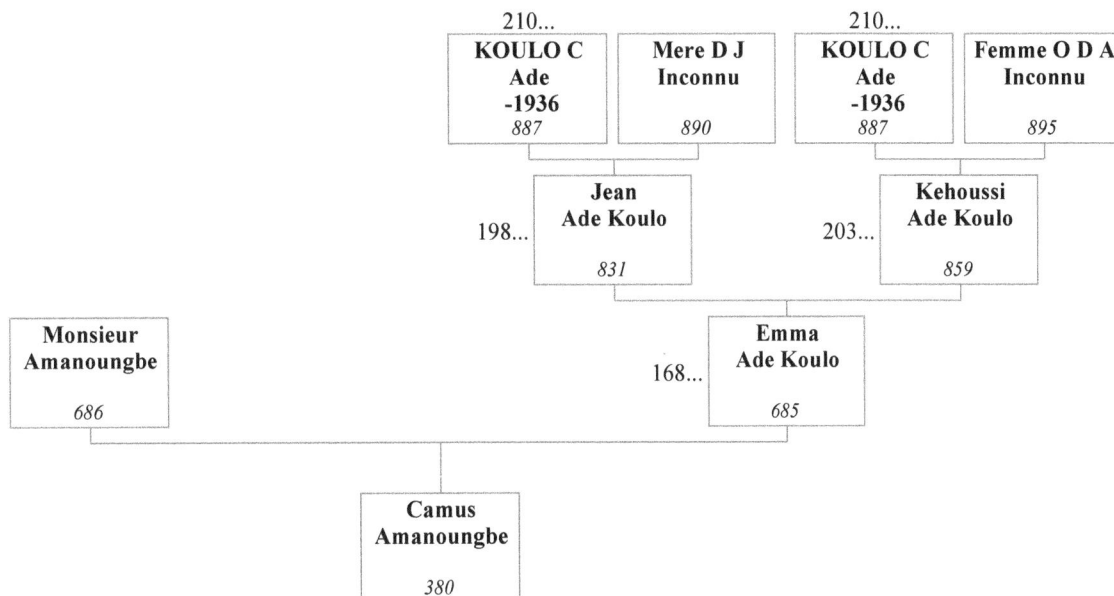

210...

| KOULO C Ade -1936 *887* | Mere D J Inconnu *890* | KOULO C Ade -1936 *887* | Femme O D A Inconnu *895* |

Jean Ade Koulo *831* — 198...

Kehoussi Ade Koulo *859* — 203...

Monsieur Amanoungbe *686*

Emma Ade Koulo *685* — 168...

Camus Amanoungbe *380*

102. Monsieur Kpili et Madeleine Ade Koulo

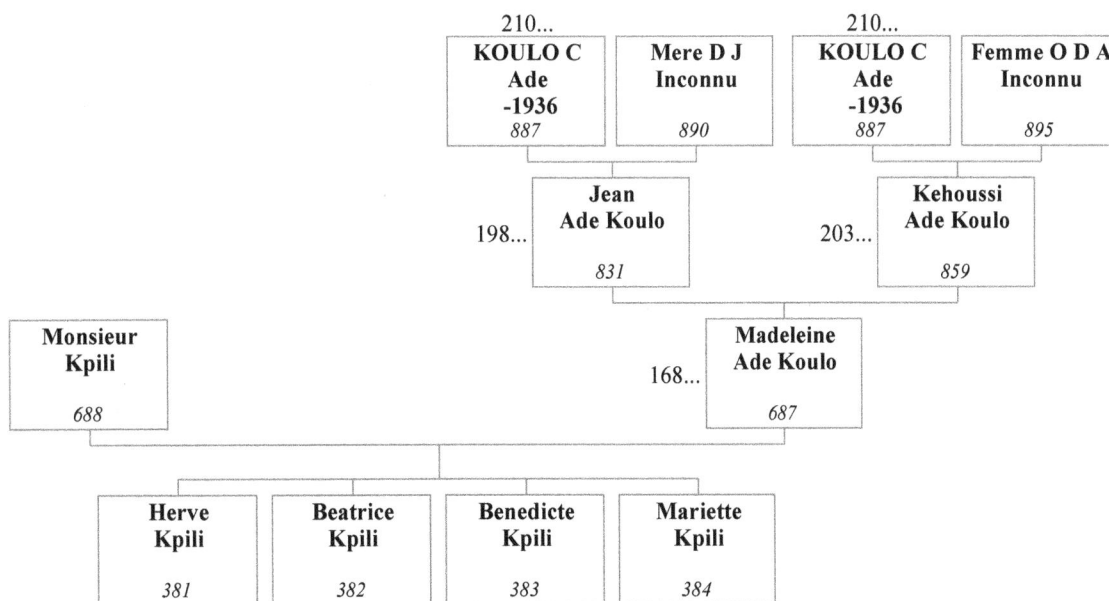

210...

| KOULO C Ade -1936 *887* | Mere D J Inconnu *890* | KOULO C Ade -1936 *887* | Femme O D A Inconnu *895* |

Jean Ade Koulo *831* — 198...

Kehoussi Ade Koulo *859* — 203...

Monsieur Kpili *688*

Madeleine Ade Koulo *687* — 168...

| Herve Kpili *381* | Beatrice Kpili *382* | Benedicte Kpili *383* | Mariette Kpili *384* |

103. Mathias Ade Koulo

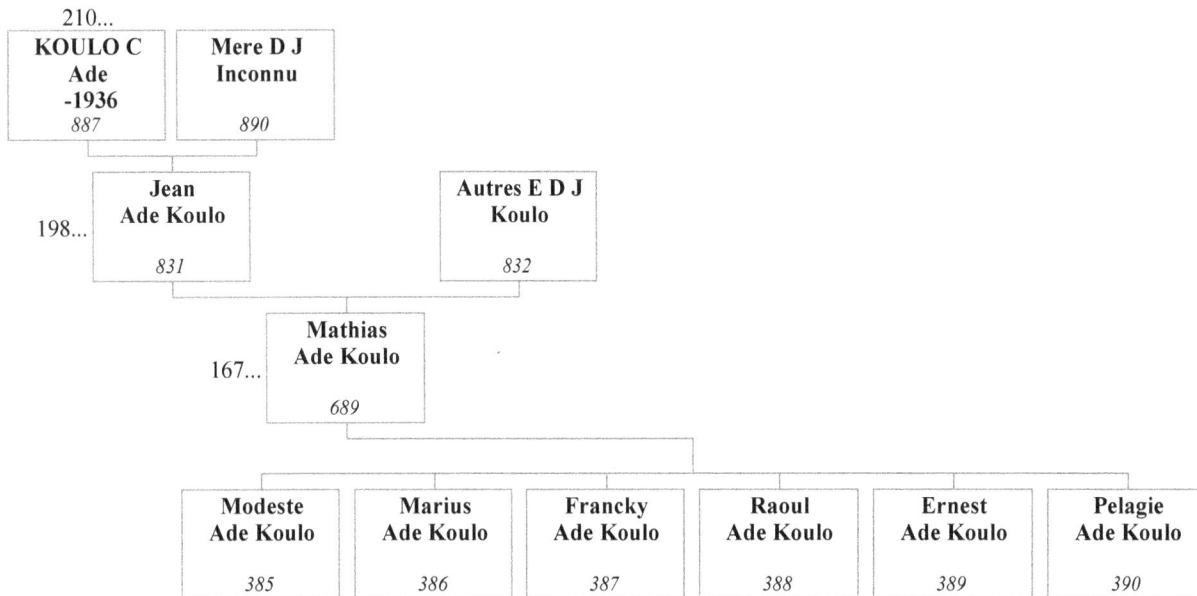

210...
| KOULO C Ade -1936 887 | Mere D J Inconnu 890 |

198...
| Jean Ade Koulo 831 | | Autres E D J Koulo 832 |

167...
| Mathias Ade Koulo 689 |

| Modeste Ade Koulo 385 | Marius Ade Koulo 386 | Francky Ade Koulo 387 | Raoul Ade Koulo 388 | Ernest Ade Koulo 389 | Pelagie Ade Koulo 390 |

104. Monsieur Fegbegou et Lodohounde Ade Koulo

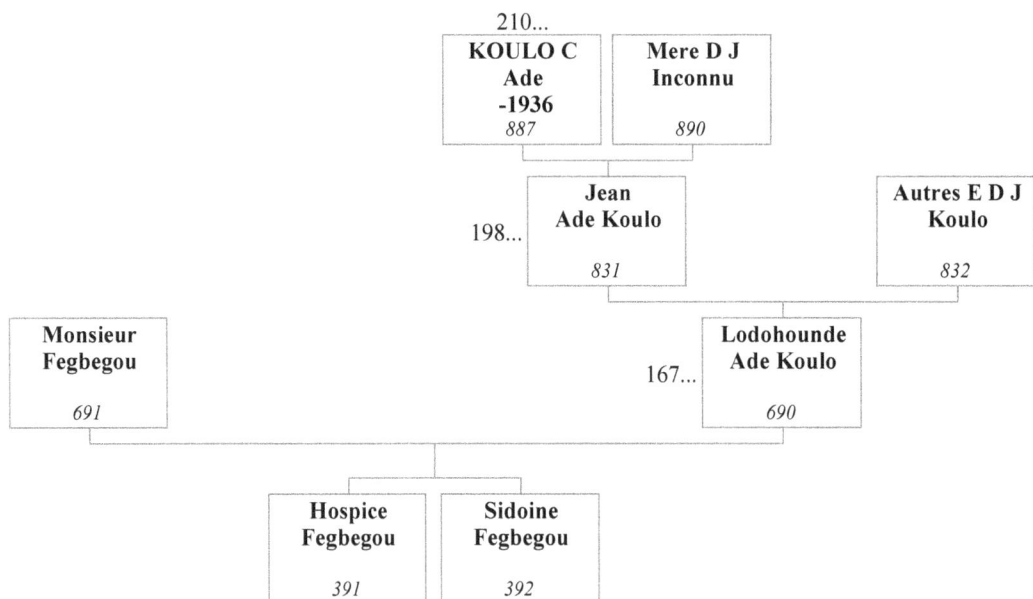

210...
| KOULO C Ade -1936 887 | Mere D J Inconnu 890 |

198...
| Jean Ade Koulo 831 | | Autres E D J Koulo 832 |

| Monsieur Fegbegou 691 | | 167... Lodohounde Ade Koulo 690 |

| Hospice Fegbegou 391 | Sidoine Fegbegou 392 |

105. Monsieur Dine et Elisabeth Ade Koulo

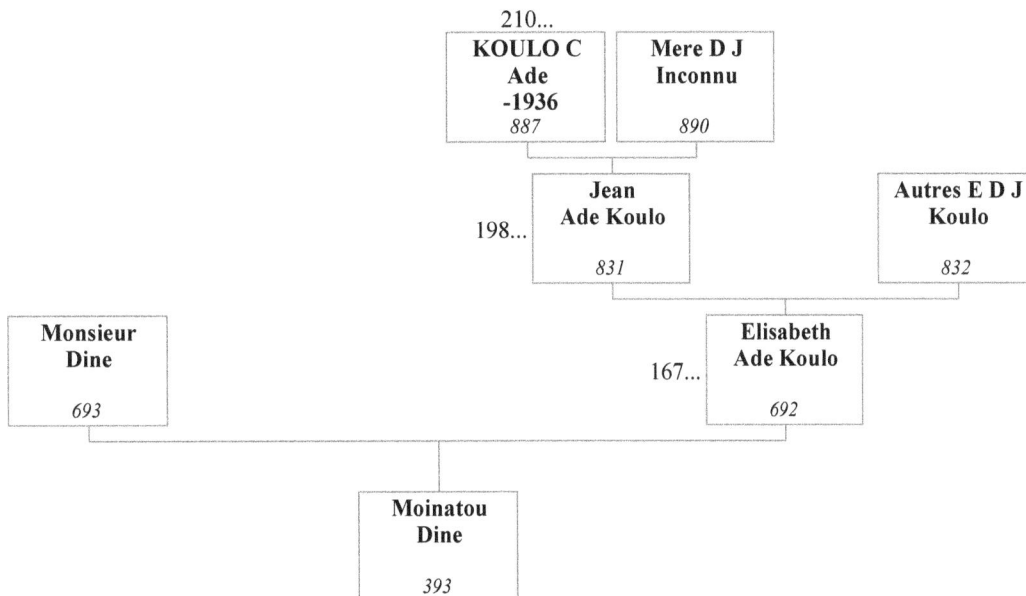

210...

KOULO C Ade -1936
887

Mere D J Inconnu
890

198...
Jean Ade Koulo
831

Autres E D J Koulo
832

Monsieur Dine
693

167...
Elisabeth Ade Koulo
692

Moinatou Dine
393

106. Monsieur Hinkpon et Aladassi Inconnu

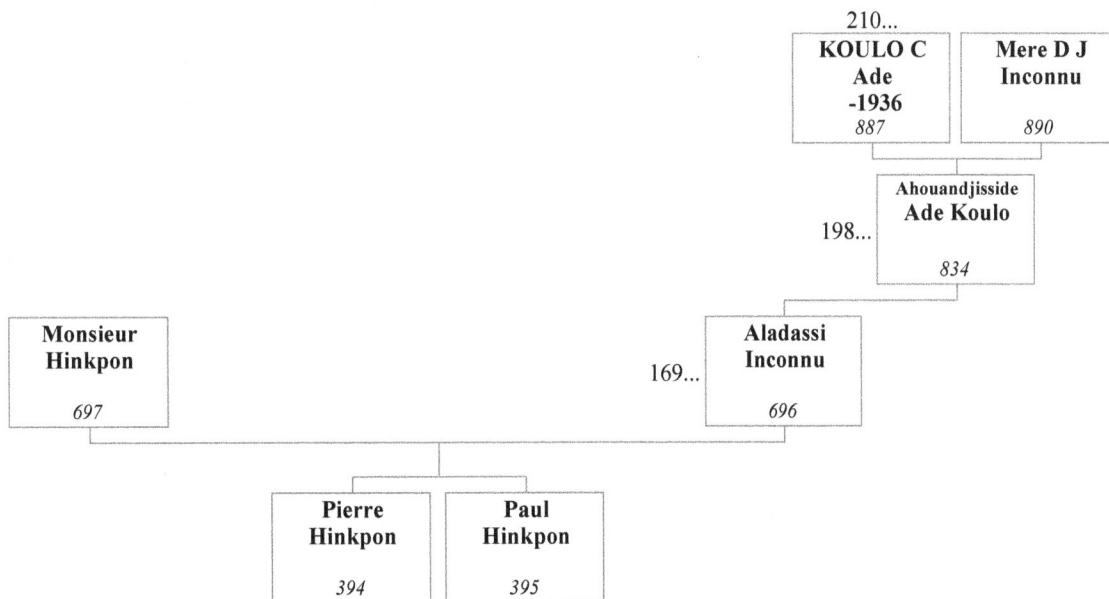

210...

KOULO C Ade -1936
887

Mere D J Inconnu
890

198...
Ahouandjisside Ade Koulo
834

Monsieur Hinkpon
697

169...
Aladassi Inconnu
696

Pierre Hinkpon
394

Paul Hinkpon
395

107. Bertin Ade Koulo et Nansi Benou-non Inconnu

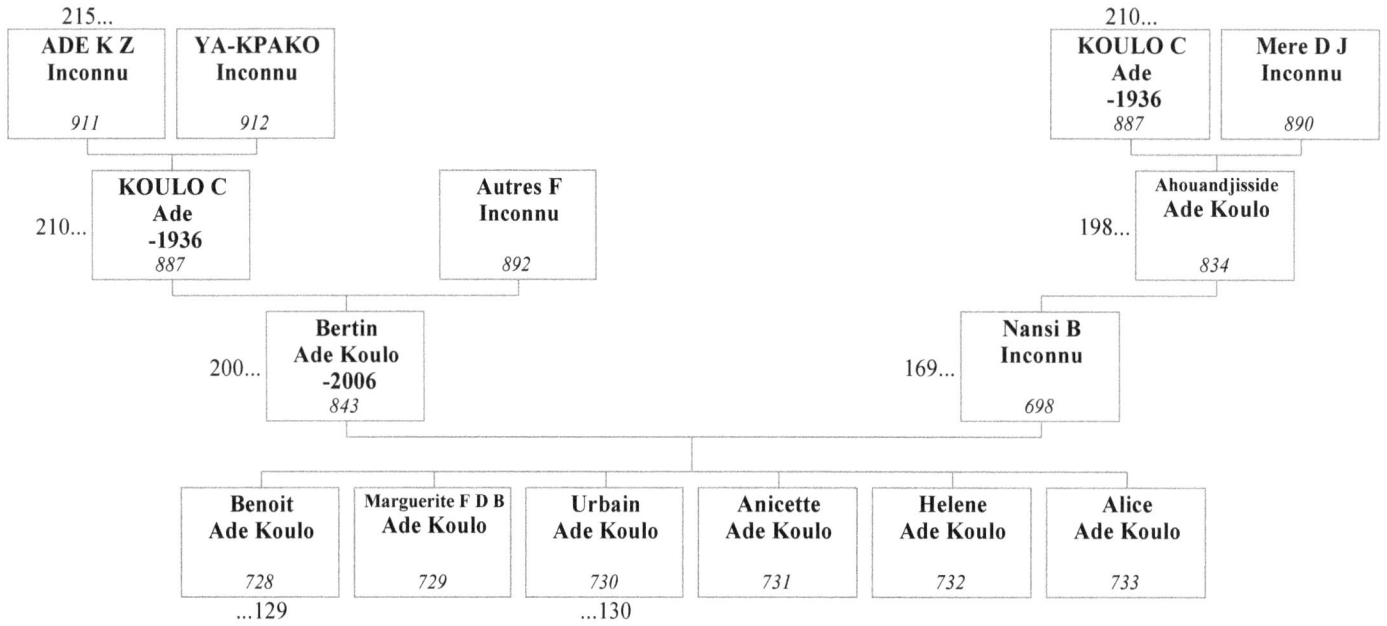

215...

ADE K Z Inconnu	YA-KPAKO Inconnu
911	912

210...

KOULO C Ade -1936	Autres F Inconnu
887	892

210...

KOULO C Ade -1936	Mere D J Inconnu
887	890

198...

Ahouandjisside Ade Koulo
834

200...

Bertin Ade Koulo -2006 — 843

169...

Nansi B Inconnu — 698

Benoit Ade Koulo	Marguerite F D B Ade Koulo	Urbain Ade Koulo	Anicette Ade Koulo	Helene Ade Koulo	Alice Ade Koulo
728	729	730	731	732	733

...129   ...130

108. Aladassi Daho Ade Koulo

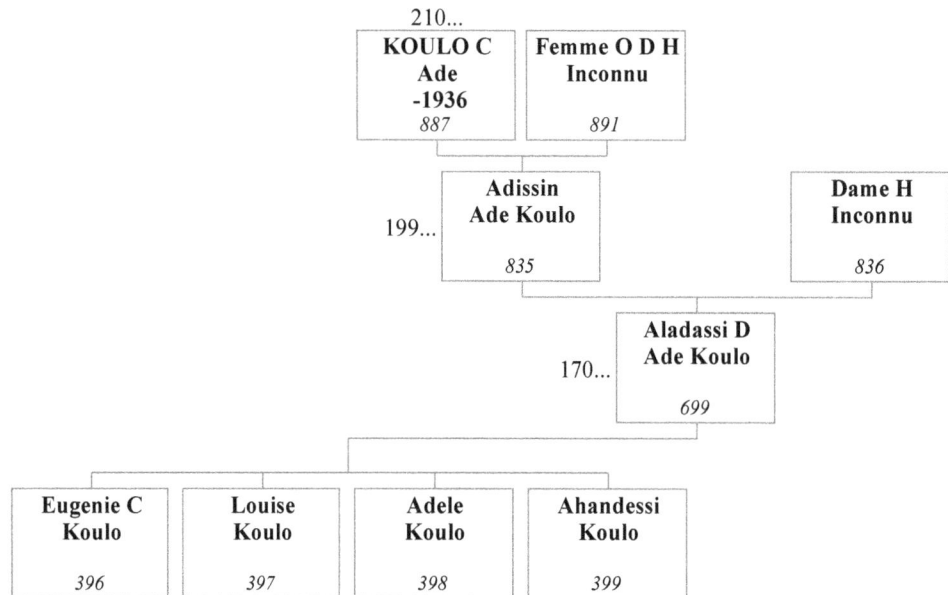

210...

KOULO C Ade -1936	Femme O D H Inconnu
887	891

199...

Adissin Ade Koulo	Dame H Inconnu
835	836

170...

Aladassi D Ade Koulo — 699

Eugenie C Koulo	Louise Koulo	Adele Koulo	Ahandessi Koulo
396	397	398	399

109. Marcellin Ade Koulo

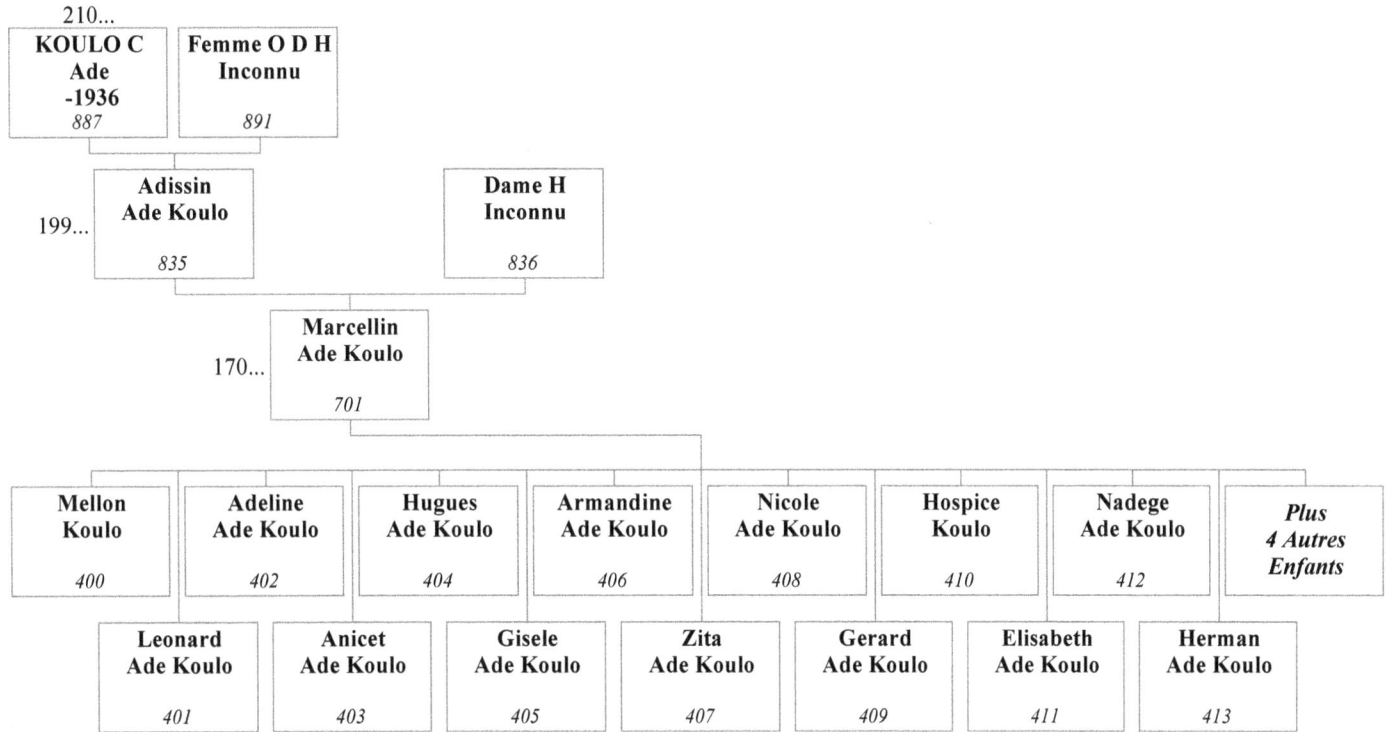

210...

| KOULO C Ade -1936 *887* | Femme O D H Inconnu *891* |

199...

| Adissin Ade Koulo *835* | Dame H Inconnu *836* |

170...

| Marcellin Ade Koulo *701* |

| Mellon Koulo *400* | Adeline Ade Koulo *402* | Hugues Ade Koulo *404* | Armandine Ade Koulo *406* | Nicole Ade Koulo *408* | Hospice Koulo *410* | Nadege Ade Koulo *412* | *Plus 4 Autres Enfants* |

| Leonard Ade Koulo *401* | Anicet Ade Koulo *403* | Gisele Ade Koulo *405* | Zita Ade Koulo *407* | Gerard Ade Koulo *409* | Elisabeth Ade Koulo *411* | Herman Ade Koulo *413* |

110. Macaire Ade Koulo

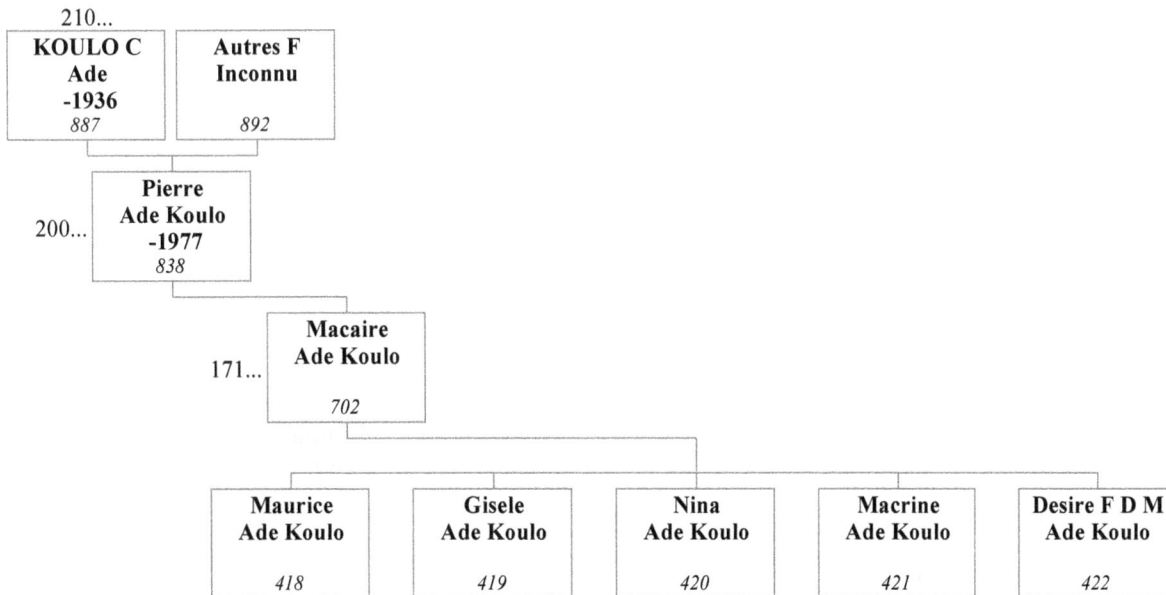

210...

| KOULO C Ade -1936 *887* | Autres F Inconnu *892* |

200...

| Pierre Ade Koulo -1977 *838* |

171...

| Macaire Ade Koulo *702* |

| Maurice Ade Koulo *418* | Gisele Ade Koulo *419* | Nina Ade Koulo *420* | Macrine Ade Koulo *421* | Desire F D M Ade Koulo *422* |

111. Richard Dah Ade Koulo

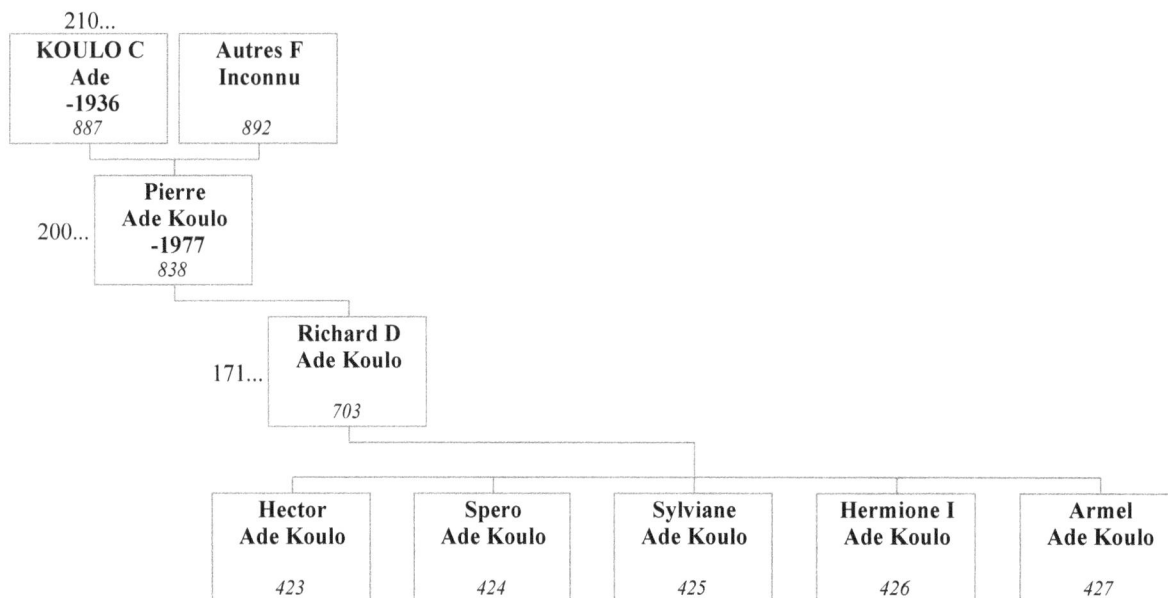

210...
KOULO C
Ade
-1936
887

Autres F
Inconnu
892

200...
Pierre
Ade Koulo
-1977
838

171...
Richard D
Ade Koulo
703

Hector Ade Koulo	**Spero Ade Koulo**	**Sylviane Ade Koulo**	**Hermione I Ade Koulo**	**Armel Ade Koulo**
423	*424*	*425*	*426*	*427*

112. Mathias Ade Koulo

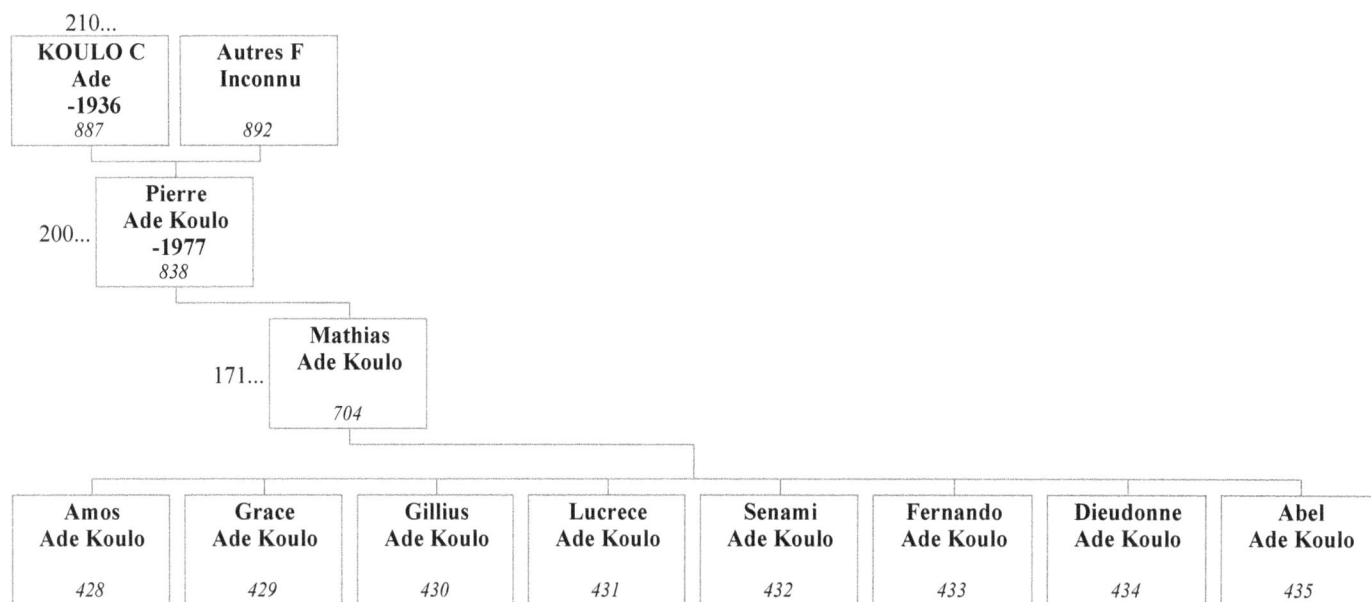

210...
KOULO C
Ade
-1936
887

Autres F
Inconnu
892

200...
Pierre
Ade Koulo
-1977
838

171...
Mathias
Ade Koulo
704

Amos Ade Koulo	**Grace Ade Koulo**	**Gillius Ade Koulo**	**Lucrece Ade Koulo**	**Senami Ade Koulo**	**Fernando Ade Koulo**	**Dieudonne Ade Koulo**	**Abel Ade Koulo**
428	*429*	*430*	*431*	*432*	*433*	*434*	*435*

113. Adrien Ade Koulo

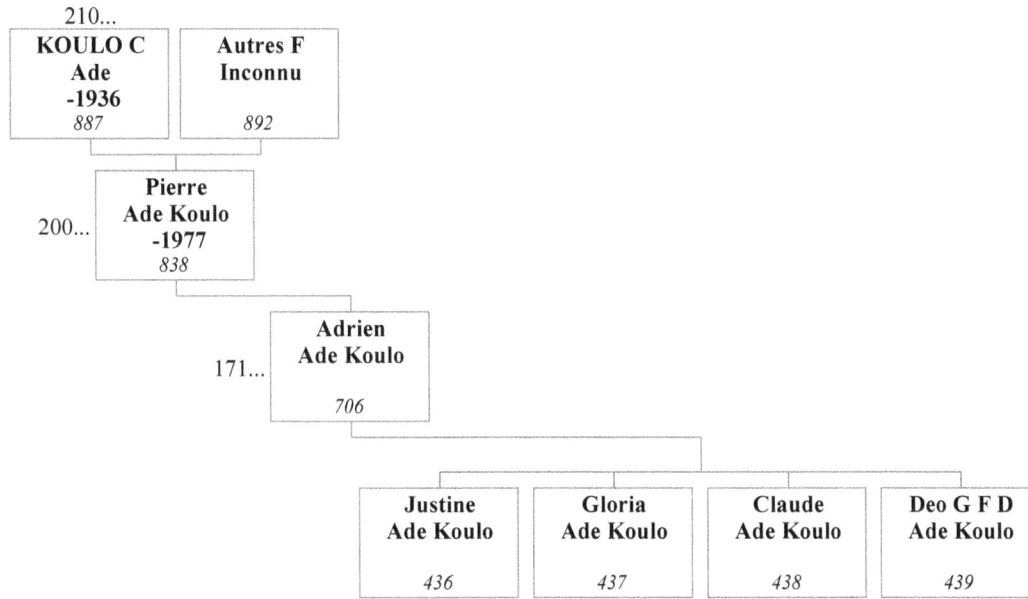

210...
| KOULO C Ade -1936 887 | Autres F Inconnu 892 |

200...
| Pierre Ade Koulo -1977 838 |

171...
| Adrien Ade Koulo 706 |

| Justine Ade Koulo 436 | Gloria Ade Koulo 437 | Claude Ade Koulo 438 | Deo G F D Ade Koulo 439 |

114. Toussaint fils de Pierre Ade Koulo

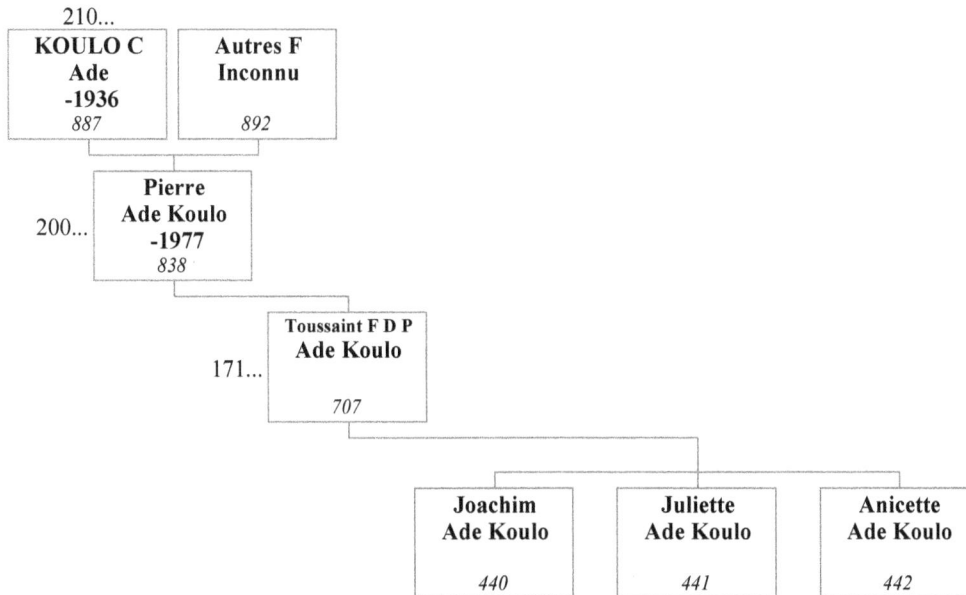

210...
| KOULO C Ade -1936 887 | Autres F Inconnu 892 |

200...
| Pierre Ade Koulo -1977 838 |

171...
| Toussaint F D P Ade Koulo 707 |

| Joachim Ade Koulo 440 | Juliette Ade Koulo 441 | Anicette Ade Koulo 442 |

115. Jules Ade Koulo

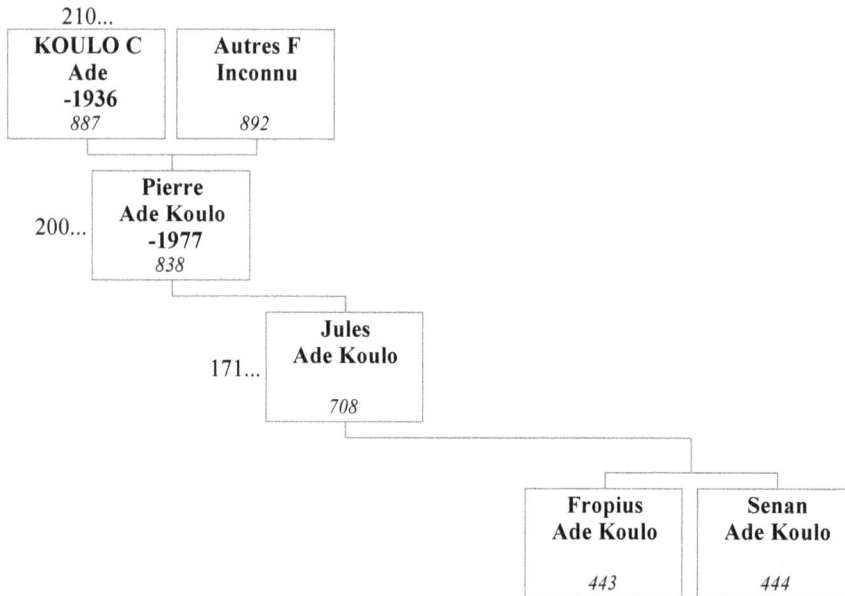

210...

KOULO C Ade -1936 *887*	Autres F Inconnu *892*

200... **Pierre Ade Koulo -1977** *838*

171... **Jules Ade Koulo** *708*

Fropius Ade Koulo *443*	Senan Ade Koulo *444*

116. Gabin Ade Koulo

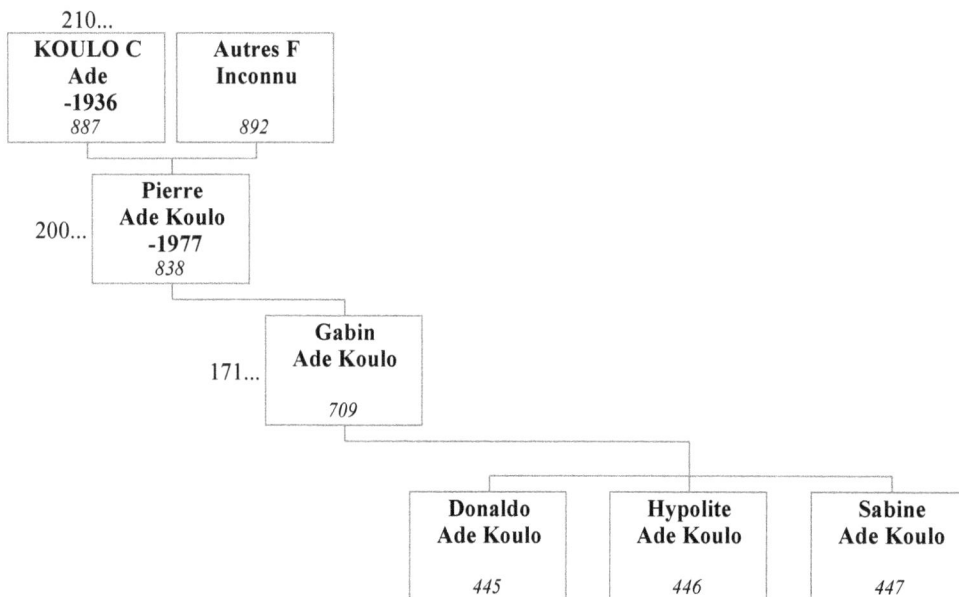

210...

KOULO C Ade -1936 *887*	Autres F Inconnu *892*

200... **Pierre Ade Koulo -1977** *838*

171... **Gabin Ade Koulo** *709*

Donaldo Ade Koulo *445*	Hypolite Ade Koulo *446*	Sabine Ade Koulo *447*

117. Monsieur Lokonou et Singbonon Ade Koulo

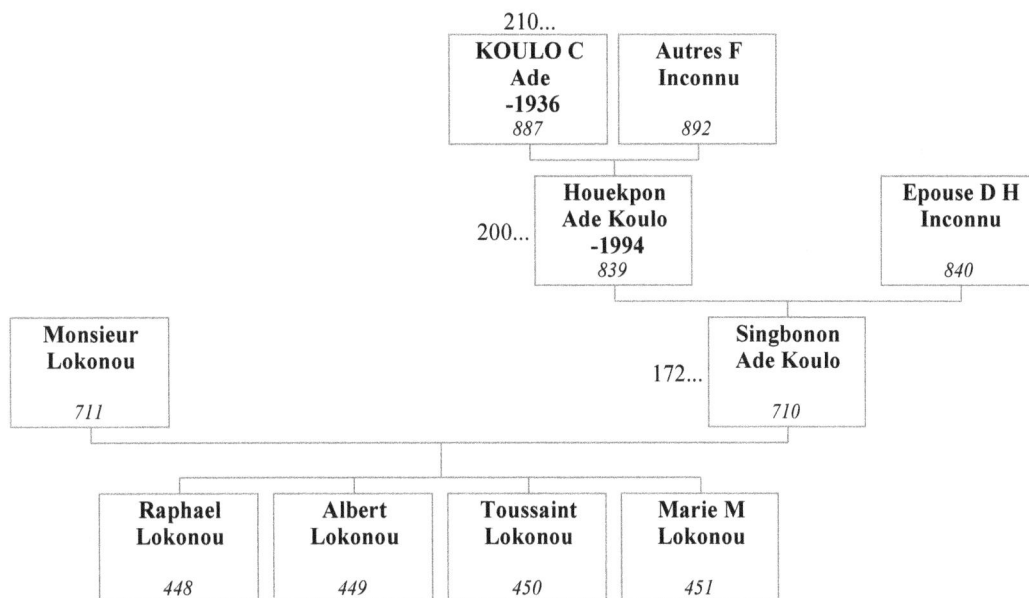

210...

KOULO C Ade -1936	Autres F Inconnu
887	*892*

200...

Houekpon Ade Koulo -1994
839

Epouse D H Inconnu
840

Monsieur Lokonou
711

172... **Singbonon Ade Koulo**
710

Raphael Lokonou	Albert Lokonou	Toussaint Lokonou	Marie M Lokonou
448	*449*	*450*	*451*

118. Mr Assogba et Ya Omer-non Ade Koulo

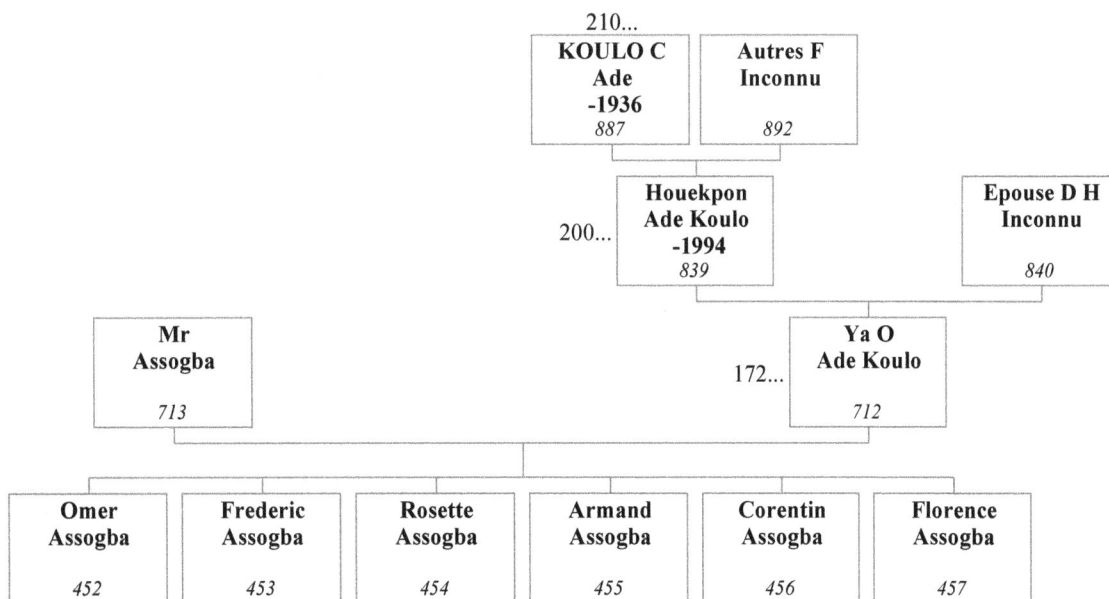

210...

KOULO C Ade -1936	Autres F Inconnu
887	*892*

200...

Houekpon Ade Koulo -1994
839

Epouse D H Inconnu
840

Mr Assogba
713

172... **Ya O Ade Koulo**
712

Omer Assogba	Frederic Assogba	Rosette Assogba	Armand Assogba	Corentin Assogba	Florence Assogba
452	*453*	*454*	*455*	*456*	*457*

119. Thomas Ade Koulo

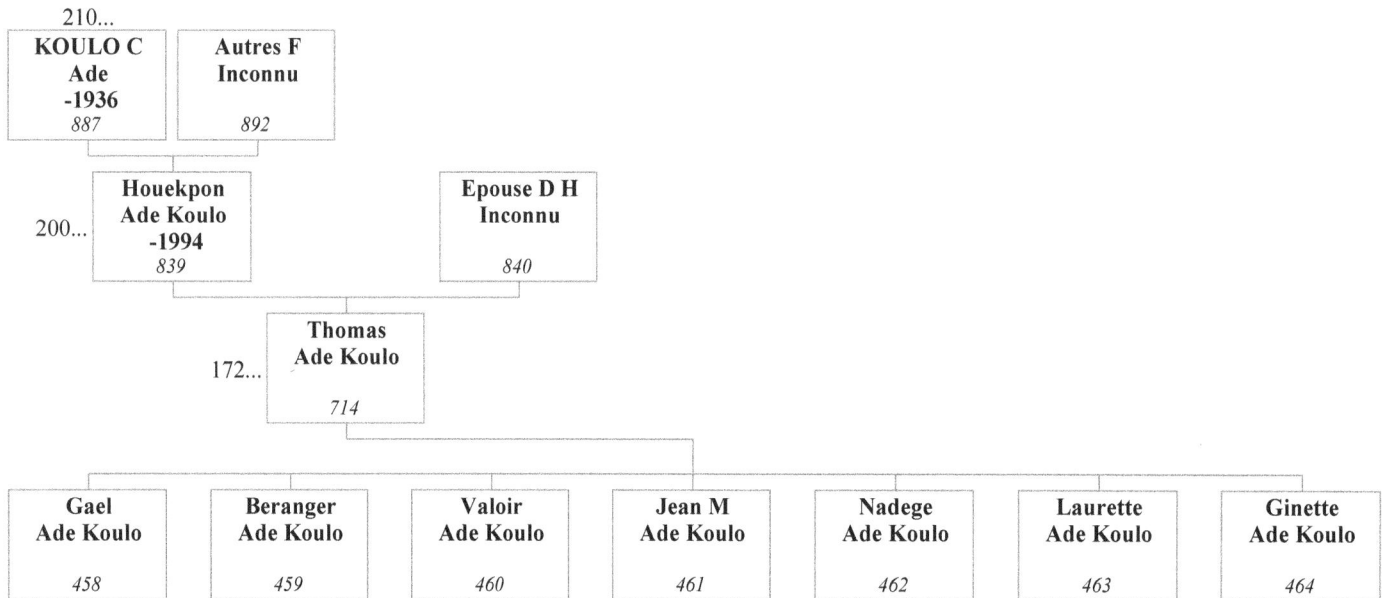

210...

KOULO C Ade -1936 887	Autres F Inconnu 892

200...

Houekpon Ade Koulo -1994 839	Epouse D H Inconnu 840

172...

Thomas Ade Koulo
714

Gael Ade Koulo 458	Beranger Ade Koulo 459	Valoir Ade Koulo 460	Jean M Ade Koulo 461	Nadege Ade Koulo 462	Laurette Ade Koulo 463	Ginette Ade Koulo 464

120. Ignace Ade Koulo

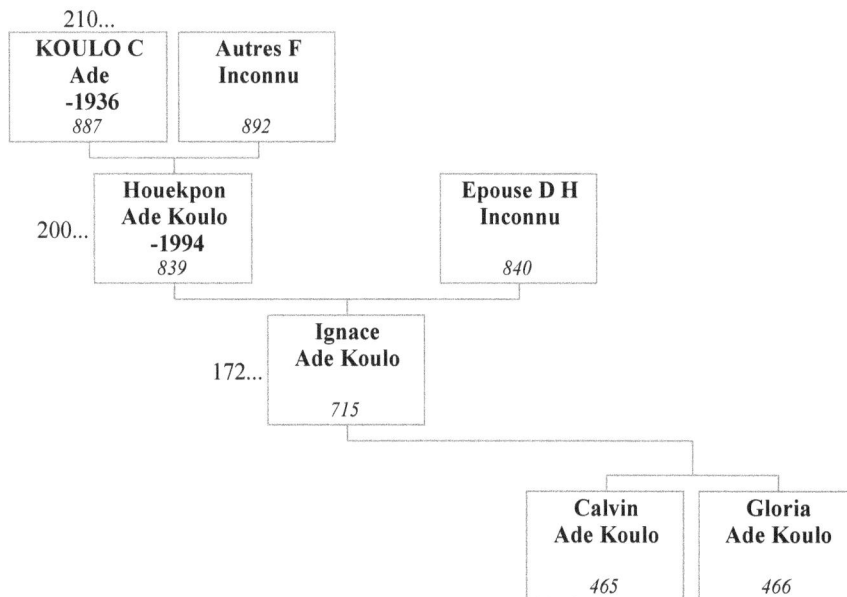

210...

KOULO C Ade -1936 887	Autres F Inconnu 892

200...

Houekpon Ade Koulo -1994 839	Epouse D H Inconnu 840

172...

Ignace Ade Koulo
715

Calvin Ade Koulo 465	Gloria Ade Koulo 466

121. Romain Ade Koulo

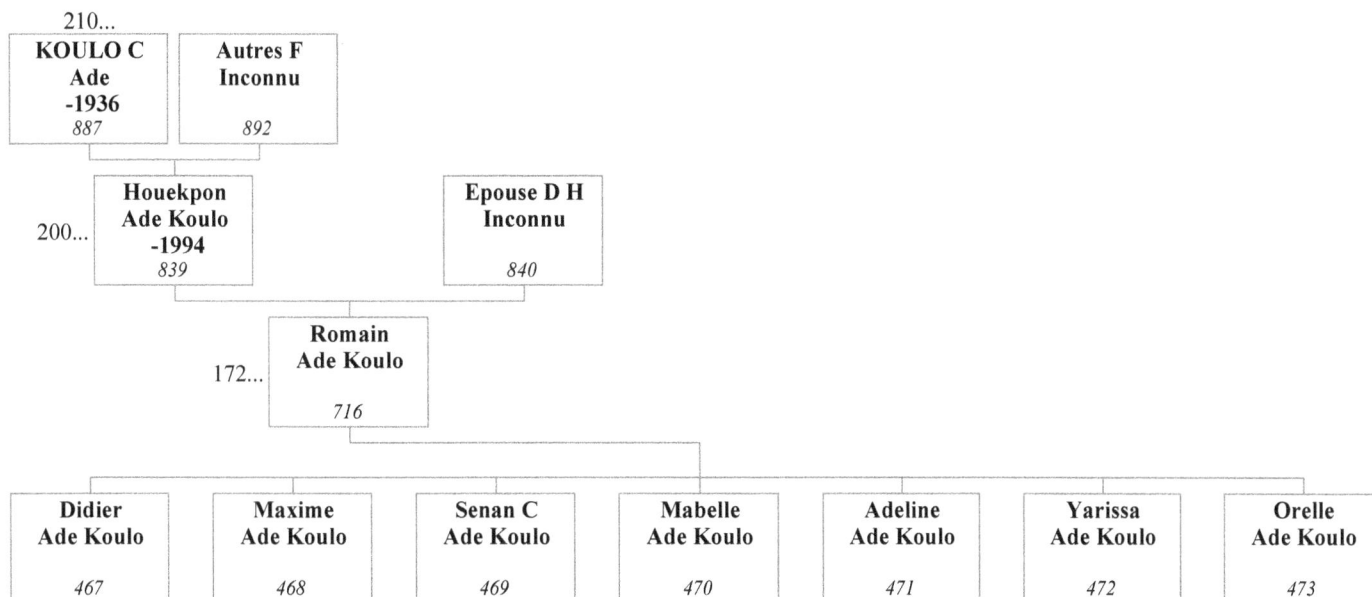

210...

KOULO C Ade -1936 887	Autres F Inconnu 892

200...

Houekpon Ade Koulo -1994 839	Epouse D H Inconnu 840

172...

Romain Ade Koulo 716

Didier Ade Koulo 467	Maxime Ade Koulo 468	Senan C Ade Koulo 469	Mabelle Ade Koulo 470	Adeline Ade Koulo 471	Yarissa Ade Koulo 472	Orelle Ade Koulo 473

122. Monsieur Gangbe et Catherine Ade Koulo

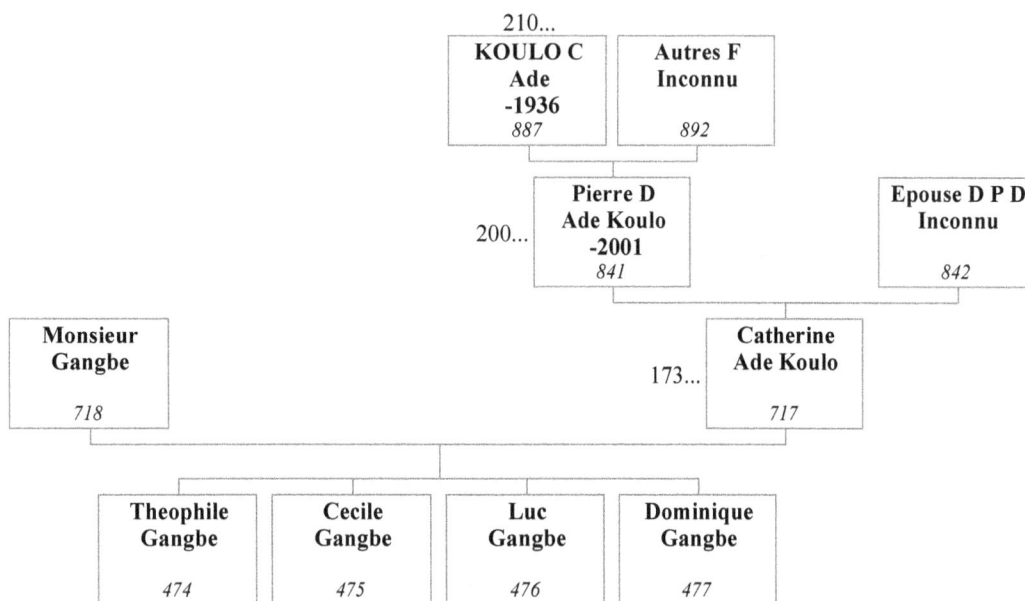

210...

KOULO C Ade -1936 887	Autres F Inconnu 892

200...

Pierre D Ade Koulo -2001 841	Epouse D P D Inconnu 842

Monsieur Gangbe 718	Catherine Ade Koulo 173... 717

Theophile Gangbe 474	Cecile Gangbe 475	Luc Gangbe 476	Dominique Gangbe 477

123. Mr Allagbe et Elisabeth Ade Koulo

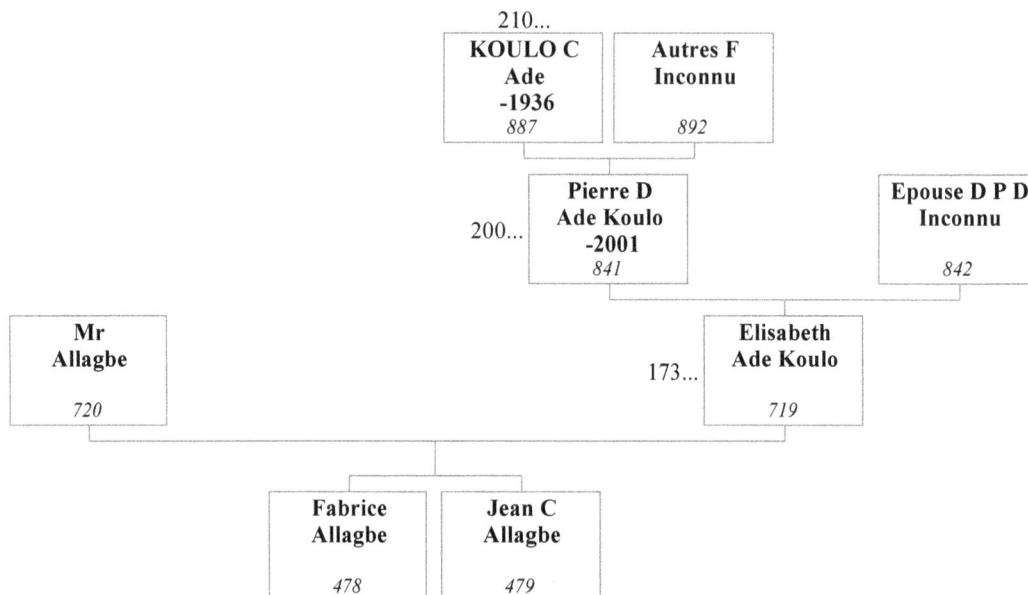

210...

KOULO C Ade -1936	Autres F Inconnu
887	892

200...

Pierre D Ade Koulo -2001	Epouse D P D Inconnu
841	842

Mr Allagbe	Elisabeth Ade Koulo
720	173... 719

Fabrice Allagbe	Jean C Allagbe
478	479

124. Mr Gbaguidi et Dakossi Ade Koulo

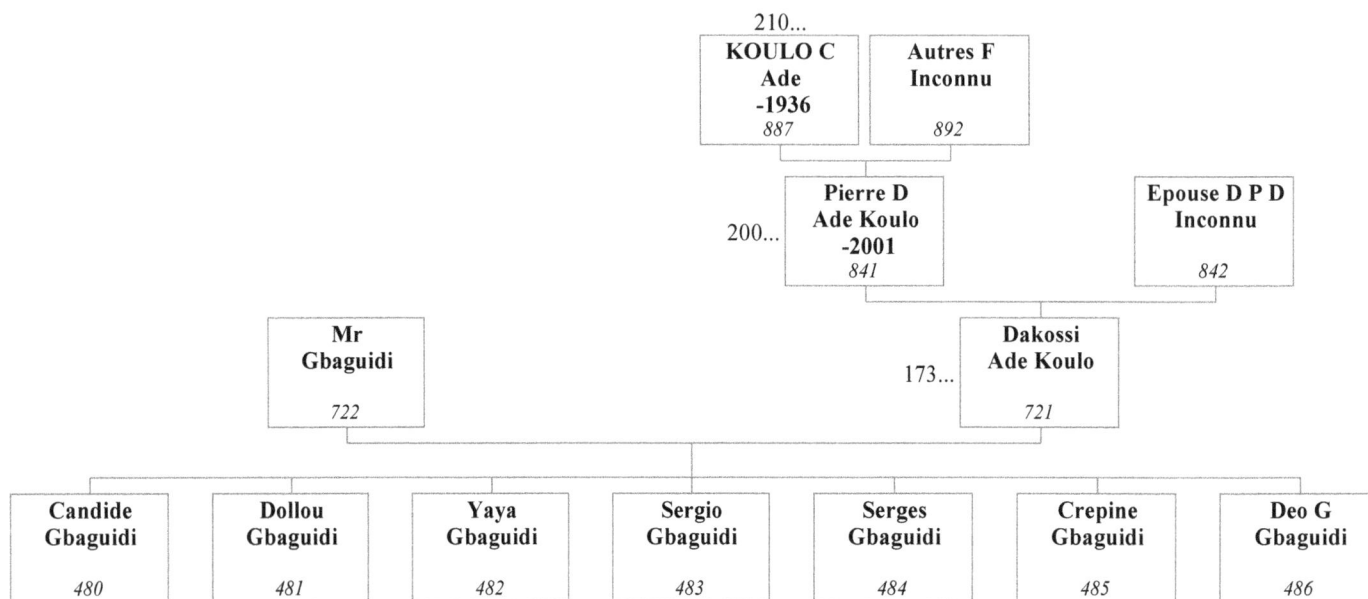

210...

KOULO C Ade -1936	Autres F Inconnu
887	892

200...

Pierre D Ade Koulo -2001	Epouse D P D Inconnu
841	842

Mr Gbaguidi	Dakossi Ade Koulo
722	173... 721

Candide Gbaguidi	Dollou Gbaguidi	Yaya Gbaguidi	Sergio Gbaguidi	Serges Gbaguidi	Crepine Gbaguidi	Deo G Gbaguidi
480	481	482	483	484	485	486

125. Monsieur Akognon et Florence Ade Koulo

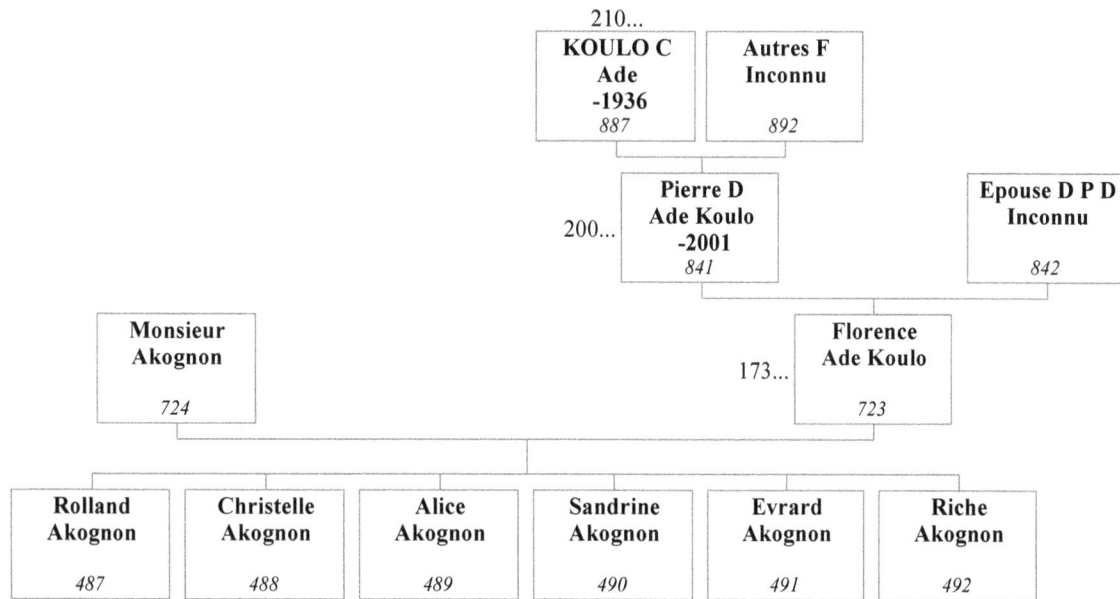

210...

KOULO C Ade -1936 *887*	Autres F Inconnu *892*

200...

Pierre D Ade Koulo -2001 *841*	Epouse D P D Inconnu *842*

Monsieur Akognon *724*	173... Florence Ade Koulo *723*

Rolland Akognon *487*	Christelle Akognon *488*	Alice Akognon *489*	Sandrine Akognon *490*	Evrard Akognon *491*	Riche Akognon *492*

126. Valentin Ade Koulo

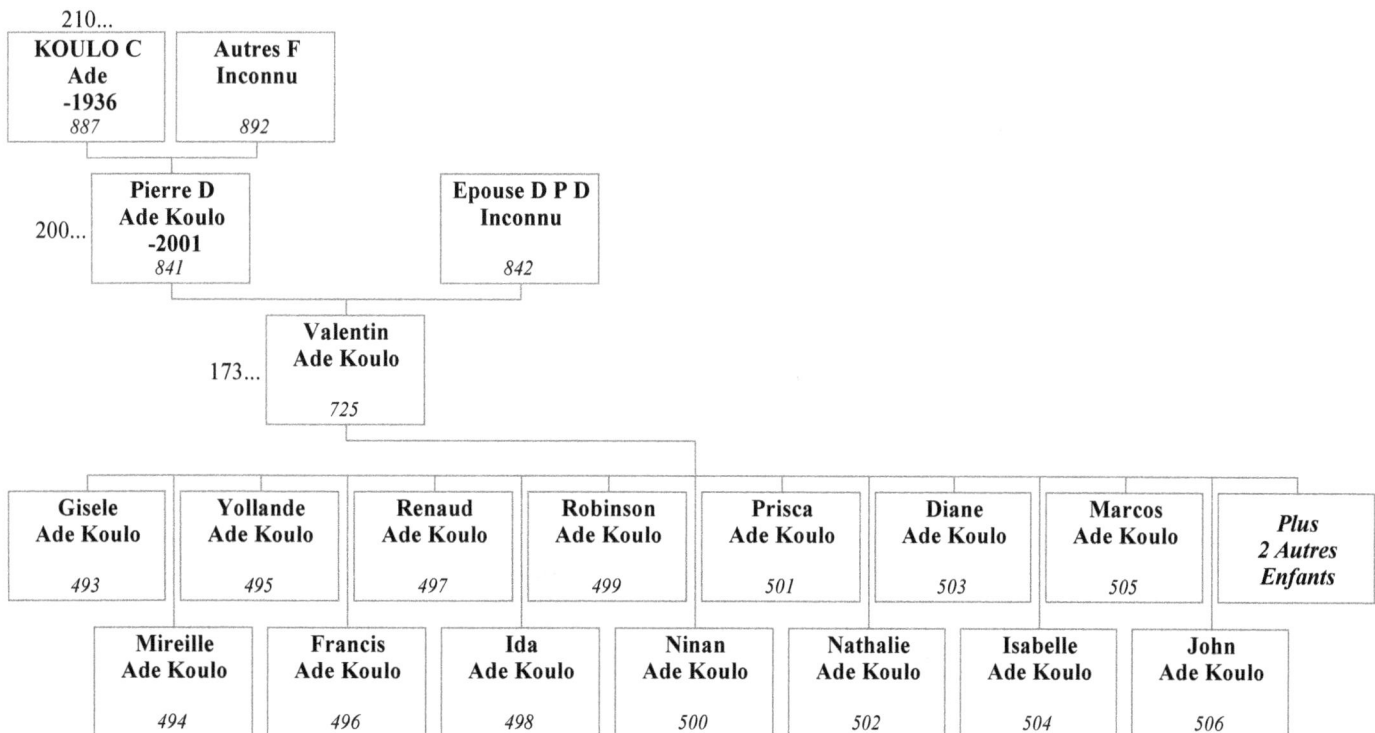

210...

KOULO C Ade -1936 *887*	Autres F Inconnu *892*

200...

Pierre D Ade Koulo -2001 *841*	Epouse D P D Inconnu *842*

173... Valentin Ade Koulo *725*

Gisele Ade Koulo *493*	Yollande Ade Koulo *495*	Renaud Ade Koulo *497*	Robinson Ade Koulo *499*	Prisca Ade Koulo *501*	Diane Ade Koulo *503*	Marcos Ade Koulo *505*	*Plus 2 Autres Enfants*

Mireille Ade Koulo *494*	Francis Ade Koulo *496*	Ida Ade Koulo *498*	Ninan Ade Koulo *500*	Nathalie Ade Koulo *502*	Isabelle Ade Koulo *504*	John Ade Koulo *506*

127. Omer Ade Koulo

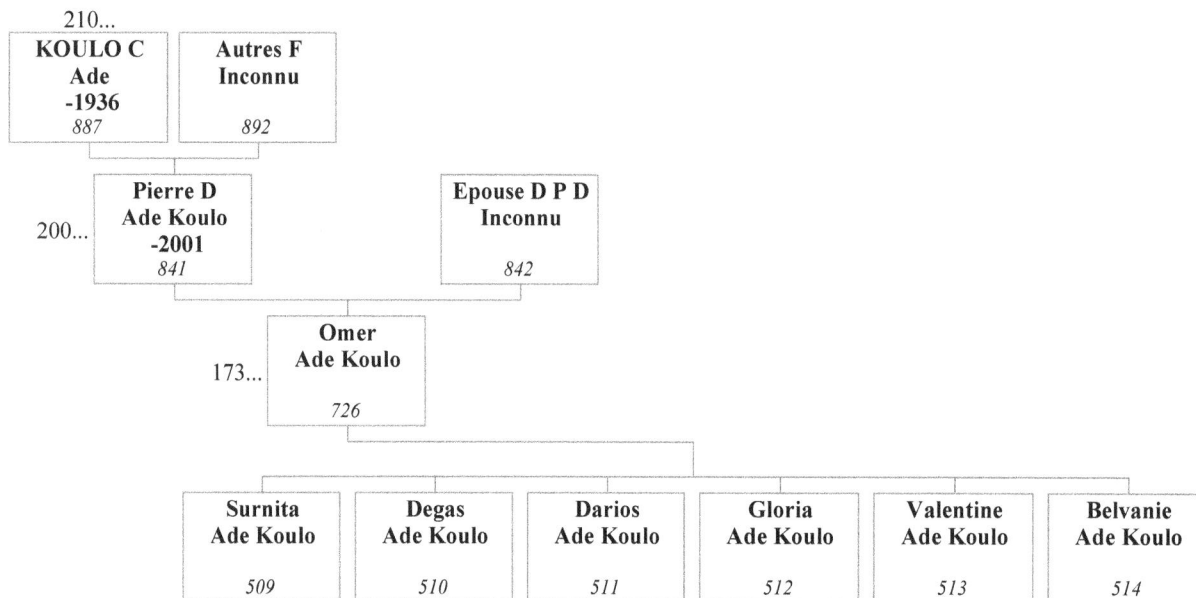

210...
| KOULO C Ade -1936 *887* | Autres F Inconnu *892* |

200...
| Pierre D Ade Koulo -2001 *841* | Epouse D P D Inconnu *842* |

173...
Omer Ade Koulo *726*

| Surnita Ade Koulo *509* | Degas Ade Koulo *510* | Darios Ade Koulo *511* | Gloria Ade Koulo *512* | Valentine Ade Koulo *513* | Belvanie Ade Koulo *514* |

128. Thomas Ade Koulo

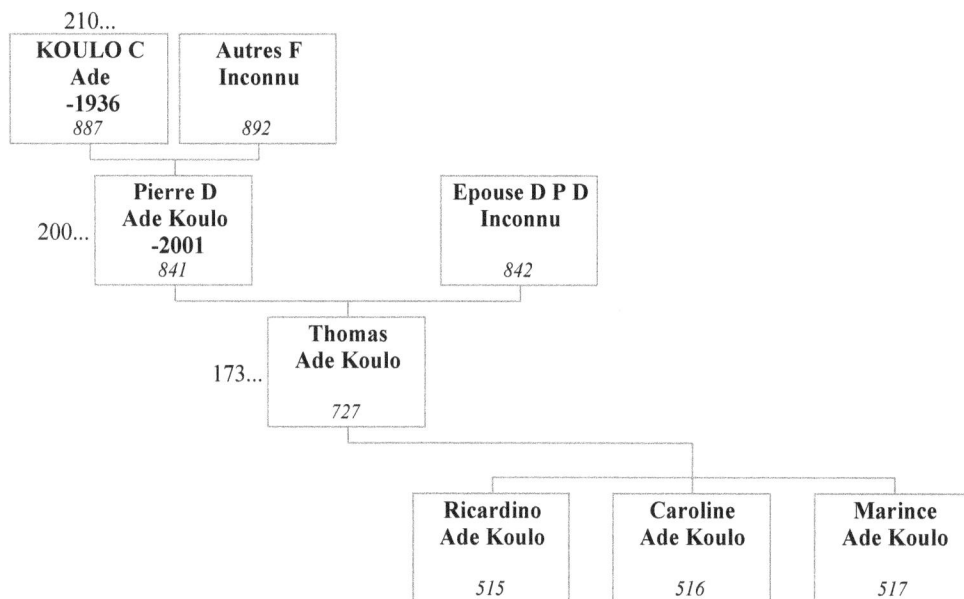

210...
| KOULO C Ade -1936 *887* | Autres F Inconnu *892* |

200...
| Pierre D Ade Koulo -2001 *841* | Epouse D P D Inconnu *842* |

173...
Thomas Ade Koulo *727*

| Ricardino Ade Koulo *515* | Caroline Ade Koulo *516* | Marince Ade Koulo *517* |

129. Benoit Ade Koulo

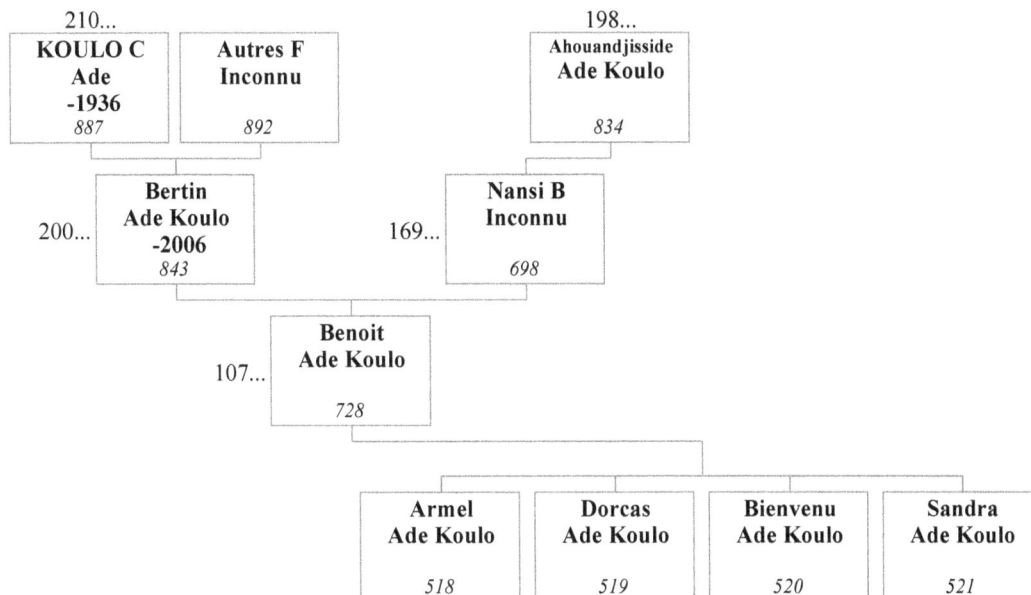

210...

KOULO C Ade -1936	Autres F Inconnu
887	892

198...

Ahouandjisside Ade Koulo
834

200...

Bertin Ade Koulo -2006
843

169...

Nansi B Inconnu
698

107...

Benoit Ade Koulo
728

Armel Ade Koulo	Dorcas Ade Koulo	Bienvenu Ade Koulo	Sandra Ade Koulo
518	519	520	521

130. Urbain Ade Koulo

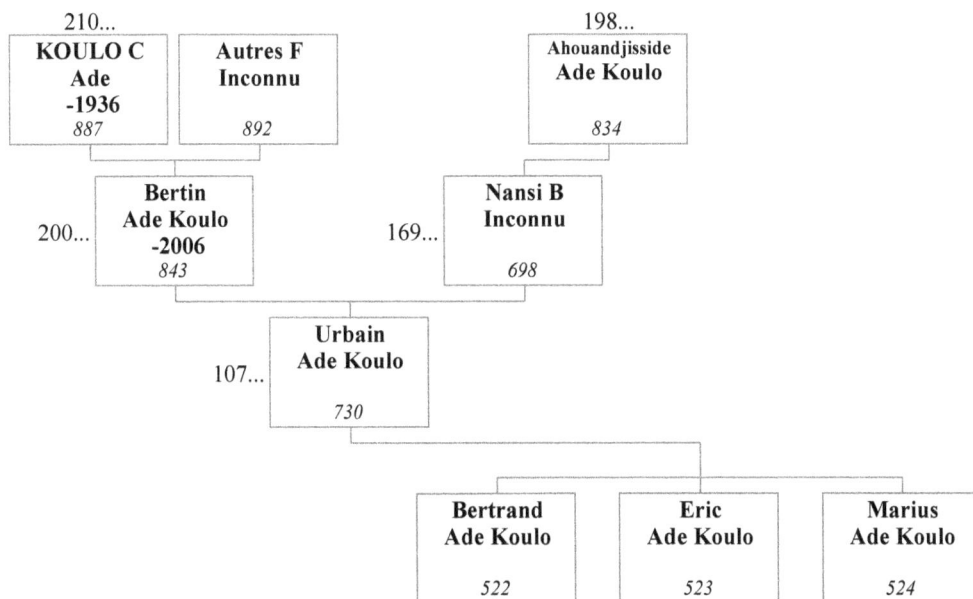

210...

KOULO C Ade -1936	Autres F Inconnu
887	892

198...

Ahouandjisside Ade Koulo
834

200...

Bertin Ade Koulo -2006
843

169...

Nansi B Inconnu
698

107...

Urbain Ade Koulo
730

Bertrand Ade Koulo	Eric Ade Koulo	Marius Ade Koulo
522	523	524

131. Theodore Ade Koulo

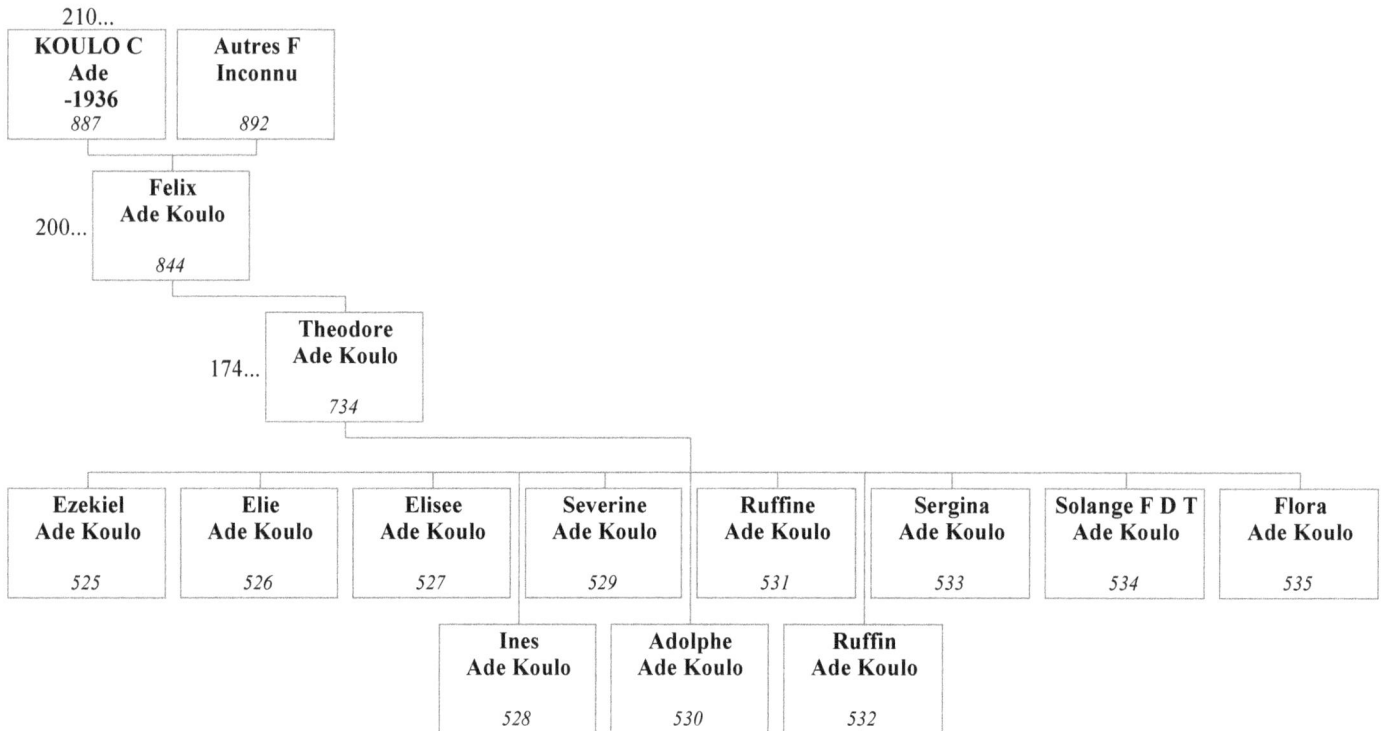

210...
KOULO C Ade -1936	Autres F Inconnu
887	892

200...
Felix Ade Koulo
844

174...
Theodore Ade Koulo
734

Ezekiel Ade Koulo	Elie Ade Koulo	Elisee Ade Koulo	Severine Ade Koulo	Ruffine Ade Koulo	Sergina Ade Koulo	Solange F D T Ade Koulo	Flora Ade Koulo
525	526	527	529	531	533	534	535

Ines Ade Koulo	Adolphe Ade Koulo	Ruffin Ade Koulo
528	530	532

132. Gilbert Ade Koulo

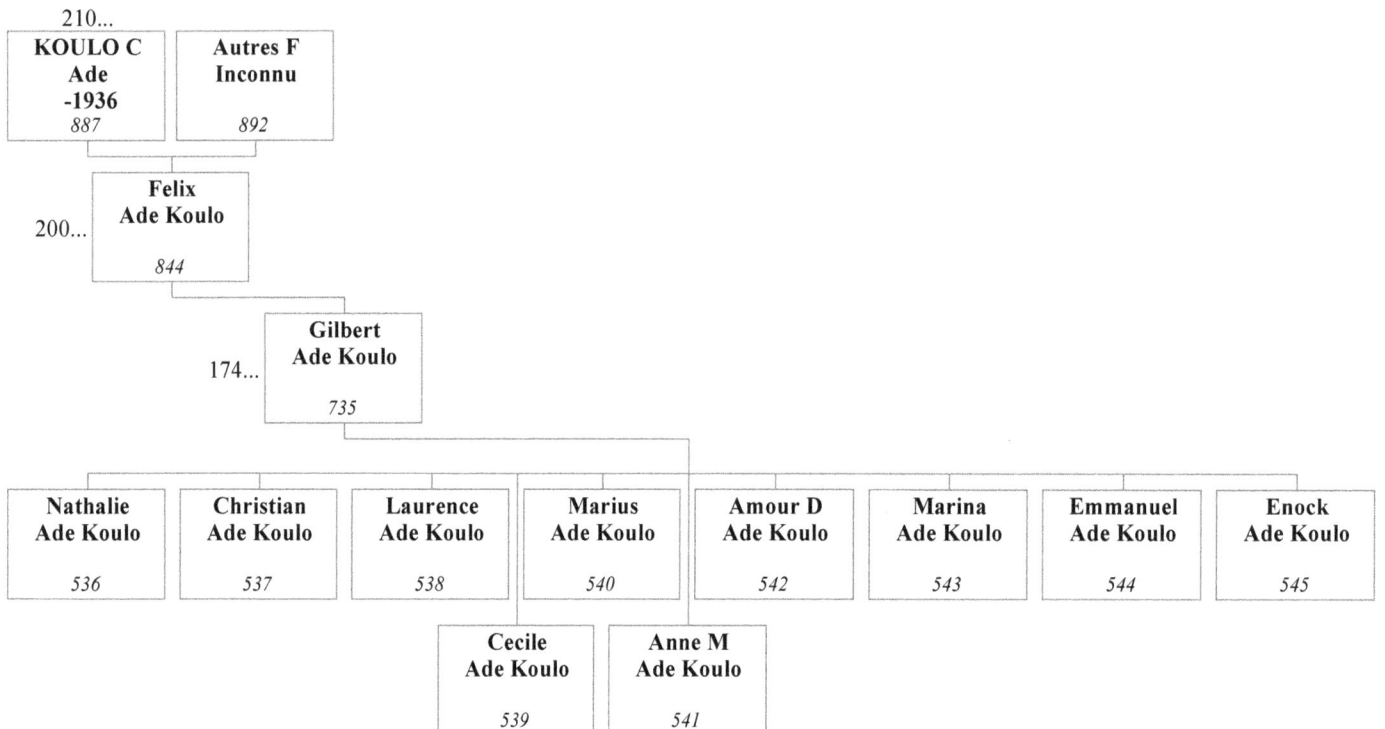

210...
KOULO C Ade -1936	Autres F Inconnu
887	892

200...
Felix Ade Koulo
844

174...
Gilbert Ade Koulo
735

Nathalie Ade Koulo	Christian Ade Koulo	Laurence Ade Koulo	Marius Ade Koulo	Amour D Ade Koulo	Marina Ade Koulo	Emmanuel Ade Koulo	Enock Ade Koulo
536	537	538	540	542	543	544	545

Cecile Ade Koulo	Anne M Ade Koulo
539	541

133. Blaise Ade Koulo

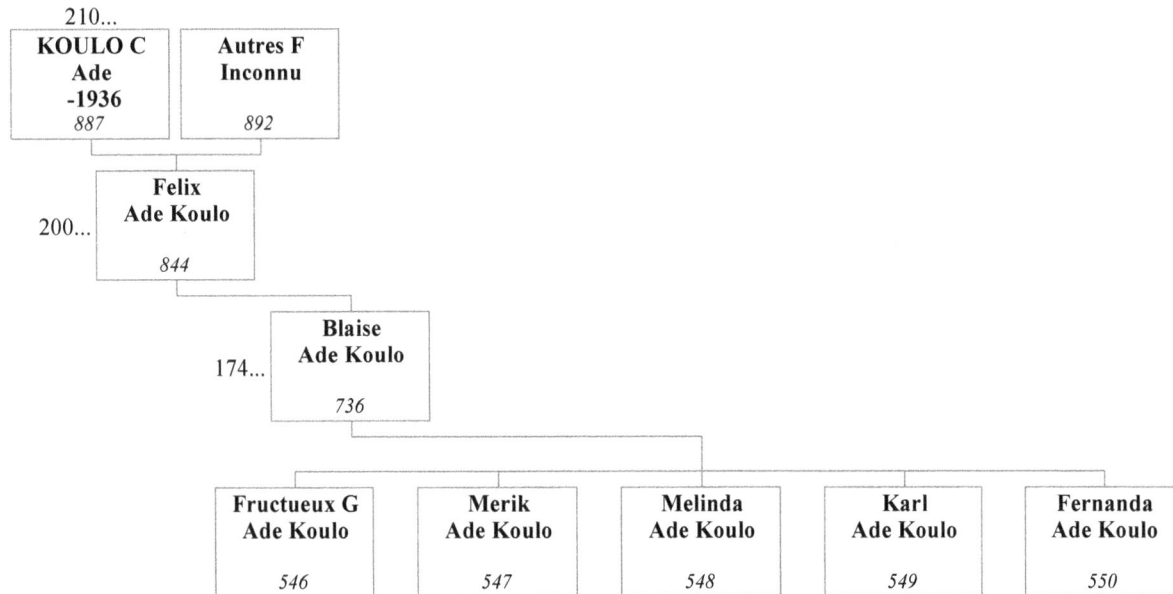

210...
| KOULO C Ade -1936 *887* | Autres F Inconnu *892* |

200...
Felix Ade Koulo
844

174...
Blaise Ade Koulo
736

| Fructueux G Ade Koulo *546* | Merik Ade Koulo *547* | Melinda Ade Koulo *548* | Karl Ade Koulo *549* | Fernanda Ade Koulo *550* |

134. Didier Ade Koulo

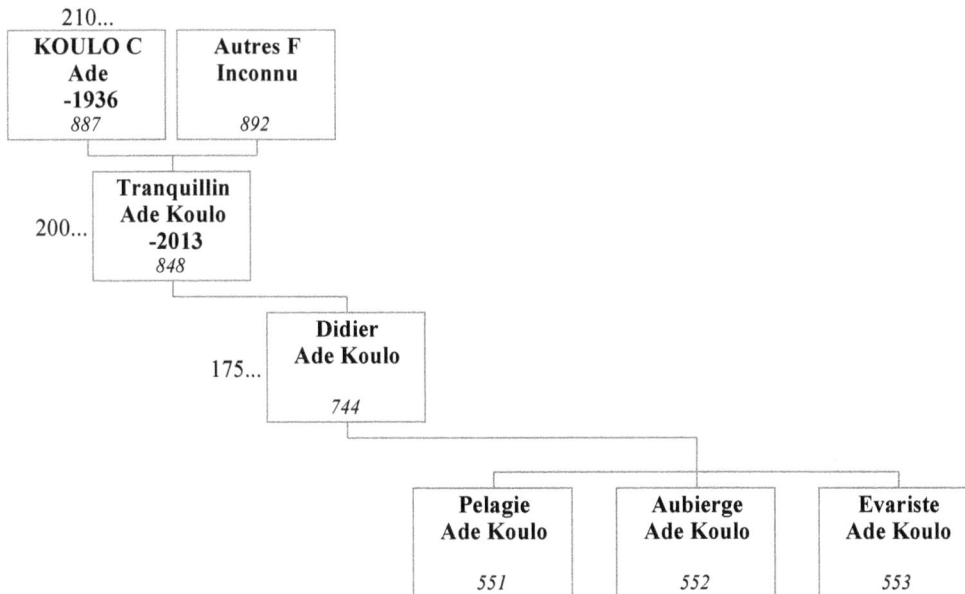

210...
| KOULO C Ade -1936 *887* | Autres F Inconnu *892* |

200...
Tranquillin Ade Koulo -2013
848

175...
Didier Ade Koulo
744

| Pelagie Ade Koulo *551* | Aubierge Ade Koulo *552* | Evariste Ade Koulo *553* |

135. Bonaventure Ade Koulo

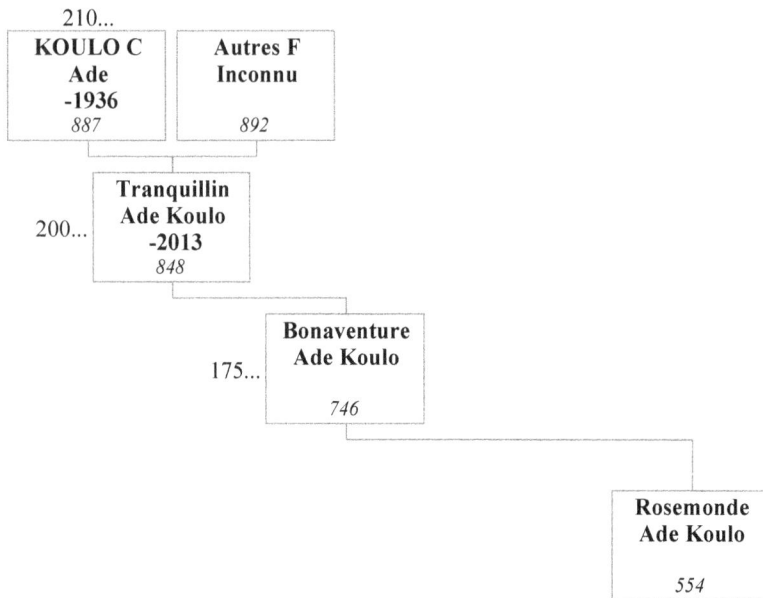

210...

| KOULO C Ade -1936 *887* | Autres F Inconnu *892* |

200...

Tranquillin Ade Koulo -2013 *848*

175...

Bonaventure Ade Koulo *746*

Rosemonde Ade Koulo *554*

136. Lambert Ade Koulo

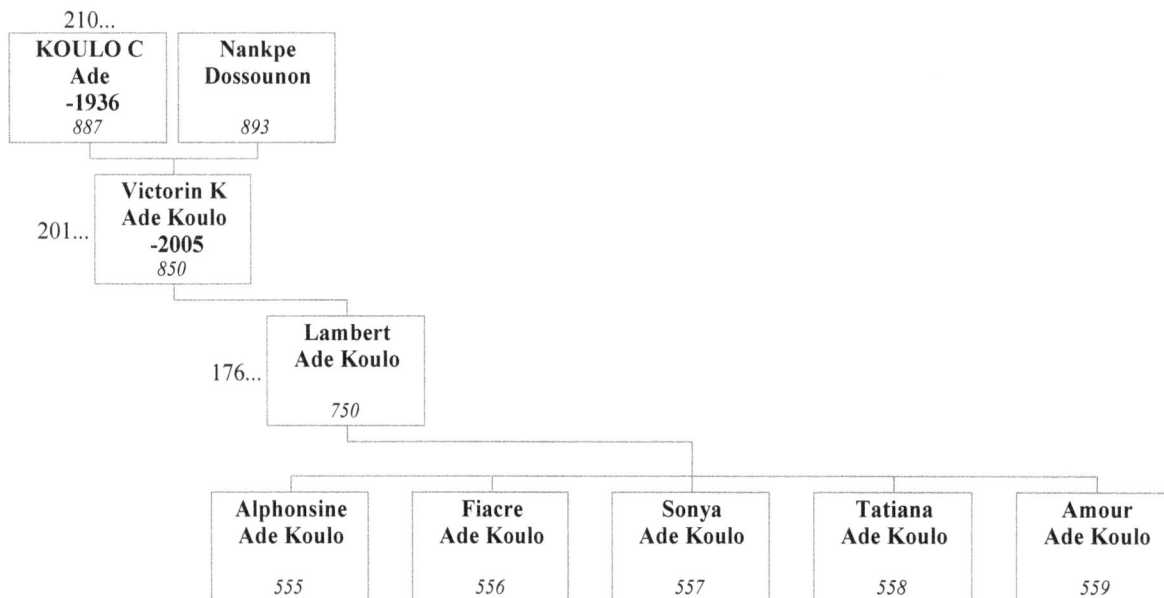

210...

| KOULO C Ade -1936 *887* | Nankpe Dossounon *893* |

201...

Victorin K Ade Koulo -2005 *850*

176...

Lambert Ade Koulo *750*

| Alphonsine Ade Koulo *555* | Fiacre Ade Koulo *556* | Sonya Ade Koulo *557* | Tatiana Ade Koulo *558* | Amour Ade Koulo *559* |

137. Theophile fils de Victorin Ade Koulo

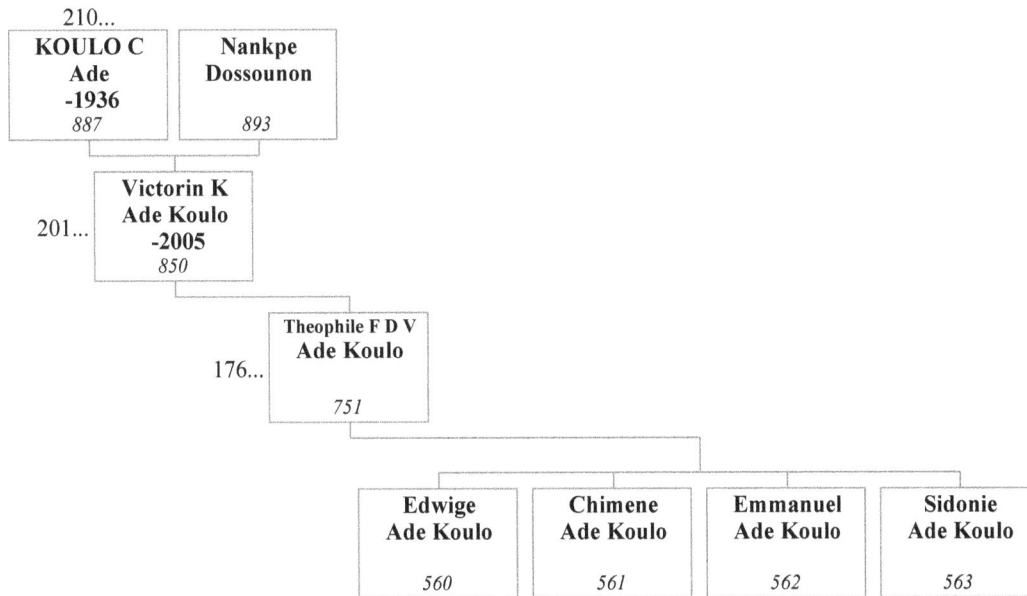

210...

KOULO C Ade -1936	Nankpe Dossounon
887	893

201...

Victorin K Ade Koulo -2005
850

176...

Theophile F D V Ade Koulo
751

Edwige Ade Koulo	Chimene Ade Koulo	Emmanuel Ade Koulo	Sidonie Ade Koulo
560	561	562	563

138. Ernest Ade Koulo

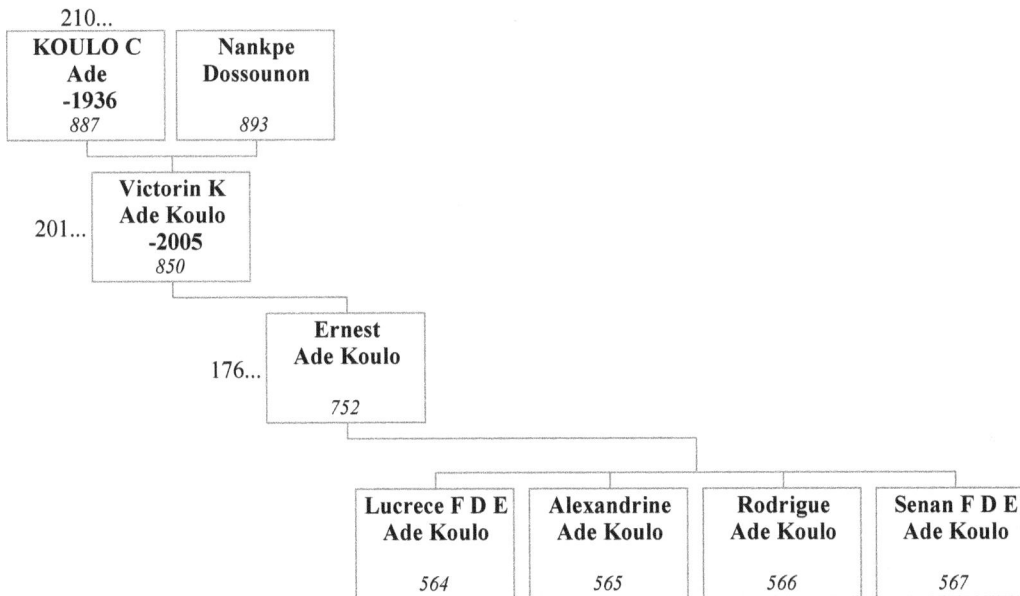

210...

KOULO C Ade -1936	Nankpe Dossounon
887	893

201...

Victorin K Ade Koulo -2005
850

176...

Ernest Ade Koulo
752

Lucrece F D E Ade Koulo	Alexandrine Ade Koulo	Rodrigue Ade Koulo	Senan F D E Ade Koulo
564	565	566	567

139. Nagbotode Inconnu

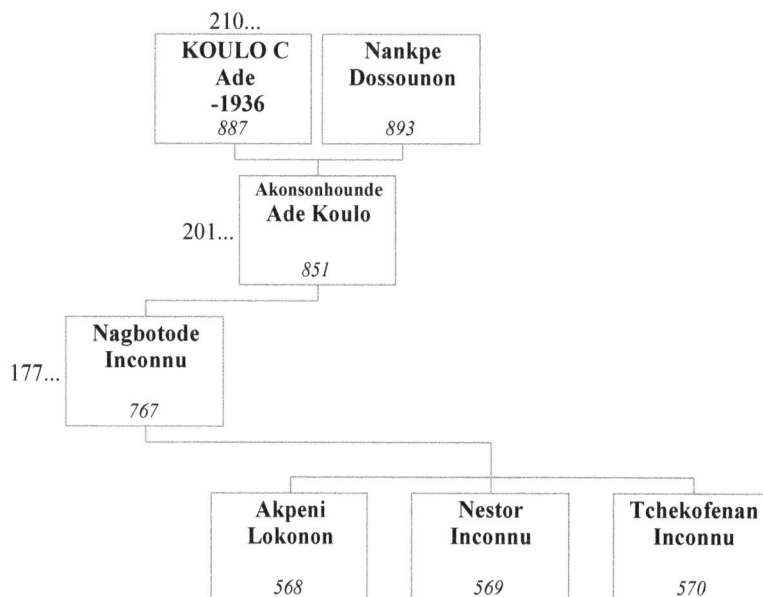

210...
KOULO C
Ade
-1936
887

Nankpe
Dossounon

893

201...
Akonsonhounde
Ade Koulo

851

177...
Nagbotode
Inconnu

767

Akpeni
Lokonon

568

Nestor
Inconnu

569

Tchekofenan
Inconnu

570

140. Rene Assogba Houehou

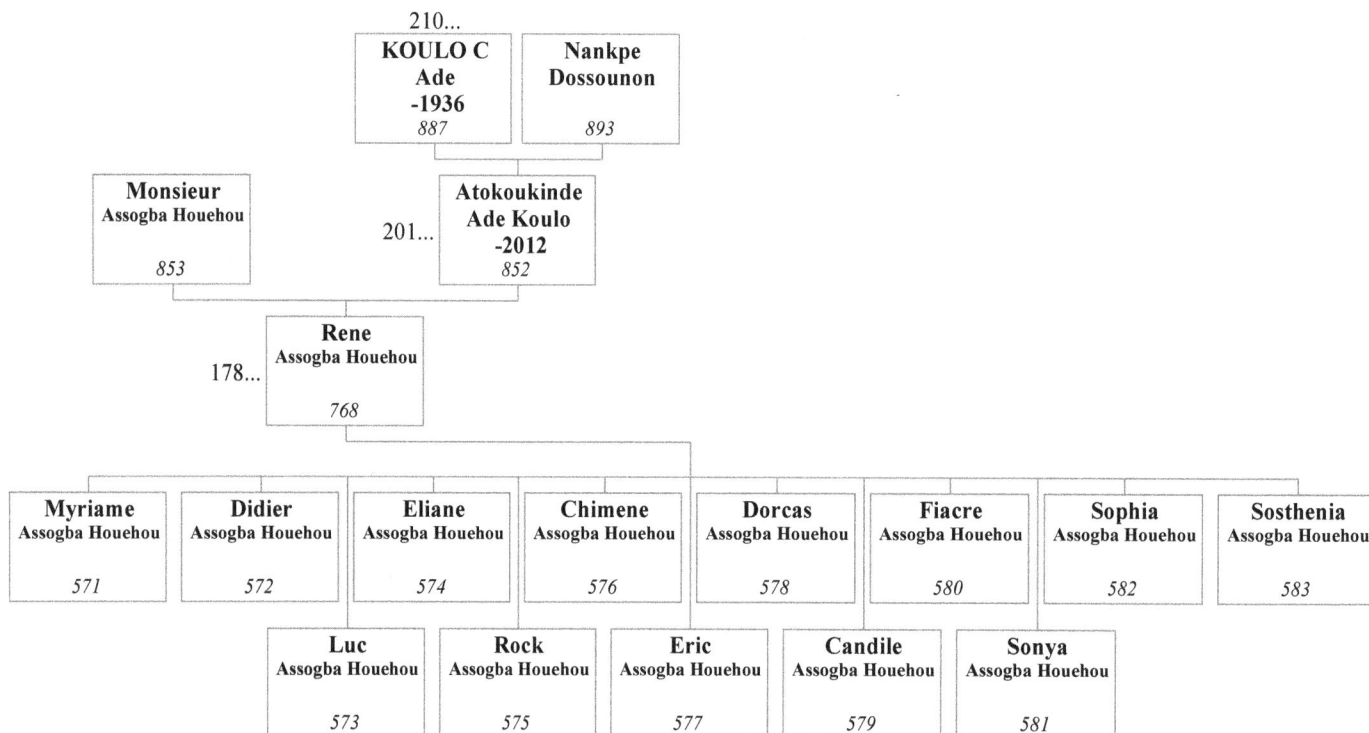

210...
KOULO C
Ade
-1936
887

Nankpe
Dossounon

893

Monsieur
Assogba Houehou

853

201...
Atokoukinde
Ade Koulo
-2012
852

178...
Rene
Assogba Houehou

768

| **Myriame** Assogba Houehou *571* | **Didier** Assogba Houehou *572* | **Eliane** Assogba Houehou *574* | **Chimene** Assogba Houehou *576* | **Dorcas** Assogba Houehou *578* | **Fiacre** Assogba Houehou *580* | **Sophia** Assogba Houehou *582* | **Sosthenia** Assogba Houehou *583* |

| **Luc** Assogba Houehou *573* | **Rock** Assogba Houehou *575* | **Eric** Assogba Houehou *577* | **Candile** Assogba Houehou *579* | **Sonya** Assogba Houehou *581* |

141. Monsieur Siakpe et Pauline Ade Koulo

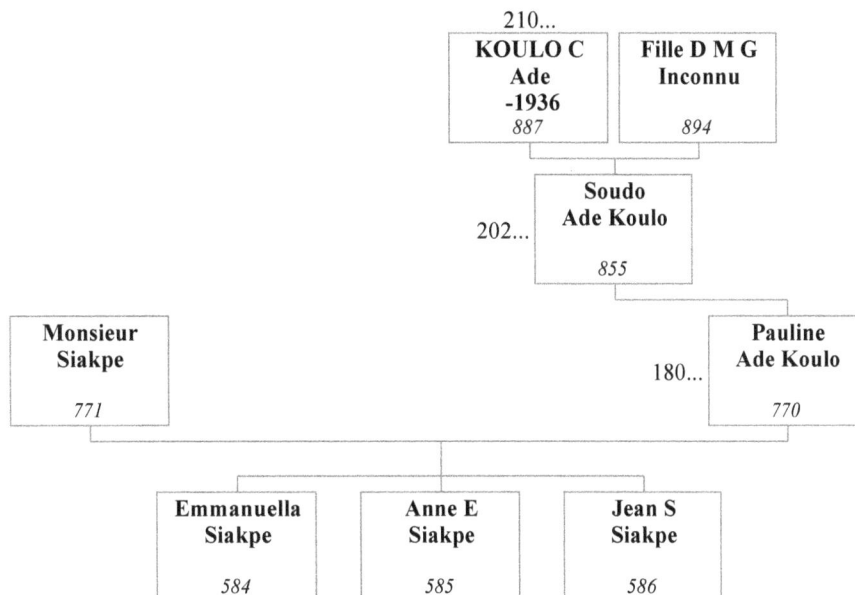

210...

KOULO C Ade -1936	Fille D M G Inconnu
887	894

Soudo Ade Koulo

202...

855

Monsieur Siakpe

771

180...

Pauline Ade Koulo

770

Emmanuella Siakpe	Anne E Siakpe	Jean S Siakpe
584	585	586

142. Monsieur Akpamoli et Elisabeth Ade Koulo

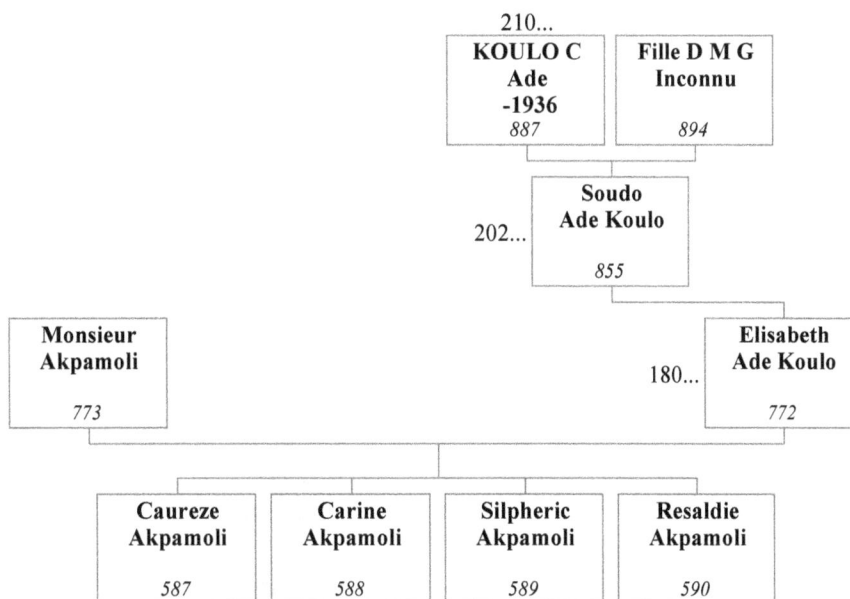

210...

KOULO C Ade -1936	Fille D M G Inconnu
887	894

Soudo Ade Koulo

202...

855

Monsieur Akpamoli

773

180...

Elisabeth Ade Koulo

772

Caureze Akpamoli	Carine Akpamoli	Silpheric Akpamoli	Resaldie Akpamoli
587	588	589	590

143. Francoise Assogba

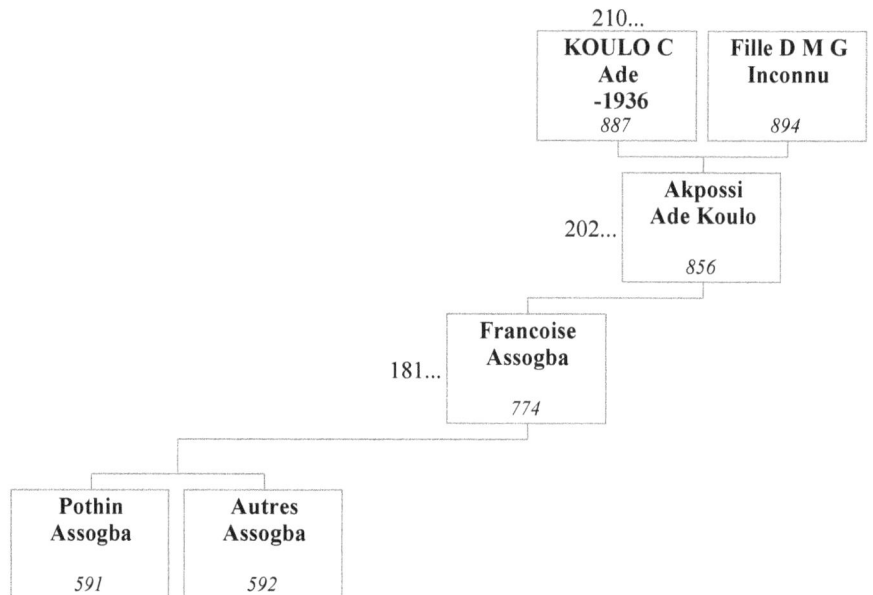

210...

KOULO C Ade -1936 887	Fille D M G Inconnu 894

202...

Akpossi Ade Koulo

856

181...

Francoise Assogba

774

Pothin Assogba 591	Autres Assogba 592

144. Monsieur Aizannon et Fabienne Aizannon

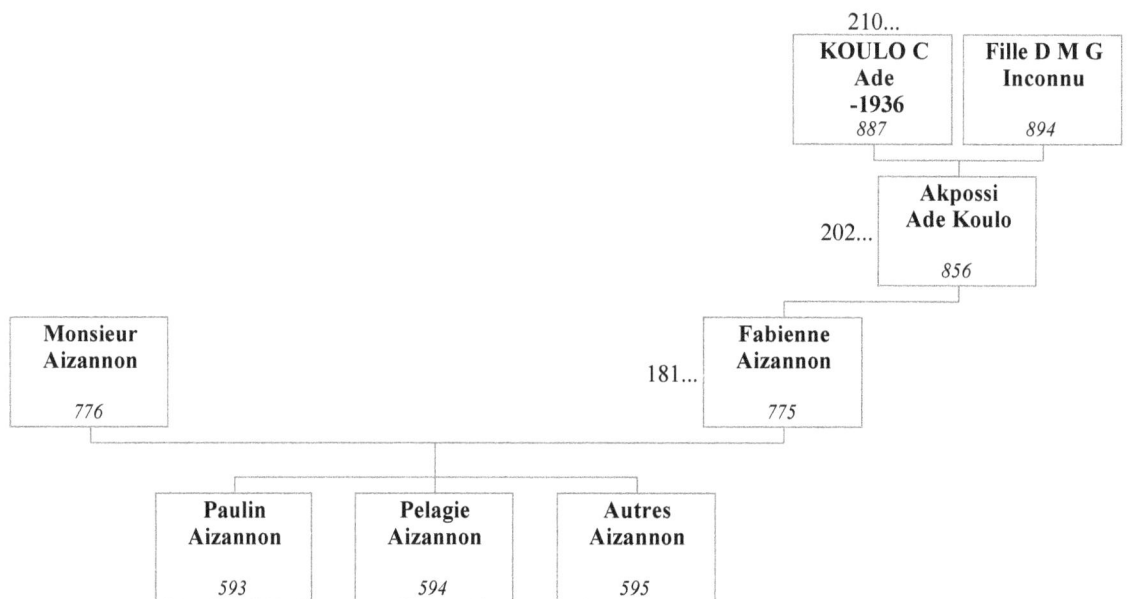

210...

KOULO C Ade -1936 887	Fille D M G Inconnu 894

202...

Akpossi Ade Koulo

856

Monsieur Aizannon 776	181...	Fabienne Aizannon 775

Paulin Aizannon 593	Pelagie Aizannon 594	Autres Aizannon 595

Page 164

145. Monsieur Sodokpa et Jacqueline Sodokpa

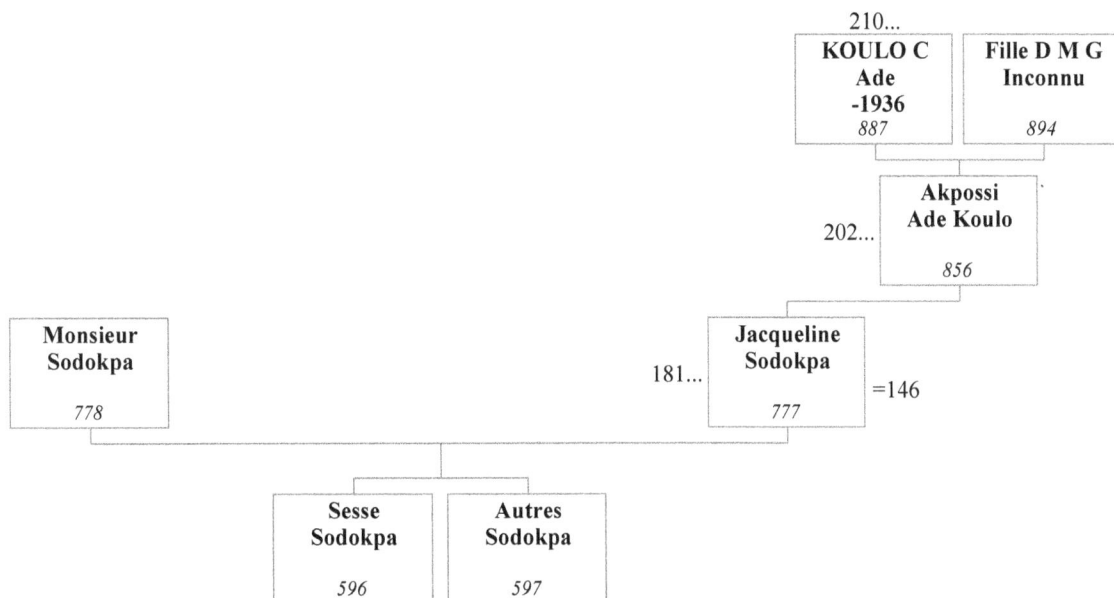

210...

KOULO C Ade -1936	Fille D M G Inconnu
887	894

Akpossi Ade Koulo

202...

856

Monsieur Sodokpa

778

Jacqueline Sodokpa

181...

777   =146

Sesse Sodokpa	Autres Sodokpa
596	597

146. Monsieur Alladaye et Jacqueline Sodokpa

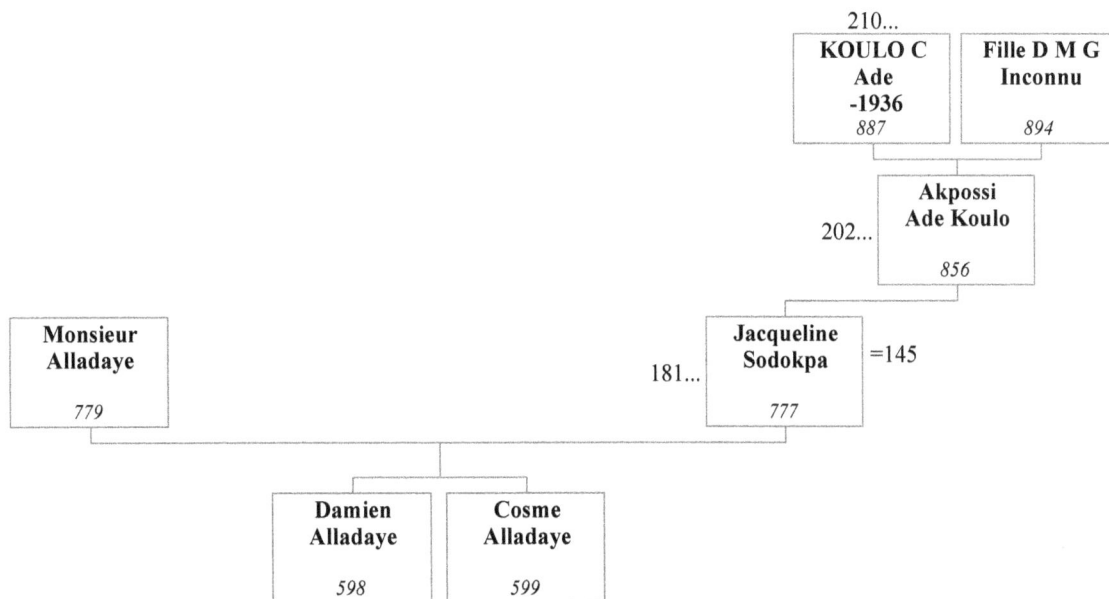

210...

KOULO C Ade -1936	Fille D M G Inconnu
887	894

Akpossi Ade Koulo

202...

856

Monsieur Alladaye

779

Jacqueline Sodokpa

181...

777   =145

Damien Alladaye	Cosme Alladaye
598	599

147. Augustin Kpenou et Epouse de Augustin Kpenou

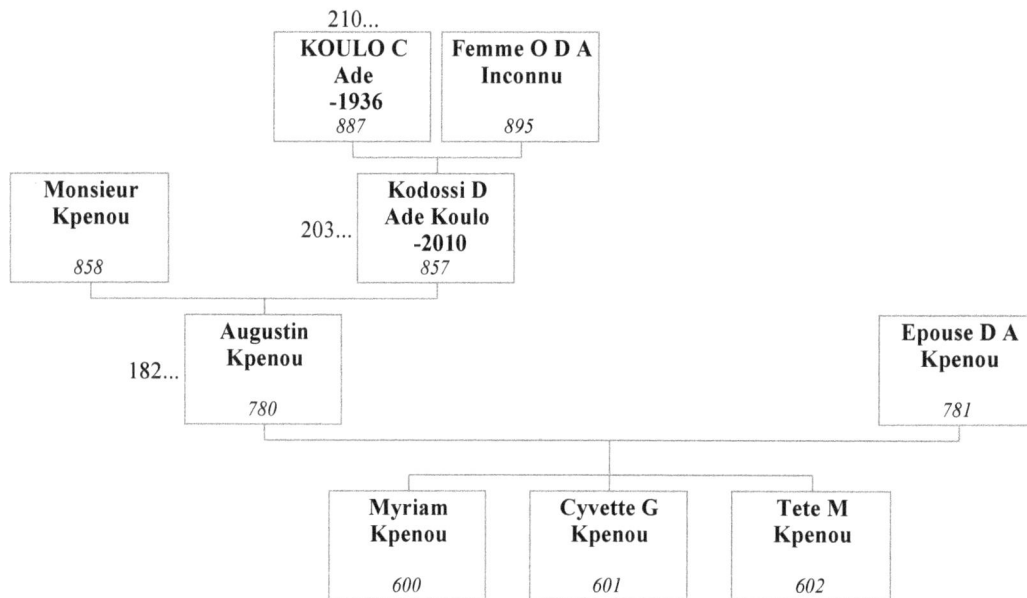

210...

| KOULO C Ade -1936 887 | Femme O D A Inconnu 895 |

| Monsieur Kpenou 858 | | Kodossi D Ade Koulo -2010 857 |

203...

| Augustin Kpenou 780 | | Epouse D A Kpenou 781 |

182...

| Myriam Kpenou 600 | Cyvette G Kpenou 601 | Tete M Kpenou 602 |

148. Anagonou Kpenou

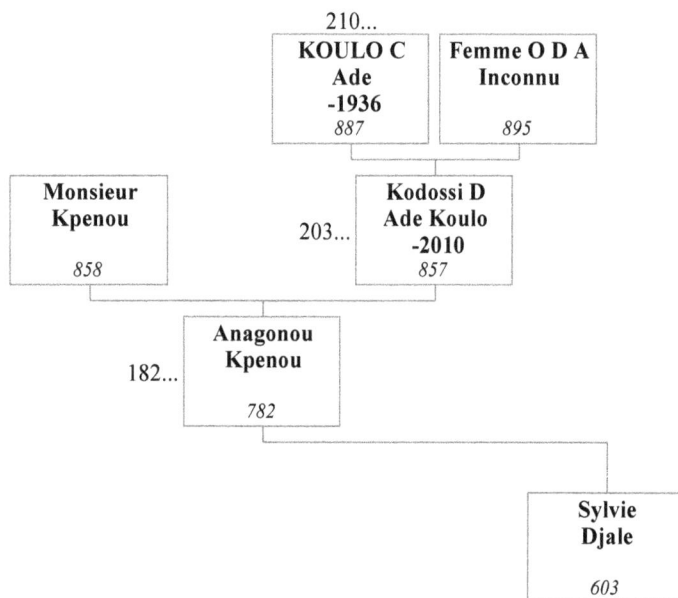

210...

| KOULO C Ade -1936 887 | Femme O D A Inconnu 895 |

| Monsieur Kpenou 858 | | Kodossi D Ade Koulo -2010 857 |

203...

| Anagonou Kpenou 782 |

182...

| Sylvie Djale 603 |

149. Monsieur Ebanou et Pelagie Kpenou

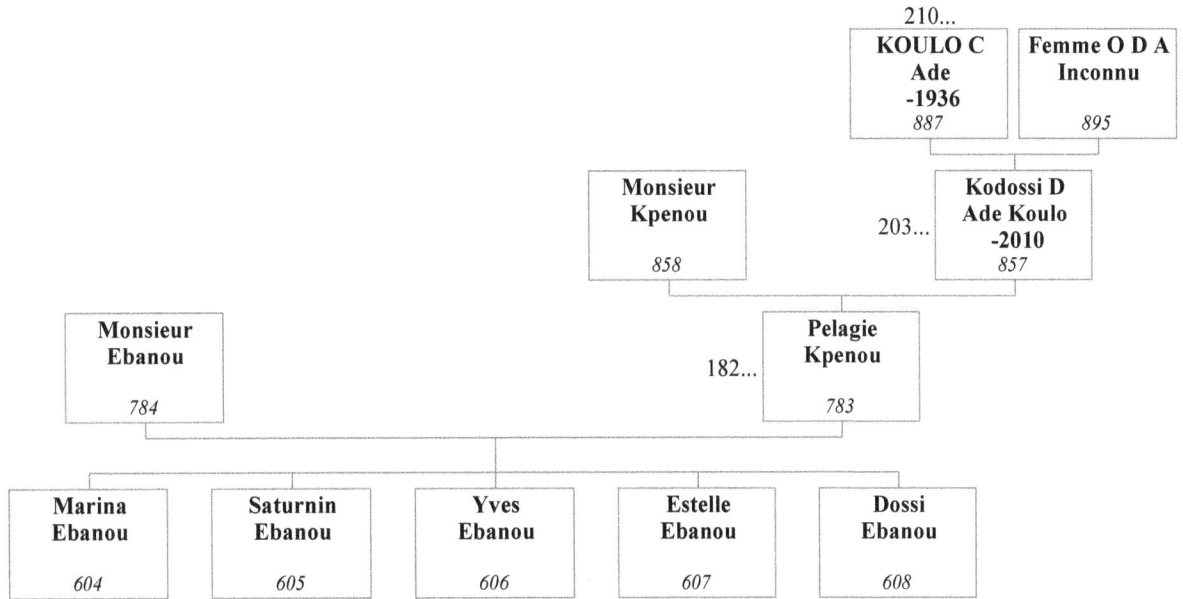

210...

| KOULO C Ade -1936 887 | Femme O D A Inconnu 895 |

| Monsieur Kpenou 858 | 203... | Kodossi D Ade Koulo -2010 857 |

| Monsieur Ebanou 784 | 182... | Pelagie Kpenou 783 |

| Marina Ebanou 604 | Saturnin Ebanou 605 | Yves Ebanou 606 | Estelle Ebanou 607 | Dossi Ebanou 608 |

150. Djivede Ade

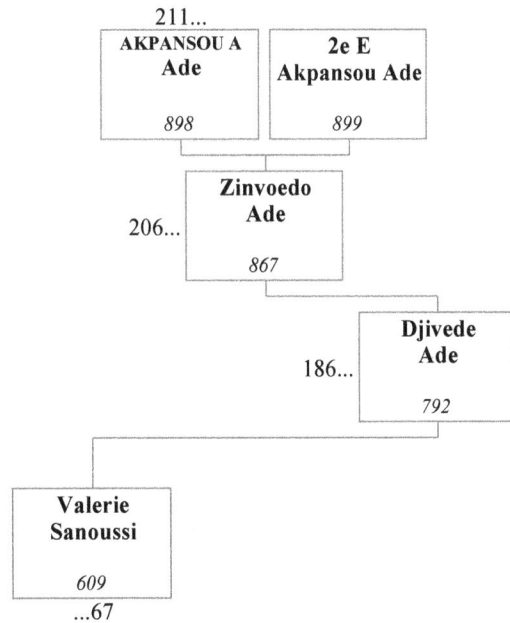

211...

| AKPANSOU A Ade 898 | 2e E Akpansou Ade 899 |

| 206... | Zinvoedo Ade 867 |

| 186... | Djivede Ade 792 |

| Valerie Sanoussi 609 |

...67

151. Filibert Ade

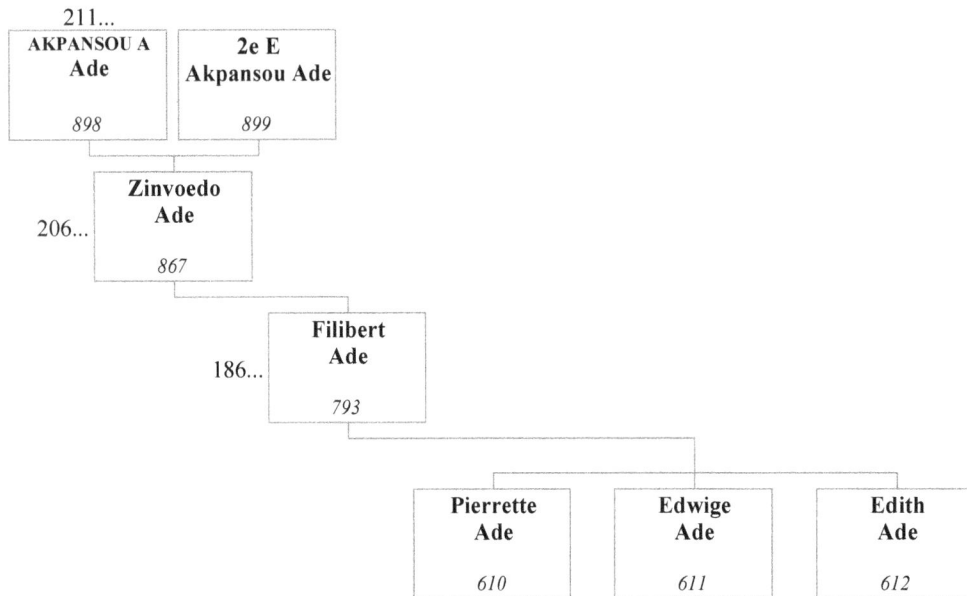

211...

AKPANSOU A Ade	2e E Akpansou Ade
898	899

206...

Zinvoedo Ade

867

186...

Filibert Ade

793

Pierrette Ade	Edwige Ade	Edith Ade
610	611	612

152. Montcho Mafiokpe et Avlessi Inconnu

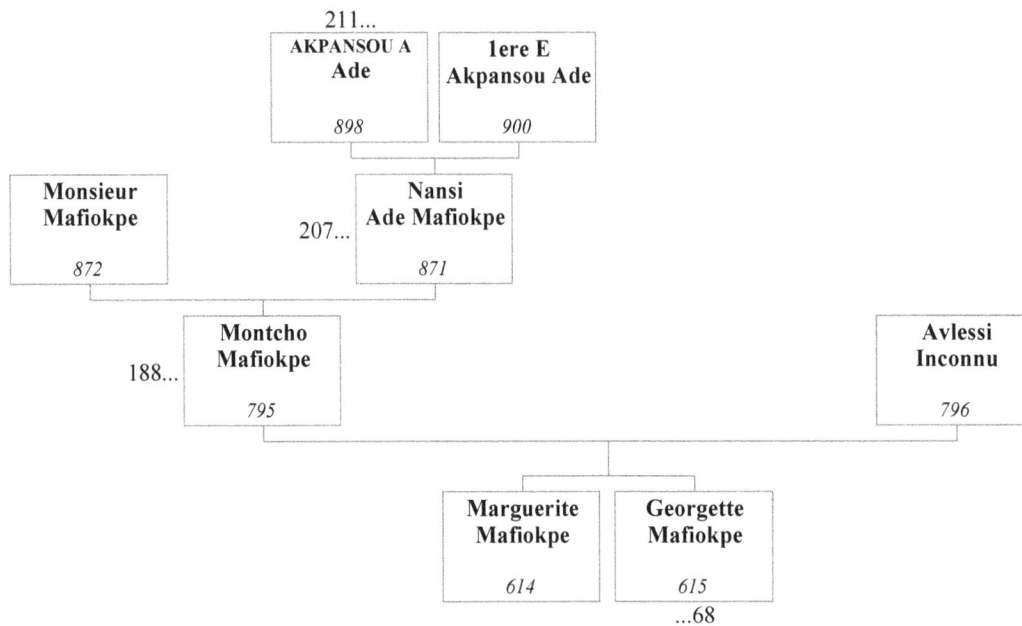

211...

AKPANSOU A Ade	1ere E Akpansou Ade
898	900

Monsieur Mafiokpe	Nansi Ade Mafiokpe
872	871

207...

188...

Montcho Mafiokpe

795

Avlessi Inconnu

796

Marguerite Mafiokpe	Georgette Mafiokpe
614	615

...68

153. Monsieur Tchibozo et Bernadette Hounyo Mafiokpe

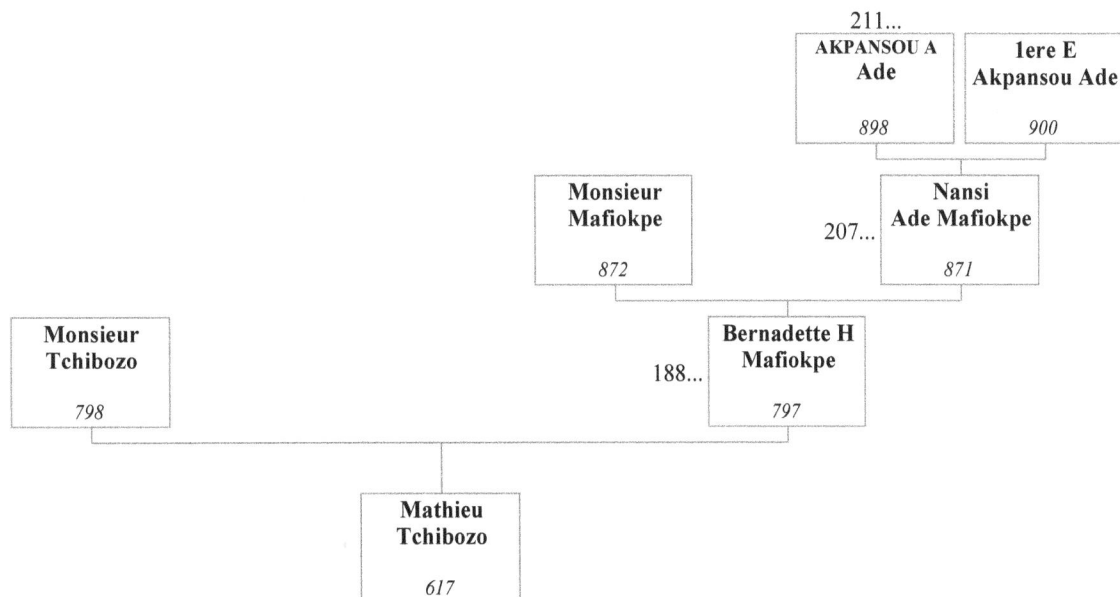

211...

AKPANSOU A Ade
898

1ere E Akpansou Ade
900

Monsieur Mafiokpe
872

207...

Nansi Ade Mafiokpe
871

Monsieur Tchibozo
798

188...

Bernadette H Mafiokpe
797

Mathieu Tchibozo
617

154. Rigobert Dako

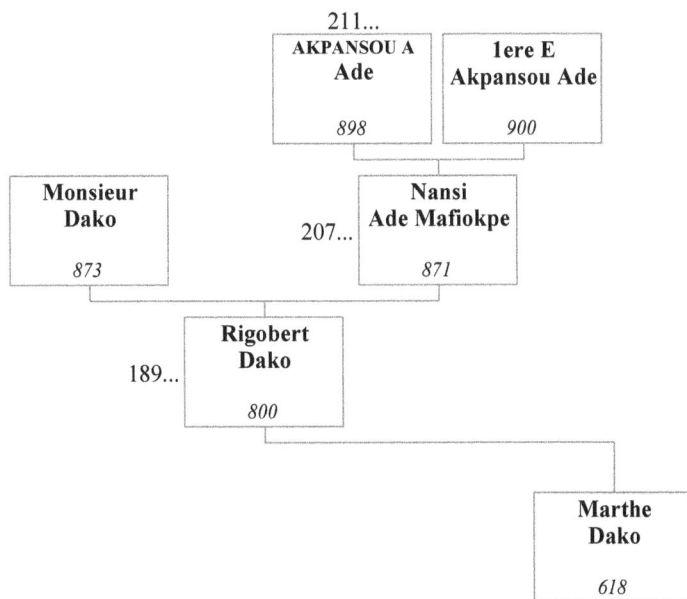

211...

AKPANSOU A Ade
898

1ere E Akpansou Ade
900

Monsieur Dako
873

207...

Nansi Ade Mafiokpe
871

189...

Rigobert Dako
800

Marthe Dako
618

155. Djiha Akoundji et Alladassi Aviansou

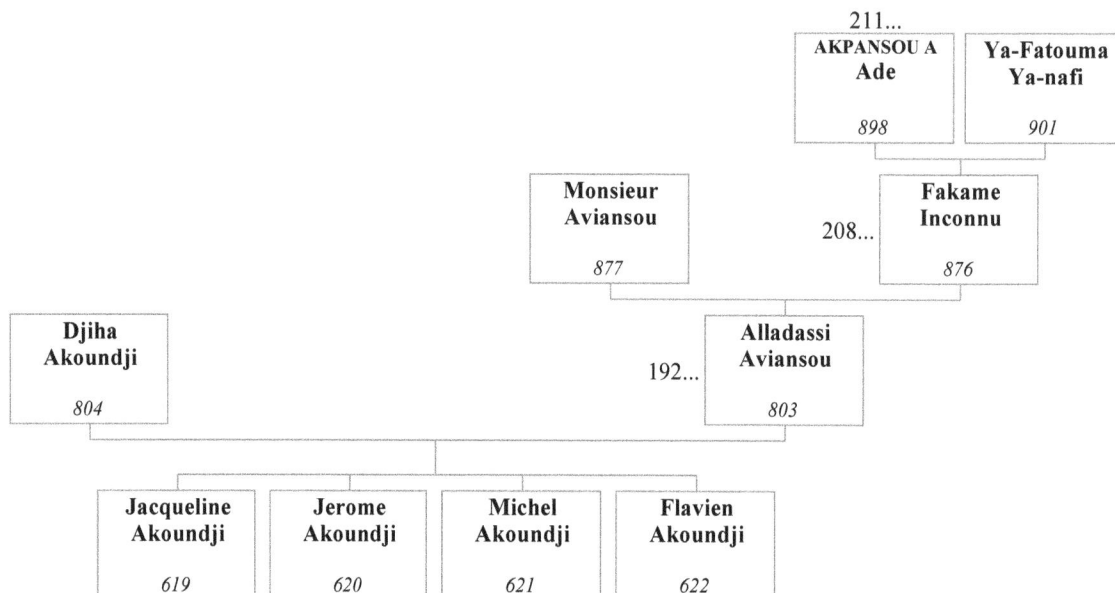

211...

AKPANSOU A Ade	Ya-Fatouma Ya-nafi
898	901

Monsieur Aviansou	208...	Fakame Inconnu
877		876

Djiha Akoundji	192...	Alladassi Aviansou
804		803

Jacqueline Akoundji	Jerome Akoundji	Michel Akoundji	Flavien Akoundji
619	620	621	622

156. Pascal Degbo

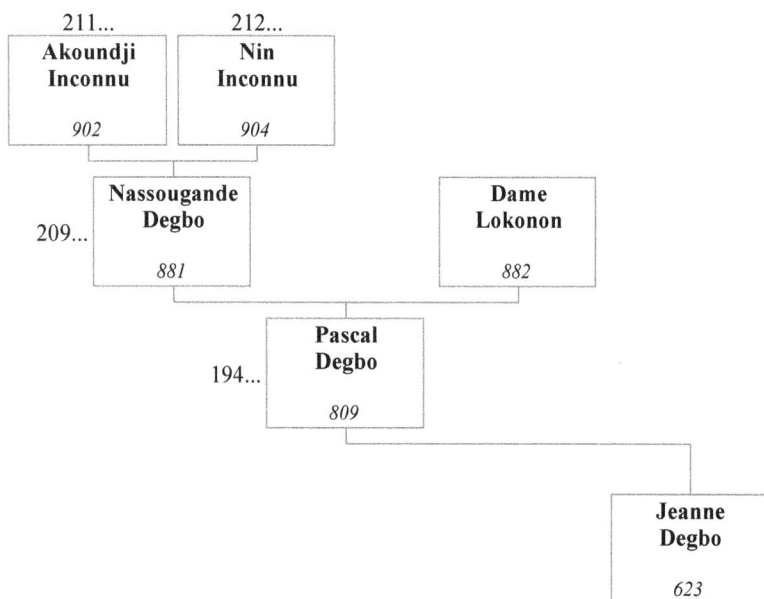

211...   212...

Akoundji Inconnu	Nin Inconnu
902	904

209...	Nassougande Degbo	Dame Lokonon
	881	882

194...	Pascal Degbo
	809

Jeanne Degbo
623

157. Gabriel Dele et Hounkame Inconnu

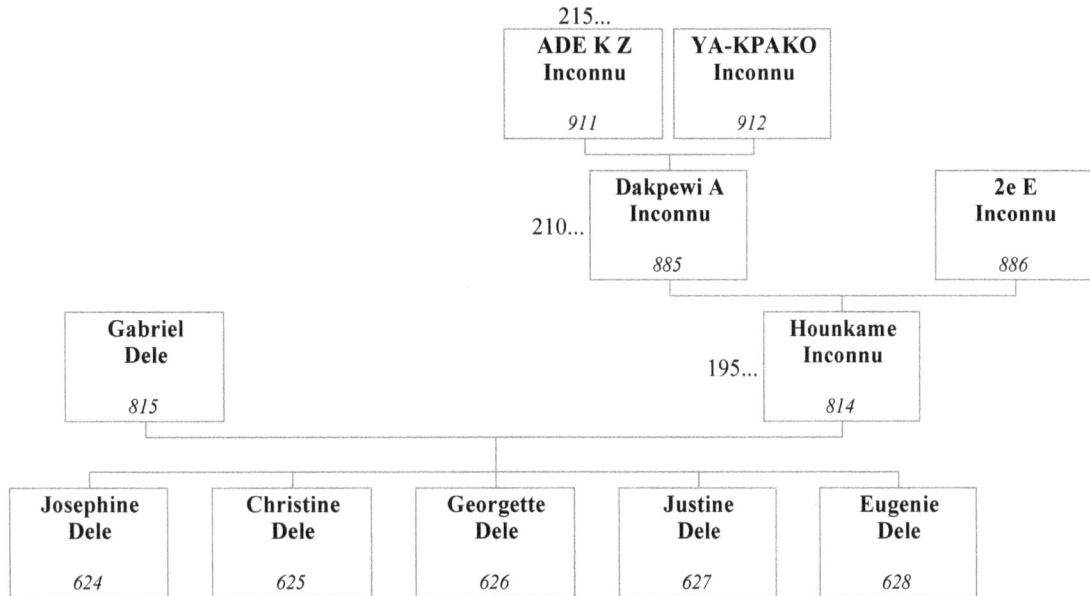

215...

ADE K Z Inconnu	YA-KPAKO Inconnu
911	912

210...

Dakpewi A Inconnu		2e E Inconnu
885		886

Gabriel Dele		Hounkame Inconnu
815	195...	814

Josephine Dele	Christine Dele	Georgette Dele	Justine Dele	Eugenie Dele
624	625	626	627	628

158. Gankpon TOKPO et Catherine Sikanon Koulo

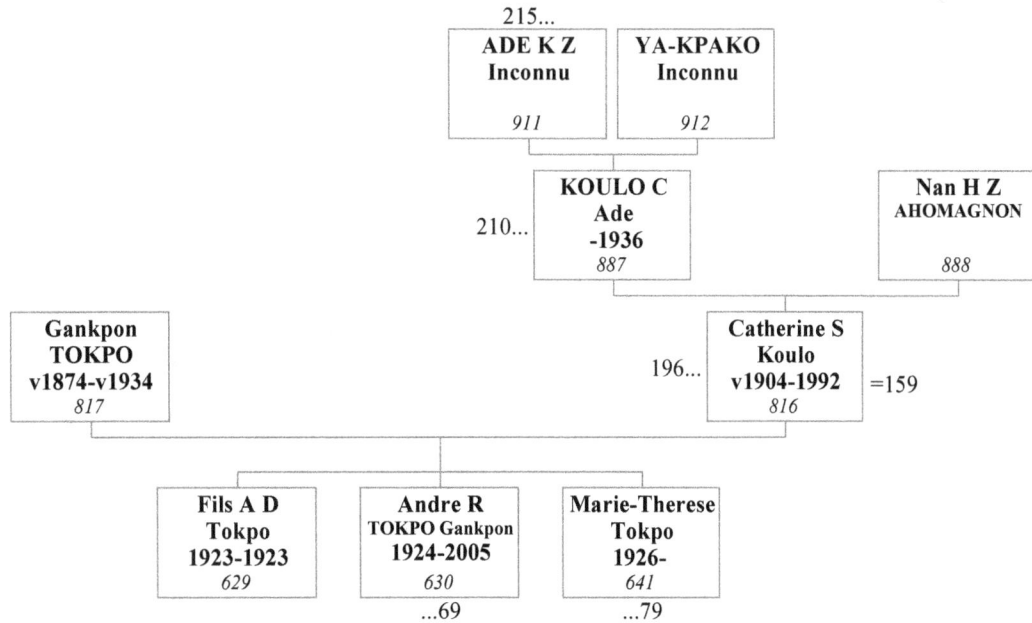

215...

ADE K Z Inconnu	YA-KPAKO Inconnu
911	912

210...

KOULO C Ade -1936		Nan H Z AHOMAGNON
887		888

Gankpon TOKPO v1874-v1934		Catherine S Koulo v1904-1992	=159
817	196...	816	

Fils A D Tokpo 1923-1923	Andre R TOKPO Gankpon 1924-2005	Marie-Therese Tokpo 1926-
629	630	641
	...69	...79

159. Agbanchenou Codjia et Catherine Sikanon Koulo

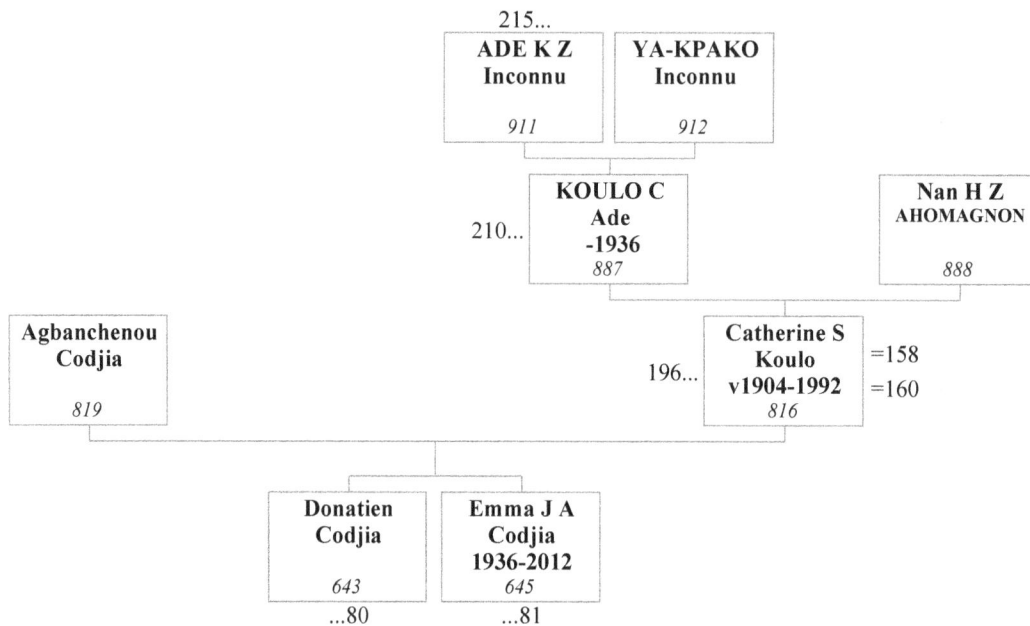

215...

ADE K Z Inconnu	YA-KPAKO Inconnu
911	912

210...

KOULO C Ade -1936	Nan H Z AHOMAGNON
887	888

Agbanchenou Codjia		Catherine S Koulo v1904-1992	=158 =160
819	196...	816	

Donatien Codjia	Emma J A Codjia 1936-2012
643	645
...80	...81

160. Pere des jumeaux decedes Feliho et Catherine Sikanon Koulo

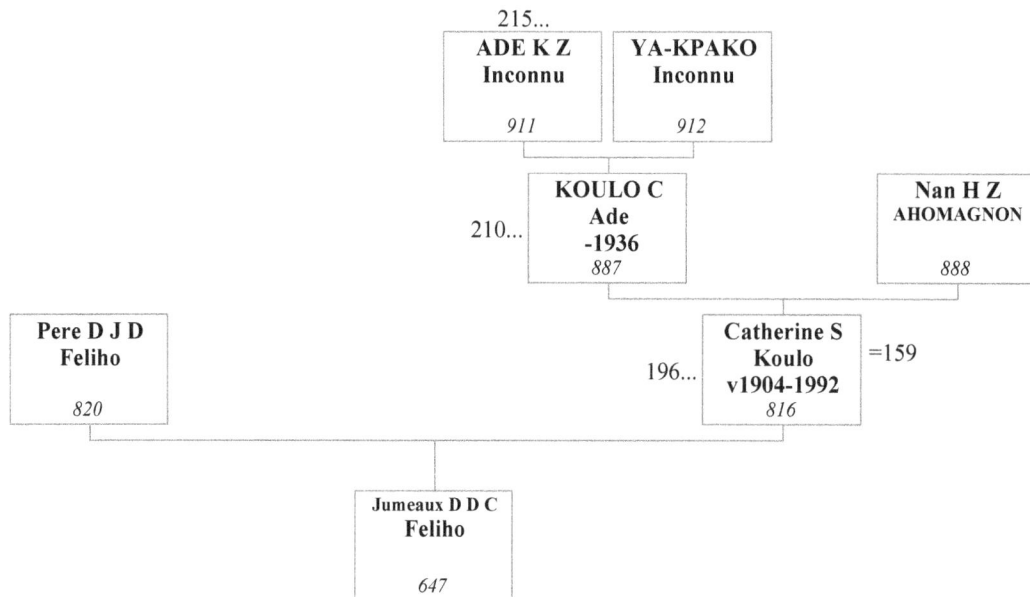

215...

ADE K Z Inconnu	YA-KPAKO Inconnu
911	912

210...

KOULO C Ade -1936	Nan H Z AHOMAGNON
887	888

Pere D J D Feliho		Catherine S Koulo v1904-1992	=159
820	196...	816	

Jumeaux D D C Feliho
647

161. Toha Nicodeme jumeau Koulo et Marie-Agnes Anagonou Goudou

215...

ADE K Z Inconnu	YA-KPAKO Inconnu
911	912

210...

KOULO C Ade -1936	Nan H Z AHOMAGNON
887	888

196...

Toha N J Koulo -1970	Marie-Agnes A Goudou 1901-2004
821	822

Sophie Koulo	Firmin Koulo	Andre Koulo 1936-2012	Antoine D P Koulo	Nan-Tadjile E T Koulo	Henri Koulo
648	651	653	655	657	659
...82	...84	...85	...86	...87	...88

162. Monsieur Johnson et Anagonou jumelle Koulo

215...

ADE K Z Inconnu	YA-KPAKO Inconnu
911	912

210...

KOULO C Ade -1936	Nan H Z AHOMAGNON
887	888

Monsieur Johnson	Anagonou J Koulo
824	823

196...

Gustave Johnson
660
...89

163. Antoine Ade Koulo et Mere de Brigitte Koulo Inconnu

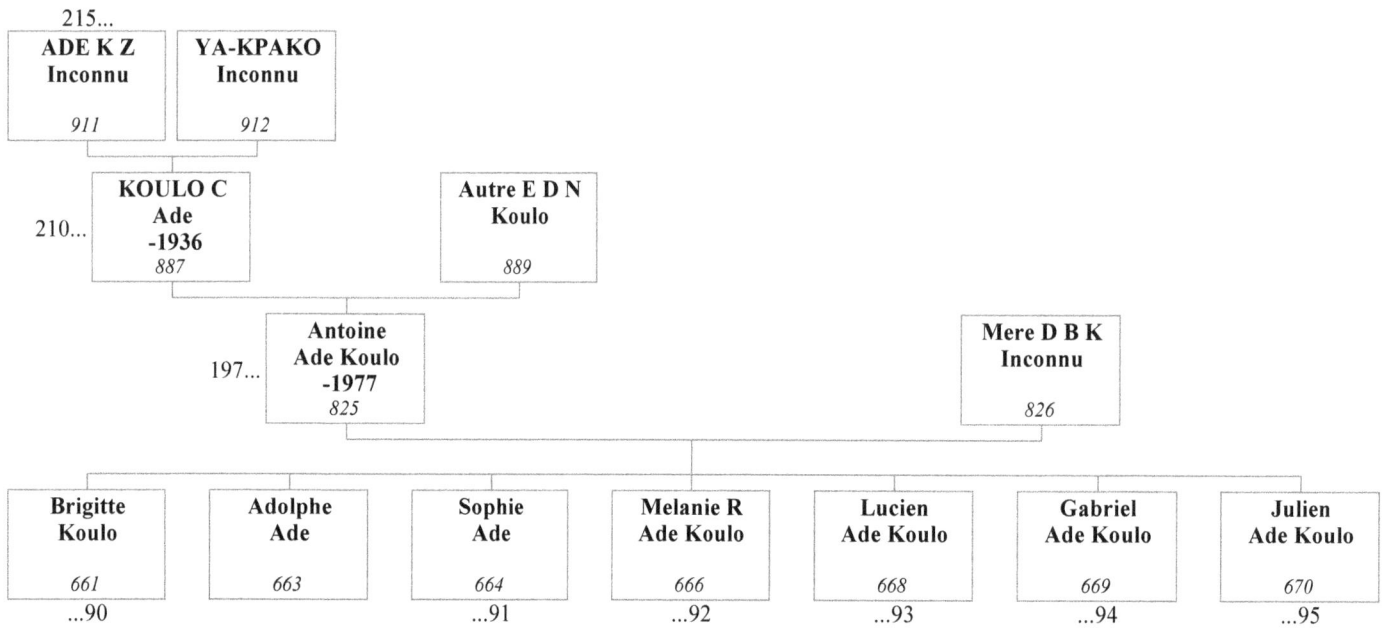

215...

ADE K Z Inconnu	YA-KPAKO Inconnu
911	912

210...

KOULO C Ade -1936	Autre E D N Koulo
887	889

197...

Antoine Ade Koulo -1977	Mere D B K Inconnu
825	826

Brigitte Koulo	Adolphe Ade	Sophie Ade	Melanie R Ade Koulo	Lucien Ade Koulo	Gabriel Ade Koulo	Julien Ade Koulo
661	663	664	666	668	669	670
...90		...91	...92	...93	...94	...95

164. Monsieur Adotanou et Gozinnon Ade Koulo

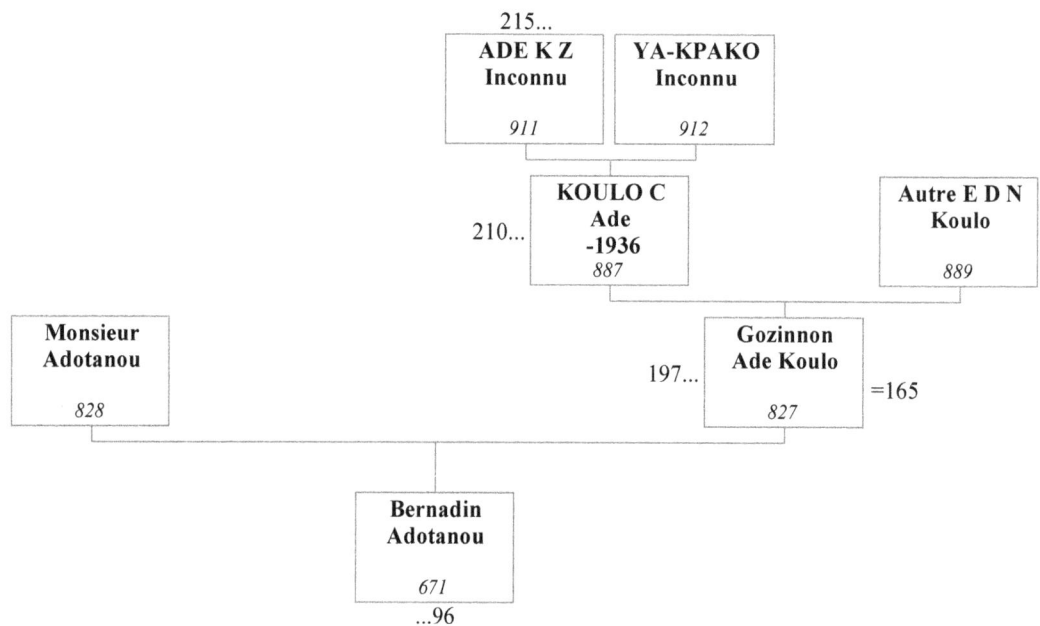

215...

ADE K Z Inconnu	YA-KPAKO Inconnu
911	912

210...

KOULO C Ade -1936	Autre E D N Koulo
887	889

Monsieur Adotanou	Gozinnon Ade Koulo
828	827

197...   =165

Bernadin Adotanou

671

...96

165. Monsieur Gougla et Gozinnon Ade Koulo

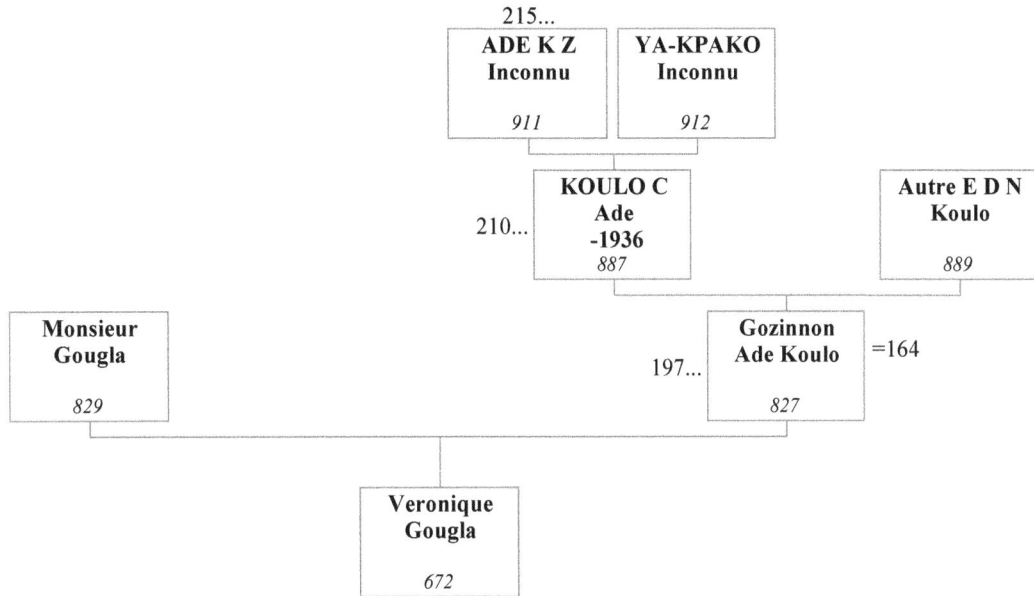

215...

ADE K Z Inconnu	YA-KPAKO Inconnu
911	912

210...

KOULO C Ade -1936	Autre E D N Koulo
887	889

Monsieur Gougla	Gozinnon Ade Koulo	=164
829	827	

197...

Veronique Gougla

672

166. Barthelemy Ade Koulo

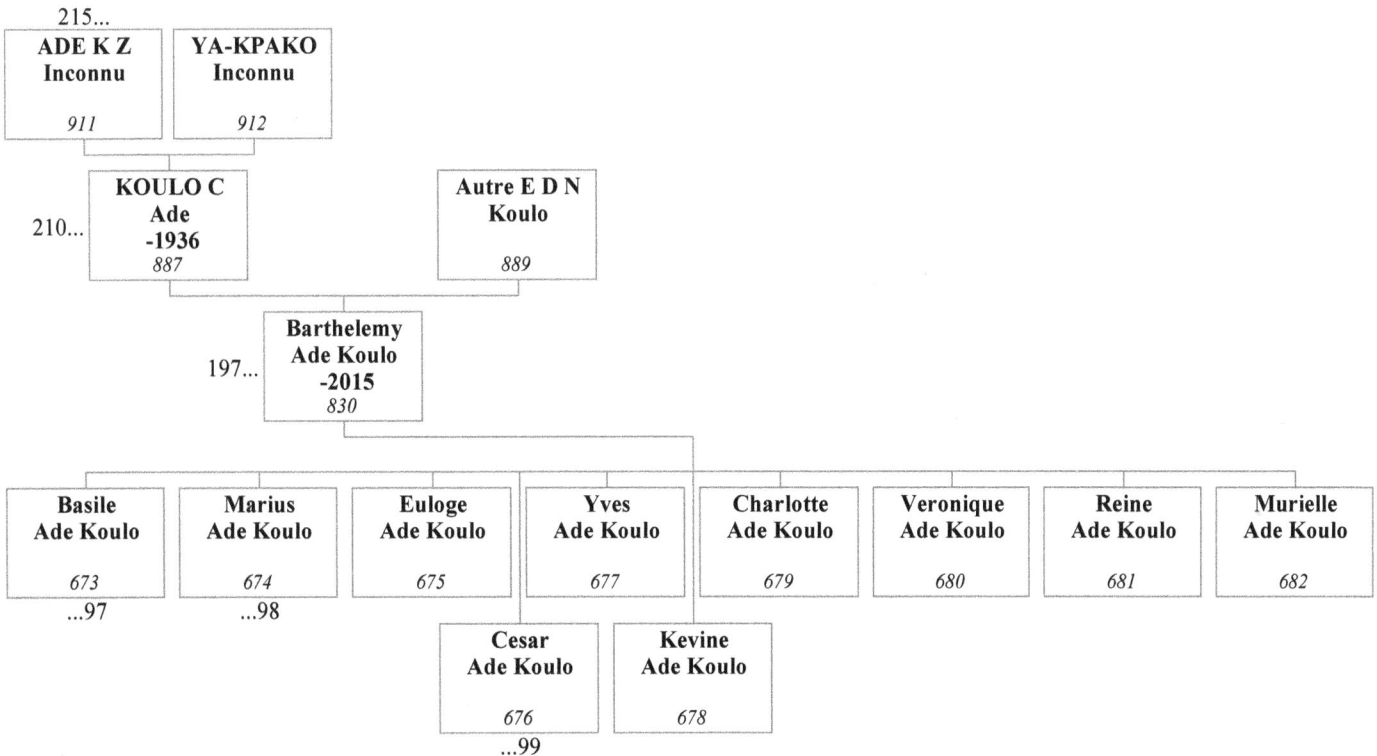

215...

ADE K Z Inconnu	YA-KPAKO Inconnu
911	912

210...

KOULO C Ade -1936	Autre E D N Koulo
887	889

Barthelemy Ade Koulo -2015

830

197...

Basile Ade Koulo	Marius Ade Koulo	Euloge Ade Koulo	Yves Ade Koulo	Charlotte Ade Koulo	Veronique Ade Koulo	Reine Ade Koulo	Murielle Ade Koulo
673	674	675	677	679	680	681	682
...97	...98						

Cesar Ade Koulo	Kevine Ade Koulo
676	678
...99	

167. Jean Ade Koulo et Autres epouse de Jean Koulo

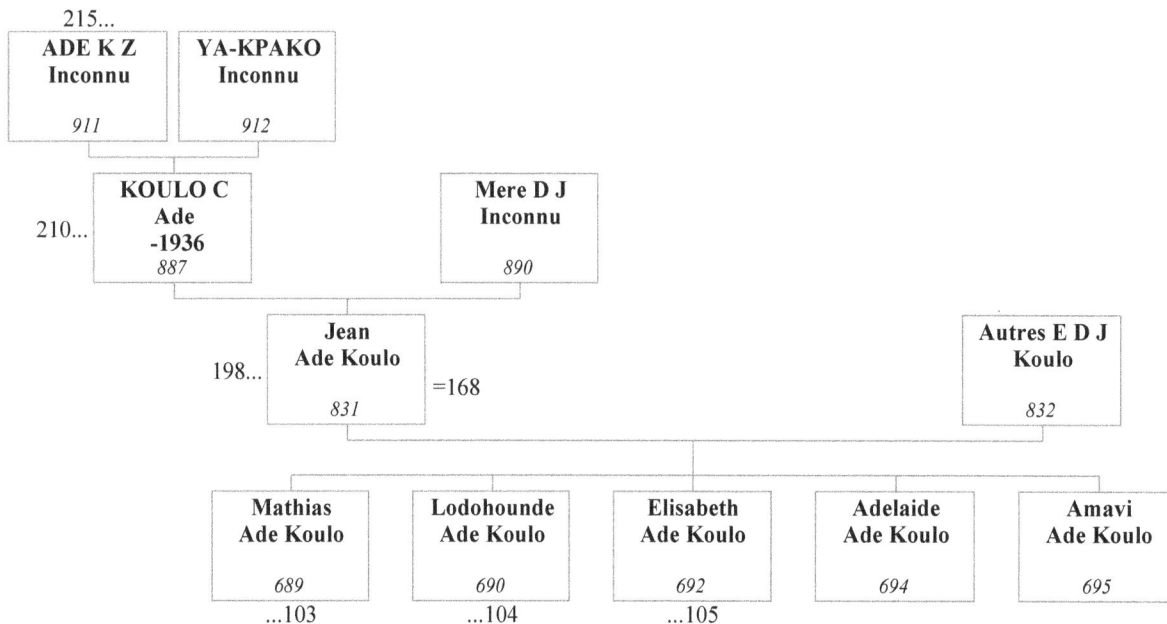

215...

ADE K Z Inconnu	YA-KPAKO Inconnu
911	912

210...

KOULO C
Ade
-1936
887

Mere D J
Inconnu
890

198...

Jean
Ade Koulo
831   =168

Autres E D J
Koulo
832

Mathias Ade Koulo	Lodohounde Ade Koulo	Elisabeth Ade Koulo	Adelaide Ade Koulo	Amavi Ade Koulo
689	690	692	694	695
...103	...104	...105		

168. Jean Ade Koulo et Kehoussi Ade Koulo

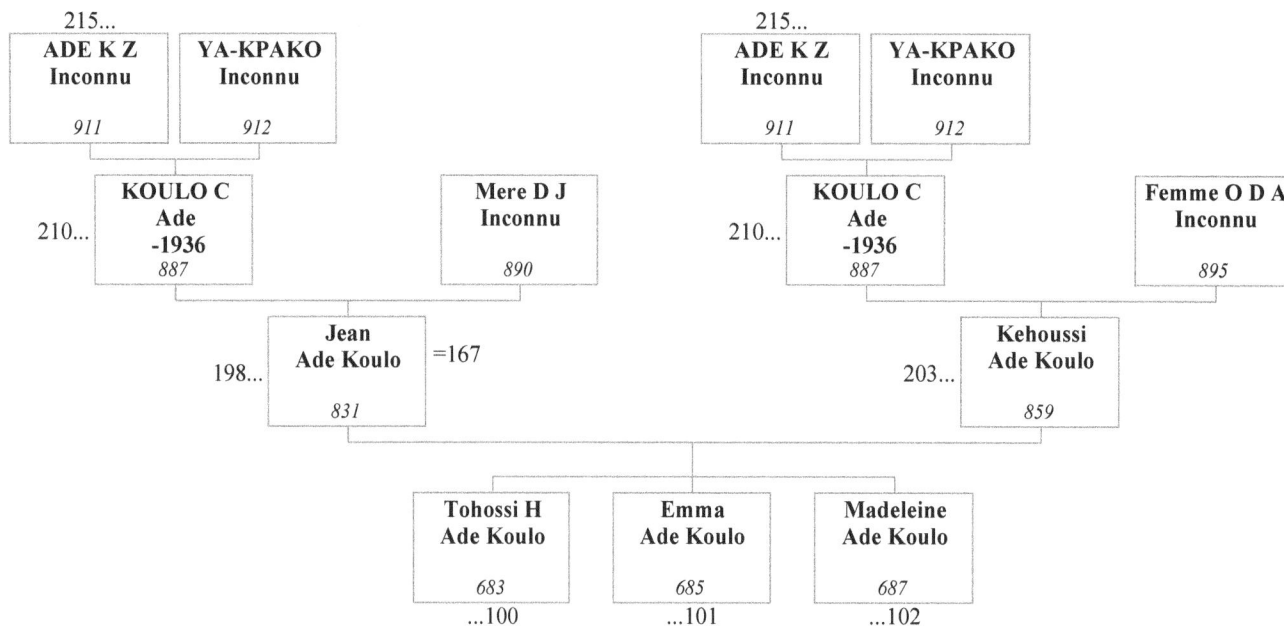

215...

ADE K Z Inconnu	YA-KPAKO Inconnu
911	912

215...

ADE K Z Inconnu	YA-KPAKO Inconnu
911	912

210...

KOULO C
Ade
-1936
887

Mere D J
Inconnu
890

210...

KOULO C
Ade
-1936
887

Femme O D A
Inconnu
895

198...

Jean
Ade Koulo
831   =167

203...

Kehoussi
Ade Koulo
859

Tohossi H Ade Koulo	Emma Ade Koulo	Madeleine Ade Koulo
683	685	687
...100	...101	...102

169. Ahouandjisside Ade Koulo

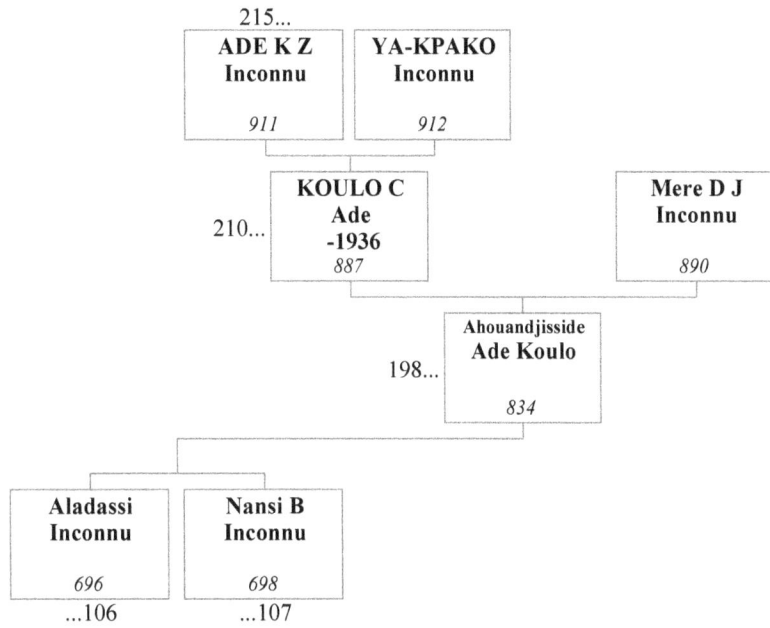

215...

ADE K Z Inconnu	YA-KPAKO Inconnu
911	912

210...

KOULO C Ade -1936	Mere D J Inconnu
887	890

198...

Ahouandjisside Ade Koulo

834

Aladassi Inconnu	Nansi B Inconnu
696	698
...106	...107

170. Adissin Ade Koulo et Dame Hogbonouto Inconnu

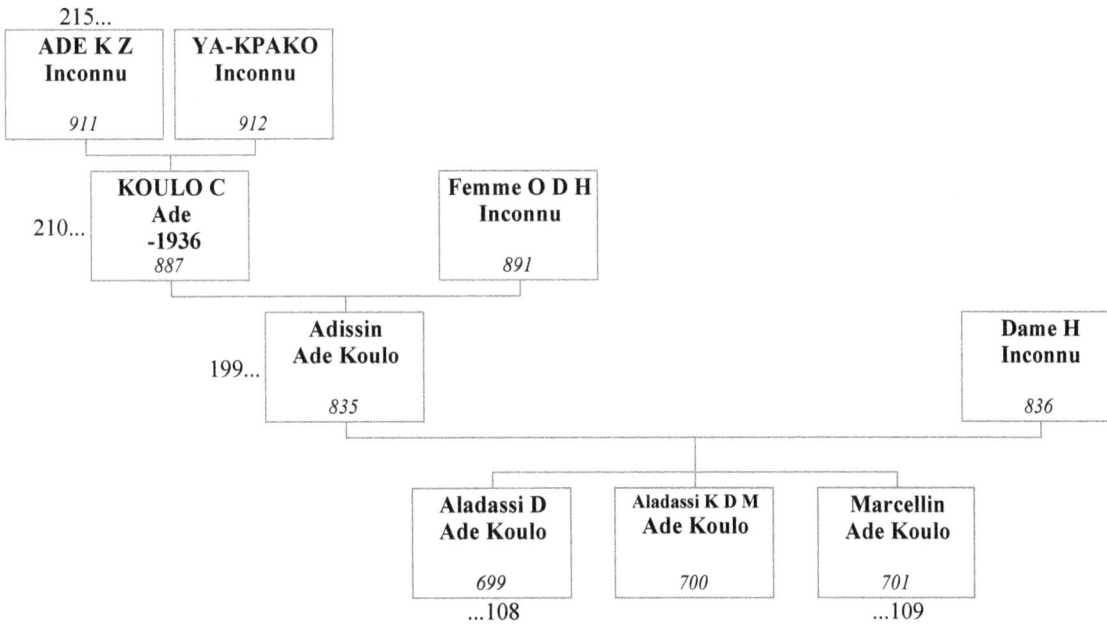

215...

ADE K Z Inconnu	YA-KPAKO Inconnu
911	912

210...

KOULO C Ade -1936	Femme O D H Inconnu
887	891

199...

Adissin Ade Koulo	Dame H Inconnu
835	836

Aladassi D Ade Koulo	Aladassi K D M Ade Koulo	Marcellin Ade Koulo
699	700	701
...108		...109

171. Pierre (3e Dah) Ade Koulo

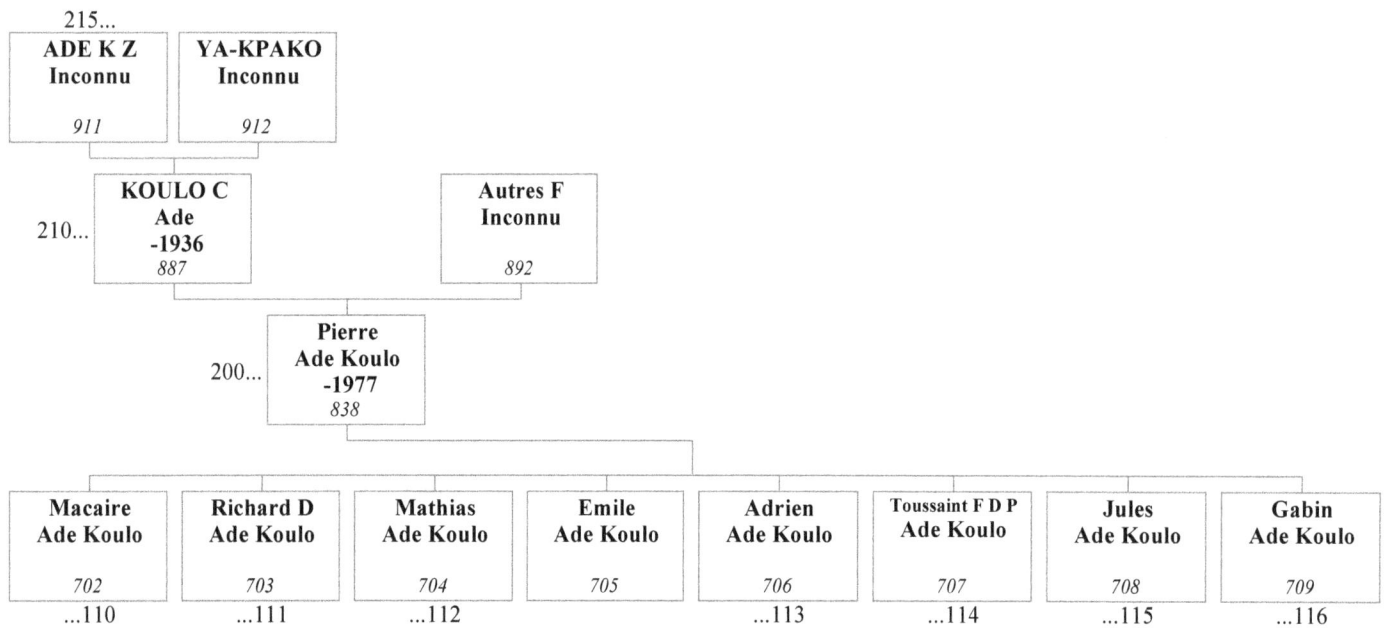

215...

ADE K Z Inconnu	YA-KPAKO Inconnu
911	912

210...

KOULO C Ade -1936	Autres F Inconnu
887	892

200...

Pierre Ade Koulo -1977
838

Macaire Ade Koulo	Richard D Ade Koulo	Mathias Ade Koulo	Emile Ade Koulo	Adrien Ade Koulo	Toussaint F D P Ade Koulo	Jules Ade Koulo	Gabin Ade Koulo
702	703	704	705	706	707	708	709
...110	...111	...112		...113	...114	...115	...116

172. Houekpon Ade Koulo et Epouse de Houekpon Inconnu

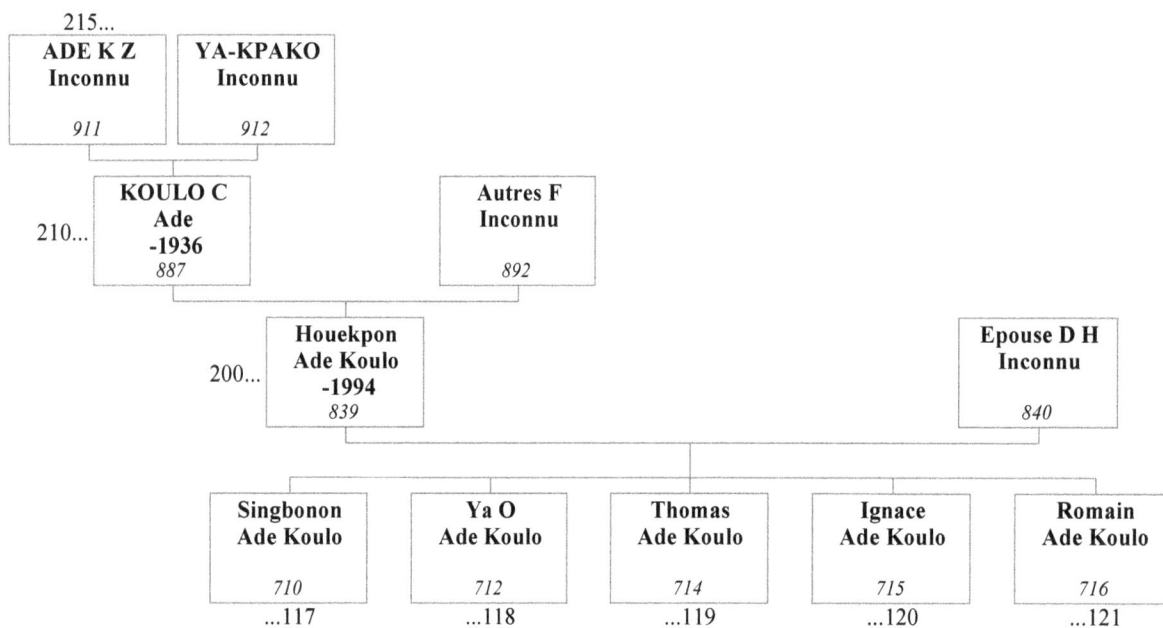

215...

ADE K Z Inconnu	YA-KPAKO Inconnu
911	912

210...

KOULO C Ade -1936	Autres F Inconnu
887	892

200...

Houekpon Ade Koulo -1994	Epouse D H Inconnu
839	840

Singbonon Ade Koulo	Ya O Ade Koulo	Thomas Ade Koulo	Ignace Ade Koulo	Romain Ade Koulo
710	712	714	715	716
...117	...118	...119	...120	...121

173. Pierre d'Azohoue Ade Koulo et Epouse de Pierre d'Azohoue Inconnu

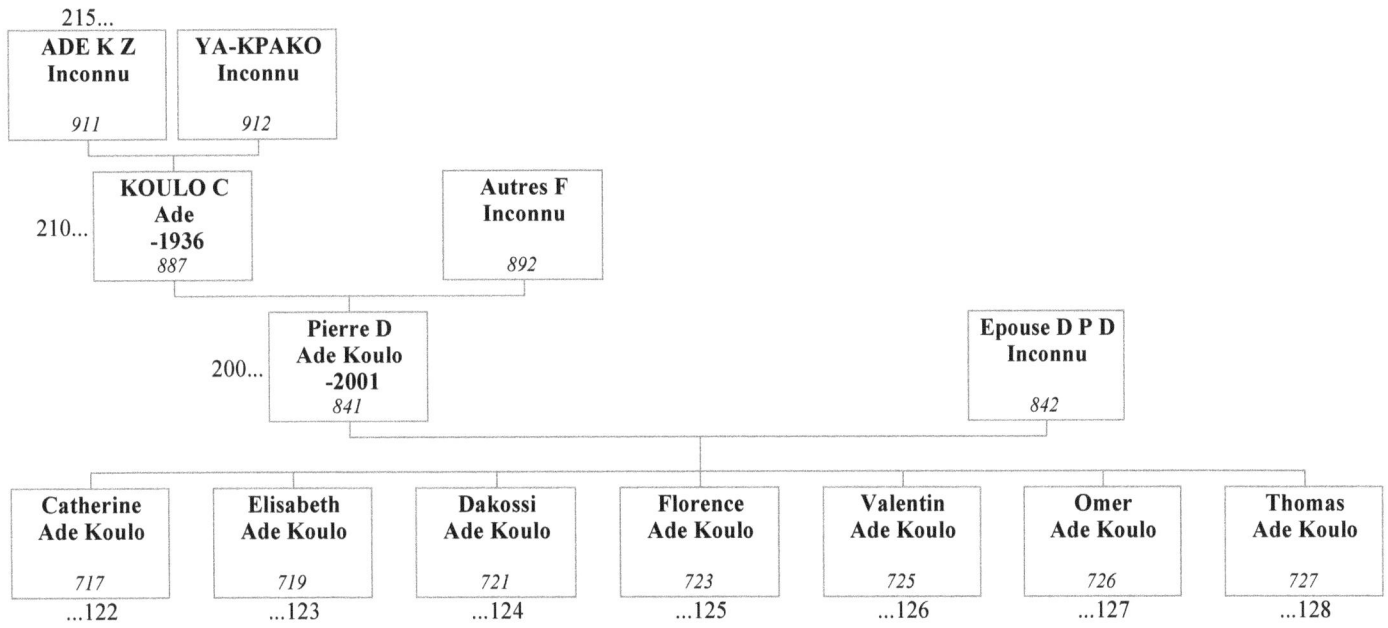

215...
| ADE K Z Inconnu 911 | YA-KPAKO Inconnu 912 |

210...
| KOULO C Ade -1936 887 | Autres F Inconnu 892 |

200...
| Pierre D Ade Koulo -2001 841 | Epouse D P D Inconnu 842 |

| Catherine Ade Koulo 717 ...122 | Elisabeth Ade Koulo 719 ...123 | Dakossi Ade Koulo 721 ...124 | Florence Ade Koulo 723 ...125 | Valentin Ade Koulo 725 ...126 | Omer Ade Koulo 726 ...127 | Thomas Ade Koulo 727 ...128 |

174. Felix Ade Koulo

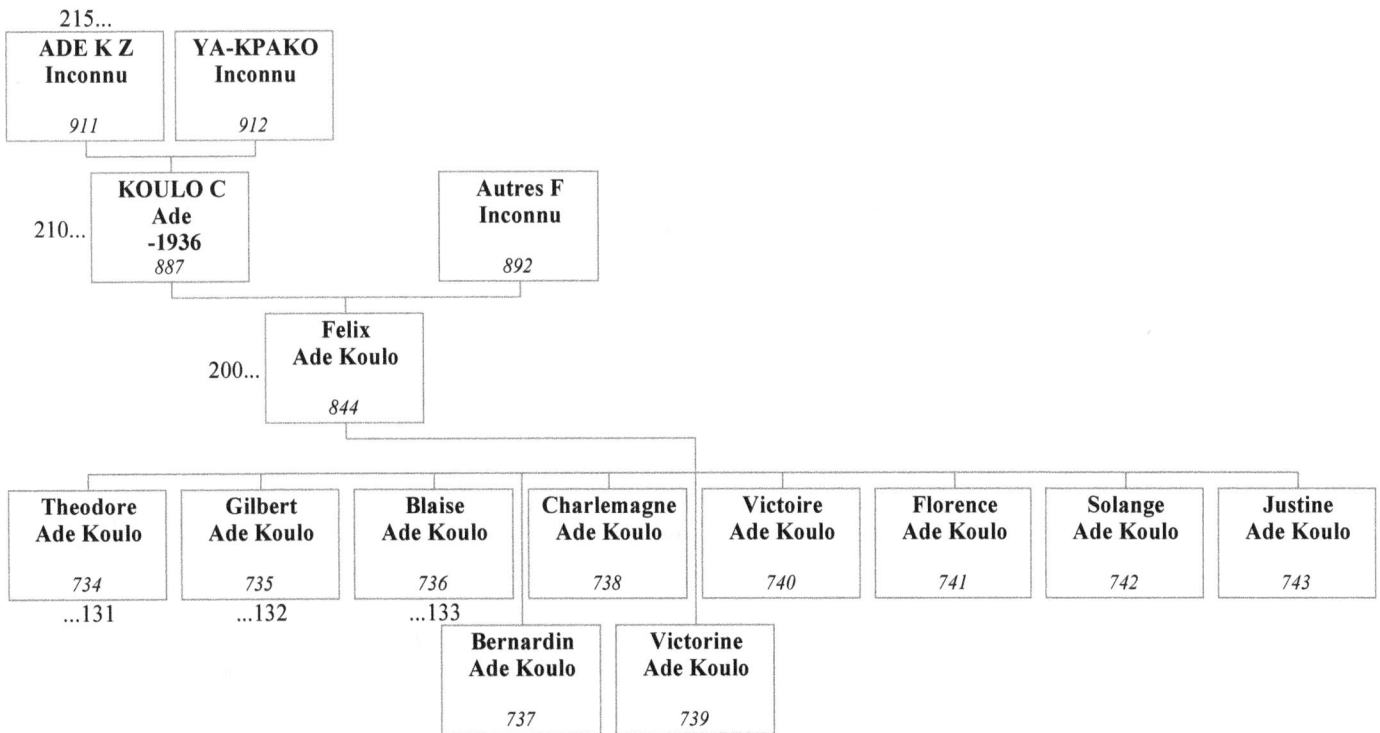

215...
| ADE K Z Inconnu 911 | YA-KPAKO Inconnu 912 |

210...
| KOULO C Ade -1936 887 | Autres F Inconnu 892 |

200...
| Felix Ade Koulo 844 |

| Theodore Ade Koulo 734 ...131 | Gilbert Ade Koulo 735 ...132 | Blaise Ade Koulo 736 ...133 | Charlemagne Ade Koulo 738 | Victoire Ade Koulo 740 | Florence Ade Koulo 741 | Solange Ade Koulo 742 | Justine Ade Koulo 743 |

| Bernardin Ade Koulo 737 | Victorine Ade Koulo 739 |

175. Tranquillin Ade Koulo

215...

ADE K Z Inconnu	YA-KPAKO Inconnu
911	912

210...

KOULO C Ade -1936	Autres F Inconnu
887	892

200...

Tranquillin Ade Koulo -2013
848

Didier Ade Koulo	Rock Ade Koulo	Bonaventure Ade Koulo	Desire Ade Koulo	Benjamin Ade Koulo	Valerie Ade Koulo
744	745	746	747	748	749

...134　　　　　　...135

176. Victorin Kpevegba Ade Koulo

215...

ADE K Z Inconnu	YA-KPAKO Inconnu
911	912

210...

KOULO C Ade -1936	Nankpe Dossounon
887	893

201...

Victorin K Ade Koulo -2005
850

Lambert Ade Koulo	Ernest Ade Koulo	Urbain Ade Koulo	David F D V Ade Koulo	Philomene Ade Koulo	Francisca Ade Koulo	Yvonne Ade Koulo	*Plus 2 Autres Enfants*
750	752	754	756	758	760	762	

...136　　...138

Theophile F D V Ade Koulo	Nestor Ade Koulo	Anselme Ade Koulo	Benjamin Ade Koulo	Julienne Ade Koulo	Josephine Ade Koulo	Melanie Ade Koulo
751	753	755	757	759	761	763

...137

Page 180

177. Akonsonhounde Ade Koulo

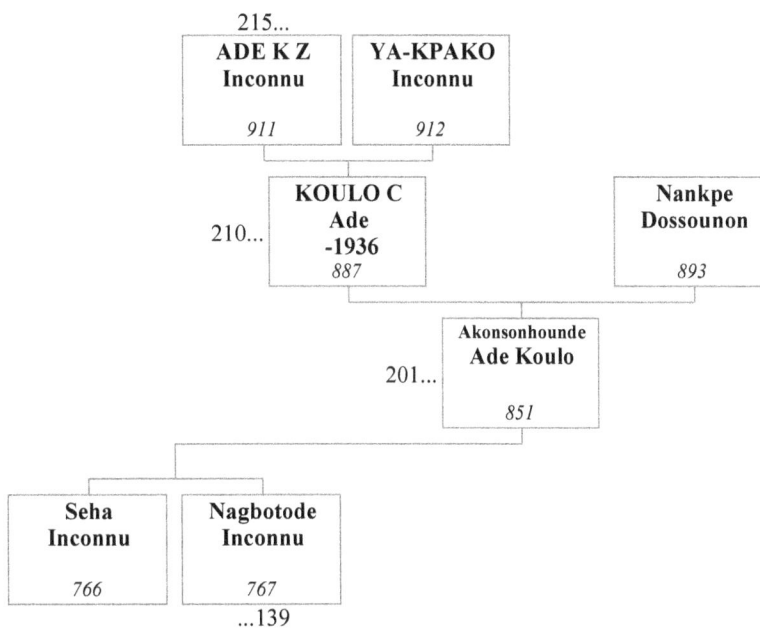

215...

ADE K Z Inconnu	YA-KPAKO Inconnu
911	912

210...

KOULO C Ade -1936
887

Nankpe Dossounon
893

201...

Akonsonhounde Ade Koulo
851

Seha Inconnu	Nagbotode Inconnu
766	767

...139

178. Monsieur Assogba Houehou et Atokoukinde Ade Koulo

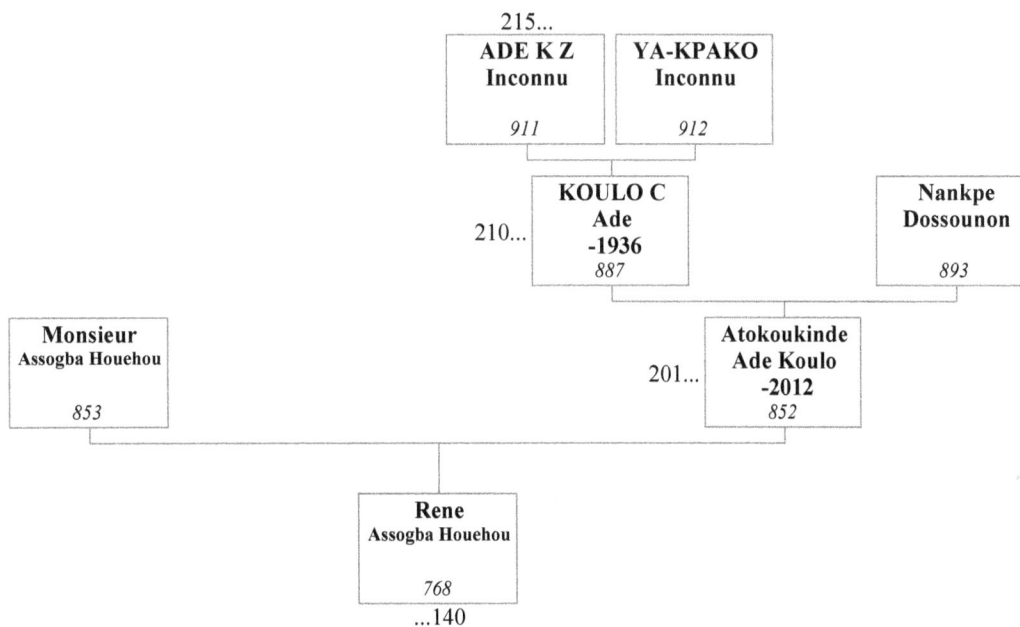

215...

ADE K Z Inconnu	YA-KPAKO Inconnu
911	912

210...

KOULO C Ade -1936
887

Nankpe Dossounon
893

Monsieur Assogba Houehou
853

201...

Atokoukinde Ade Koulo -2012
852

Rene Assogba Houehou
768

...140

179. Houlekon Lome-ton Ade Koulo

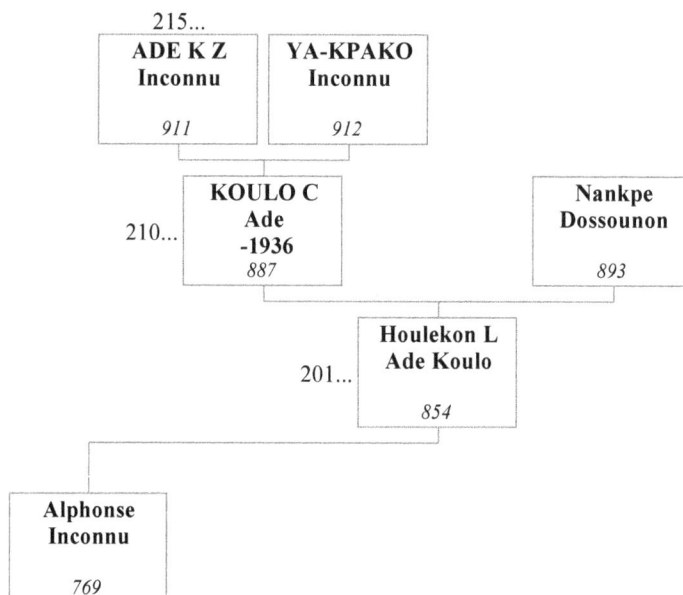

215...

ADE K Z Inconnu	YA-KPAKO Inconnu
911	*912*

210...

KOULO C Ade -1936	Nankpe Dossounon
887	*893*

201...

Houlekon L Ade Koulo
854

Alphonse Inconnu
769

180. Soudo Ade Koulo

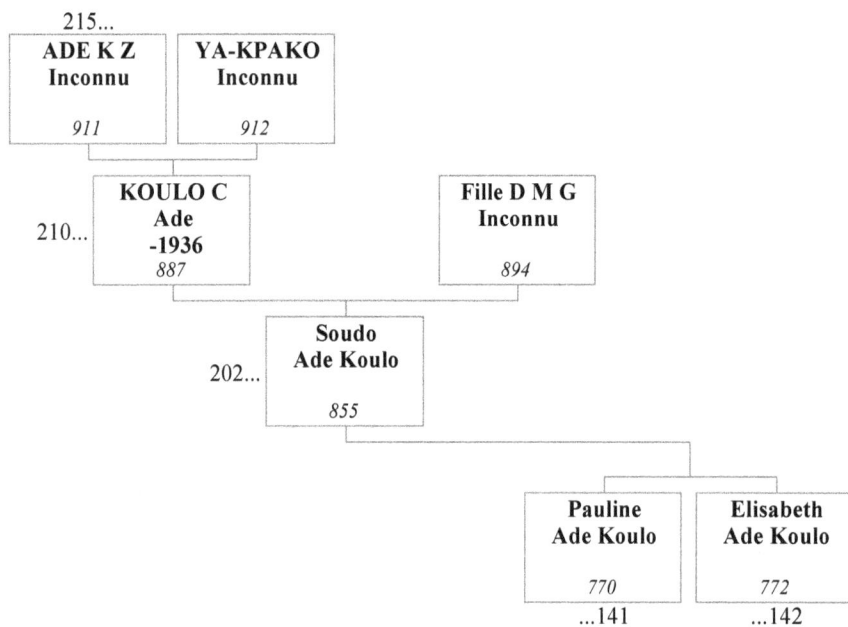

215...

ADE K Z Inconnu	YA-KPAKO Inconnu
911	*912*

210...

KOULO C Ade -1936	Fille D M G Inconnu
887	*894*

202...

Soudo Ade Koulo
855

Pauline Ade Koulo	Elisabeth Ade Koulo
770	*772*
...141	...142

181. Akpossi Ade Koulo

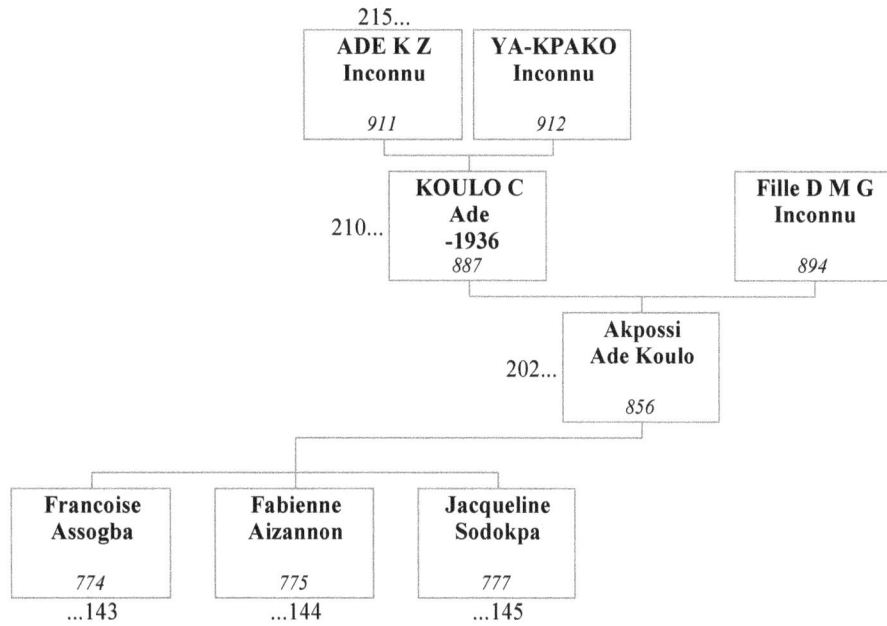

215...

ADE K Z Inconnu	YA-KPAKO Inconnu
911	912

210...

KOULO C Ade -1936	Fille D M G Inconnu
887	894

202...

Akpossi Ade Koulo
856

Francoise Assogba	Fabienne Aizannon	Jacqueline Sodokpa
774	775	777
...143	...144	...145

182. Monsieur Kpenou et Kodossi Djeto Ade Koulo

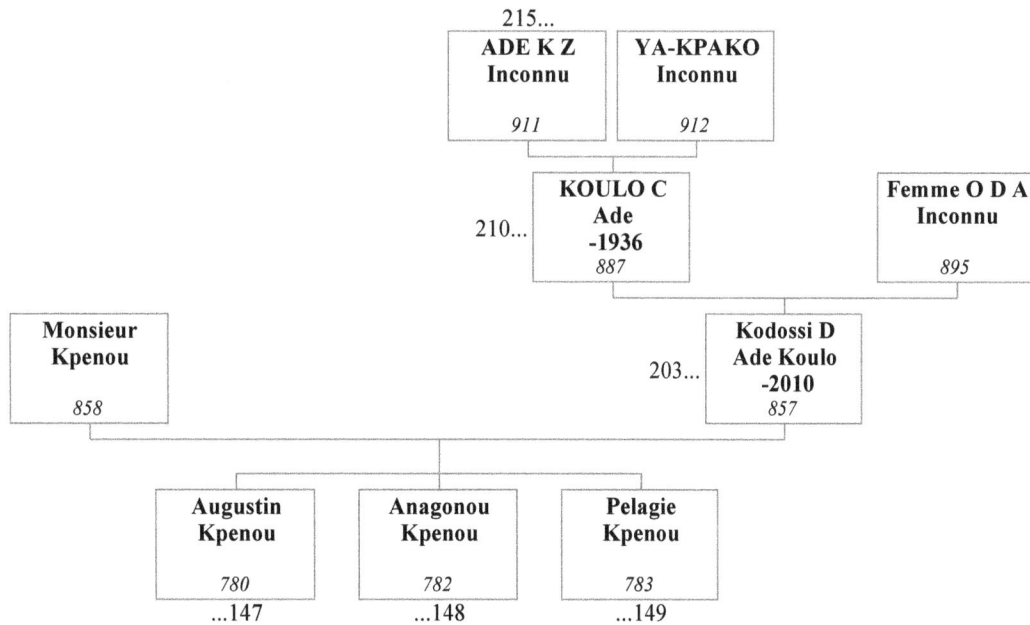

215...

ADE K Z Inconnu	YA-KPAKO Inconnu
911	912

210...

KOULO C Ade -1936	Femme O D A Inconnu
887	895

Monsieur Kpenou	Kodossi D Ade Koulo -2010
858	857

203...

Augustin Kpenou	Anagonou Kpenou	Pelagie Kpenou
780	782	783
...147	...148	...149

183. Monsieur Atinmakan et Ahivetin Ade Koulo

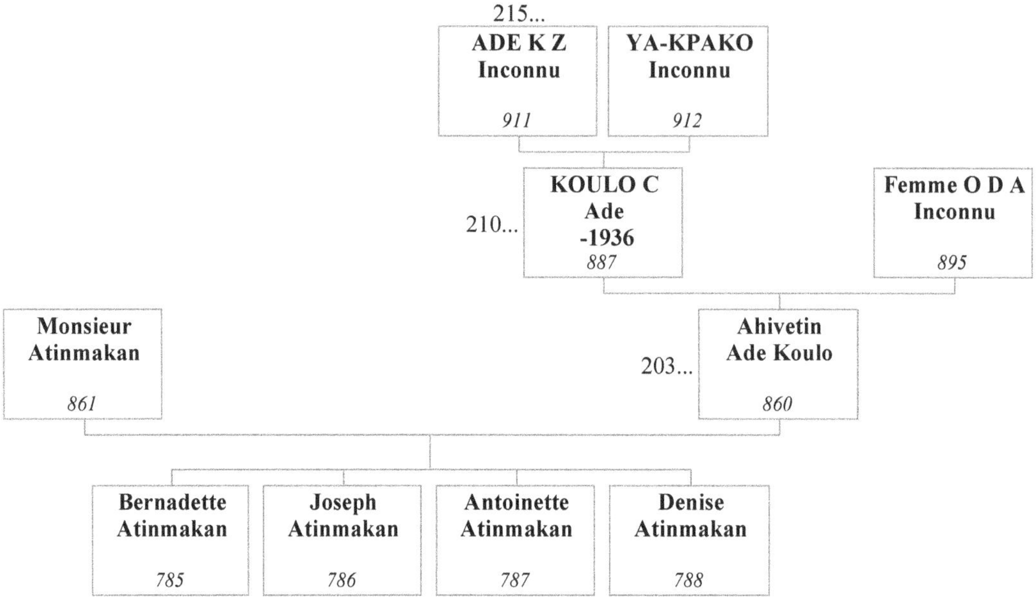

215...

ADE K Z Inconnu	YA-KPAKO Inconnu
911	912

210...

KOULO C Ade -1936
887

Femme O D A Inconnu
895

Monsieur Atinmakan
861

203...

Ahivetin Ade Koulo
860

Bernadette Atinmakan	Joseph Atinmakan	Antoinette Atinmakan	Denise Atinmakan
785	786	787	788

184. Dansi Ade Koulo

215...

ADE K Z Inconnu	YA-KPAKO Inconnu
911	912

210...

KOULO C Ade -1936
887

Mere D N E Inconnu
897

205...

Dansi Ade Koulo
864

Antoine Ade Koulo
789

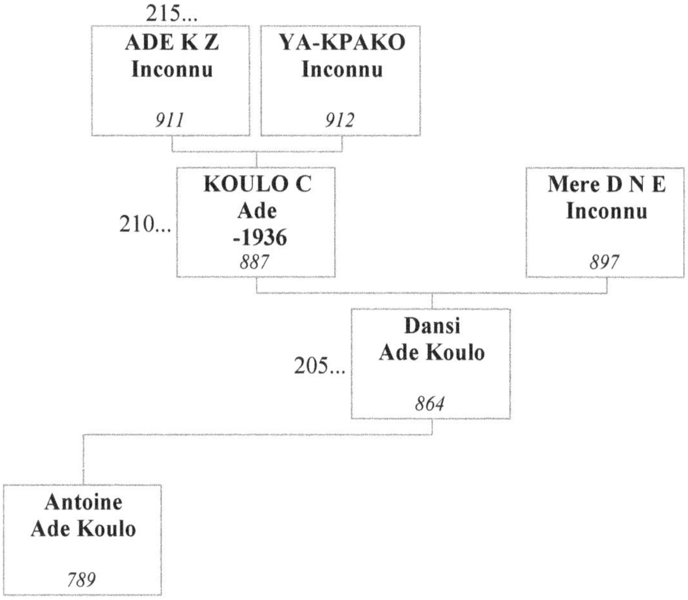

185. Naga Akoleme Ade Koulo

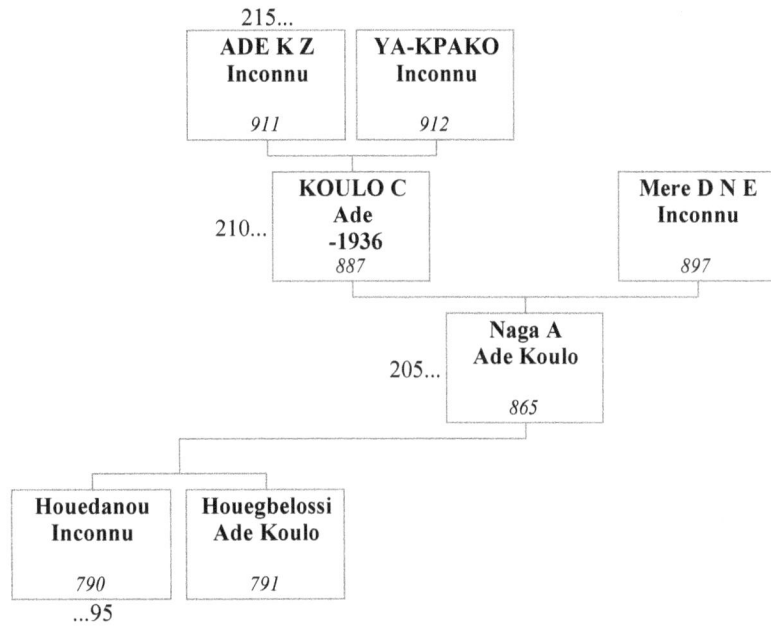

215...

ADE K Z Inconnu	YA-KPAKO Inconnu
911	912

210...

KOULO C Ade -1936		Mere D N E Inconnu
887		897

205...

Naga A Ade Koulo
865

Houedanou Inconnu	Houegbelossi Ade Koulo
790	791

...95

186. Zinvoedo Ade

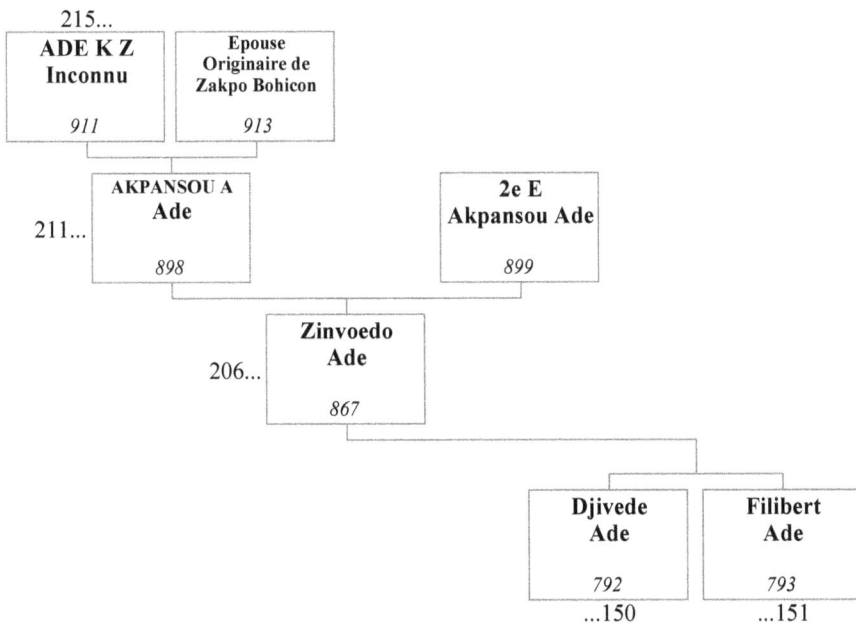

215...

ADE K Z Inconnu	Epouse Originaire de Zakpo Bohicon
911	913

211...

AKPANSOU A Ade	2e E Akpansou Ade
898	899

206...

Zinvoedo Ade
867

Djivede Ade	Filibert Ade
792	793
...150	...151

Page 185

187. Nague Ade

215...

ADE K Z Inconnu	Epouse Originaire de Zakpo Bohicon
911	913

211...

AKPANSOU A Ade	1ere E Akpansou Ade
898	900

207...

Nague Ade

869

Joachim Inconnu

794

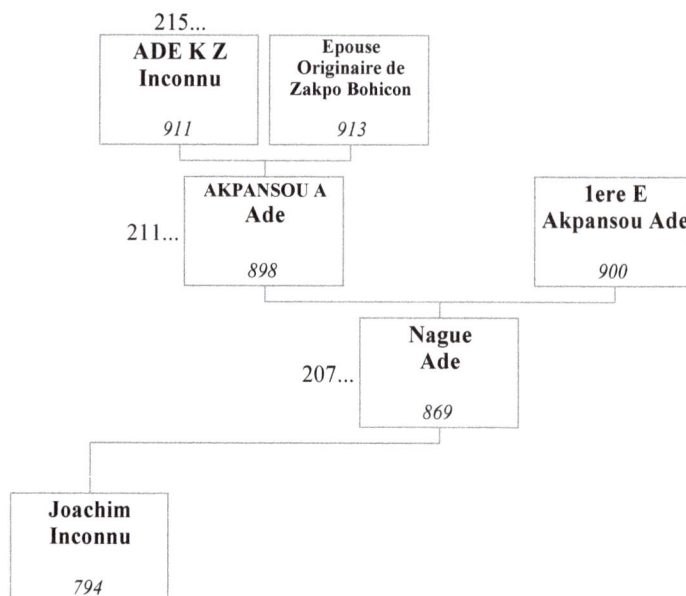

188. Monsieur Mafiokpe et Nansi Ade Mafiokpe

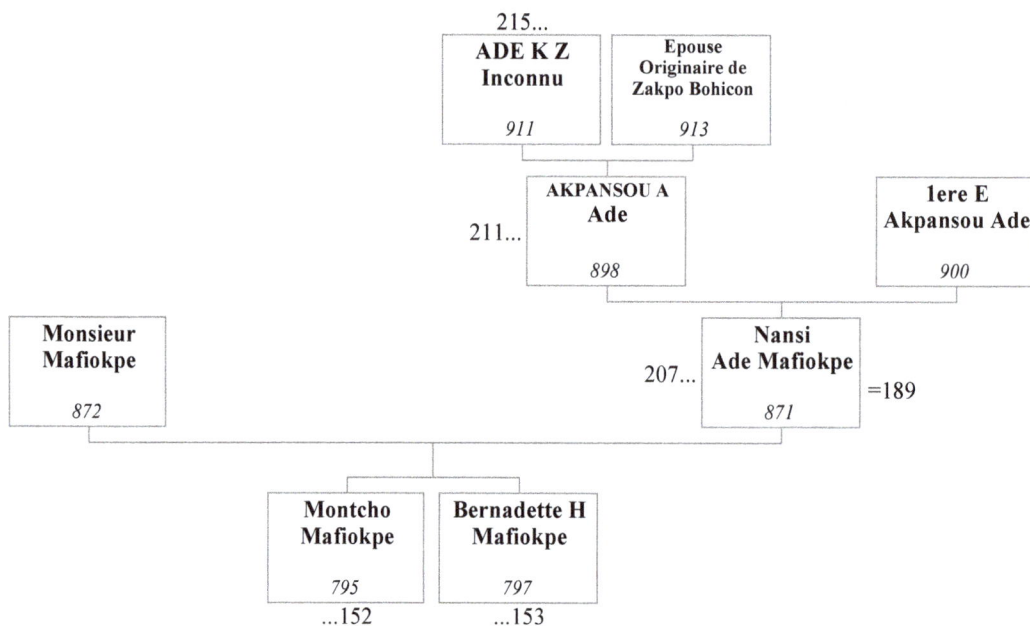

215...

ADE K Z Inconnu	Epouse Originaire de Zakpo Bohicon
911	913

211...

AKPANSOU A Ade	1ere E Akpansou Ade
898	900

Monsieur Mafiokpe	Nansi Ade Mafiokpe
872	207... 871 =189

Montcho Mafiokpe	Bernadette H Mafiokpe
795	797
...152	...153

189. Monsieur Dako et Nansi Ade Mafiokpe

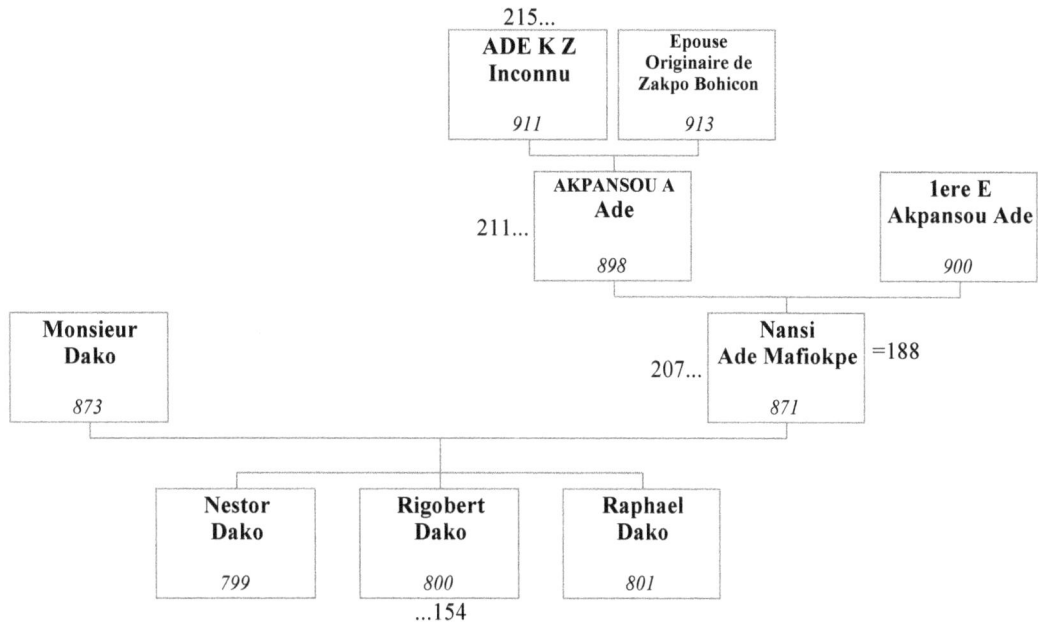

215...

ADE K Z Inconnu	Epouse Originaire de Zakpo Bohicon
911	913

211...

AKPANSOU A Ade
898

1ere E Akpansou Ade
900

Monsieur Dako
873

207...

Nansi Ade Mafiokpe	=188
871	

Nestor Dako	Rigobert Dako	Raphael Dako
799	800	801

...154

190. Gerard Ade

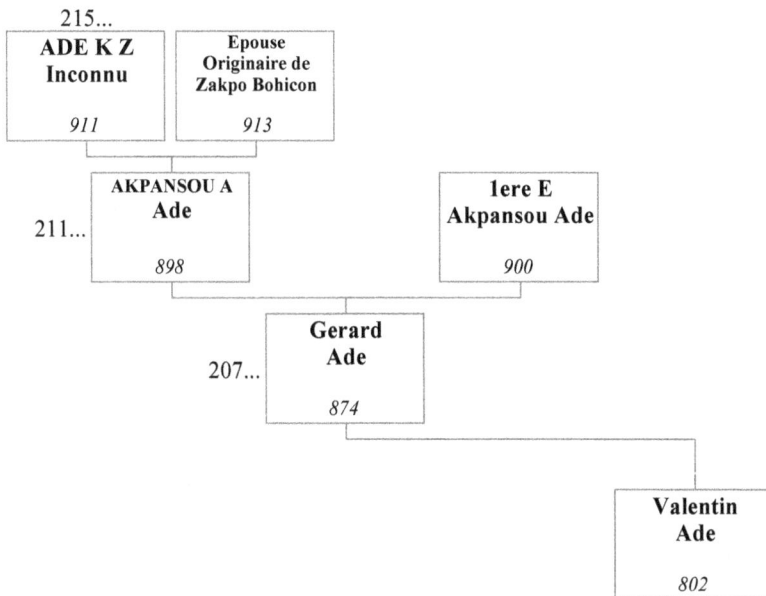

215...

ADE K Z Inconnu	Epouse Originaire de Zakpo Bohicon
911	913

211...

AKPANSOU A Ade
898

1ere E Akpansou Ade
900

207...

Gerard Ade
874

Valentin Ade
802

191. Dakpewi Agbohounmin Inconnu et Bodjo Inconnu

215...

Sossa A Inconnu
918

215...

ADE K Z Inconnu
911

Epouse Originaire de Zakpo Bohicon
913

ADE K Z Inconnu
911

215...

YA-KPAKO Inconnu
912

AKPANSOU A Ade
898

211...

Ya-Fatouma Ya-nafi
901

Dakpewi A Inconnu
885

210...   =195

Bodjo Inconnu
875

208...

Enfant M D L Inconnu
813

192. Monsieur Aviansou et Fakame Inconnu

215...

ADE K Z Inconnu
911

Epouse Originaire de Zakpo Bohicon
913

AKPANSOU A Ade
898

211...

Ya-Fatouma Ya-nafi
901

Monsieur Aviansou
877

Fakame Inconnu
876

208...

Alladassi Aviansou
803

...155

193. Assigbe dah GBEGBE-SA Inconnu

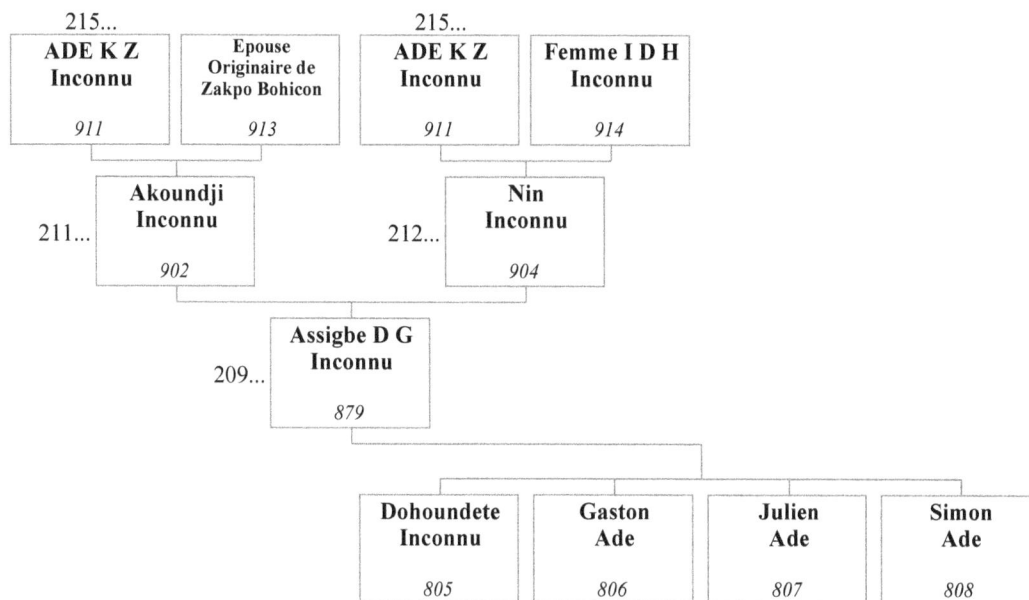

215...
ADE K Z Inconnu	Epouse Originaire de Zakpo Bohicon
911	913

215...
ADE K Z Inconnu	Femme I D H Inconnu
911	914

211...
Akoundji Inconnu
902

212...
Nin Inconnu
904

209...
Assigbe D G Inconnu
879

Dohoundete Inconnu	Gaston Ade	Julien Ade	Simon Ade
805	806	807	808

194. Nassougande Degbo et Dame Lokonon

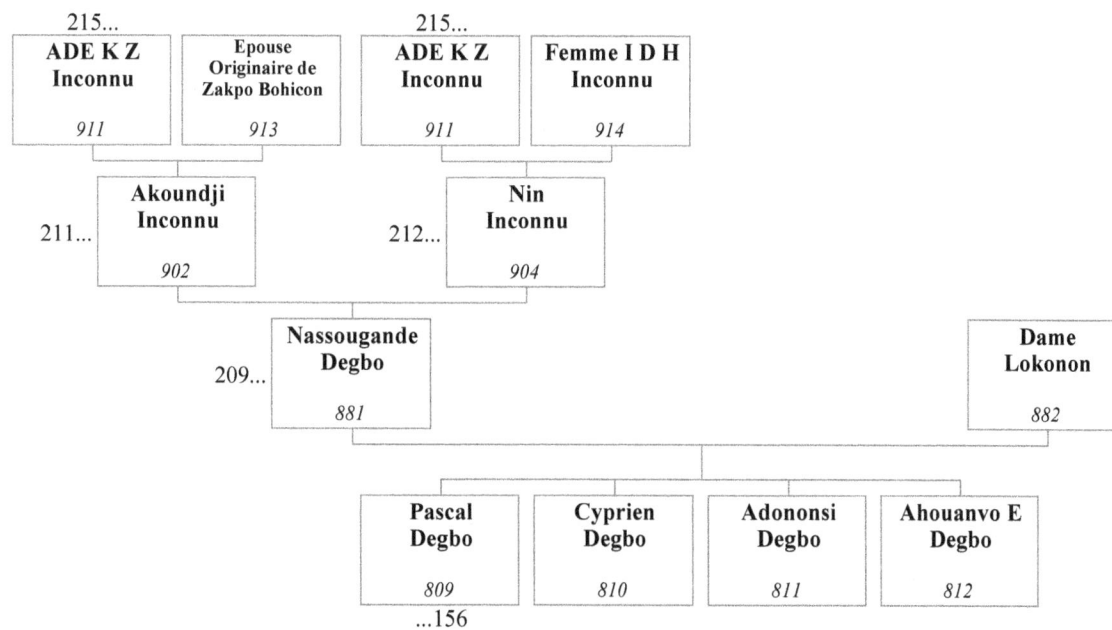

215...
ADE K Z Inconnu	Epouse Originaire de Zakpo Bohicon
911	913

215...
ADE K Z Inconnu	Femme I D H Inconnu
911	914

211...
Akoundji Inconnu
902

212...
Nin Inconnu
904

209...
Nassougande Degbo	Dame Lokonon
881	882

Pascal Degbo	Cyprien Degbo	Adononsi Degbo	Ahouanvo E Degbo
809	810	811	812

...156

195. Dakpewi Agbohounmin Inconnu et 2e epouse Inconnu

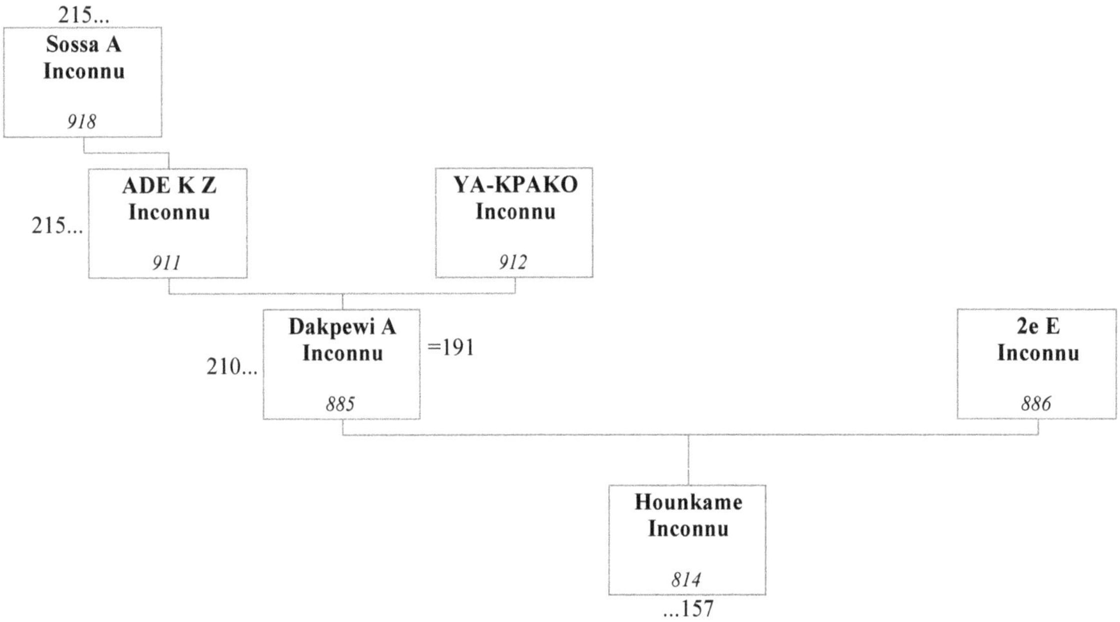

215...
Sossa A Inconnu
918

215...
ADE K Z Inconnu
911

YA-KPAKO Inconnu
912

210...
Dakpewi A Inconnu
885
=191

2e E Inconnu
886

Hounkame Inconnu
814
...157

196. KOULO Christophe Ade et Nan Houedotin Z AHOMAGNON

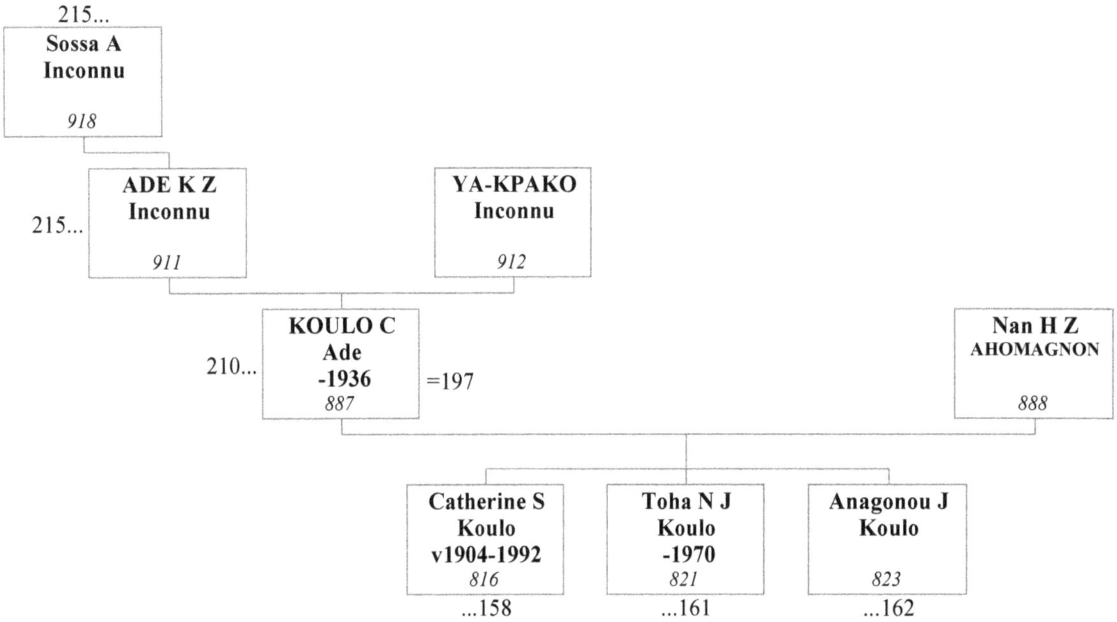

215...
Sossa A Inconnu
918

215...
ADE K Z Inconnu
911

YA-KPAKO Inconnu
912

210...
KOULO C Ade -1936
887
=197

Nan H Z AHOMAGNON
888

Catherine S Koulo v1904-1992
816
...158

Toha N J Koulo -1970
821
...161

Anagonou J Koulo
823
...162

197. KOULO Christophe Ade et Autre epouse de Nicodeme Koulo

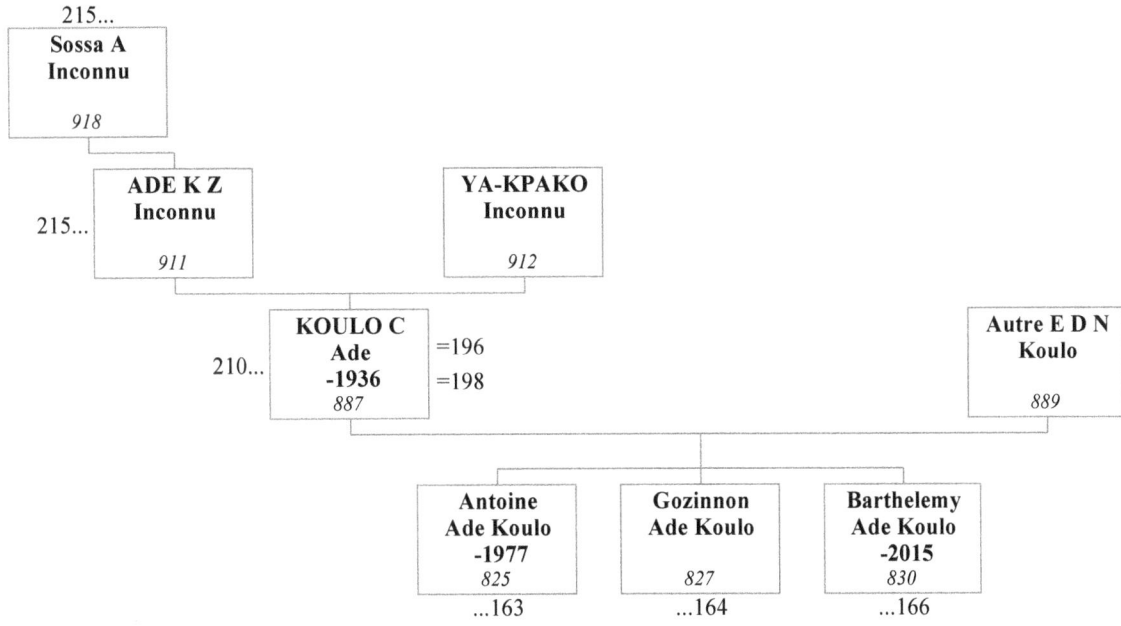

215...

Sossa A Inconnu

918

215...

ADE K Z Inconnu

911

YA-KPAKO Inconnu

912

210...

KOULO C Ade -1936

887

=196
=198

Autre E D N Koulo

889

Antoine Ade Koulo -1977

825

...163

Gozinnon Ade Koulo

827

...164

Barthelemy Ade Koulo -2015

830

...166

198. KOULO Christophe Ade et Mere de Jean Inconnu

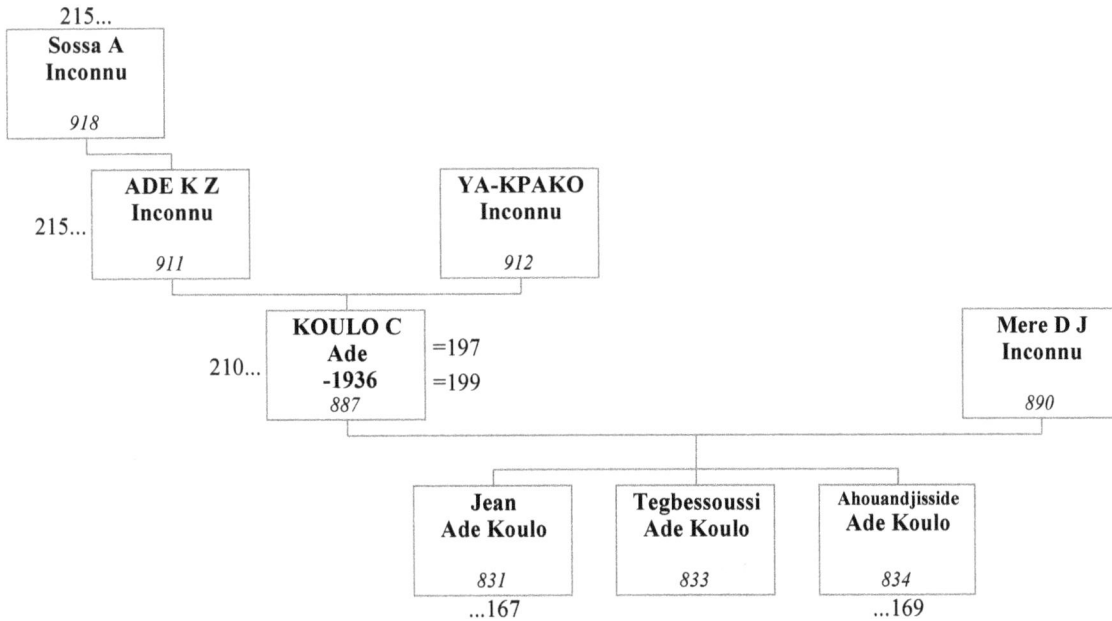

215...

Sossa A Inconnu

918

215...

ADE K Z Inconnu

911

YA-KPAKO Inconnu

912

210...

KOULO C Ade -1936

887

=197
=199

Mere D J Inconnu

890

Jean Ade Koulo

831
...167

Tegbessoussi Ade Koulo

833

Ahouandjisside Ade Koulo

834
...169

199. KOULO Christophe Ade et Femme originaire de Hlagon Inconnu

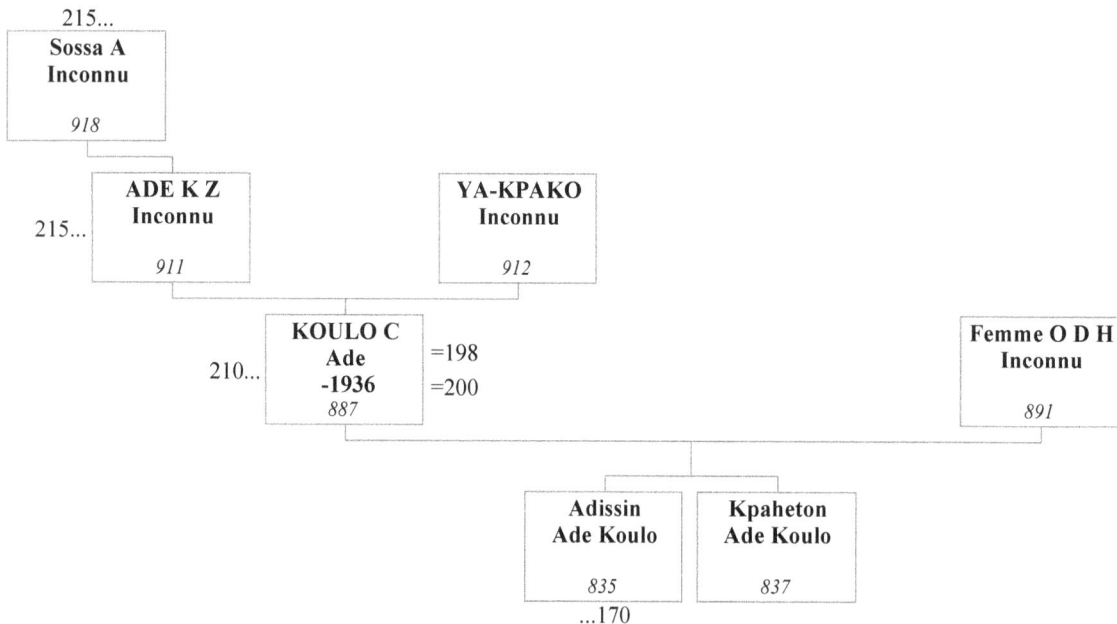

215...
Sossa A Inconnu
918

215...
ADE K Z Inconnu
911

YA-KPAKO Inconnu
912

210...
KOULO C Ade -1936
887
=198
=200

Femme O D H Inconnu
891

Adissin Ade Koulo
835
...170

Kpaheton Ade Koulo
837

200. KOULO Christophe Ade et Autres femmes Inconnu

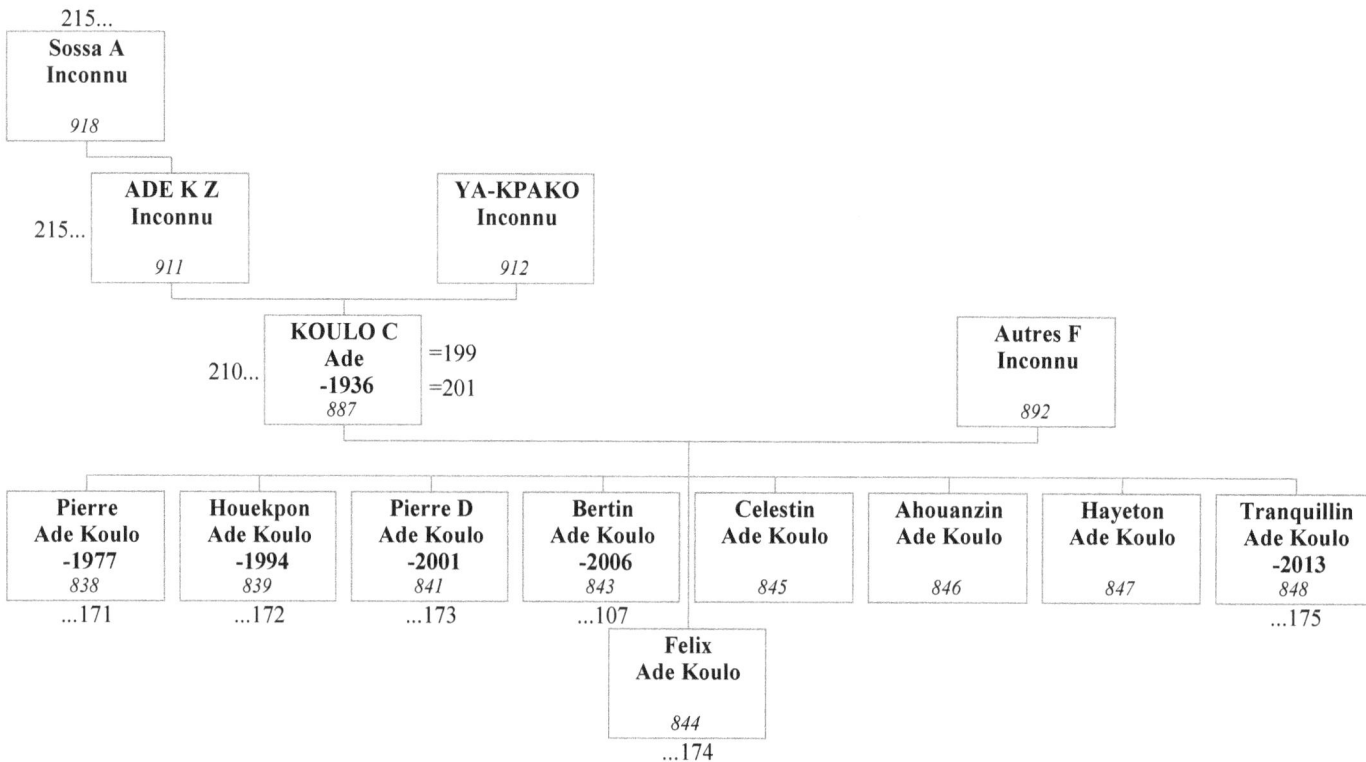

215...
Sossa A Inconnu
918

215...
ADE K Z Inconnu
911

YA-KPAKO Inconnu
912

210...
KOULO C Ade -1936
887
=199
=201

Autres F Inconnu
892

Pierre Ade Koulo -1977
838
...171

Houekpon Ade Koulo -1994
839
...172

Pierre D Ade Koulo -2001
841
...173

Bertin Ade Koulo -2006
843
...107

Celestin Ade Koulo
845

Ahouanzin Ade Koulo
846

Hayeton Ade Koulo
847

Tranquillin Ade Koulo -2013
848
...175

Felix Ade Koulo
844
...174

201. KOULO Christophe Ade et Nankpe Dossounon

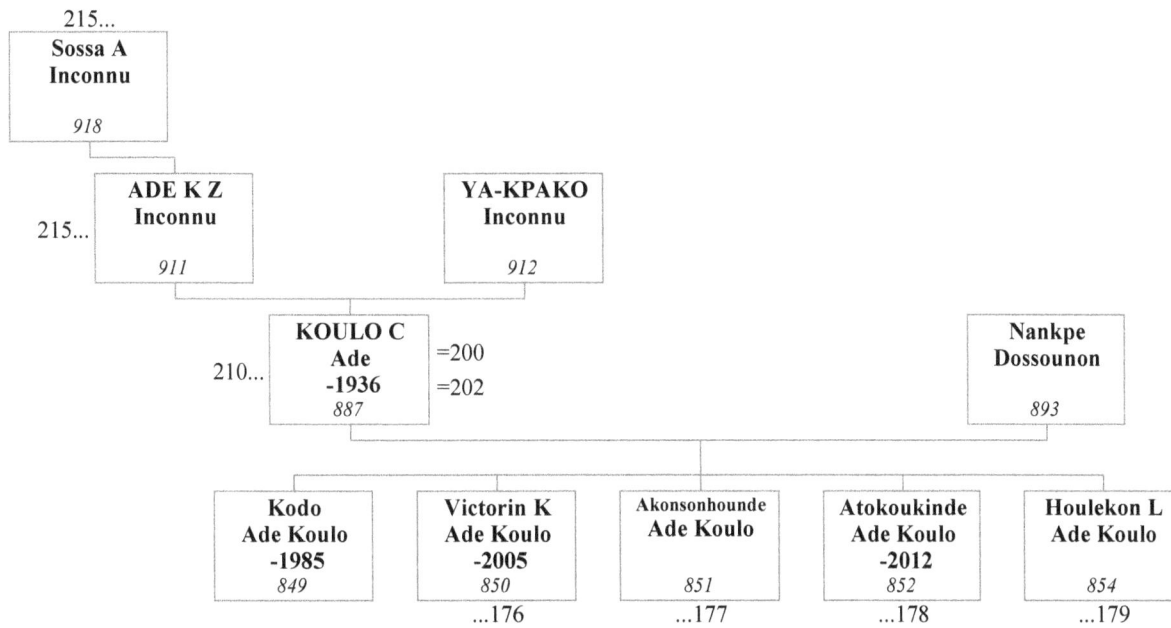

215...
**Sossa A
Inconnu**

918

215...
**ADE K Z
Inconnu**

911

**YA-KPAKO
Inconnu**

912

210...
**KOULO C
Ade
-1936**

887

=200
=202

**Nankpe
Dossounon**

893

**Kodo
Ade Koulo
-1985**

849

**Victorin K
Ade Koulo
-2005**

850

...176

**Akonsonhounde
Ade Koulo**

851

...177

**Atokoukinde
Ade Koulo
-2012**

852

...178

**Houlekon L
Ade Koulo**

854

...179

202. KOULO Christophe Ade et Fille du Migan Gnigla d'Abomey Inconnu

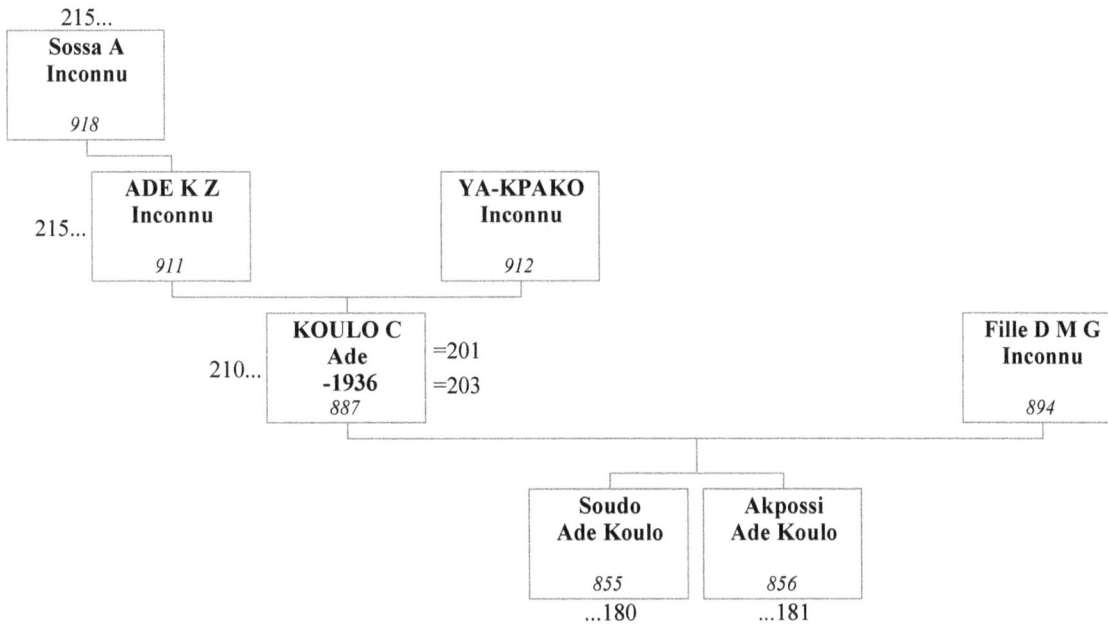

215...
**Sossa A
Inconnu**

918

215...
**ADE K Z
Inconnu**

911

**YA-KPAKO
Inconnu**

912

210...
**KOULO C
Ade
-1936**

887

=201
=203

**Fille D M G
Inconnu**

894

**Soudo
Ade Koulo**

855

...180

**Akpossi
Ade Koulo**

856

...181

203. KOULO Christophe Ade et Femme originaire de Adingnon Inconnu

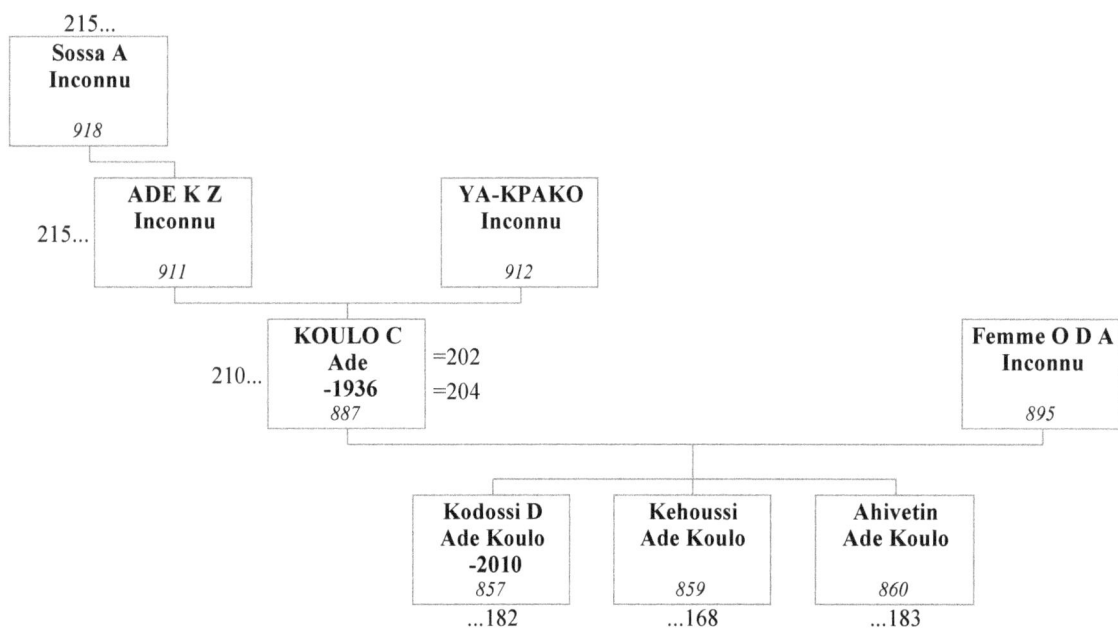

215...
Sossa A Inconnu
918

215...
ADE K Z Inconnu
911

YA-KPAKO Inconnu
912

210...
KOULO C Ade -1936
887
=202
=204

Femme O D A Inconnu
895

Kodossi D Ade Koulo -2010
857
...182

Kehoussi Ade Koulo
859
...168

Ahivetin Ade Koulo
860
...183

204. KOULO Christophe Ade et Ganhouato Inconnu

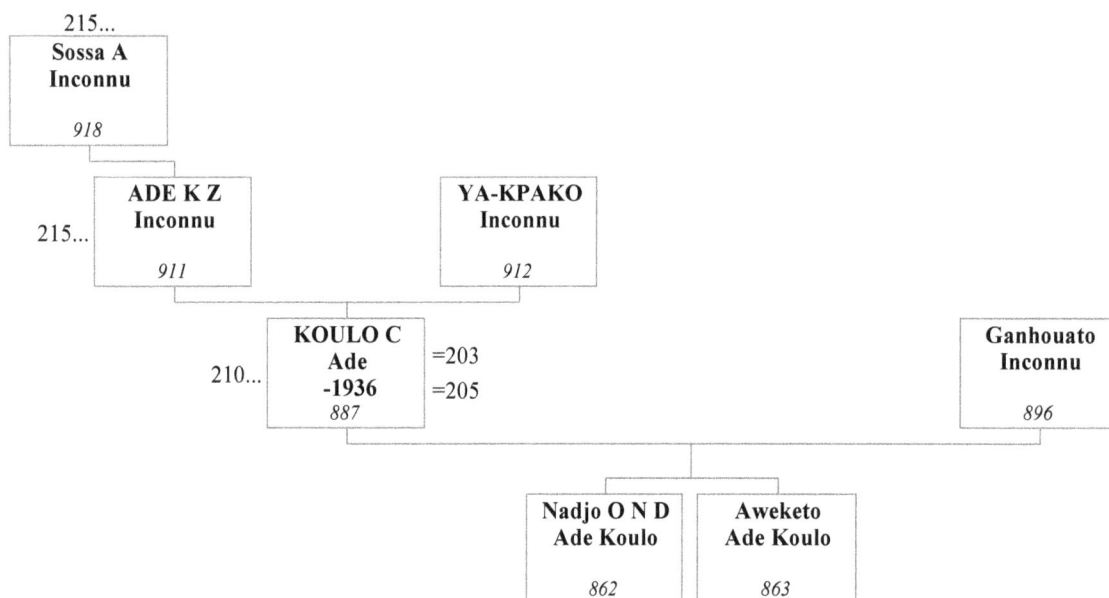

215...
Sossa A Inconnu
918

215...
ADE K Z Inconnu
911

YA-KPAKO Inconnu
912

210...
KOULO C Ade -1936
887
=203
=205

Ganhouato Inconnu
896

Nadjo O N D Ade Koulo
862

Aweketo Ade Koulo
863

205. KOULO Christophe Ade et Mere de Naga et Dansi Inconnu

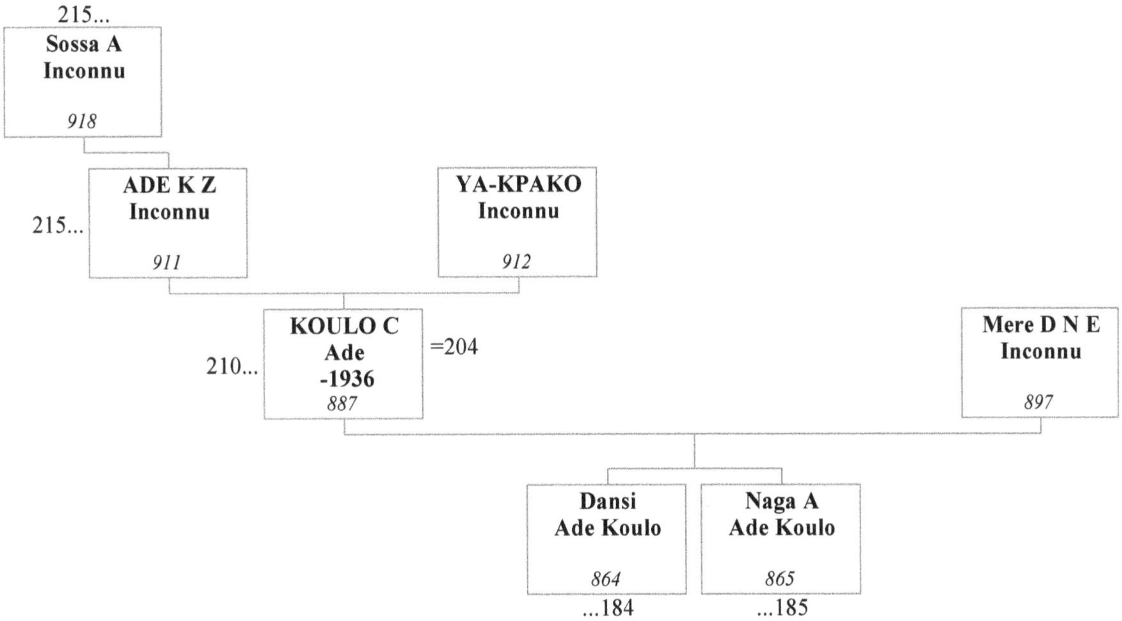

215...
Sossa A Inconnu
918

215...
ADE K Z Inconnu
911

YA-KPAKO Inconnu
912

210...
KOULO C Ade -1936
887   =204

Mere D N E Inconnu
897

Dansi Ade Koulo
864
...184

Naga A Ade Koulo
865
...185

206. AKPANSOU ancien Ade et 2e epouse Akpansou Ade

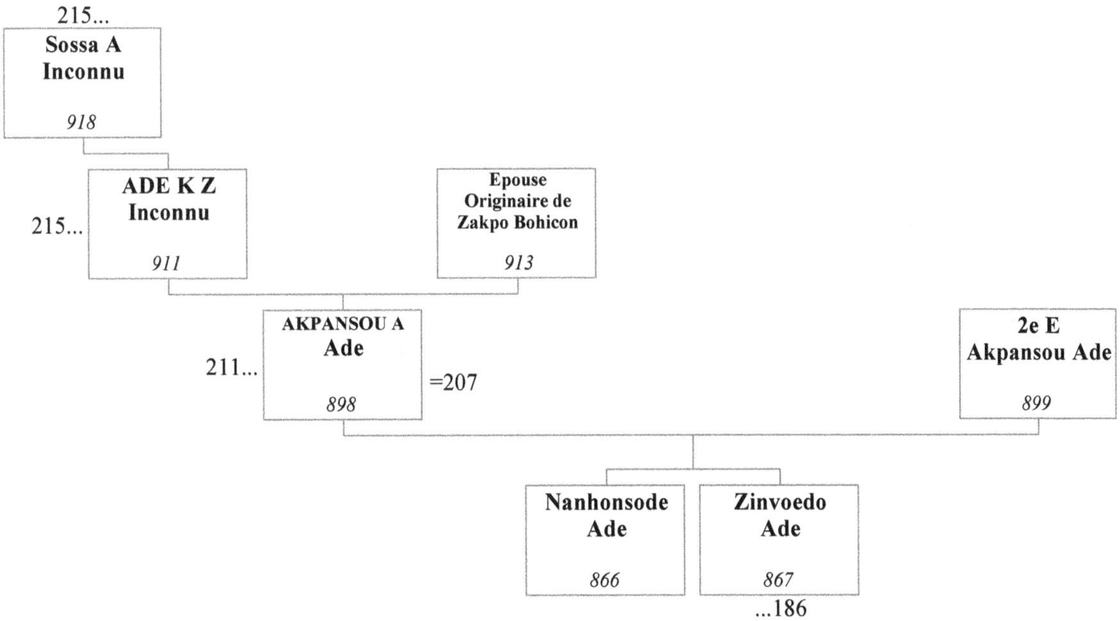

215...
Sossa A Inconnu
918

215...
ADE K Z Inconnu
911

Epouse Originaire de Zakpo Bohicon
913

211...
AKPANSOU A Ade
898   =207

2e E Akpansou Ade
899

Nanhonsode Ade
866

Zinvoedo Ade
867
...186

207. AKPANSOU ancien Ade et 1ere epouse Akpansou Ade

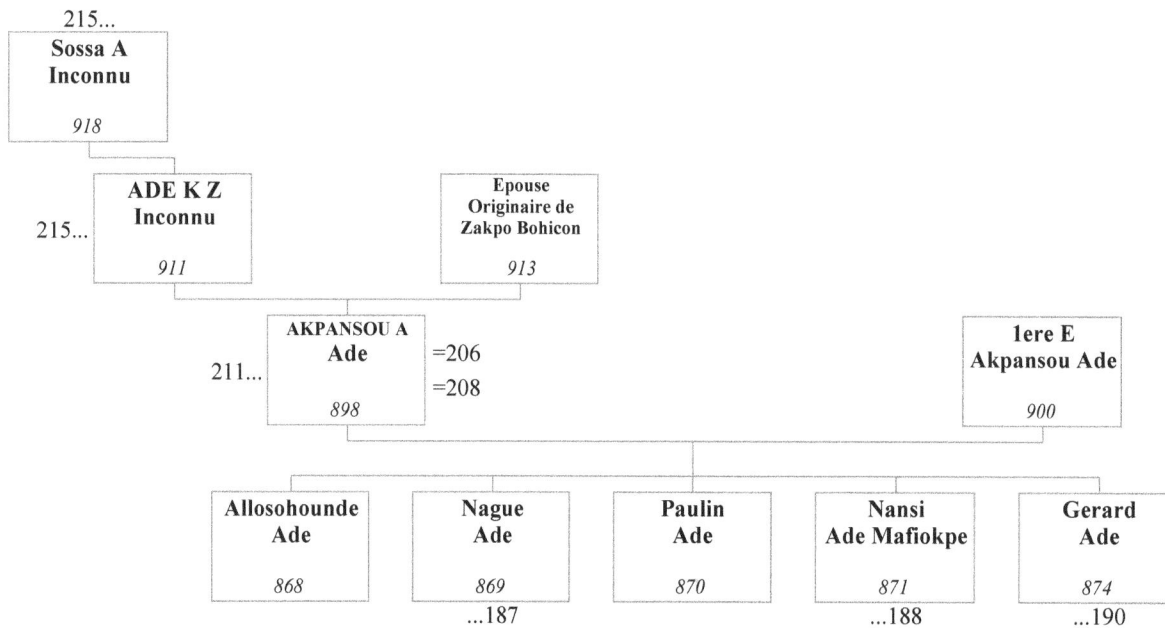

215...
Sossa A Inconnu
918

215...
ADE K Z Inconnu
911

Epouse Originaire de Zakpo Bohicon
913

211...
AKPANSOU A Ade
898
=206
=208

1ere E Akpansou Ade
900

Allosohounde Ade
868

Nague Ade
869
...187

Paulin Ade
870

Nansi Ade Mafiokpe
871
...188

Gerard Ade
874
...190

208. AKPANSOU ancien Ade et Ya-Fatouma Ya-nafi

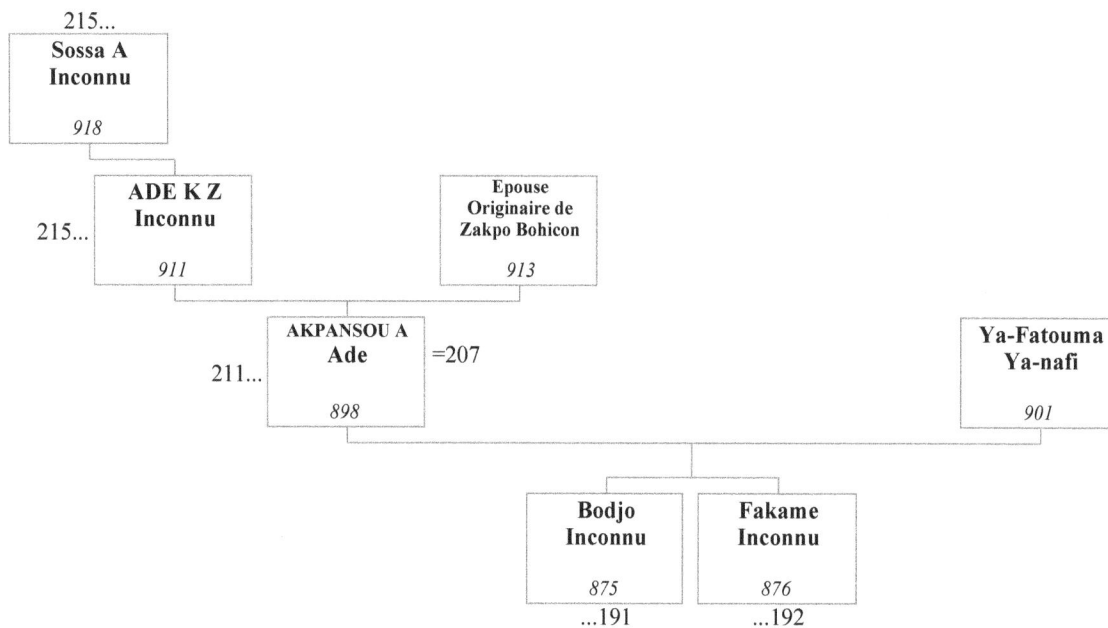

215...
Sossa A Inconnu
918

215...
ADE K Z Inconnu
911

Epouse Originaire de Zakpo Bohicon
913

211...
AKPANSOU A Ade
898
=207

Ya-Fatouma Ya-nafi
901

Bodjo Inconnu
875
...191

Fakame Inconnu
876
...192

209. Akoundji Inconnu et Nin Inconnu

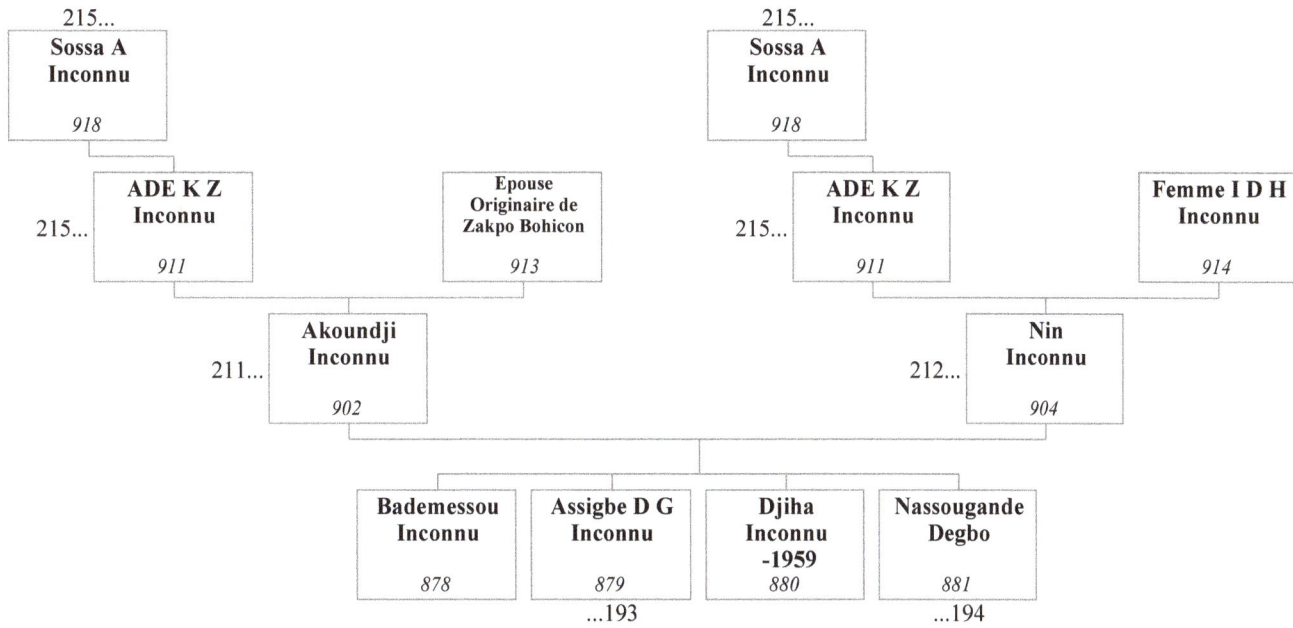

215...
Sossa A Inconnu
918

215...
Sossa A Inconnu
918

215...
ADE K Z Inconnu
911

Epouse Originaire de Zakpo Bohicon
913

215...
ADE K Z Inconnu
911

Femme I D H Inconnu
914

211...
Akoundji Inconnu
902

212...
Nin Inconnu
904

Bademessou Inconnu
878

Assigbe D G Inconnu
879
...193

Djiha Inconnu -1959
880

Nassougande Degbo
881
...194

210. ADE KPLANKOUN Zinsou Inconnu et YA-KPAKO Inconnu

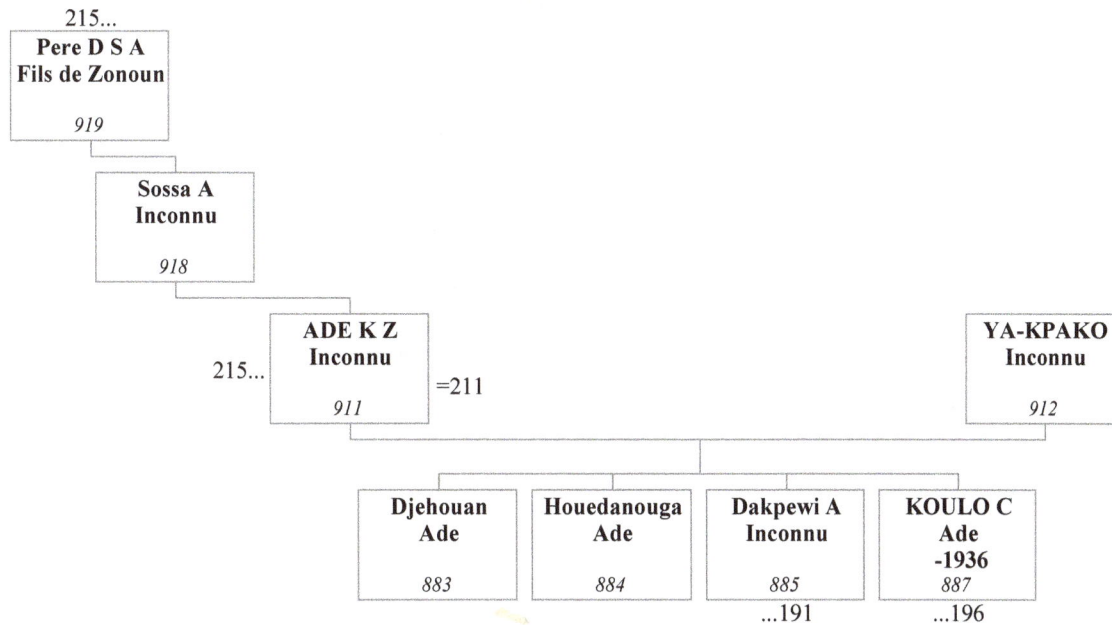

215...
Pere D S A Fils de Zonoun
919

Sossa A Inconnu
918

215...
ADE K Z Inconnu
911   =211

YA-KPAKO Inconnu
912

Djehouan Ade
883

Houedanouga Ade
884

Dakpewi A Inconnu
885
...191

KOULO C Ade -1936
887
...196

211. ADE KPLANKOUN Zinsou Inconnu et Epouse 1 Originaire de Zakpo Bohicon

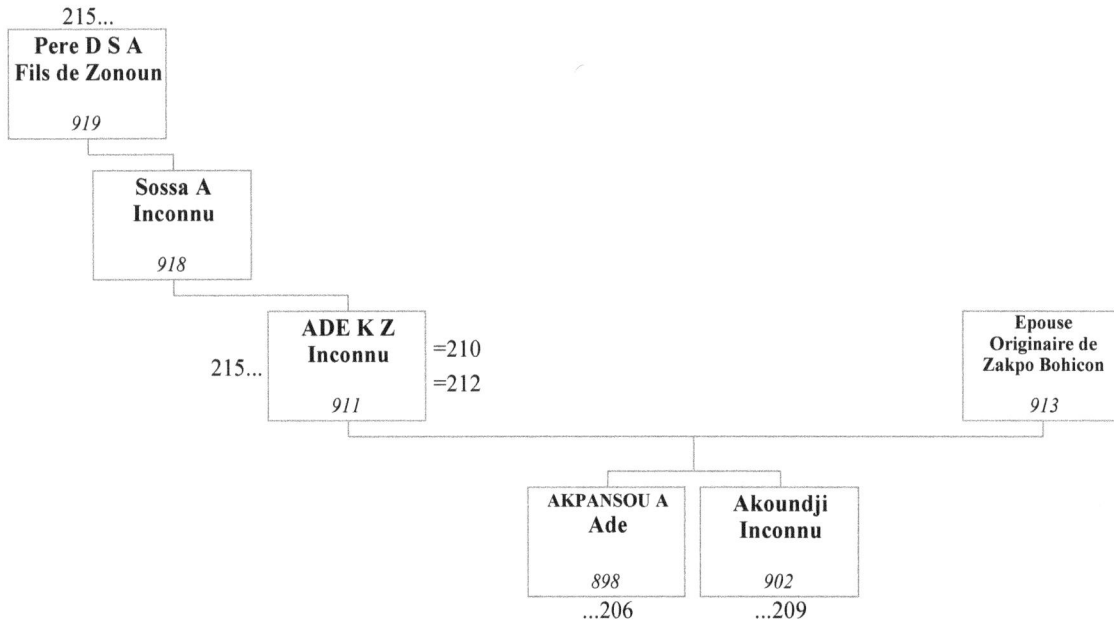

215...
Pere D S A
Fils de Zonoun

919

Sossa A
Inconnu

918

ADE K Z
Inconnu   =210
215...   =212
911

Epouse
Originaire de
Zakpo Bohicon

913

AKPANSOU A
Ade

898
...206

Akoundji
Inconnu

902
...209

212. ADE KPLANKOUN Zinsou Inconnu et Femme issue de Hountonho Inconnu

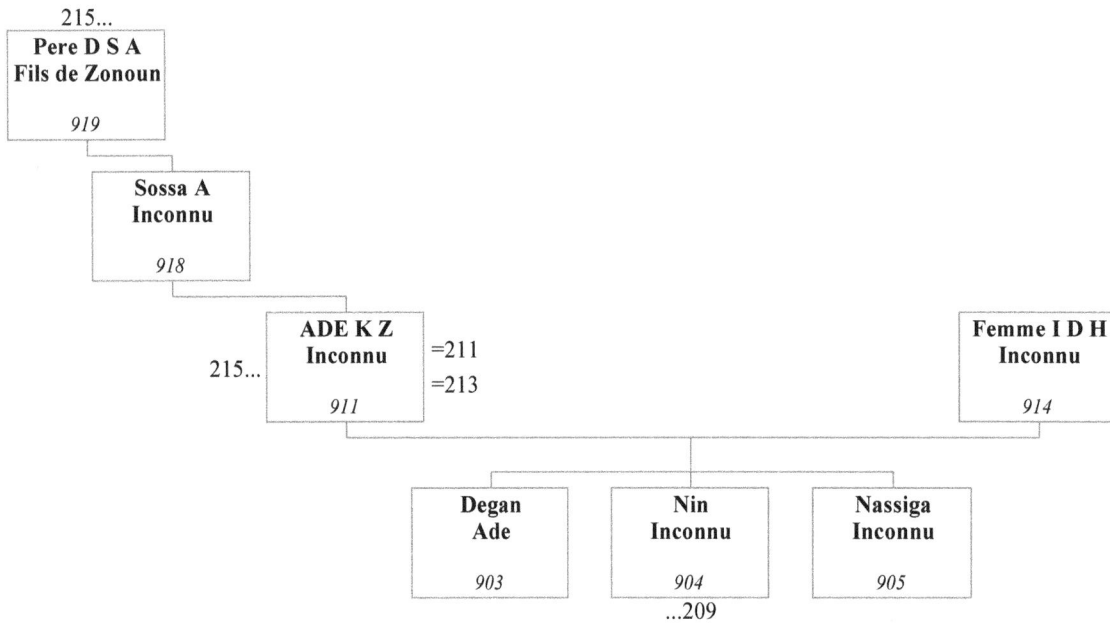

215...
Pere D S A
Fils de Zonoun

919

Sossa A
Inconnu

918

ADE K Z
Inconnu   =211
215...   =213
911

Femme I D H
Inconnu

914

Degan
Ade

903

Nin
Inconnu

904
...209

Nassiga
Inconnu

905

213. ADE KPLANKOUN Zinsou Inconnu et Epouses inconnues de Ade Kplankoun

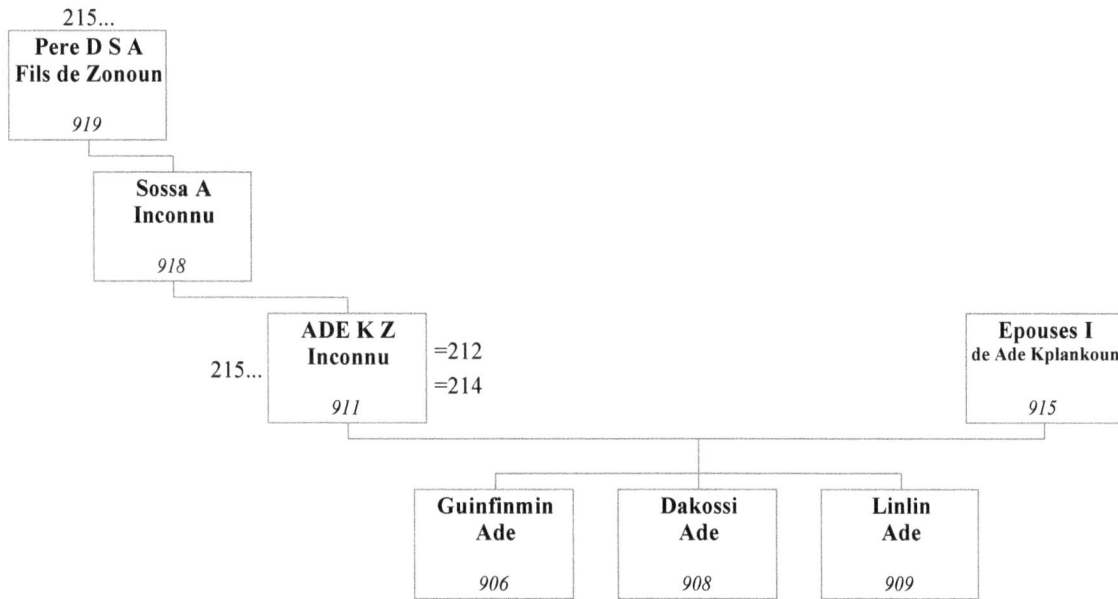

215...
Pere D S A
Fils de Zonoun

919

Sossa A
Inconnu

918

215...
ADE K Z
Inconnu   =212
           =214
911

Epouses I
de Ade Kplankoun

915

Guinfinmin
Ade

906

Dakossi
Ade

908

Linlin
Ade

909

214. ADE KPLANKOUN Zinsou Inconnu et Derniere Epouse Gbaguidi

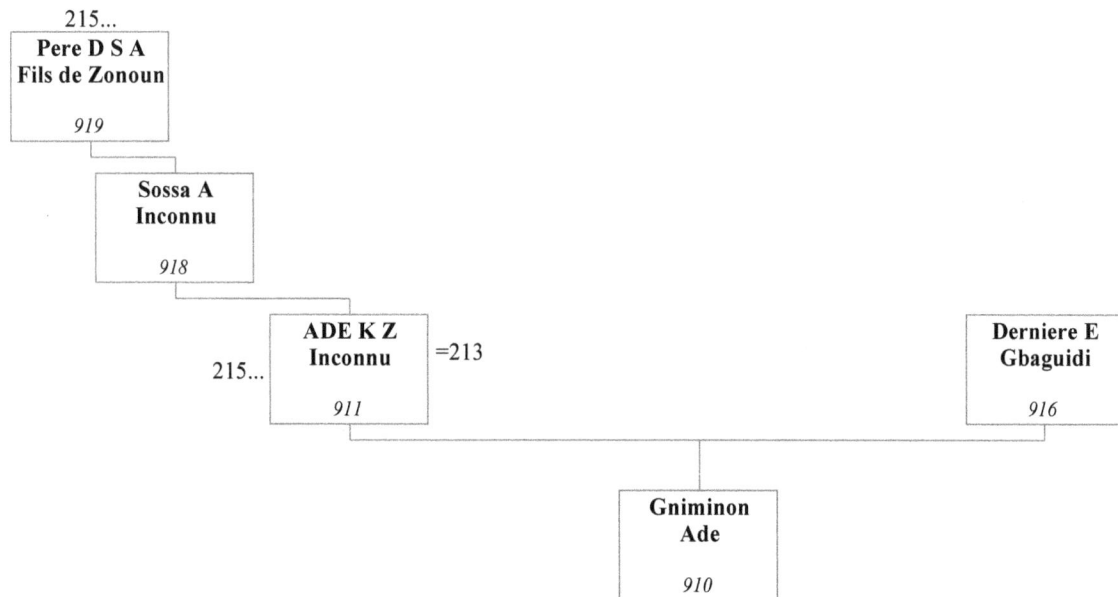

215...
Pere D S A
Fils de Zonoun

919

Sossa A
Inconnu

918

215...
ADE K Z
Inconnu   =213

911

Derniere E
Gbaguidi

916

Gniminon
Ade

910

215. Sossa Aikpe Inconnu

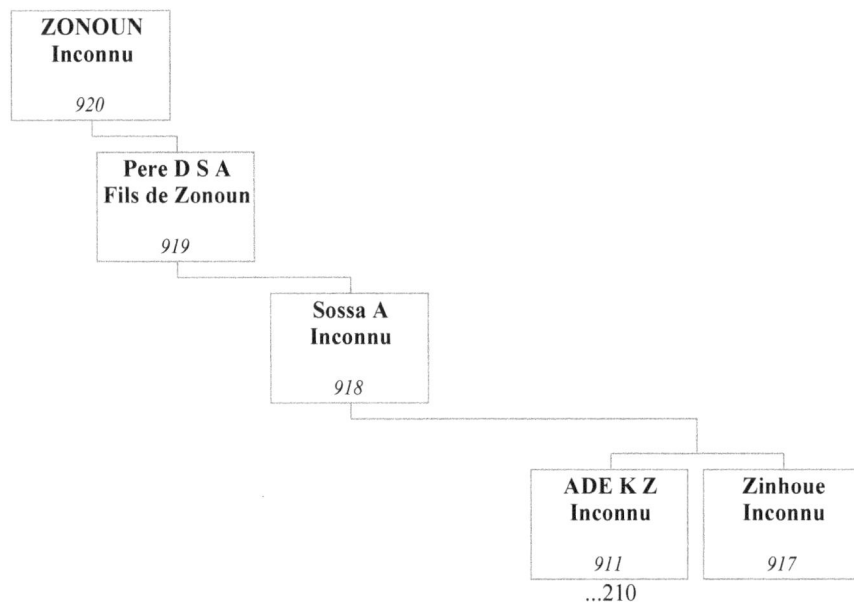

```
ZONOUN
Inconnu

920
   │
   └── Pere D S A
       Fils de Zonoun

       919
          │
          └── Sossa A
              Inconnu

              918
                 │
         ┌───────┴───────┐
      ADE K Z          Zinhoue
      Inconnu          Inconnu

        911              917
       ...210
```

Résidence de Liliane Tokpo[118] à Paris, Île-de-France, France.
Résidence de Elie Christian Egnon Tokpo[47] à Cotonou, Littoral, Benin.
Résidence de Alain Ahossi[195] à Cotonou, Littoral, Benin.
Résidence de Ismael Moboladji Jean-Eudes Fassassi[62] à Cotonou, Littoral, Benin.
Résidence de Serge Padonou[67] à Cotonou, Littoral, Benin.
Résidence de Thierry Dele Codjo[124] à Paris, Île-de-France, France.
Résidence de Yves Tony Tokpo[233] à Cotonou, Littoral, Benin.
Résidence de Nan Zognidi Sidonie Edwige Tokpo[199] à Cotonou, Littoral, Benin.
Résidence de Lydie Olga Tokpo[213] à Cotonou, Littoral, Benin.
Résidence de Cletus Tokpo[219] à Paris, Île-de-France, France.
Résidence de Rogatienne Damienne Tokpo[202] à Cotonou, Littoral, Benin.
Résidence de Alain Cyrille Tokpo[216] à Paris, Île-de-France, France.
Résidence de Isabelle Irma Tokpo[223] à Cotonou, Littoral, Benin.
Résidence de Kamarou Fassassi[191] à Cotonou, Littoral, Benin.
Résidence de Francine Bretin[217] à Paris, Île-de-France, France.
Résidence de Eric Lionel Tokpo[207] à Ouagadougou, Centre, Burkina Faso.
Résidence de Francine Houindomabou Tokpo[227] à Paris, Île-de-France, France.
Résidence de Melonne Kakpo[108] à Paris, Île-de-France, France.
Résidence de Gaelle Tokpo[111] à Sydney, New South Wales, Australia.
Résidence de Orphee Dossou Rekangalt[113] à Geneva, Geneva, Switzerland.
Résidence de Dallys-Tom Stalino Medali[57] à New York, New York, United States.
Résidence de Gladys Tokpo[112] à Geneva, Geneva, Switzerland.
Résidence de Gwendoline Tokpo[114] à Paris, Île-de-France, France.
Résidence de Phalyele Kakpo[109] à Cotonou, Littoral, Benin.
Résidence de Ornelya Carine Ahossi[63] à Cotonou, Littoral, Benin.
Résidence de Ange-Gerard Alaye Ahossi[64] à Cotonou, Littoral, Benin.
Résidence de Aliane Carene Alaye Ahossi[65] à Cotonou, Littoral, Benin.

ABIDJAN

Naissance de Yves Tony Tokpo[233] en 1952.

BENIN, ATLANTIQUE, AZOHOUE-ALIHO

Décès de Enfant mort dans l'accouchement Inconnu[813].

BENIN, BOHICON

Naissance de Epouse 1 Originaire de Zakpo Bohicon[913].

BENIN, COTONOU, CENTRE DE SANTE DE BETHESDA

Décès de Seraphine Afiavi Gbaguidi[638] le 3 août 2005.

BENIN, LITTORAL, COTONOU

Naissance de Thierry Dele Codjo[124].
Naissance de Ismael Moboladji Jean-Eudes Fassassi[62].
Naissance de Ezeckiel Fardoll Medali[60] le 18 novembre 1997.
Naissance de Ornelya Carine Ahossi[63] le 28 avril 2000.
Naissance de Emanuelli Medali[61] le 13 avril 2008.
Décès de Kamarou Fassassi[191] le 4 décembre 2016.
Mariage de Parfait Videce Comahoue Dansou[91] et Honorine Yon Allagbe[90] le 13 mai 2017.
Décès de Renee Lisette Adenike Prudencio[184] le 14 octobre 2017.

BENIN, PAHOU OUNGANLO

Décès de Nansi Ade Mafiokpe[871].

BENIN, TOFFO

Naissance de Gabriel Dele[815].

BENIN, TORI

Naissance de Alladassi Aviansou[803].
Décès de AKPANSOU ancien Ade[898].

BENIN, ZOU, ABOMEY
   Décès de YA-KPAKO Inconnu[912].
   Naissance de Alain Ahossi[195].
   Décès de Houedanouga Ade[884].
   Naissance de Houedanouga Ade[884].
   Décès de Akounvoedo Inconnu[907].
   Décès de Djehouan Ade[883].
   Naissance de Akounvoedo Inconnu[907].
   Naissance de Djehouan Ade[883].
   Naissance de Catherine Sikanon Koulo[816] vers 1904.
   Décès de Gankpon TOKPO[817] vers 1934.
   Sépulture de Gankpon TOKPO[817].
   Décès de KOULO Christophe Ade[887] le 15 décembre 1936.
   Naissance de Lydie Olga Tokpo[213] le 7 mai 1953.
   Naissance de Cletus Tokpo[219] le 23 décembre 1953.
   Naissance de Alain Cyrille Tokpo[216] le 1er août 1955.
   Naissance de Godefroy Julien Tokpo[182] le 9 janvier 1964.
   Naissance de Ida Gisele Leocadie Tokpo[187] le 9 décembre 1965.
   Naissance de Wilfried Tokpo[189] en septembre 1967.
   Décès de Wilfried Tokpo[189] le 4 février 1968.
   Naissance de Prisque Claudine Gilberte Tokpo[190] le 26 juin 1970.
   Naissance de Alvine Tokpo[194] le 4 février 1975.
   Naissance de Francine Houindomabou Tokpo[227] le 11 décembre 1981.
   Naissance de Meode Altier Anihouvi Medali[59] le 15 janvier 1992.
   Décès de Catherine Sikanon Koulo[816] en 1992.
   Décès de Andre Robert (Salanon Gbediga) TOKPO Gankpon[630] le 24 janvier 2005.
   Sépulture de Andre Robert (Salanon Gbediga) TOKPO Gankpon[630].

BENIN, ZOU, BOHICON, HOUAWE
   Naissance de Andre Robert (Salanon Gbediga) TOKPO Gankpon[630] en 1924.

CIMETIERE PK 14
   Sépulture de Seraphine Afiavi Gbaguidi[638].

COTONOU
   Naissance de Kenneth Herve Tokpo[45].
   Naissance de Megane Herveline Tokpo[46].

FRANCE, BEAUMONT-SUR-OISE
   Naissance de Gladys Tokpo[112] le 14 avril 1988.

FRANCE, ÎLE-DE-FRANCE, PARIS
   Naissance de Gaelle Tokpo[111] le 16 juin 1983.
   Naissance de Gwendoline Tokpo[114] le 10 février 1990.

FRANCE, LIMOGES
   Naissance de Francine Bretin[217] le 14 septembre 1957.

FRANCE
   Éducation de Francine Houindomabou Tokpo[227].
   Décès de Elise Mandode[248] le 26 décembre 2012.

GABON, PORT-GENTIL
   Naissance de Orphee Dossou Rekangalt[113] le 17 février 1984.

NIGERIA, OYO
   Naissance de YA-KPAKO Inconnu[912].

RUSSIA, SAINT PETERSBURG
   Naissance de Mireille Philibertovna Dimigou[58] le 9 juillet 1986.

RUSSIE, MOSCOU
Mariage de Dallys-Tom Stalino Medali[57] et Mireille Philibertovna Dimigou[58] le 12 avril 2016.

SUISSE, CHENE-BOUGERIES
Naissance de Kenzo Dossou Rekangalt[40] le 24 septembre 2016.

TCHAD
Naissance de Mbai Tebe[283].

TOGO, ANEHO
Naissance de ZONOUN Inconnu[920].

UKRAINE, ODESSA
Éducation de Ida Gisele Leocadie Tokpo[187].

USA, FLORIDA, WEST PALM BEACH
Naissance de Olympia Alexis Ohanian[6] le 1er septembre 2017.

USA, NEW YORK
Naissance de Andrew Zeus Miraldo Medali[5] le 25 janvier 2017.
Naissance de Athena Marylys Miraldita Medali[7] le 29 août 2018.

ZOU, ABOMEY, GBELI, ADJALASSA
Sépulture de Judith Tokpo[242].

ZOU, KINTA
Naissance de David Medali[188] en 1957.

1874

Naissance de Gankpon TOKPO[817] en vers 1874.

1901

Naissance de Marie-Agnes Anagonou Goudou[822].

1904

Naissance de Catherine Sikanon Koulo[816] en vers 1904, à Abomey, Zou, Benin.

1923

Décès de Fils aine defunt Tokpo[629].

Naissance de Fils aine defunt Tokpo[629].

1924

Naissance de Andre Robert (Salanon Gbediga) TOKPO Gankpon[630] à Houawe, Bohicon, Zou, Benin.

1926

Naissance de Marie-Therese Tokpo[641].

1932

Naissance de Seraphine Afiavi Gbaguidi[638].

1934

Décès de Gankpon TOKPO[817] en vers 1934, à Abomey, Zou, Benin.

1936

Naissance de Emma Jules Agbanchenou Codjia[645] le 12 juin.

Naissance de Andre Koulo[653].

Décès de KOULO Christophe Ade[887] le 15 décembre, à Abomey, Zou, Benin.

1943

Naissance de Marguerite Agassounon[631] le 27 octobre.

1950

Naissance de Celestine Ahogle[637] le 1er janvier.

Naissance de Laure Andrea Ya-Alatche Tokpo[209] le 30 novembre.

1952

Naissance de Yves Tony Tokpo[233] à abidjan.

1953

Naissance de Nan Zognidi Sidonie Edwige Tokpo[199] le 24 janvier.

Naissance de Lydie Olga Tokpo[213] le 7 mai, à Abomey, Zou, Benin.

Naissance de Cletus Tokpo[219] le 23 décembre, à Abomey, Zou, Benin.

1955

Naissance de Solange Petronille Tokpo[237] le 5 mai.

Naissance de Damien Tokpo[201].

Décès de Damien Tokpo[201].

Naissance de Rogatienne Damienne Tokpo[202] le 5 juillet.

Naissance de Alain Cyrille Tokpo[216] le 1er août, à Abomey, Zou, Benin.

1956

Naissance de Isabelle Irma Tokpo[223] le 13 août.

1957

Naissance de David Medali[188] à Kinta, Zou.

Naissance de Francine Bretin[217] le 14 septembre, à Limoges, France.

1959

Décès de Djiha Inconnu[880] le 23 décembre.

1961

Naissance de Irene Fifi Zountchegbe[185] le 4 avril.

1964

Naissance de Godefroy Julien Tokpo[182] le 9 janvier, à Abomey, Zou, Benin.

1965

Naissance de Ida Gisele Leocadie Tokpo[187] le 9 décembre, à Abomey, Zou, Benin.

1967

Naissance de Wilfried Tokpo[189] en septembre, à Abomey, Zou, Benin.

1968

Décès de Wilfried Tokpo[189] le 4 février, à Abomey, Zou, Benin.

1970

Naissance de Prisque Claudine Gilberte Tokpo[190] le 26 juin, à Abomey, Zou, Benin.

Décès de Toha Nicodeme jumeau Koulo[821] le 13 août.

1971

Naissance de Rodolpho Tokpo[192].

2002 (Suite)

Naissance de Kelly Babilas Tokpo[144].

Mariage de David Medali[188] et Ida Gisele Leocadie Tokpo[187] le 24 août.

2004

Naissance de Aliath Soulemane[126] le 3 avril.

Décès de Marie-Agnes Anagonou Goudou[822].

Naissance de Aliane Carene Alaye Ahossi[65] le 7 septembre.

2005

Décès de Andre Robert (Salanon Gbediga) TOKPO Gankpon[630] le 24 janvier, à Abomey, Zou, Benin.

Décès de Victorin Kpevegba Ade Koulo[850] le 6 février.

Décès de Seraphine Afiavi Gbaguidi[638] le 3 août, à Centre de Sante de Bethesda, Cotonou, Benin.

2006

Décès de Bertin Ade Koulo[843] le 16 septembre.

2007

Naissance de Fadel Soulemane[127] le 20 avril.

2008

Naissance de Emanuelli Medali[61] le 13 avril, à Cotonou, Littoral, Benin.

2010

Décès de Kodossi Djeto Ade Koulo[857] le 22 septembre.

2012

Décès de Andre Koulo[653] le 16 juin.

Décès de Atokoukinde Ade Koulo[852] le 15 juillet.

Décès de Emma Jules Agbanchenou Codjia[645] le 1er décembre.

Décès de Elise Mandode[248] le 26 décembre, à France.

2013

Décès de Tranquillin Ade Koulo[848] le 7 septembre.

2015

Décès de Barthelemy Ade Koulo[830] le 5 mai.

Mariage de Emannuel Rene Martin Ewagnignon[228] et Francine Houindomabou Tokpo[227].

2016

Mariage de Dallys-Tom Stalino Medali[57] et Mireille Philibertovna Dimigou[58] le 12 avril, à Moscou, Russie.

Naissance de Maya Ewagnignon[128] le 9 mai.

Naissance de Kenzo Dossou Rekangalt[40] le 24 septembre, à Chene-Bougeries, Suisse.

Décès de Kamarou Fassassi[191] le 4 décembre, à cotonou, Littoral, Benin.

Naissance de Orcelia Pazou[31] le 23 décembre.

Naissance de Noham Heaven Sylla[39] le 25 décembre.

2017

Naissance de Andrew Zeus Miraldo Medali[5] le 25 janvier, à New York, USA.

Mariage de Parfait Videce Comahoue Dansou[91] et Honorine Yon Allagbe[90] le 13 mai, à Cotonou, Littoral, Benin.

Naissance de Olympia Alexis Ohanian[6] le 1er septembre, à West Palm Beach, Florida, USA.

Décès de Renee Lisette Adenike Prudencio[184] le 14 octobre, à Cotonou, Littoral, Benin.

2018

Décès de Desire Padonou[200].

Naissance de Athena Marylys Miraldita Medali[7] le 29 août, à New York, USA.

Réf.	Arbre	Nom (Relation)
355	95	ADE KOULO, Charbel (Arrière-arrière-petit-fils d'ADE).
738	174	.... Charlemagne (Arrière-petit-fils d'ADE).
679	166	.... Charlotte (Arrière-petite-fille d'ADE).
561	137	.... Chimene (Arrière-arrière-petite-fille d'ADE).
537	132	.... Christian (Arrière-arrière-petit-fils d'ADE).
343	94	.... Claire (Arrière-arrière-petite-fille d'ADE).
344	94	.... Clara (Arrière-arrière-petite-fille d'ADE).
438	113	.... Claude (Arrière-arrière-petit-fils d'ADE).
342	94	.... Cynthia (Arrière-arrière-petite-fille d'ADE).
721	173	.... Dakossi (Arrière-petite-fille d'ADE).
864	205	.... Dansi (Petite-fille d'ADE).
511	127	.... Darios (Arrière-arrière-petit-fils d'ADE).
377	99	.... David (Arrière-arrière-petit-fils d'ADE).
373	98	.... David (fils de Marius) (Arrière-arrière-petit-fils d'ADE).
756	176	.... David fils de Victorin (Arrière-petit-fils d'ADE).
510	127	.... Degas (Arrière-arrière-petit-fils d'ADE).
345	94	.... Deo Gratias (Arrière-arrière-petit-fils d'ADE).
439	113	.... Deo Gratias fils d'Adrien (Arrière-arrière-petit-fils d'ADE).
747	175	.... Desire (Arrière-petit-fils d'ADE).
422	110	.... Desire fils de Macaire (Arrière-arrière-petit-fils d'ADE).
503	126	.... Diane (Arrière-arrière-petite-fille d'ADE).
744	175	.... Didier (Arrière-petit-fils d'ADE).
467	121	.... Didier (Arrière-arrière-petit-fils d'ADE).
434	112	.... Dieudonne (Arrière-arrière-petit-fils d'ADE).
364	97	.... Dino (Arrière-arrière-petit-fils d'ADE).
445	116	.... Donaldo (Arrière-arrière-petit-fils d'ADE).
519	129	.... Dorcas (Arrière-arrière-petite-fille d'ADE).
414	109	.... Edgard (Arrière-arrière-petit-fils d'ADE).
560	137	.... Edwige (Arrière-arrière-petite-fille d'ADE).
526	131	.... Elie (Arrière-arrière-petit-fils d'ADE).
719	173	.... Elisabeth (Arrière-petite-fille d'ADE).
411	109	.... Elisabeth (Arrière-arrière-petite-fille d'ADE).
772	180	.... Elisabeth (Arrière-petite-fille d'ADE).
692	167	.... Elisabeth (Arrière-petite-fille d'ADE).
527	131	.... Elisee (Arrière-arrière-petit-fils d'ADE).
376	98	.... Elvys (Arrière-arrière-petit-fils d'ADE).
705	171	.... Emile (Arrière-petit-fils d'ADE).
685	168	.... Emma (Arrière-petite-fille d'ADE).
544	132	.... Emmanuel (Arrière-arrière-petit-fils d'ADE).
562	137	.... Emmanuel (Arrière-arrière-petit-fils d'ADE).
341	93	.... Emmanuel (Arrière-arrière-petit-fils d'ADE).
545	132	.... Enock (Arrière-arrière-petit-fils d'ADE).
523	130	.... Eric (Arrière-arrière-petit-fils d'ADE).
752	176	.... Ernest (Arrière-petit-fils d'ADE).
389	103	.... Ernest (Arrière-arrière-petit-fils d'ADE).
675	166	.... Euloge (Arrière-petit-fils d'ADE).
553	134	.... Evariste (Arrière-arrière-petit-fils d'ADE).
525	131	.... Ezekiel (Arrière-arrière-petit-fils d'ADE).
844	200	.... Felix (Petit-fils d'ADE).
550	133	.... Fernanda (Arrière-arrière-petite-fille d'ADE).
433	112	.... Fernando (Arrière-arrière-petit-fils d'ADE).
556	136	.... Fiacre (Arrière-arrière-petit-fils d'ADE).
535	131	.... Flora (Arrière-arrière-petite-fille d'ADE).
741	174	.... Florence (Arrière-petite-fille d'ADE).
723	173	.... Florence (Arrière-petite-fille d'ADE).
496	126	.... Francis (Arrière-arrière-petit-fils d'ADE).
760	176	.... Francisca (Arrière-petite-fille d'ADE).
387	103	.... Francky (Arrière-arrière-petit-fils d'ADE).

Réf.	Arbre	Nom (Relation)
443	115	ADE KOULO, Fropius (Arrière-arrière-petit-fils d'ADE).
546	133	.... Fructueux Gerardo (Arrière-arrière-petit-fils d'ADE).
709	171	.... Gabin (Arrière-petit-fils d'ADE).
669	163	.... Gabriel (Arrière-petit-fils d'ADE).
458	119	.... Gael (Arrière-arrière-petit-fils d'ADE).
368	97	.... Geraldine (Arrière-arrière-petite-fille d'ADE).
409	109	.... Gerard (Arrière-arrière-petit-fils d'ADE).
735	174	.... Gilbert (Arrière-petit-fils d'ADE).
430	112	.... Gillius (Arrière-arrière-petit-fils d'ADE).
464	119	.... Ginette (Arrière-arrière-petite-fille d'ADE).
419	110	.... Gisele (Arrière-arrière-petite-fille d'ADE).
493	126	.... Gisele (Arrière-arrière-petite-fille d'ADE).
405	109	.... Gisele (Arrière-arrière-petite-fille d'ADE).
466	120	.... Gloria (Arrière-arrière-petite-fille d'ADE).
370	98	.... Gloria (Arrière-arrière-petite-fille d'ADE).
437	113	.... Gloria (Arrière-arrière-petite-fille d'ADE).
512	127	.... Gloria (Arrière-arrière-petite-fille d'ADE).
827	197	.... Gozinnon (Petite-fille d'ADE).
429	112	.... Grace (Arrière-arrière-petite-fille d'ADE).
847	200	.... Hayeton (Petite-fille d'ADE).
423	111	.... Hector (Arrière-arrière-petit-fils d'ADE).
764	176	.... Helene (Arrière-petite-fille d'ADE).
732	107	.... Helene (Arrière-petite-fille d'ADE).
413	109	.... Herman (Arrière-arrière-petit-fils d'ADE).
426	111	.... Hermione Imelda (Arrière-arrière-petite-fille d'ADE).
791	185	.... Houegbelossi (Arrière-petite-fille d'ADE).
839	200	.... Houekpon (Petit-fils d'ADE).
854	201	.... Houlekon Lome-ton (Petite-fille d'ADE).
404	109	.... Hugues (Arrière-arrière-petit-fils d'ADE).
446	116	.... Hypolite (Arrière-arrière-petit-fils d'ADE).
498	126	.... Ida (Arrière-arrière-petite-fille d'ADE).
715	172	.... Ignace (Arrière-petit-fils d'ADE).
528	131	.... Ines (Arrière-arrière-petite-fille d'ADE).
504	126	.... Isabelle (Arrière-arrière-petite-fille d'ADE).
831	198	.... Jean (Petit-fils d'ADE).
461	119	.... Jean Marie (Arrière-arrière-petit-fils d'ADE).
371	98	.... Jennifer (Arrière-arrière-petite-fille d'ADE).
440	114	.... Joachim (Arrière-arrière-petit-fils d'ADE).
506	126	.... John (Arrière-arrière-petit-fils d'ADE).
761	176	.... Josephine (Arrière-petite-fille d'ADE).
708	171	.... Jules (Arrière-petit-fils d'ADE).
670	163	.... Julien (Arrière-petit-fils d'ADE).
759	176	.... Julienne (Arrière-petite-fille d'ADE).
441	114	.... Juliette (Arrière-arrière-petite-fille d'ADE).
743	174	.... Justine (Arrière-petite-fille d'ADE).
436	113	.... Justine (Arrière-arrière-petite-fille d'ADE).
549	133	.... Karl (Arrière-arrière-petit-fils d'ADE).
859	203	.... Kehoussi (Petite-fille d'ADE).
678	166	.... Kevine (Arrière-petit-fils d'ADE).
367	97	.... Kislove (Arrière-arrière-petite-fille d'ADE).
849	201	.... Kodo (Petit-fils d'ADE).
857	203	.... Kodossi Djeto (Petite-fille d'ADE).
837	199	.... Kpaheton (Petite-fille d'ADE).
750	176	.... Lambert (Arrière-petit-fils d'ADE).
538	132	.... Laurence (Arrière-arrière-petite-fille d'ADE).
463	119	.... Laurette (Arrière-arrière-petite-fille d'ADE).
401	109	.... Leonard (Arrière-arrière-petit-fils d'ADE).
374	98	.... Lionel (Arrière-arrière-petit-fils d'ADE).

Réf.	Arbre	Nom (Relation)
690	167	ADE KOULO, Lodohounde (Arrière-petite-fille d'ADE).
668	163	.... Lucien (Arrière-petit-fils d'ADE).
431	112	.... Lucrece (Arrière-arrière-petite-fille d'ADE).
564	138	.... Lucrece fille de Ernest (Arrière-arrière-petite-fille d'ADE).
369	97	.... Luxador (Arrière-arrière-petit-fils d'ADE).
470	121	.... Mabelle (Arrière-arrière-petite-fille d'ADE).
702	171	.... Macaire (Arrière-petit-fils d'ADE).
421	110	.... Macrine (Arrière-arrière-petite-fille d'ADE).
687	168	.... Madeleine (Arrière-petite-fille d'ADE).
375	98	.... Mahougnon Rivaldo (Arrière-arrière-petit-fils d'ADE).
701	170	.... Marcellin (Arrière-petit-fils d'ADE).
505	126	.... Marcos (Arrière-arrière-petit-fils d'ADE).
729	107	.... Marguerite fille de Bertin (Arrière-petite-fille d'ADE).
765	176	.... Marguerite fille de Victorin (Arrière-petite-fille d'ADE).
543	132	.... Marina (Arrière-arrière-petite-fille d'ADE).
517	128	.... Marince (Arrière-arrière-petit-fils d'ADE).
386	103	.... Marius (Arrière-arrière-petit-fils d'ADE).
674	166	.... Marius (Arrière-petit-fils d'ADE).
540	132	.... Marius (Arrière-arrière-petit-fils d'ADE).
524	130	.... Marius (Arrière-arrière-petit-fils d'ADE).
704	171	.... Mathias (Arrière-petit-fils d'ADE).
689	167	.... Mathias (Arrière-petit-fils d'ADE).
418	110	.... Maurice (Arrière-arrière-petit-fils d'ADE).
468	121	.... Maxime (Arrière-arrière-petit-fils d'ADE).
763	176	.... Melanie (Arrière-petite-fille d'ADE).
666	163	.... Melanie Reine (Arrière-petite-fille d'ADE).
548	133	.... Melinda (Arrière-arrière-petite-fille d'ADE).
547	133	.... Merik (Arrière-arrière-petit-fils d'ADE).
365	97	.... Miralove (Arrière-arrière-petite-fille d'ADE).
494	126	.... Mireille (Arrière-arrière-petite-fille d'ADE).
385	103	.... Modeste (Arrière-arrière-petit-fils d'ADE).
682	166	.... Murielle (Arrière-petite-fille d'ADE).
412	109	.... Nadege (Arrière-arrière-petite-fille d'ADE).
462	119	.... Nadege (Arrière-arrière-petite-fille d'ADE).
862	204	.... Nadjo ou Navo Diliton (Petite-fille d'ADE).
865	205	.... Naga Akoleme (Petite-fille d'ADE).
536	132	.... Nathalie (Arrière-arrière-petite-fille d'ADE).
502	126	.... Nathalie (Arrière-arrière-petite-fille d'ADE).
753	176	.... Nestor (Arrière-petit-fils d'ADE).
408	109	.... Nicole (Arrière-arrière-petite-fille d'ADE).
420	110	.... Nina (Arrière-arrière-petite-fille d'ADE).
500	126	.... Ninan (Arrière-arrière-petite-fille d'ADE).
726	173	.... Omer (Arrière-petit-fils d'ADE).
415	109	.... Opportune (Arrière-arrière-petite-fille d'ADE).
473	121	.... Orelle (Arrière-arrière-petite-fille d'ADE).
770	180	.... Pauline (Arrière-petite-fille d'ADE).
390	103	.... Pelagie (Arrière-arrière-petite-fille d'ADE).
551	134	.... Pelagie (Arrière-arrière-petite-fille d'ADE).
758	176	.... Philomene (Arrière-petite-fille d'ADE).
838	200	.... Pierre (3e Dah) (Petit-fils d'ADE).
841	200	.... Pierre d'Azohoue (Petit-fils d'ADE).
501	126	.... Prisca (Arrière-arrière-petite-fille d'ADE).
388	103	.... Raoul (Arrière-arrière-petit-fils d'ADE).
681	166	.... Reine (Arrière-petite-fille d'ADE).
497	126	.... Renaud (Arrière-arrière-petit-fils d'ADE).
416	109	.... Rene (Arrière-arrière-petit-fils d'ADE).
515	128	.... Ricardino (Arrière-arrière-petit-fils d'ADE).
703	171	.... Richard Dah (Arrière-petit-fils d'ADE).

Réf.	Arbre	Nom (Relation)
499	126	ADE KOULO, Robinson (Arrière-arrière-petit-fils d'ADE).
745	175	.... Rock (Arrière-petit-fils d'ADE).
566	138	.... Rodrigue (Arrière-arrière-petit-fils d'ADE).
358	95	.... Rolande (Arrière-arrière-petite-fille d'ADE).
716	172	.... Romain (Arrière-petit-fils d'ADE).
554	135	.... Rosemonde (Arrière-arrière-petite-fille d'ADE).
532	131	.... Ruffin (Arrière-arrière-petit-fils d'ADE).
531	131	.... Ruffine (Arrière-arrière-petite-fille d'ADE).
447	116	.... Sabine (Arrière-arrière-petite-fille d'ADE).
359	95	.... Samson (Arrière-arrière-petit-fils d'ADE).
356	95	.... Samuel (Arrière-arrière-petit-fils d'ADE).
521	129	.... Sandra (Arrière-arrière-petite-fille d'ADE).
432	112	.... Senami (Arrière-arrière-petite-fille d'ADE).
444	115	.... Senan (Arrière-arrière-petit-fils d'ADE).
469	121	.... Senan Carine (Arrière-arrière-petite-fille d'ADE).
567	138	.... Senan fils de Ernest (Arrière-arrière-petit-fils d'ADE).
533	131	.... Sergina (Arrière-arrière-petite-fille d'ADE).
529	131	.... Severine (Arrière-arrière-petite-fille d'ADE).
563	137	.... Sidonie (Arrière-arrière-petite-fille d'ADE).
710	172	.... Singbonon (Arrière-petite-fille d'ADE).
742	174	.... Solange (Arrière-petite-fille d'ADE).
534	131	.... Solange fille de Theodore (Arrière-arrière-petite-fille d'ADE).
557	136	.... Sonya (Arrière-arrière-petite-fille d'ADE).
855	202	.... Soudo (Petit-fils d'ADE).
424	111	.... Spero (Arrière-arrière-petit-fils d'ADE).
509	127	.... Surnita (Arrière-arrière-petite-fille d'ADE).
425	111	.... Sylviane (Arrière-arrière-petite-fille d'ADE).
558	136	.... Tatiana (Arrière-arrière-petite-fille d'ADE).
833	198	.... Tegbessoussi (Petite-fille d'ADE).
734	174	.... Theodore (Arrière-petit-fils d'ADE).
751	176	.... Theophile fils de Victorin (Arrière-petit-fils d'ADE).
340	93	.... Thierry (Arrière-arrière-petit-fils d'ADE).
727	173	.... Thomas (Arrière-petit-fils d'ADE).
714	172	.... Thomas (Arrière-petit-fils d'ADE).
683	168	.... Tohossi Houegboton (Arrière-petite-fille d'ADE).
707	171	.... Toussaint fils de Pierre (Arrière-petit-fils d'ADE).
848	200	.... Tranquillin (Petit-fils d'ADE).
730	107	.... Urbain (Arrière-petit-fils d'ADE).
754	176	.... Urbain (Arrière-petit-fils d'ADE).
725	173	.... Valentin (Arrière-petit-fils d'ADE).
513	127	.... Valentine (Arrière-arrière-petite-fille d'ADE).
749	175	.... Valerie (Arrière-petite-fille d'ADE).
460	119	.... Valoir (Arrière-arrière-petit-fils d'ADE).
680	166	.... Veronique (Arrière-petite-fille d'ADE).
740	174	.... Victoire (Arrière-petite-fille d'ADE).
850	201	.... Victorin Kpevegba (Petit-fils d'ADE).
739	174	.... Victorine (Arrière-petite-fille d'ADE).
417	109	.... Wenceslas (Arrière-arrière-petit-fils d'ADE).
712	172	.... Ya Omer-non (Arrière-petite-fille d'ADE).
472	121	.... Yarissa (Arrière-arrière-petite-fille d'ADE).
495	126	.... Yollande (Arrière-arrière-petite-fille d'ADE).
677	166	.... Yves (Arrière-petit-fils d'ADE).
762	176	.... Yvonne (Arrière-petite-fille d'ADE).
407	109	.... Zita (Arrière-arrière-petite-fille d'ADE).
915	213	ADE KPLANKOUN, DE, Epouses inconnues (Femme d'ADE).
871	207	ADE MAFIOKPE, Nansi (Petite-fille d'ADE).
663	163	ADE, Adolphe (Arrière-petit-fils d'ADE).
898	211	.... AKPANSOU ancien (Fils d'ADE).

Réf.	Arbre	Nom (Relation)
868	207	ADE, Allosohounde (Petite-fille d'ADE).
350	95	.... Arnaud (Arrière-arrière-petit-fils d'ADE).
346	95	.... Clotaire (Arrière-arrière-petit-fils d'ADE).
908	213	.... Dakossi (Fils d'ADE).
903	212	.... Degan (Fils d'ADE).
883	210	.... Djehouan (Fils d'ADE).
792	186	.... Djivede (Arrière-petite-fille d'ADE).
612	151	.... Edith (Arrière-arrière-petite-fille d'ADE).
611	151	.... Edwige (Arrière-arrière-petite-fille d'ADE).
793	186	.... Filibert (Arrière-petit-fils d'ADE).
806	193	.... Gaston (Arrière-petit-fils d'ADE).
874	207	.... Gerard (Petit-fils d'ADE).
347	95	.... Gisele (Arrière-arrière-petite-fille d'ADE).
910	214	.... Gniminon (Fille d'ADE).
906	213	.... Guinfinmin (Fils d'ADE).
884	210	.... Houedanouga (Fils d'ADE).
353	95	.... Igor (Arrière-arrière-petit-fils d'ADE).
807	193	.... Julien (Arrière-petit-fils d'ADE).
887	210	.... KOULO Christophe (Fils d'ADE).
351	95	.... Lidwine (Arrière-arrière-petite-fille d'ADE).
909	213	.... Linlin (Fils d'ADE).
869	207	.... Nague (Petite-fille d'ADE).
866	206	.... Nanhonsode (Petite-fille d'ADE).
870	207	.... Paulin (Petit-fils d'ADE).
610	151	.... Pierrette (Arrière-arrière-petite-fille d'ADE).
349	95	.... Sabine Adele (Arrière-arrière-petite-fille d'ADE).
808	193	.... Simon (Arrière-petit-fils d'ADE).
664	163	.... Sophie (Arrière-petite-fille d'ADE).
352	95	.... Tanguy (Arrière-arrière-petit-fils d'ADE).
802	190	.... Valentin (Arrière-petit-fils d'ADE).
348	95	.... Yvonne (Arrière-arrière-petite-fille d'ADE).
867	206	.... Zinvoedo (Petit-fils d'ADE).
162	63	ADJANOHOUN, Loic (Arrière-arrière-arrière-petit-fils d'ADE).
161	63	.... Ludine (Arrière-arrière-arrière-petite-fille d'ADE).
286	63	.... Monsieur (Mari de l'arrière-arrière-petite-fille d'ADE).
163	63	.... Nan Pahou (Arrière-arrière-arrière-petite-fille d'ADE).
818		ADONON, Gerome (Mari de la petite-fille d'ADE).
186	27	.... Patricia (Femme de l'arrière-arrière-petit-fils d'ADE).
671	164	ADOTANOU, Bernadin (Arrière-petit-fils d'ADE).
361	96	.... Christine (Arrière-arrière-petite-fille d'ADE).
362	96	.... Edouard (Arrière-arrière-petit-fils d'ADE).
363	96	.... Josephine (Arrière-arrière-petite-fille d'ADE).
828	164	.... Monsieur (Mari de la petite-fille d'ADE).
631	69	AGASSOUNON, Marguerite (Femme de l'arrière-petit-fils d'ADE).
378	100	AGBODAYINON, Alain (Arrière-arrière-petit-fils d'ADE).
379	100	.... Anselme (Arrière-arrière-petit-fils d'ADE).
684	100	.... Monsieur (Mari de l'arrière-petite-fille d'ADE).
665	91	AGBOLOSSO, Monsieur (Mari de l'arrière-petite-fille d'ADE).
335	91	.... Rhodes (Arrière-arrière-petit-fils d'ADE).
336	91	.... Ronelle (Arrière-arrière-petite-fille d'ADE).
272	81	AGOLI-AGBO DEGBE, Imelda C. Nan Agbokpanou (Arrière-arrière-petite-fille d'ADE).
271		AGOLI-AGBO, Armande (Femme de l'arrière-arrière-petit-fils d'ADE).
265	81	.... Dah Degbe Vignon Marcel Rachel Bernard (Arrière-arrière-petit-fils d'ADE).
646	81	.... Damien Dah Adanhouton Degbe (Mari de l'arrière-petite-fille d'ADE).
266	81	.... Eliane Olga Degbe (Arrière-arrière-petite-fille d'ADE).
263	81	.... Esperance Eulalie Degbe (Arrière-arrière-petite-fille d'ADE).
276	81	.... Fernand Mahussi Degbe (Arrière-arrière-petit-fils d'ADE).
260	81	.... Ghislaine Henedine Degbe (Arrière-arrière-petite-fille d'ADE).

Réf.	Arbre	Nom (Relation)
268	81	AGOLI-AGBO, Louisette Martine Degbe (Arrière-arrière-petite-fille d'ADE).
262	81	.... Mesmin Emmanuel Degbe (Arrière-arrière-petit-fils d'ADE).
270	81	.... Serge Roland Degbe (Arrière-arrière-petit-fils d'ADE).
259	81	.... Simeon Bienvenu Degbe (Arrière-arrière-petit-fils d'ADE).
274	81	.... Viviane Senan Degbe (Arrière-arrière-petite-fille d'ADE).
275	81	.... Wilfried Togla Degbe (Arrière-arrière-petit-fils d'ADE).
239		AGOSSE, M. (Mari de l'arrière-arrière-petite-fille d'ADE).
85	11	AHOGBEDJI, Edwige (Femme de l'arrière-arrière-arrière-petit-fils d'ADE).
637	75	AHOGLE, Celestine (Femme de l'arrière-petit-fils d'ADE).
333	90	AHOKPE, Anita (Arrière-arrière-petite-fille d'ADE).
332	90	.... Ghislaine Affi (Arrière-arrière-petite-fille d'ADE).
662	90	.... Moise (Mari de l'arrière-petite-fille d'ADE).
334	90	.... Scero (Arrière-arrière-petit-fils d'ADE).
633	71	AHOMAGNON, Madame (Femme de l'arrière-petit-fils d'ADE).
888	196	.... Nan Houedotin Z (Belle-fille d'ADE).
195	30	AHOSSI, Alain (Mari de l'arrière-arrière-petite-fille d'ADE).
65	30	.... Aliane Carene Alaye (Arrière-arrière-arrière-petite-fille d'ADE).
64	30	.... Ange-Gerard Alaye (Arrière-arrière-arrière-petit-fils d'ADE).
63	30	.... Ornelya Carine (Arrière-arrière-arrière-petite-fille d'ADE).
14	8	AHOYO, Naline (Quatre-fois-arrière-petite-fille d'ADE).
77	8	.... Rufin (Mari de l'arrière-arrière-petite-fille d'ADE).
15	8	.... Rumax (Quatre-fois-arrière-petit-fils d'ADE).
595	144	AIZANNON, Autres (Arrière-arrière-petit-fils d'ADE).
775	181	.... Fabienne (Arrière-petite-fille d'ADE).
776	144	.... Monsieur (Mari de l'arrière-petite-fille d'ADE).
593	144	.... Paulin (Arrière-arrière-petit-fils d'ADE).
594	144	.... Pelagie (Arrière-arrière-petite-fille d'ADE).
68	4	AKAKPO, Clothilde (Femme de l'arrière-arrière-arrière-petit-fils d'ADE).
489	125	AKOGNON, Alice (Arrière-arrière-petite-fille d'ADE).
488	125	.... Christelle (Arrière-arrière-petite-fille d'ADE).
491	125	.... Evrard (Arrière-arrière-petit-fils d'ADE).
724	125	.... Monsieur (Mari de l'arrière-arrière-petite-fille d'ADE).
492	125	.... Riche (Arrière-arrière-petit-fils d'ADE).
487	125	.... Rolland (Arrière-arrière-petit-fils d'ADE).
490	125	.... Sandrine (Arrière-arrière-petite-fille d'ADE).
804	155	AKOUNDJI, Djiha (Mari de l'arrière-petite-fille d'ADE).
622	155	.... Flavien (Arrière-arrière-petit-fils d'ADE).
619	155	.... Jacqueline (Arrière-arrière-petite-fille d'ADE).
620	155	.... Jerome (Arrière-arrière-petit-fils d'ADE).
621	155	.... Michel (Arrière-arrière-petit-fils d'ADE).
588	142	AKPAMOLI, Carine (Arrière-arrière-petite-fille d'ADE).
587	142	.... Caureze (Arrière-arrière-petite-fille d'ADE).
773	142	.... Monsieur (Mari de l'arrière-petite-fille d'ADE).
590	142	.... Resaldie (Arrière-arrière-petite-fille d'ADE).
589	142	.... Silpheric (Arrière-arrière-petit-fils d'ADE).
900	207	AKPANSOU ADE, 1ere epouse (Belle-fille d'ADE).
899	206	.... 2e epouse (Belle-fille d'ADE).
338	92	AKPLOGAN, Kevin (Arrière-arrière-petit-fils d'ADE).
337	92	.... Marylin (Arrière-arrière-petite-fille d'ADE).
667	92	.... Monsieur (Mari de l'arrière-petite-fille d'ADE).
339	92	.... Yasmine (Arrière-arrière-petite-fille d'ADE).
125		ALGERIENNE, Femme (Femme de l'arrière-arrière-arrière-petit-fils d'ADE).
599	146	ALLADAYE, Cosme (Arrière-arrière-petit-fils d'ADE).
598	146	.... Damien (Arrière-arrière-petit-fils d'ADE).
779	146	.... Monsieur (Mari de l'arrière-petite-fille d'ADE).
89	34	ALLAGBE, Celestin (Arrière-arrière-arrière-petit-fils d'ADE).
478	123	.... Fabrice (Arrière-arrière-petit-fils d'ADE).
90	34	.... Honorine Yon (Arrière-arrière-arrière-petite-fille d'ADE).

Réf.	Arbre	Nom (Relation)
605	149	EBANOU, Saturnin (Arrière-arrière-petit-fils d'ADE).
606	149	.... Yves (Arrière-arrière-petit-fils d'ADE).
98	37	EDOH, Annick Nico (Arrière-arrière-arrière-petite-fille d'ADE).
211	37	.... Yaovi Bonifacio (Mari de l'arrière-arrière-petite-fille d'ADE).
228	47	EWAGNIGNON, Emannuel Rene Martin (Mari de l'arrière-arrière-petite-fille d'ADE).
128	47	.... Maya (Arrière-arrière-arrière-petite-fille d'ADE).
62	29	FASSASSI, Ismael Moboladji Jean-Eudes (Arrière-arrière-arrière-petit-fils d'ADE).
191	29	.... Kamarou (Mari de l'arrière-arrière-petite-fille d'ADE).
391	104	FEGBEGOU, Hospice (Arrière-arrière-petit-fils d'ADE).
691	104	.... Monsieur (Mari de l'arrière-petite-fille d'ADE).
392	104	.... Sidoine (Arrière-arrière-petit-fils d'ADE).
647	160	FELIHO, Jumeaux defunts de Catherine Koulo (Arrière-petit-fils d'ADE).
820	160	.... Pere des jumeaux decedes (Mari de la petite-fille d'ADE).
919	215	FILS DE ZONOUN, Pere de Sossa Aikpe (Grand-père d'ADE).
51	1	FUMEY, Nirvana Ahouefa (Femme de l'arrière-arrière-arrière-petit-fils d'ADE).
319	87	GAHOU, Anicette (Arrière-arrière-petite-fille d'ADE).
321	87	.... Estelle (Arrière-arrière-petite-fille d'ADE).
320	87	.... Felicienne (Arrière-arrière-petite-fille d'ADE).
317	87	.... Marcos (Arrière-arrière-petit-fils d'ADE).
658	87	.... Monsieur (Mari de l'arrière-petite-fille d'ADE).
318	87	.... Richard (Arrière-arrière-petit-fils d'ADE).
475	122	GANGBE, Cecile (Arrière-arrière-petite-fille d'ADE).
477	122	.... Dominique (Arrière-arrière-petit-fils d'ADE).
476	122	.... Luc (Arrière-arrière-petit-fils d'ADE).
718	122	.... Monsieur (Mari de l'arrière-arrière-petite-fille d'ADE).
474	122	.... Theophile (Arrière-arrière-petit-fils d'ADE).
480	124	GBAGUIDI, Candide (Arrière-arrière-petit-fils d'ADE).
485	124	.... Crepine (Arrière-arrière-petite-fille d'ADE).
486	124	.... Deo Gratias (Arrière-arrière-petit-fils d'ADE).
916	214	.... Derniere Epouse (Femme d'ADE).
481	124	.... Dollou (Arrière-arrière-petit-fils d'ADE).
282	60	.... Monsieur (Mari de l'arrière-arrière-petite-fille d'ADE).
722	124	.... Mr (Mari de l'arrière-arrière-petite-fille d'ADE).
638	76	.... Seraphine Afiavi (Femme de l'arrière-petit-fils d'ADE).
484	124	.... Serges (Arrière-arrière-petit-fils d'ADE).
483	124	.... Sergio (Arrière-arrière-petit-fils d'ADE).
156	60	.... Yasmine (Arrière-arrière-arrière-petite-fille d'ADE).
482	124	.... Yaya (Arrière-arrière-petite-fille d'ADE).
70	5	GBEDEVI, Eunice (Femme de l'arrière-arrière-arrière-petit-fils d'ADE).
12	6	GBENAFA, Loann (Quatre-fois-arrière-petit-fils d'ADE).
72	6	.... Monsieur (Mari de l'arrière-arrière-arrière-petite-fille d'ADE).
11	6	.... Nora (Quatre-fois-arrière-petite-fille d'ADE).
140	23	GNINION, Florence (Femme de l'arrière-arrière-arrière-petit-fils d'ADE).
822	161	GOUDOU, Marie-Agnes Anagonou (Femme du petit-fils d'ADE).
829	165	GOUGLA, Monsieur (Mari de la petite-fille d'ADE).
672	165	.... Veronique (Arrière-petite-fille d'ADE).
632	70	GOUKLOUNON, Gangnonde (Femme de l'arrière-petit-fils d'ADE).
635	73	HAZOUME, Marie-Madeleine (Femme de l'arrière-petit-fils d'ADE).
697	106	HINKPON, Monsieur (Mari de l'arrière-petite-fille d'ADE).
395	106	.... Paul (Arrière-arrière-petit-fils d'ADE).
394	106	.... Pierre (Arrière-arrière-petit-fils d'ADE).
220	42	HODONOU, Lydie (Femme de l'arrière-arrière-petit-fils d'ADE).
95	36	HOUNDANON, Constantin (Arrière-arrière-arrière-petit-fils d'ADE).
26	12	.... Exaucee (Quatre-fois-arrière-petite-fille d'ADE).
97	36	.... Francis Judicael (Arrière-arrière-arrière-petit-fils d'ADE).
210	36	.... Gaston (Mari de l'arrière-arrière-petite-fille d'ADE).
25	12	.... Ivanna (Quatre-fois-arrière-petite-fille d'ADE).
96	36	.... Sandrine Mahugnon Ghislaine (Arrière-arrière-arrière-petite-fille d'ADE).

Réf.	Arbre	Nom (Relation)
327	88	KOULO, Gildas (Arrière-arrière-petit-fils d'ADE).
659	161	.... Henri (Arrière-petit-fils d'ADE).
328	88	.... Hermine (Arrière-arrière-petite-fille d'ADE).
410	109	.... Hospice (Arrière-arrière-petit-fils d'ADE).
158	62	.... Hugues (Arrière-arrière-arrière-petit-fils d'ADE).
325	88	.... Isabelle (Arrière-arrière-petite-fille d'ADE).
287	84	.... Jean Claude (Arrière-arrière-petit-fils d'ADE).
296	85	.... Jeremie (Arrière-arrière-petit-fils d'ADE).
294	84	.... Joel (Arrière-arrière-petit-fils d'ADE).
284	84	.... John Augustin (Arrière-arrière-petit-fils d'ADE).
168	65	.... Jules (Arrière-arrière-arrière-petit-fils d'ADE).
307	86	.... Landry (Arrière-arrière-petit-fils d'ADE).
169	65	.... Liliane (Arrière-arrière-arrière-petite-fille d'ADE).
397	108	.... Louise (Arrière-arrière-petite-fille d'ADE).
281	84	.... Louise (Arrière-arrière-petite-fille d'ADE).
171	65	.... Ludovic (Arrière-arrière-arrière-petit-fils d'ADE).
306	86	.... Marius (Arrière-arrière-petit-fils d'ADE).
400	109	.... Mellon (Arrière-arrière-petit-fils d'ADE).
302	86	.... Mesmin (Arrière-arrière-petit-fils d'ADE).
329	88	.... Mirabelle (Arrière-arrière-petite-fille d'ADE).
314	86	.... Mirabelle (Arrière-arrière-petite-fille d'ADE).
303	86	.... Mireille (Arrière-arrière-petite-fille d'ADE).
657	161	.... Nan-Tadjile Eugenie Tine (Arrière-petite-fille d'ADE).
316	86	.... Pachedor (Arrière-arrière-petit-fils d'ADE).
295	85	.... Pelagie (Arrière-arrière-petite-fille d'ADE).
167	65	.... Regis (Arrière-arrière-arrière-petit-fils d'ADE).
290	84	.... Rodrigue (Arrière-arrière-petit-fils d'ADE).
315	86	.... Rolland (Arrière-arrière-petit-fils d'ADE).
326	88	.... Romeo (Arrière-arrière-petit-fils d'ADE).
310	86	.... Romeo (Arrière-arrière-petit-fils d'ADE).
288	84	.... Rosette (Arrière-arrière-petite-fille d'ADE).
159	62	.... Sergio (Arrière-arrière-arrière-petit-fils d'ADE).
648	161	.... Sophie (Arrière-petite-fille d'ADE).
821	196	.... Toha Nicodeme jumeau (Petit-fils d'ADE).
232	49	KPELA, Crysanthe (Mari de l'arrière-arrière-petite-fille d'ADE).
130	49	.... Daren (Arrière-arrière-arrière-petit-fils d'ADE).
782	182	KPENOU, Anagonou (Arrière-petit-fils d'ADE).
780	182	.... Augustin (Arrière-petit-fils d'ADE).
601	147	.... Cyvette Gersiane (Arrière-arrière-petite-fille d'ADE).
781	147	.... Epouse de Augustin (Femme de l'arrière-petit-fils d'ADE).
858	182	.... Monsieur (Mari de la petite-fille d'ADE).
600	147	.... Myriam (Arrière-arrière-petite-fille d'ADE).
783	182	.... Pelagie (Arrière-petite-fille d'ADE).
602	147	.... Tete Mael (Arrière-arrière-petit-fils d'ADE).
382	102	KPILI, Beatrice (Arrière-arrière-petite-fille d'ADE).
383	102	.... Benedicte (Arrière-arrière-petite-fille d'ADE).
381	102	.... Herve (Arrière-arrière-petit-fils d'ADE).
384	102	.... Mariette (Arrière-arrière-petite-fille d'ADE).
688	102	.... Monsieur (Mari de l'arrière-arrière-petite-fille d'ADE).
221	43	L'ASIATIQUE, Christiane (Femme de l'arrière-arrière-petit-fils d'ADE).
639	77	LINGBOTO GUEZO, Antoinette (Femme de l'arrière-arrière-petit-fils d'ADE).
568	139	LOKONON, Akpeni (Arrière-arrière-petit-fils d'ADE).
882	194	.... Dame (Femme du petit-fils d'ADE).
449	117	LOKONOU, Albert (Arrière-arrière-petit-fils d'ADE).
451	117	.... Marie Madeleine (Arrière-arrière-petite-fille d'ADE).
711	117	.... Monsieur (Mari de l'arrière-petite-fille d'ADE).
448	117	.... Raphael (Arrière-arrière-petit-fils d'ADE).
450	117	.... Toussaint (Arrière-arrière-petit-fils d'ADE).

Listes et Chronologies Royales

Chronologie des Rois du Danxomè (1600-1900)

X - Divers Patriarches jusqu'en 1600 à Tado et Allada

1 - Chef Do Aklin (1600 - 1620)

2 - Roi (usurpateur) Dako Donou (1620-1645)

3 - Roi (honorifique) Gangnihessou (1620-1645)

4 - Roi Aho Houegbadja (1645-1685)

5 - Roi Houessou Akaba (1685-1708)

6 - Reine Tassi Hangbé (1708-1711)

7 - Roi Dossou Agadja (1711-1740)

8 - Roi Bossa Ahadé Tegbessou (1740-1774)

9 - Roi Kpengla (1774-1789)

10 - Roi Agonglo (1789-1797)

11 - Roi Adandozan Madogugu (1797-1818)

12 - Roi Ghézo (1818-1858)

13- Roi Glele Kinikini (1858-1889)

14 - Roi Kondo Gbèhanzin (1889-1894)

15 - Roi Agoli Agbo (1894-1940)

X - Divers Rois cérémoniaux (1940-présent)

Chronologie des Souverains d'Allada

XIIe - XVe siècle: Divers chefs de terre inconnus

(c. 1400): LANDE ADJAHOUTO fonde le royaume

1400-1440: Lande Adjahouto

1440-1445: Aholuho Adja Adjahoutonon

1445-1458: De Noufion Adjahoutonon

1458-1470: Dassou Adjahoutonon

1470-1475: Dassa Adjahoutonon

1475-1490: Adjakpa Adjahoutonon

1490-1495: Yessou Adjahoutonon

1495-1498: Azoton Adjahoutonon

1498-1510: Yessou Adjahoutonon

1510-1520: Akonde Adjahoutonon

c.1520-1530: Amamou Adjahoutonon

c.1530-1540: Agagnon Adjahoutonon

c.1540-1550: Agbangba Adjahoutonon

c.1550-1560: Houeze Adjahoutonon

c.1560-1580: Agbande Adjahoutonon

c.1580-1585: Kinha Adjahoutonon

1585-1587: Mindji I Adjahoutonon

1587-1590: Akoli Adjahoutonon

1590: Kokpon fonde le nouveau royaume

1590-1610: KOKPON DOGBAGRI Adjahoutonon

1610-1620: Medji II Hounoungoungou Adjahoutonon

1620-1660: Lamadje Kpokonou Adjahoutonon

1660-16XX: Tezifon Adjahoutonon

16XX-17XX: Gbagwe Adjahoutonon

17XX-1724 De Adjara Adjahoutonon

Mars 1724: Annexion du royaume d'Allada par le royaume du Danxomè suite à une campagne militaire du roi Agadja et de ses troupes.

1724-1742: Gestion directe par le Danxomè

1742: Deux ans après le décès de Agadja, la royauté est restaurée à Allada mais le royaume sera un vassal du royaume de Allada jusqu'en 1894 (année de conquête du Danxomè par la France et de déportation de Behanzin vers la Martinique).

1742-1792: Mijo Adjahoutonon

1792-1842: Ganhwa Adjahoutonon

1842-1879: Gandji Sindje Adjahoutonon

1879-1894: Gigla Nodon Gbenon Maou Adjahoutonon

1894: Le 4 Février, la France dissocie Allada du royaume de Danxomè

1894-1898: Gigla Gounhou Hougnon Adjahoutonon

1898-1909: Djihento Adjahoutonon

1909: La France annexe Allada et limite significativement les pouvoirs du roi.

1909-1923: Chef supérieur Djihento

1923-1954: Chef supérieur Kanfon

1954-19XX: Chef supérieur Gigla

1960: Le Benin devient indépendant de la France

1992-present: Roi Kpodegbe Djigla

Du même auteur, déjà publiés

1. Légendes Inédites d'Afrique
2. 1000 Héros Africains
3. 1000 African Heroes
4. Rois, princes, esclaves et nobles
5. Histoire et Généalogie de la Collectivité Medali
6. Histoire et Généalogie de la Collectivité Tokpo
7. Histoire et Généalogie de la Collectivité Sèglé Houegbadja
8. Le Manuel du Milliardaire
9. 10 Règles du Succès
10. Essais sur le Bénin
11. Poisonous Snakes in the Republic of Benin
12. Red Blue and Green (art book)
13. Black and White (art book)
14. Nude and Alive (art book)
15. 30 years of Painting and Drawing (art book)
16. Perles et Pensées
17. Coming Back
18. Belles Poésies de Cœur et de Corps
19. L'Evangile Pratique
20. La Bible Essentielle

Dans la même série «The House of Dallys» sur l'Histoire et la Généalogie au Benin

Livre I: Rois, princes, esclaves et nobles: Les Familles de la Maison de Dallys

Livre 2: Histoire et Généalogie de la Collectivité Medali

Livre 3: Histoire et Généalogie de la Collectivité Tokpo

Livre 4: Histoire et Généalogie de la Collectivité Sèglé Houegbadja du Bénin

Livre 5: Histoire et Généalogie de la Collectivité Adè Koulo

Livre 6: Nan Zognidi Kpodjito, Biographie et Généalogie d'une Reine du Dahomey, Epouse de Guézo, Mère de Glèlè et Grand-mère de Béhanzin

Livre 7: Biographie et Généalogie du patriarche Adè Kplankoun de Houawé au Dahomey

Livre 8: Histoire et Généalogie de la Collectivité Agassounon du Bénin

Livre 9: Tables généalogiques de Yulia Sassina et de Philibert Dimigou en Russie et au Bénin

Livre 10: Généalogie et Histoire des Rois du Dahomey

Livre 11: Etudes Généalogiques sur diverses familles du Sud Bénin

Livre 12: Origine des Peuples Fons d'Afrique

Contacts

Si vous avez des informations additionnelles, des archives, documents historiques, livres ou des corrections à proposer, écrivez-nous!

par voie postale à 04 BP 0143 Cotonou Benin

ou par email à dallys@livres.us

Ecrivez-nous aussi

Si vous voulez commander d'autres copies du livre, Si vous avez besoin de votre généalogie personnelle

Si vous avez besoin de conseils sur les démarches à suivre pour explorer l'histoire et la généalogie de votre famille, Ou si vous avez simplement trouvé le livre très utile et instructif.

www.benindufutur.org

www.briquemagique.com

www.conseil.us

www.dallystom.com

www.heroafricain.com

www.livres.us

www.milliardaire.org

ISBN 978-1-947838-32-1

www.ingramcontent.com/pod-product-compliance
Lightning Source LLC
Chambersburg PA
CBHW080235270326
41926CB00020B/4244